Lieben
heißt
einverstanden
sein

Titel der Originalausgabe:
„To love is to be happy with"
A Fawcett Crest Book,
erschienen bei Ballantine Books
© 1977 Barry Neil Kaufman

Übersetzung:
Christine Bolam
© J. Kamphausen Verlag &
Distribution GmbH
Postfach 101849,
D-33518 Bielefeld
Fon 0521/ 172875
Fax 0521/ 68771

Lektorat:
Hans-Jürgen Zander
Typografie und Satz:
Wilfried Klei
Umschlag-Gestaltung:
Wilfried Klei
Druck & Verarbeitung:
Fuldaer Verlagsagentur, Fulda

Die Deutsche Bibliothek – CIP-Einheitsaufnahme

Kaufman, Barry Neil:
Lieben heißt einverstanden sein /
Aus dem Amerik. übers. von Christine Bolam - Bielefeld : Kamphausen
Einheitssacht.: To Love is to be happy with <dt.>

1. Aufl. - 2001

ISBN 3-933496-59-4

BARRY NEIL KAUFMAN

Lieben
heißt
einverstanden
sein

Das erste Buch zum Optionsprozess®

Über den Autor

Barry Neil Kaufman lehrt zusammen mit seiner Frau Samahria Lyte Kaufman einen einzigartig selbstachtenden und ermächtigenden Prozess (den Optionsprozess®), der sowohl didaktisch als auch therapeutisch anwendbar ist. Sie sind Mitbegründer und -leiter des 'Option Institute and Fellowship' (P.O.Box 1180-TL, 2080 South Undermountain Road, Sheffield, MA., USA 01257-9643, phone: 413-229-2100). Das Institut bietet Workshops zur persönlichen Entwicklung für Individuen, Familien und Gruppen, sowie Einzelberatungen an. Das Workshop-Angebot erstreckt sich von einführenden Wochenenend- und Wochenseminaren bis zu achtwöchigen Intensivausbildungen. Auch speziell zusammengestellte Ausbildungsprogramme für Wirtschaftsunternehmen und Seminare für Menschen in heilenden Berufen gehören zu ihrem Programm. In den Jahren seit seiner Gründung ist das Option Institute für Tausende von Menschen in den USA und aus vielen anderen Ländern zu einem leuchtenden Symbol für neue Möglichkeiten und berechtigte Hoffnung geworden.

Außerdem bieten die Kaufmans Motivationsgespräche auf Konferenzen an, leiten Workshops und Seminare, halten Vorlesungen an Universitäten und erscheinen regelmäßig in allen Massenmedien der USA. Mit ihrem innovativen und erfolgreichen Son-Rise Programm®, das sie mit Erfolg für ihr einstmals autistisches Kind eingesetzt haben, beraten und unterrichten sie Familien, die ihre eigenen „besonderen" Kinder im Familienkreis selbst behandeln wollen.

Barry Neil Kaufmann hat zehn Bücher geschrieben und, gemeinsam mit seiner Frau, zwei Drehbücher verfasst (für die sie zweimal den begehrten Christopher Award und einmal den Humanitas Prize erhielten). Seine Bücher gehören an mehr als 280 Universitäten zum Curriculum, sind in 18 Sprachen übersetzt worden und in 60 Ländern erhältlich. Sein bahnbrechender Bestseller *Happiness Is A Choice* enthält seine gesammelten Erfahrungen aus mehr als fünfundzwanzig Jahren erfolgreicher Arbeit mit

Tausenden von Menschen, und bietet zugleich alle nötigen Grundlagen und einfachen Methoden, um die Entscheidung, glücklich zu sein selbst umzusetzen.

Sein erstes Buch, *Son-Rise*, das im Detail den inspirierenden Weg beschreibt, den er und seine Familie zusammen mit ihrem einstmals autistischen Kind beschritten, wurde als spezielle NTB-TV Präsentation verfilmt, welche weltweit in über 90 Ländern mehr als 300 Millionen Zuschauer erreichte. Sein späteres Buch *Son-Rise: The Miracle Continues* enthält die neuesten und erweiterten Aufzeichnungen über den Entwicklungsweg, den er mit seiner eigenen Familie wie auch mit anderen Eltern und Kindern verfolgte. Zu den weiteren Büchern von Barry Neil Kaufman gehören *To Love Is To Be Happy With*, *Giant Steps*, *A Miracle To Believe In*, *The Book of Wows and Ughs!*, *A Sacred Dying*, *Out-Smarting Your Karma And Other PreOrdained Conditions* und *Future Sight*.

Weitere Informationen
über das Option Institute
erhalten Sie über
Tel.: USA - 413-229-2100
www.option.org

Danksagungen

Für Samahria und immer wieder für Samahria, die die Grundeinstellung der 'Option' genauso leben will wie ich, und die wortwörtlich jeden Satz dieses Buches mit mir durchlebt und mir dadurch ermöglicht hat, den klarsten und liebevollsten Ausdruck des Optionsprozesses® zu finden.

Für Marvin Beck, der mir ein liebevoller Mentor und Kollege im Optionsprozess® ist. Die Einsichten aus seiner Praxis und aus den Options-Erforschungen, die er mit Studenten durchgeführt hat, bereichern die Seiten dieses Buches. Sein Beitrag, seine Klarheit und Fürsorge waren ein Geschenk.

Für Jane Rotrosen, Wonder Woman aus der Achtundvierzigsten Straße, die offen und zugleich unbeirrbar war, die sowohl die Agentin als auch ‚den Advocatus Diaboli' spielte – sie säte den Samen und pflanzte die Blume.

Für Patricia Soliman, die ein ganz besonderer und wissender Mensch ist, der auf die Innere Stimme hört. Ihr Engagement und ihre wachen Kommentare waren unersetzlich.

Für all jene, deren Präsenz wirklich wichtig war und die, jeder auf seine Art, zu einem Teil dieser Gabe geworden sind: Bryn, Thea, Raun, Nancy-Hands, Steve, Laurie, Judy, Cindy, Vikki, Marie, Harvey, Eileen, Sacha, Robert, Nancy, Rita, Irv, Lanie, Mandy, Sy, Ellen, Jesse, Suzi, Bill O. und – Abraham.

Und an meinen namenlosen Freund.

Vorwort   9

1   Der Optionsprozess® und ich   15

2   Der Optionsdialog: Mein eigener Experte sein   37

3   Kinder kommen glücklich auf die Welt   65

4   Den Berg von Überzeugungen abtragen   115

5   Liebesbeziehungen und der Optionsprozess®   131

6   Schuldgefühle ade!   159

7   Selbstvertrauen   177

8   Mir geht's gut:
    Gesundheit und psychosomatische Krankheiten   199

9   Sex und Ihre natürliche Kompetenz   231

10 Geld, Symbol für das angenehme Leben   275

11 Die Möglichkeit übersinnlicher Erfahrungen   311

    Die Option leben: Ein offener Brief   337

Sogar in der Stille
vor den Worten
wusstest du.

Für Samahria
alles Licht, alle Liebe.

****

Der
Unterschied
zwischen
der Blume
und
dem Unkraut
liegt in der Bewertung.

Vorwort

Diese Seiten enthalten nicht die Worte eines Priesters oder Arztes, sondern die Gedanken eines Mannes, der dabei ist, glücklicher zu werden. Der Optionsprozess® wurde mir als ein Geschenk der Liebe gegeben und ich machte ihn mir zu Eigen, verinnerlichte ihn, erkundete und veränderte ihn. Jetzt gebe ich die Ideen und das dazugehörige Verfahren an Sie weiter – und wenn Sie es sich zu Eigen gemacht haben, können auch Sie es weitergeben.

Dies ist ein sehr privates und persönliches Buch, obwohl es zu einer Stimme in einem jeden von uns sprechen mag. Die Worte beschreiben eine Reise...in meinem Fall die liebevolle Entwicklung heraus aus dem Treibsand glückloser Überzeugungen.

Der Optionsprozess® ist kein Werkzeug oder Patentrezept, sondern eine innere Einstellung und ein Entwicklungsprozess des Sehens. Es gibt nur eine Wahrheit, obwohl viele Wege dort hinführen.

Wozu also der Optionsprozess® und dieses Buch? In der Menschheitsgeschichte hat es viele berühmte und erhabene Geistesdisziplinen gegeben. In jüngster Zeit wurden uns schöne und wundersame Visionen aus dem Osten großzügig dargestellt. Doch diese Wege erscheinen uns oft fremd und unerreichbar.

Der Optionsprozess® hingegen nimmt die Wahrheiten von Christus und Buddha, von Sokrates, Sartre und Kierkegaard, von gegenwärtiger Psychologie und Philosophie und drückt sie in unserer täglichen Umgangssprache aus. Einige lehnen sie ironischerweise ab, weil sie nicht in kunstvoller Fachsprache beschrieben wird, nicht in Geheimnisse gehüllt ist. Vielleicht liegt gerade darin ihre besondere Schönheit, ihr besonderer Wert. Andere wiederum wollen den Optionsprozess® als eine Therapie oder Erziehungsmethode definieren, wollen ihn festnageln, vergleichen, diskutieren und in eine „akzeptable" Kategorie hineinpressen. Aber irgendwie ist der Optionsprozess® umfassender als die Summe seiner Teile ... mehr als nur eine Philosophie oder Therapie, mehr als eine Methode oder Gesprächstechnik.

Er ist eine Vision, die gelebt werden kann, eine kraft- und wirkungsvolle Alternative, geboren aus der Einstellung: *„Zu lieben heißt einverstanden sein"*, eine annehmende und liebevolle Umarmung unserer selbst und der Menschen um uns herum. Er entspringt der wachsenden Erkenntnis: „Ich *liebe* dich, indem ich *einverstanden, das heißt glücklich* mit dir bin" (annehmen und erlauben, wer und was du bist) und „Ich *liebe* mich, indem ich *einerstanden, das heißt glücklich* mit mir bin" (annehmen und erlauben, wer und was ich bin). Ich könnte mir sicherlich auch noch andere Dinge für uns beide wünschen. Indem ich dich aber liebe wie du bist, muss ich nicht mehr über dich *urteilen* und *brauche* es auch nicht mehr, dass du mit meinen Erwartungen oder Idealen übereinstimmst.

Für diejenigen unter uns, die sich einfach nur entschlossen haben oder entschließen, glücklich zu sein und alles fließen zu lassen, gibt es keine Methode. Aber für mich und vielleicht auch für andere, die sich schon länger oder zur Zeit durch ein Gefühl der Unzufriedenheit belastet fühlen, bietet der Optionsprozess® einen frischen Blick auf unsere Überzeugungen. Neue Ruhe und Klarheit können sich entfalten – eine neue Klarsicht, die es uns ermöglicht, völlig neue Entscheidungen zu treffen und unser Leben soweit neu zu erschaffen, wie wir es wollen.

Jeder von uns findet seinen eigenen Zugang. So ist jeder von uns imstande, sich sein eigenes Verfahren zu schaffen. Die vorgegebene Struktur ist nur ein nacktes Skelett, dem wir selbst das Leben einhauchen. Dieses Buch bietet strukturierte Fragestellungen und eine Methode, um glücklicher zu werden. Aber seine Wichtigkeit und Wirksamkeit ist nicht einfach in Worten und Fragen verborgen, es erhält seine Bedeutung durch unsere individuelle Betonung und innere Einstellung.

Die Entwicklung dieser Einstellung *ist* in vieler Hinsicht die Methode. Auf ihrer Grundlage können wir ein neues Selbst entstehen lassen und neue Entscheidungen treffen. Das wahre Wissen ist in jedem von uns zu finden, nicht auf den Seiten eines Buches.

Wenn wir dem Zeit geben, wird der Prozess zu einem Teil von uns. Während wir uns selbst besser kennen lernen, können wir das Leben leichter in uns aufnehmen. Statt Gäste und Hausmeister in einem Universum zu sein, das anderen gehört, werden wir nun zu Schöpfern unserer eigenen Welt.

Unsere Kultur verlangt sofortige Befriedigung, während sie uns und unsere Umwelt ganz beiläufig verunreinigt. Ihre Fürsprecher schreien nach sofortigen Antworten mit genauen und wohldefinierten Regeln. Die werden sie weder in diesem Buch noch in dieser Methode finden, und auch keine „unergründlichen Rätsel", die zu schwer zu verstehen und nur für Fachleute gedacht sind. Der Optionsprozess® ist ein bewegliches, zurückströmendes und geduldiges Fließen – seinem Charakter nach ist er möglicherweise mehr dem Osten als dem Westen zuzuordnen. Dieses Buch über den Optionsprozess® ist als Begleiter für eine besonders schöne Reise gedacht: Nicht, um an ein oder zwei Abenden ausgelesen zu werden, sondern um sanft angerührt, angenommen, kennen gelernt und über einen längeren Zeitraum genossen zu werden, so wie wir es mit einer geliebten Person tun würden.

Obwohl ich Meditation und spirituelles Streben tiefgründig und Persönlichkeitstherapie hilfreich fand, erschloss mir der Optionsprozess® den ersten klaren und vollständigen Blick auf mich selbst und mein Leben – nicht von einem fremden und weit entfernten Standpunkt aus, sondern in einer Stimme vorgetragen, die ich verstand und die offensichtlich meine eigene war.

Und das war erst der Beginn, eine Blaupause, die meine Welt zu einem wachsenden Schauplatz grenzenloser Möglichkeiten machte, wo Liebe und Fürsorge, Heilen und Helfen und sogar übersinnliche Erfahrungen Bestandteile der Landschaft sind.

Die Worte, Fragen und Gespräche des Verfahrens, die manchmal überaus rational und präzise sind, eröffnen einen Weg durch unsere überaus rationale und präzise Trostlosigkeit. Ein guter Freund schrieb mir einmal: „In deiner Gegenwart, in deiner Stimme oder vielleicht in der außerordentlichen Arbeit, die du mit deinem Sohn geleistet hast, fühle ich etwas, das weit über den Optionsprozess® hinausgeht. Was immer die Werkzeuge waren, die dich dahin gebracht haben wo du jetzt bist – du hast sie weit über das hinaus genutzt, was du gelernt hast." Mag sein, aber trotzdem waren es diese Hilfsmittel – die Optionsdialoge und Optionsfragen – die mir ein Fundament gaben und weiterhin geben, auf dem ich ständig meine Art des Lebens und Liebens neu erschaffe und verbessere.

Als ich glücklicher wurde, die Verwirrung zu schwinden begann und ich viel von meinem Elend losließ, entwickelte sich eine neue Energie. Ich gab mir die Erlaubnis, meinen Wünschen nachzugehen, mehr anzunehmen, zuzulassen und weniger zu urteilen. So fand ich heraus, dass ich für mich und diejenigen, die ich liebe, so viel mehr sehen und tun kann.

Wenn wir immer nur auf das schauen, was wir erwarten oder sehen wollen, übersehen wir all die anderen Blumen in unserem Garten. Hören wir auf die lauteste Stimme oder auf die klarste? Das ist unsere Entscheidung. Der Optionsprozess® ist eine äußerst persönliche Entfaltung.

Es geht nicht darum, wie viel wir nicht wissen, sondern das Wissen zu entdecken, das wir bereits besitzen.
Wenn jemand etwas feststellt und ich antworte: „Mensch, das stimmt wirklich!", dann ergibt sich diese Erkenntnis nicht aus der Tiefsinnigkeit des anderen, sondern aus der Bestätigung meines eigenen Verstehens mir selbst gegenüber. Das Beste, was jemand anderer tun kann, ist mein Bewusstsein für das aufzuwecken, was ich bereits weiß.

Zu Anfang erschienen einige Gesichtspunkte des Optionsdialogs so erstaunlich und verwirrend wie das Konzept vom „Klatschen der einen Hand". Im Grunde genommen gab es gar nichts zu tun, um glücklich zu sein ... außer der Glücklosigkeit ein Ende zu machen und die selbstzerstörerischen Überzeugungen fallen zu lassen, die meinen Energiefluss blockierten. Es erschien beinahe zu leicht, zu erlaubend, zu weich – nicht greifbar genug. Niemand sagte mir, was ich tun sollte, und niemand vergrößerte den bereits überwältigenden Berg von „Du sollst" und „Du musst". Ich hielt das Ruder in der Hand und verschaffte mir selbst neue Gelegenheiten, die selbstzerstörerischen Überzeugungen eines ganzen Lebens aufzudecken. Und während ich sie entdeckte und ausgrub, fand ich vieles, was ich sofort und entschieden wegzuwerfen beschloss.

Die Begriffe und Vorstellungen des Optionsprozesses® erreichten mich so klar und fassbar, dass sie keiner weiteren Hilfe bedurften als meiner eigenen Erkenntnis. Es gab keinen führenden Experten, der seine Ansichten und seine Autorität durch Referenzen, Alter oder Wohlstand behauptete. Sinngehalt und Wahrheit reichen weiter als die Stimme und Persönlichkeit des Lehrers, der sie vermittelt. Letzen Endes ist die wichtigste Stimme, die wir zu respektieren lernen, unsere eigene.

Nach all den Jahren der Verwirrung und des Misstrauens lernte ich es, meine eigene Melodie zu lieben und der Richtung meiner eigenen Neigungen zu vertrauen.

Die Lehren des Optionsprozesses® befähigten mich, unbeweglich und dauerhaft erscheinende Dinge zu verändern. Ganz besonders hatte dies zur Folge, dass ich vieles wie selbstverständlich verwirklichte, was andere, meist „Fachleute", als unmöglich bezeichnet hatten.

Indem wir das wertvolle Geschenk, welches wir selbst sind, an uns zurückgeben, indem wir zu uns selbst „Ja" sagen und uns vertrauen, entdecken wir eine Welt, die niemals auf die Seiten eines Buches begrenzt werden kann. Es ist jedoch möglich, hier den Pfad zu beschreiben, auf dem wir dorthin gelangen können und von der Freude und Schönheit dessen, was uns dort erwartet, einen Vorgeschmack zu vermitteln.

Da der Optionsprozess® für mich nach wie vor ein wundervolles Geschenk ist, verspüre ich den Wunsch, auch andere an ihm teilhaben zu lassen. Ich sehe ihn nicht als Allheilmittel, als Herausforderung oder als schicken Lebensstil an, nicht als den Weg, auf dem wir alle gehen „sollten". Er ist für mich ein Hilfsmittel, das es mir und vielen anderen ermöglicht hat, eigene Welten zu erschaffen, ohne die Erwartungen, Umstände und Bewertungen, die zum Unglücklichsein führen. Das Ergebnis ist ein heiteres und liebevolles Umfeld voller bereichernder Erfahrungen. Und obwohl ich bei mir gelegentlich Stimmungen wie Reizbarkeit und Unzufriedenheit zulasse, heiße ich das als weitere Gelegenheit willkommen, meine Überzeugungen zu untersuchen und die Möglichkeiten des Optionsprozesses® einmal mehr zu bestätigen.

* * *

An einem warmen Sommernachmittag ging ich Hand in Hand mit meiner neunjährigen Tochter spazieren, als sie auf einmal spontan behauptete: „Papa, ich möchte jeden Menschen auf der ganzen Welt lieben, der geliebt werden möchte." Und genau diese Worte über den Optionsprozess® möchte ich für alle auf der ganzen Welt niederschreiben, die sie lesen möchten. Wenn dieses Buch auch nur einen einzigen Menschen wirklich erreicht und wirklich berührt, dann hat es geholfen, neues Leben zu schaffen und trägt den Samen der Liebe.

Man sagt, wer einen Menschen wirklich geliebt hat, der hat die ganze Welt geliebt.

BARRY NEIL KAUFMAN
New York
c/o The Option Institute
2080 South Undermountain Rd. | Sheffield, MA 01257 | USA
E-mail: happiness@option.org | website: http://www.option.org
Phone: 413-229-2100

I
Der Optionsprozess® und ich

Das Leben erscheint als eine wunderschön musizierte Symphonie. Wie ein riesiges orangefarbenes Flammenauge geht am Horizont die Sonne auf. Eine Seemöwe schwebt durch den Morgennebel und stößt durch die Luft hinunter zum Wasser. Die Jahreszeiten tanzen über windbewegte Felder, ihr sanfter Rhythmus in der Bewegung ihrer Melodien gefangen. Und außerdem ist da mein eigener Rhythmus, natürlich und selbst reguliert – ein müheloses Fließen mit meiner eigenen Natur.

In meiner Vergangenheit jedoch gab es Zeiten, in denen meine Bewegungen nur allzu oft behindert und durch Trübsinn blockiert waren. Manchmal stolperte ich Tage, Wochen oder sogar Jahre durch das Labyrinth meines Unbehagens, gelegentlich zerkratzt und an scharfen Ecken verletzt, zerrissen und gepeinigt von meinen eigenen Gedanken und Gefühlen.

In der Zeit vor dem Optionsprozess® war mein Leben wie ein ständiges Gasgeben mit angezogener Handbremse. Meine Zweifel, Überlegungen und Fragen wurden oft zu Anschuldigungen. Ähnlich wie bei den Menschen um mich herum wurden auch viele meiner Aktivitäten und Freuden durch Unwissen, Ängste und Sorgen vergiftet. Ich wünschte mir Frieden, war aber gleichzeitig überzeugt, dass es ihn nirgends gab. Ich liebte die Menschen, fürchtete aber gleichzeitig, sie zu verlieren. Ich schaffte mir Fantasien, die sich zumeist nicht verwirklichen ließen. Die Welt schien von Freude und von aufregenden Ereignissen erfüllt, aber immer wieder schien vieles an mir nicht liebenswert zu sein. Ich hatte Freunde und fühlte mich trotzdem sehr einsam. In einem Augenblick war ich glücklich, im nächsten verwirrt und ängstlich. Mein Leben war wie eine Berg-und-Tal-Bahn, aus der ich nicht aussteigen konnte.

Dies waren Schutzwälle gegen meinen natürlichen Lebensfluss. Und wenn nichts anderes mehr half, dann nahm ich Zuflucht zu dramatischen Vergleichen, um mein persönliches Trauma zu mildern: Ich hielt mir all die fürchterlichen Katastrophen vor Augen, denen ich durch den Zufall meiner Geburt entgangen war, ich stellte mir alle nur möglichen Kriege, Hungersnöte, Seuchen, Erdbeben und Flutwellen vor. Ich suchte sogar Trost bei dem uralten Spruch: „Ich war unglücklich, dass ich keine Schuhe hatte, bis ich dem Mann ohne Füße begegnete."

Mich anzupassen und mit den Dingen fertig zu werden war meine tägliche Übung – aber irgendwie war mir klar, dass alles nur Halbheiten waren. Ich ließ nicht locker und suchte nach mehr.

In der Mitte der sechziger Jahre mühte ich mich als alternder Jugendlicher durchs Hochschulstudium, erfüllt von Idealen und Erwartungen. Ich lebte mit Sartre und Camus, verbrachte lange Nächte mit Kant und Hegel, drang mit Aristoteles und Thomas von Aquin in unergründliche Tiefen vor. D.H. Lawrence, Faulkner und Fitzgerald wurden meine Brüder, während mein Leben sich in ihren Büchern abspielte.

Ich wanderte von einer Beziehung zur anderen und versuchte meine Energie zusammenzuhalten, während ich neue Begegnungen aufspürte und mich in neue Lerngebiete vertiefte. Aber unter der Oberfläche all dieser Aktivitäten blieben viele Fragen unbeantwortet, und viele Rätsel waren mit Furcht und Unbehagen verbunden.

Allerdings war das Unbehagen in dieser Zeit in Mode, wo die Klassenräume voll waren mit jugendlichen Bettlern, die eher in einen Irrgarten hinein- als aus ihm herausgeführt wurden. Freud schwang immer noch das Zepter, was viele von uns vor unserem angeblich dunklen und geheimnisvollen Unterbewussten, das ohne Vorwarnung unter der dünnen Schutzschicht unserer Alltagsgesundheit hervorbrechen und eine grässlich prähistorische Erscheinung unserer selbst enthüllen konnte, in panischer Angst erstarren ließ.

Tage, Monate und Jahre wurden mit Gymnastik an intellektuellen und künstlerischen Turnstangen verbracht. Hoch in der Luft, aber trotzdem aufgelaufen. Erforschen war mit Zweifeln und Verwirrung gemischt. Der Studienabschluss war mit einem akademischen Grad in Philosophie gekrönt. Alsdann Arbeit als Jungakademiker auf dem Gebiet der Psychologie - verloren in einer Welt, in der sich fast jeder als ein Opfer ansah. Genau wie meine Altersgenossen misstraute ich mir selbst und lehnte es schlichtweg ab, meinen eigenen Eingebungen zu folgen.

Leben, Heirat, dann der Tod einer geliebten Person. Mit einundzwanzig zerfiel das Gewebe meiner täglichen Existenz, und ruderlos trieb ich mit meinen Zweifeln und meinem Unbehagen als einzigem Trost dahin. Ich konsultierte einen Freudschen Psychoanalytiker und tanzte meine Außendialoge auf dem Teppichboden seines einsamen Behandlungsraums in der Park Avenue. Die Sitzungen zogen sich über sieben Jahre hin. Mein Geschwätz prallte an der Wand seines Schweigens ab. Während ich in schmerzvollen Assoziationen fast ertrank, wartete ich auf jene wenigen Worte, die den Nebel auflösen würden – Interpretationen für ein ganzes Leben, auf dem Tablett serviert von einem, der annahm, er wüsste Bescheid.

Rastlos stürzte ich mich in ein Geschäftsprojekt mit Filmen und Werbung, das unglaublich erfolgreich wurde. Und doch gediehen Ärger und Selbstzweifel weiter. Selbst nachdem ich die Therapie mit ihrem halbherzigen Lebenskonzept beendete, blieb ein Unbehagen. Ein wohlmeinender Psychiater gab mir einen populären Slogan mit auf den Weg, der von vielen Therapeuten für „geistige Gesundheit" geteilt wird: „Es wird immer Zeiten von Angst, Unbehagen oder Furcht für Sie geben. Aber jetzt sind Sie besser darauf vorbereitet, mit ihnen umzugehen und fertig zu werden." Ich hatte eine bessere Lösung gewollt, fühlte mich betrogen, übers Ohr gehauen. Und in diesem Zustand von Enttäuschung erkannte ich, dass ich gerade erst am Anfang meines Weges stand.

Auf der Universität wurde die Wahrheit zu komplizierten Plastik- und Papiermodellen der Realität reduziert – eine Theoriemaskerade, die Fleisch und Blut darstellen sollte. Erfüllt von dem Wunsch weiterzukommen setzte ich meine Suche fort.

Zusammen mit meiner Frau Samahria, die an einigen meiner Forschungen teilnahm, studierte ich zahlreiche Projekte und beteiligte mich an vielen, die sich mit Bewusstsein und Verständnis beschäftigten. Ich verließ den Bereich konventioneller Therapie und machte mich von der akademischen Sichtweise der Psychologie frei. Ich erforschte veränderte Bewusstseinszustände, erzeugt durch Hypnose und Selbsthypnose. Schließlich war ich so weit, dass ich mich in einen hypnotischen Zustand versetzen konnte, indem ich lediglich mit dem Zeigefinger meine Stirn berührte. Eindrucksvoll und hoch interessant, aber immer noch unvollständig.

Was ich hier begonnen hatte, sollte eine anscheinend endlose Beschäftigung werden, und mein Durst nach wachsendem Bewusstsein und Wissen verstärkte sich. Einen Berg von Büchern ergänzte ich mit Experimenten und unterschiedlichen Serien von Theorien und Alternativen. Freud wurde mit Jung und Adler verschmolzen, neu übersetzt und von Horney und Sullivan überarbeitet. Dies brachte ich mit der klatschenden Hand der Gestaltpsychologie in Verbindung, von Perls menschlicher gemacht, und mit dem fesselnden Exorzismus des Urschreis, von Janov dramatisiert. Ich erlebte meine existentialistische Liebesromanze mit Sartre und Kierkegaard. Ich gelangte in die sanfte und liebende Umarmung von Carl Rogers, direkt nach der Erforschung der Dreieinigkeit von Eric Berne. Mit Skinner war ich ziemlich schnell durch, verweilte aber einige Zeit bei Maslow.

Teile eines Puzzlespiels! Jedes von eigener Schönheit und Weisheit, aber ohne ein Bindeglied, um die Einzelteile zusammenzusetzen. Ich wandte mich der ruhigen Weisheit von Buddha und Zen zu. Weiter zu Yoga und einer lyrischen Version von Meditation. Das alles wurde durch den Taoismus und die scharfsinnige Lehre ergänzt: „Das Leben geht nirgendwo hin, weil es bereits hier ist." Dann tauchte ich in Konfuzius ein: „Zu wissen, was er weiß und was er nicht weiß, ist charakteristisch für den, der weiß." Weiter bewegte ich mich nach Osten und setzte mich mit der philosophischen Grundlage von Akupunktur und Reflexologie auseinander. Wendete mich wieder dem Westen zu und betrachtete das Kollektivbewusstsein der Menschheit sowie dessen genetische Auswirkungen.

Eine wunderbare und manchmal erschöpfende Reise, auf der Philosophie, Psychologie, Religion und Mystizismus ineinander übergingen. Und trotz allem wusste ich, dass ich weitersuchen musste, um die immer noch nicht greifbare Perspektive zu finden, die mir letzten Endes den Horizont erhellen würde.

Noch ein Abend, ein weiterer Klassenraum. In einer Schule, die es inzwischen nicht mehr gibt, begegnete ich dem kleinen, rundlichen, mönchartigen Friar Tuck, der Coca Cola schlürfte und eine Zigarette nach der anderen rauchte. Er sprach über etwas, das er den Optionsdialog nannte – greifbar, scharfsinnig und einleuchtend.

Obwohl die ersten Worte weder von ihrem Inhalt her noch in ihrer Darstellung sensationell waren, kristallisierte sich in mir sofort eine Gewissheit, die schon immer dagewesen war, aber nie zuvor mein Bewusstsein erreicht hatte. Als sie nun für mich Gestalt annahm, konnte ich das Blut in meinen Adern pochen spüren. Alle meine Gefühle und mein Verhalten gründeten auf meine Überzeugungen, und diese Überzeugungen konnten untersucht und nach meiner eigenen Wahl verändert werden. Es schien verblüffend einfach zu sein. Als ich mich dann selbst aus diesem neuen Blickwinkel zu betrachten vermochte, wurde die Option mehr als eine Philosophie: Sie entwickelte sich zu einer Vision, die zum Rückgrat einer neuen Lebensweise werden sollte und die wir den Optionsprozess® nennen.

Dies alles entsprang einer ganz speziellen Geisteshaltung: *Lieben heißt, glücklich damit sein, wie etwas/jemand ist* – oder, kurz: *Lieben heißt einverstanden sein.*

Das Unglücklichsein wurde endlich aus dem engen Schrank der geistigen Gesundheit herausgenommen und in den Bereich zurückgebracht, den die alten Griechen die Arena der Philosophie nannten. Fragen und Gespräche waren nicht mehr Beschuldigungen oder Wertungen zum Zweck der Diagnose; sie waren einfach Katalysatoren, die mir halfen, meine Überzeugungen und meine Denkweise zu klären. „Warum bin ich unglücklich?" und „Was wünsche ich für mich?" wurde eine tief bewegende Perspektive, durch die ich mir selbst näherkommen und auf einmal neue Entscheidungen treffen konnte. Ich erkannte, wie ich mich aufgrund meiner Überzeugungen gegen mich selbst gestellt hatte. Besonders beeindruckt war ich von der aufkeimenden Erkenntnis, *dass ich gelernt hatte, unglücklich zu sein.*

Der Mechanismus negativer Empfindungen war verinnerlicht worden und arbeitete mit stetiger Regelmäßigkeit. Unzufrieden zu sein war selbstverständlicher Bestandteil meines Lebens und des Lebens der Menschen um mich herum. Es war ein Weg, mit mir selbst und meiner Umgebung umzugehen.

Ich entwickelte eine große Furcht, wegen Fettleibigkeit abgelehnt zu werden, nur um mich selbst zum Einhalten einer Diät zu motivieren. Ich hatte Angst vor Lungenkrebs, so dass ich aufhören konnte zu rauchen. Mich um Arbeitslosigkeit zu sorgen wurde zu meiner Art, mich selbst zu härterem und pflichtbewussterem Arbeiten anzutreiben. Ich bestrafte mich im Jetzt mit Schuldgefühlen, um mich selbst daran zu hindern, mein „schlechtes" Betragen in Zukunft zu wiederholen. Wenn jemand, den ich liebte, unglücklich war, dann wurde ich traurig, um meine Anteilnahme zu zeigen. Und ich wurde meinen Angestellten gegenüber wütend, um sie zu schnellerem Arbeiten anzutreiben.

Als ich meine Umgebung unter die Lupe nahm, sah ich Menschen, die straften, um Zukünftiges zu verhindern. Ich sah sie die Furcht vor dem Tod als Mittel zum Leben benutzen, sah sie den Krieg hassen, um ihrem Wunsch nach Frieden nahe zu bleiben.

Überall gab es Zeichen von Traurigkeit. Man hatte mir beigebracht, dass ich manchmal traurig sein „musste" und dass es sogar „gut" oder nützlich wäre, traurig zu sein. Unsere Kultur unterstützte das. Unglücklich zu sein war das Kennzeichen eines denkenden und gefühlvollen Menschen - daran erkannte man seine Empfindsamkeit. Auch sahen viele das als die einzige „vernünftige" und „menschliche" Reaktion auf unsere schwierige und problembeladene Gesellschaft an. Der Ausdruck „glücklicher Idiot" war nicht einfach eine beiläufige Bemerkung, sondern vielmehr eine Unterstellung, dass Glück und Idiotie gleichbedeutend seien. Wie schon viele vor mir, so akzeptierte ich diese Überzeugungen und so manche andere, dachte nie darüber nach und stellte ihre Gültigkeit nicht einmal in Gedanken in Frage. Auch ich wurde ein lebendes Beispiel für allgemeine Verdrossenheit, während ich mühevoll durch die schwierige Landschaft des Lebens stolperte und glaubte, es müsse so sein. Unzufriedenheit wurde als Antrieb benutzt und half mir, mich um mich selbst zu kümmern und mehr zu erreichen. Und all das nur, um schließlich vielleicht Glück oder Erfüllung zu finden. All diese Anschauungen hatte man mir beigebracht, damit ich für mich das Beste erreichte. Tatsächlich aber waren sie zum Nährboden für alle Arten von Ängsten, Sorgen und Gefühlen des Unbehagens geworden.

Als ich mir selbst mit der inneren Einstellung der Option gegenübertrat, verurteilte ich meine Unzufriedenheit in keiner Weise. Ich sagte mir nicht, dass ich nicht unglücklich sein könne oder dürfe. Es gab keine unausgesprochene Feststellung, dass ich glücklich sein „müsse". Letzten Endes hatte die Unzufriedenheit bis zu diesem Augenblick ihre eigenen Vorteile gehabt und sowohl mich als auch andere motiviert und in Schach gehalten. Dennoch waren meine negativen Gefühle und die anderer ein teuer erkauftes Gut. Sie ließen den Wein zu Essig werden. Furcht, Anspannung, Unbehagen und Ängstlichkeit haben ihren Preis – sie erzeugen einen regelrechten Kurzschluss in unserem System. Damit wird genau das Gegenteil des Erwünschten erreicht, wie der Verlust von geliebten Personen, unerreichte Ziele, Schmerzen, Magengeschwüre, hoher Blutdruck, Gewalttätigkeit, Selbstmord und Kriege. Diese Nebeneffekte gehen weit über den Nutzen des Unzufriedenheitsmechanismus hinaus – und über die untergründigen Vorstellungen von Trostlosigkeit.

Der Optionsprozess® half mir, die Natur der zugrundeliegenden Überzeugungen zu verstehen, Vorstellungen, die zu meinem Verhalten und meinen Gefühle führten. Ich entwickelte immer mehr die Fähigkeit, bewusst und frei zu wählen, was am besten für mich war. Ich lernte mich selbst neu zu formen, so wie ich es wünschte, und glücklich statt unglücklich zu sein. Indem ich diese verzehrenden, sorgenvollen und oft schmerzhaften Vorstellungen (mit den sie begleitenden Verhaltensweisen und Gefühlen) auflöste, wurde ich glücklicher, meine Energie kristallisierte sich und wurde effektiver im Verwirklichen dessen, was ich mir wünschte. Im Gegensatz zu vielen meiner vorherigen falschen Ideen brachten mich nun zunehmende Harmonie und Zufriedenheit tatsächlich dazu, mehr für mich selbst zu erreichen.

Während ich Fakten über *mich* verarbeitete, fand ich heraus, dass ich Informationen und Anschauungen nach Belieben behalten oder fallen lassen konnte. Es gab nichts Schlechtes für mich; je mehr ich wusste, desto besser war ich ausgerüstet, meine Wünsche zu verwirklichen. Wahrnehmungen und Handlungen enthielten nichts grundsätzlich Gutes oder Schlechtes, lediglich die Bezeichnung, die ich ihnen gab bzw. die ihnen zu geben ich mich entschloss. Meine Reaktionen resultierten immer aus diesen Entschlüssen. Indem ich neue Überzeugungen ablehnte oder auch annahm, wurden das Wissen, die Verantwortung und die Sachkenntnis über mein Leben in meine eigenen Hände gelegt – dorthin, wo sie schon immer waren. Und auch das wurde durch meine eigene Entscheidung erreicht, durch meine eigene Wahl, es zu tun.

Für mich und meine Welt gibt es nur einen Experten, und das bin ich. Und für Sie und Ihre Welt gibt es ebenfalls nur einen Experten – Sie!

Es bestand kein Anspruch darauf, dass dies der einzige Weg zum Glück war. Aber der Optionsdialog gab mir eine Klarheit und Kontrolle, die immer bei mir bleibt, unmittelbar und in direkter Reichweite. Indem ich meine Vorstellungen der Unzufriedenheit losließ, konnte ich mich besser auf meine Wünsche konzentrieren und hatte mich selbst nun *unwiderruflich unter Kontrolle*.

Keine geheimen Codes waren zu entschlüsseln, keine Einweihungsriten zu ertragen. Kein Geheimwissen, das nur wenige Auserwählte verstanden. Keine Fragen, ob ich krank, schlecht angepasst oder gestört sei. Keine Urteile über das, was ich tue oder bin. Kein Gut oder Böse, Sollte oder Sollte-nicht. Sogar wenn ich unglücklich war und mich selbst ganz mit Traurigkeit ausfüllte – auch das war für mich ein Weg, mich um mich selbst zu kümmern.

Wir alle geben unser Bestes, in der besten Weise, in der wir es aufgrund unserer derzeitigen Überzeugungen vermögen.

Andere, die uns als etwas abstempeln oder verurteilen wollen, tun das mit sich selbst; ihre Einschätzungen haben nichts mit dem zu tun, was wir sind. Krankheit, Dummheit und Minderwertigkeit sind ihre Bewertungen und haben nur soviel Bedeutung, wie wir ihnen geben. Wenn wir gegen den Teufel kämpfen, machen wir ihn nur stärker. Nehmen wir keine Notiz von ihm, wird er wahrscheinlich verschwinden. Ich veränderte meinen Blickwinkel und erlaubte mir, so zu sein wie ich bin. Das brachte mir die wundervolle Erfahrung meiner eigenen Freiheit.

Die Erforschung meines Selbst wurde zu einem freudevollen Streben nach mir selbst. Als wäre ich mein eigener Sokrates, brachte ich meine Überzeugungen zum Vorschein und verstand die Gründe für das, was ich fühlte und tat. In diesem Abenteuer gab es keinen Lehrer, Guru oder gescheiten Therapeuten mit *der* richtigen Antwort. Ich war der Antriebsmotor, der Sucher und der Entdecker. Und je mehr Verständnis ich erwarb, desto klarer traf ich meine Wahl, glücklich zu sein anstatt mich zuerst unglücklich zu machen, um mich dann in Bewegung zu setzen.

Ich war erstaunt zu erkennen, wie oft ich Traurigkeit als einen Zustand benutzte, den ich mir selbst versprach, falls ich nicht bekam, was ich wünschte oder erwartete. Wenn meine Liebste sich nicht um mich kümmerte, würde ich unglücklich sein. Wenn ich die Anstellung nicht bekam, würde ich auf den Leiter des Vorstellungsgesprächs und auf mich selbst wütend sein. Bestand ich eine Prüfung nicht, würde ich mich ärgern. Erwarten und nicht zu bekommen war einfach eine Möglichkeit, mich selbst zu motivieren. Ich bildete mir ein, nur zu wollen sei nicht genug. Wenn mein Glück nicht davon abhing, würde ich mich vielleicht nicht richtig bemühen.

Dies war eine Dynamik, die mein Wünschen in Bedürftigkeit verwandelte. Wenn ich mir jetzt etwas wünsche, dann konzentriere ich mich auf das Bemühen, es zu erreichen. Da gibt es, sollte es nicht gelingen, keine Furcht vor zukünftigem Unglücklichsein. Wenn ich etwas wünsche, so bin ich deshalb nicht vom Bekommen abhängig.

In meiner Bedürftigkeit allerdings messe ich einem Wunsch besondere Bedeutung bei, ich mache mein Glücksgefühl von seiner Erfüllung abhängig. Wenn ich das, was ich behaupte haben zu müssen, nicht bekomme (Liebe, Geld, Sicherheit), dann sage ich, dass ich unglücklich sein werde. Das ist meine sich selbst erfüllende Prophezeiung. Früher glaubte ich, dass Ängste und Androhungen mich veranlassen würden, meine Ziele mit größerem Eifer zu verfolgen. Tatsächlich aber waren sie meist eine schmerzhafte Verwirrung mit negativen Folgen für mich selbst.

In manchen Fällen führte das unbedingte Wollen tatsächlich zum Erlöschen meines Wunsches. Aus Angst, nicht zu erreichen, was ich wollte, beschloss ich manchmal, es gar nicht erst zu versuchen, um nicht enttäuscht zu werden. Warum das? Es gab viele Gründe, aber der wichtigste war meine Überzeugung, dass ich noch unglücklicher sein würde, wenn ich den Versuch unternahm und scheiterte, als wenn ich es erst gar nicht versuchte. So konnte ich mich wenigstens mit den Worten trösten: „Je nun, da ich es nicht versucht habe, habe ich auch nichts verloren – und wenn ich es ernsthaft gewollt hätte, dann hätte es sowieso geklappt!" Der Druck des Bedürfnisses verursachte einen Kurzschluss, und das Ergebnis war Stillstand.

Wie anders wurde das, als ich begann, mein Begehren als Wunsch und nicht als ein Haben-Müssen anzusehen! Von da an versuchte ich, Ziele zu erreichen, ohne mein Leben oder mein Glück davon abhängig zu machen. Außerdem brauchte ich nicht mehr mit der Angst vor dem Nichterreichen meines Ziels oder dem „Scheitern" zu leben.

In den Zeiten vor der Entdeckung der Option war das Unglücklichsein auch ein Maß für die Stärke meiner Wünsche oder meiner Liebe. Je schlechter ich mich fühlte, wenn ich nicht bekam, was ich wollte, oder etwas verlor, an dem mein Herz hing, desto mehr schien es mir zu bedeuten. Wenn ich nicht über die Gefährdung oder den Verlust von etwas unglücklich war, dann hatte ich es vielleicht nicht genug gewollt. Noch mehr beunruhigte mich der Gedanke, ich würde vielleicht keine Wünsche mehr haben und am Schicksal anderer Menschen keinen Anteil mehr nehmen, wenn ich mir selbst erlaubte, unter allen Umständen glücklich zu sein. Wäre ich mit meiner gegenwärtigen Situation völlig zufrieden, würde ich mich möglicherweise nicht bemühen, etwas zu ändern oder neue Chancen wahrzunehmen. Ich kann mich auch an meine Überzeugung erinnern, es sei herzlos und unmenschlich, in bestimmten Situationen nicht unglücklich zu sein.

Die heimtückische Furcht, dass Zufriedenheit und Trägheit gleichbedeutend sein könnten, wurde nun schnell zerstreut. Je zufriedener ich mit mir selbst wurde, desto einfacher war es, mehr zu wünschen und mir zuzutrauen, mehr in Angriff zu nehmen. In vielen Fällen stand mein Glück nicht mehr auf dem Spiel. Ob sich meine Wünsche verwirklichten oder nicht, ich konnte mich immer noch wohlfühlen.

Indem ich die Grundlagen und Dialoge des Optionsprozesses anwandte, hatte ich beschlossen, mich zu ändern, während alles um mich herum gleich zu bleiben schien. Nach einiger Zeit jedoch, als die Veränderungen in mir zu wirken begannen, veränderte sich auch meine Umgebung.

Ich untersuchte die Beschaffenheit meines persönlichen Lebens und machte den Versuch, die vorhandenen Schwierigkeiten zu beseitigen. Dabei lernte ich, dass zur Arbeit zu gehen und seinen Lebensunterhalt zu verdienen für mich kein „Müssen" oder „Sollen" war, wie man mich immer gelehrt hatte. Es war für mich eine Tätigkeit, die ich wirklich ausüben wollte. Dennoch hatte ich mich die ganze Zeit so benommen, als würde ich gezwungen. Ich schaute über die Unlust hinaus und verstand, dass ich mir niemals die Annehmlichkeit oder die Freiheit erlaubt hatte, Spaß an der Arbeit zu haben, weil ich den Glauben aufrecht erhielt, ich „müsste" arbeiten. Ich testete all meine Ideen zu der Ansicht, dass Stress ein notwendiger Bestandteil des Erfolges sei. Im Rahmen dieser ernsthaften Weiterentwicklung gab ich viele schädliche Ansichten auf, die mit der zwanghaften Vorstellung zusammenhingen, dass ich Dinge unbedingt haben müsste oder unglücklich sein müsste, wenn ich sie nicht bekommen konnte.

Endlich war die Nabelschnur durchtrennt. Alte Vorstellungen wurden zurückgelassen, und ich errichtete ein neues Fundament für meine Aktivitäten und Beschäftigungen. Beharrlich erforschten Samahria und ich gemeinsam unsere negativen Gefühle und Vorurteile. Viel altes Unbehagen blieb dabei auf der Strecke. Neue Entscheidungen veränderten die Substanz unseres Lebens von Grund auf. Wir gestalteten unser Leben neu und begannen, andere zu unterrichten und zu beraten.

Die grundsätzliche Einstellung, die Methoden, die Dialogtechniken und die Philosophie entwickelten sich zu einem umfassenden Lebenskonzept. Unsere Freunde, die den Optionsprozess® selbst erlebten, fanden in ihrem Leben neuen Sinn und neue Bedeutung, von einem tiefen und bleibenden Gefühl inneren Friedens begleitet. Erfahrungen im Privat- und Gruppenbereich wurden ergänzt durch Arbeit und Supervision mit anderen Studenten, die aus dem Panzer von Unzufriedenheit und Verwirrung zu neuer Freiheit und Klarheit fanden. Ob es nun mit einem Einzelgespräch oder dem Einlassen auf eine Dialogserie begann – wenn die Teilnehmer es wünschten, erlebten sie erstaunliche und wunderbare Veränderungen. In einigen Fällen wandelte sich Hass in Liebe, Krankheit wurde zu Gesundheit, aus Ablehnung wurde Anerkennung, und innerer Aufruhr legte sich zugunsten einer fast mystischen Stille.

Wir fühlten uns lebendig und pflanzten weitere Samen.

Samahria und ich tauschten keine Bemerkungen mehr aus von der Art „Wenn du mich liebtest, dann würdest du dies oder das tun." Jeder von uns war mit sich selbst und dem anderen glücklicher, obwohl die ersten Jahre unserer Ehe schwierig und stürmisch verlaufen waren. Wir nahmen unsere Beziehung unter die Lupe, entfernten alle ausgeklügelten Erwartungen und Bedingungen und damit viele Enttäuschungen und Konflikte. Wir akzeptierten einander und fühlten dadurch mehr Liebe. Das übertrug sich auch auf unsere Kinder. Wir waren wacher für die Glaubenssätze, die Eltern an jedem einzelnen Tag auf ihre Kinder übertragen. Immer mehr wuchs unsere Toleranz und unser Respekt gegenüber den Wünschen und der Individualität dieser kleinen Leute, die unser Leben teilten.

Trotzdem bewerten wir es nicht als „schlecht" oder unannehmbar, wenn wir selbst und unsere Lieben immer noch negative Gefühle empfinden und rücksichtslose Entscheidungen treffen. Für uns ist jeder unglückliche Augenblick eine neue Gelegenheit, schädliche Überzeugungen auf dem Weg zu mehr Glück und Zufriedenheit loszuwerden.

Diese Einstellung bildete den Grundstock für unseren Umgang mit einer Situation, die eines unserer Kinder betraf und die von anderen als „entsetzlich" und als „furchtbare Tragödie" abgestempelt wurde. Während dieser sehr speziellen Auseinandersetzung mit dem „Unmöglichen" merkten wir erst richtig, welch wunderbares und wirkungsvolles Lebensgeschenk wir erhalten hatten. Die Geschichte unseres Sohnes ist – neben vielen anderen – ein lebendiges Beispiel für die Macht, die Wirksamkeit und die endlosen Möglichkeiten des Optionsprozesses®.

An einem kalten 17. Januar um 18:14 Uhr kamen Samahria und ich zusammen, um mit Atem- und Herzübungen die Ankunft unseres dritten Kindes zu unterstützen. Die Methode und der Rhythmus einer natürlichen Geburt füllten den Raum mit strahlender Energie. Ein gesunder, hübscher und wonniger kleiner Junge erblickte das Licht der Welt und tat seinen ersten Atemzug. Er bekam den Namen Raun Kahlil.

Unsere Freude über die feierliche Ankunft unseres Sohnes wurde sofort gedämpft durch die Ereignisse der nächsten vier Wochen. Sowohl auf der Säuglingsstation als auch daheim weinte Raun Tag und Nacht. Eine Untersuchung folgte auf die andere, doch keine sichtlichen Fehlfunktionen wurden entdeckt.

Drei Wochen später zeigte sich eine schwere Ohrenentzündung. Der Kinderarzt verschrieb Antibiotika, die innerhalb von 24 Stunden zu einer heftigen Austrocknung führten. Rauns Augen überwölkten sich. Seine Haut nahm eine kalkweiße Farbe an und der Lebensfunke unseres Kindes schien zu erlöschen. Notaufnahme in Krankenhaus. Raun wurde auf die Intensivstation gelegt und schwebte bedrohlich zwischen Leben und Tod. Der Entzündungsdruck führte zu einer beidseitigen Perforation des Trommelfells. Wir konzentrierten unsere Gedanken und Energie völlig auf den Wunsch, dass unser Sohn am Leben bleiben möge. Endlich, in der zweiten Woche seines Klinikaufenthalts, begann er eine Reaktion zu zeigen.

Für uns alle war es ein zweiter Beginn. Raun schien jetzt fröhlich zu sein – eine friedvolle, sanfte Harmonie kennzeichnete den Rest seines ersten Jahres. Er wuchs und entwickelte sich mit Anmut und Kraft. Doch als er zwölf Monate alt war, bemerkten wir, dass seine Hörwahrnehmung geringer wurde; er reagierte weniger auf seinen Namen und andere Geräusche.

Während der nächsten vier Monate gesellte sich zu dem offensichtlichen Hördefizit unseres Sohnes die Tendenz, vor sich hin zu starren und passiv zu sein. Er zog es vor, alleine zu spielen, statt Zeit mit der Familie zu verbringen. Wenn wir ihn in die Arme nahmen, ließ er seinen Körper schlaff herunterhängen. Weitere Untersuchungen brachten keine klaren Ergebnisse. Doch das Verhalten unseres Sohnes veränderte sich rapide. Sein zartes Gesicht und seine blitzenden Augen wandten sich einer anderen Welt von Erfahrungen zu.

Im Alter von siebzehn Monaten hatte Raun sich völlig von allen menschlichen Kontakten zurückgezogen und war hinter einer anscheinend undurchdringlichen Wand verschwunden. Die Diagnose war Autismus, traditionell eine Art Kindheitsschizophrenie, von allen psychotischen und gestörten Zuständen diejenige mit der ungünstigsten Prognose. „Unheilbar". „Hoffnungslos". Das war die grundsätzliche Botschaft in der Literatur und von Fachleuten im ganzen Land, die wir zu Rate zogen.

Ein klassischer Fall von Autismus. Schweigend und verschlossen starrte Raun durch uns hindurch, als ob wir aus Glas wären. Unaufhörlich schaukelte er zu den Klängen einer inneren Symphonie vor und zurück. Jeden Gegenstand, den er sah, drehte er stundenlang herum. Er lächelte vor sich hin und berührte immer wieder seine Lippen mit den Fingern. Die Sprachentwicklung blieb aus, keine Worte, keine Geräusche, nicht einmal Gesten. Kein Rufen oder Weinen, wenn er hungrig war, kein Zeichen, dass er sauber gemacht oder aus der Wiege genommen werden wollte. Der Verlust des Augenkontakts. Da war nur Wegstoßen, eisiges Schweigen und Einsamkeit.

Aber obwohl Raun für uns verloren schien, blieb er in unseren Augen doch ein wundervolles und segensreiches Kind – wie ein hingebungsvoller Mönch, der über seine Lebenskraft meditiert, während er geduldig vor dem Altar des Universums sitzt.

Wir entschlossen uns zu der offenen Haltung, jeden aufzusuchen und überall um Hilfe zu fragen. Wir lasen jedes greifbare Buch über Autismus und bereisten verschiedene Städte, um Erkundigungen einzuholen und Beobachtungen anzustellen. Physiotherapie. Psychoanalyse. Sensorische Konditionierung. Biochemische Experimente. Megavitamintheorien. Und schließlich probierten wir verschiedene Arten von Verhaltensmodifikation aus, die derzeit in Mode sind.

Es wurde immer klarer, dass die meisten Programme kaum mehr waren als Experimente. Der Prozentsatz von Kindern, die darauf reagierten, war kläglich; vielleicht nur eine Handvoll unter jeweils einhundert. Ironischerweise wurden oft die ein oder zwei Kinder, die nur das Ausführen minimaler Funktionen auf einer sehr primitiven Stufe erlernten, als Erfolg aufgeführt.

Je mehr wir die Natur dieser Behandlungsmethoden sahen und verstanden, desto stärker wurden unsere Zweifel. Raun war ein wundervolles menschliches Wesen mit seinen eigenen Qualitäten, seiner eigenen Würde. Sein Blick war so intensiv, so klug und lebendig. Aber wer dort draußen war bereit, davor Achtung zu haben?

Im Namen der Medizin und der Menschheit – und wahrscheinlich im ernsthaften Glauben zu helfen – schnallten Fachleute kleine Kinder auf Tischen fest und jagten bei Elektroschockbehandlungen elektrische Ströme von 150 Volt in deren Gehirne. Andere Jungen und Mädchen wurden an Stühle gefesselt, um sie am Schaukeln zu hindern. Manche wurden in schwarze Tragekisten oder in Wandschränke als eine Form von Aversionstherapie eingeschlossen. Ein Arzt, der diese Techniken benutzte, äußerte ganz beiläufig, dass die Kinder nicht sehr menschlich auf seine Therapien reagierten. Es ist unglaublich, wie wenig Einfühlungsvermögen er für eine offensichtliche Tatsache aufbrachte: Wenn jemand ihn in einen Wandschrank einschließen, seinen Körper mit Elektroschocks quälen und ihn an Händen und Füßen fesseln würde, dürfte seine Neigung, eine Beziehung zu seinen Therapeuten herzustellen, sehr schnell verschwinden – ganz besonders, wenn er schon vorher nur mit Schwierigkeit in seiner Welt zurechtgekommen wäre.

Wie könnte sich irgend jemand erhoffen, mit einem funktionsgestörten Kind in Kontakt zu kommen und ihm zu helfen, wenn er es missbilligt und verurteilt?

Wir wollten unsere guten Gefühle nicht aufgeben. Wir konnten es nicht über uns bringen, das Leben dieses zarten und andersartigen Kindes auszulöschen, indem wir es hinter den Steinmauern eines gefühl- und gesichtslosen Instituts verschwinden ließen. Wir beschlossen, uns selbst zu vertrauen, ein eigenes Programm zu entwerfen, zu erschaffen und uns nicht durch irgendwelche begrenzenden Vorstellungen beeinflussen zu lassen. Wir wollten versuchen, Raun bei der Wiederbelebung und Erweiterung seiner Welt genauso zu helfen, wie wir es für unsere Welt durch den Optionsprozess® getan hatten.

Unser Leitfaden war die Grundhaltung des Optionsprozesses®: Lieben heißt einverstanden sein. Wir beschlossen, dass unser Sohn im Kontakt mit uns weder Bedingungen noch Erwartungen zu erfüllen hatte. Es würde keine Bewertungen geben, die sein Verhalten in Gut und Böse unterteilten. Unser Vorgehen würde seine persönliche Würde achten, statt ihn zu zwingen, sich auf unsere Ideale oder unser Verhalten einzustellen. Wir arbeiteten mit Raun in jeder wachen Stunde (achtzig Stunden pro Woche), wir trafen ihn auf seinem eigenen Boden und kamen zu ihm in seine Welt. Wir taten das mit Liebe und Verständnis und immer im Bewusstsein, dass Raun – aus welchen Gründen auch immer – das Beste tat, dessen er fähig war.

Wir entschlossen uns, das Offensichtliche zu tun: Wenn Raun nicht imstande war, mit uns in unserer Welt zu leben, würden wir versuchen, in seiner Welt mit ihm in Kontakt zu treten. Die Hauptrichtung unseres Programms bestand darin, an seiner Seite zu sein und ihn so sanft und erlaubend wie möglich zu berühren. Doch die wichtigste Entscheidung war, ihn nachzuahmen, und das nicht als Experiment von einer entfernten und gleichgültigen Perspektive aus. Wir begleiteten ihn wirklich mit voller Energie und großem Enthusiasmus. Wenn er schaukelte, dann schaukelten wir. Wenn er sich um sich selbst drehte und seine Händchen schüttelte, dann drehten wir uns um uns selbst und schüttelten unsere Hände. Das war unsere Art zu lernen, unser Art, ihn zu begrüßen – unser Versuch, ihm unsere Liebe und unser Verständnis mitzuteilen. Verschiedene Ärzte wiesen uns darauf hin, dass wir mit unserem Nachahmen den tragischen Fehler machten, sein „schlechtes" Betragen zu unterstützen. Für uns gab es nichts Schlechtes oder Gutes, es gab nur einen anders gearteten Jungen, mit dem wir Kontakt aufnehmen wollten.

Wir überschütteten ihn auch geradezu mit Aufmerksamkeit, Liebe und Fürsorge, mit Schmusen, Musik, Lächeln und sanften visuellen und auditiven Anregungen. Wir unternahmen den Versuch, ihm eine Umgebung zu zeigen, die er vielleicht noch faszinierender und schöner finden würde als seine selbstgeschaffene selbststimulierende Welt. Seine Motivation würde die unsere weit übertreffen müssen. Durch seine Gedächtnisschwäche, die wir in den lang anhaltenden Zeiträumen unseres Beobachtens entdeckt hatten, war Rauns Fähigkeit zu einfacher Kommunikation mit uns schwerwiegend beeinträchtigt.

Zu Beginn waren die Fortschritte sehr klein und kaum bemerkbar. Wir begannen damit, andere als Lehrer-Therapeuten auszubilden und benutzten die Grundlagen und Methoden des Optionsprozesses® als Instrument. Auch unsere beiden Töchter Bryn und Thea waren Lehrerinnen und liebevolle Führer für ihren Bruder. Wichtigster Bestandteil war die Entwicklung der Optionshaltung. Täglich erforschten wir unsere Vorstellungen und Gefühle in Dialogen, um uns selbst dabei zu unterstützen, Raun zu helfen. Die speziellen Verfahrensweisen und Techniken, die wir bei der Arbeit mit unserem Sohn einführten, waren zweitrangig im Vergleich zu dem Ton und zu der Art, in der wir auf ihn zugingen und Kontakt aufnahmen.

Innerhalb von acht Monaten wurde aus diesem gestörten, total verschlossenen, selbstbezogenen, zurückgebliebenen und „hoffnungslosen" kleinen Jungen ein kontaktfreudiges, sehr gesprächiges, zärtliches und liebevolles menschliches Wesen, dessen Verstand weit über sein Alter hinaus entwickelt war.

Hätten wir unser Wünschen aufgegeben und wären dem Rat der „Fachleute" gefolgt, würde unser Sohn vielleicht heute in seinem eigenen Kot sitzen, allein und vergessen, vollgepumpt mit Thorazin, würde sich Stunde um Stunde auf dem kalten Flur einer namenlosen Krankenanstalt drehen und schaukeln.

Statt dessen ist dieses Kind, von dem es hieß, es würde niemals sprechen oder sich sinnvoll verständigen können, im Alter von vier Jahren ein vorzüglicher und niveauvoller Gesprächspartner geworden, der unser Haus jeden Tag mit dem angenehmen Klang seiner Worte erfüllt. Voller Zuneigung, liebevoll und mit starkem Interesse an seiner Umgebung wächst er heran und lernt aus eigenem Antrieb und nach seinen eigenen Ansichten.

Raun kann bereits einfache Sätze buchstabieren und lesen. Er liebt Zahlen und beherrscht elementares Addieren und Subtrahieren. Mit seinem elegant sprühenden Humor ahmt er Freunde und Familienmitglieder in gekonnten Schauspielerpossen nach. Seine Liebe zur Musik hat zu einer intimen Beziehung zum Klavier geführt, auf dem er inzwischen verschiedene Melodien und Lieder selbst komponiert hat. In einem Kindergarten für „normale" Kinder übertrifft er seine Altersgenossen in sozialer Anpassung und verbaler Ausdrucksfähigkeit und zeigt zugleich ein unerschöpfliches Talent, aus dem Umgang mit seinen Spielgenossen und seiner Umgebung Spaß und Freude zu gewinnen.

Wir nennen Raun Khalil das erste Options-Kind.

In vieler Hinsicht ist er für uns ein großartiger Lehrer gewesen und hat so manches in Bewegung gebracht. Unsere Einstellung und unsere Wünsche ließen eine natürliche Ergebenheit entstehen, die die Entwicklung und Wiedergeburt eines erstaunlich schönen und kreativen menschlichen Wesens unterstützte. Wären wir nicht entspannt gewesen, sondern von Furcht und Angst überwältigt, wir hätten vielleicht nicht einmal versucht, einfach mit Raun zu *sein*. Und dann würden die „Fachleute" auf den kleinen, verlorenen Jungen zeigen, der in die Suppe seiner eigenen Verwirrung sabberte, und sagen: „Hier sehen Sie einen bedauerlichen und unveränderlichen

Zustand!" Aber solche Worte sind nichts mehr als der Ausdruck einer persönlichen Meinung, einer Prophezeiung, die möglicherweise um ihrer selbst willen verwirklicht werden muss.

Wenn wir etwas als schwierig, schrecklich oder hoffnungslos ansehen, dann machen wir es damit schwierig, schrecklich oder hoffnungslos. Wenn wir uns dagegen entschließen, es nicht als furchtbar und schwierig anzusehen, dann erlauben wir uns mit dieser Entscheidung bereits, seine Schönheit zu sehen und wir finden Antworten.

Das Geschenk, den Optionsprozess® leben und lehren zu dürfen, die Wiedergeburt Raun Khalils, die Glückseligkeit, meistens zufrieden und erfüllt zu sein und auch all die Liebe und Zuneigung, die ich mit anderen teile, hat mich in einen beglückend engen Kontakt mit dem JETZT meines Lebens gebracht.

Vermutlich hätte ich sagen können, dass diese oder jene Person die Macht hat, mich zu verbessern oder glücklicher zu machen. Ich hätte weiterhin außerhalb meiner selbst den Versprechungen von Medikamenten, Libidoanalysen, Hypnosen, Meditationen, Körperübungen oder sogar dem, was in den Sternen steht, nachgehen können; sie alle bieten einen gewissen Trost. Doch in Wirklichkeit brauchen wir nur zu unserem Innersten vorzudringen, um dort unsere eigene erstaunliche Menschlichkeit und Stärke zu finden. Wir müssen es nur zulassen, ohne Angst vor den Folgen unser eigenes Wissen zu entdecken.

Indem wir uns selbst vorurteilslos anschauen, fanden wir heraus, dass wir schon wussten, es war in Ordnung, wir selbst zu sein – dass wirklich nichts an uns falsch ist und auch niemals war.

Wir alle sind auf eigene Weise einzigartig und wunderbar.

In den meisten Religionen, Disziplinen und Therapien ist das Glück den Götzen des Opfers, der Angleichung, der Anpassung und des Ertragens untergeordnet. Viele sagen sogar ganz offen, dass es immer Schmerz und Unglück geben wird – und solange wir daran glauben, ist das wahr. Wenn ich überzeugt bin, dass ich mich immer elend fühlen werde, dann wird das so sein. Wenn ich meine, ich werde immer unsicher sein, dann wird das so kommen. Aber wenn ich mir selbst erlaube, diese Überzeugungen zu erforschen und loszulassen, dann erlebe ich, wie ich viel von dem Glaubenssystem aufgebe, das mein selbstschädigendes Verhalten verursacht. Und wenn ich meine Vorstellungen durch den Optionsprozess® verändere, verändere ich alles in mir – meine Gefühle, mein Verhalten und meine Wünsche.

Der Optionsdialog ist weder eine Behandlungsmethode noch ein Wunder. Er ist eine Perspektive und eine Entwicklungsmöglichkeit, die vor dem Reisenden auf seinem Pfad eine grenzenlose Achtung bewahrt, eine Umgebung von Anerkennung und Lernen, in der jeder von uns sich besser zu dem entwickeln kann, was er sein möchte.

Die Konsequenzen sind enorm. Wenn der Optionsprozess® für ein autistisches Kind gilt, wie ist es dann bei anderen Kindern? Wie ist es überhaupt mit Kindern? Wenn er das Unmögliche möglich gemacht hat, was können wir noch alles tun, für uns und für die Menschen, die wir lieben? Wenn wir den Bann der Trostlosigkeit brechen und unsere Energie fließen lassen können, dann gibt es kein Ende. Der Optionsprozess® ist eine bedeutungsvolle Reise, die unseren geistigen Horizont erweitert. Er ist da für alle, die jemals eine Situation, in der sie sich befanden, als Unglück oder Tragödie abgestempelt haben.

Sobald wir unsere eigene innere Stimme zu hören beginnen, ändert sich unsere Haltung zu jeder Art von Lebenserfahrung: Zur Geburt eines Kindes, zum Tod eines geliebten Menschen, zu Heirat, Scheidung, Sexualität, Krankheit, Geldsorgen, Liebesbeziehungen – die Liste ist endlos.

Wir alle haben unsere Probleme, doch wenn wir glücklicher werden, neigen wir dazu, unsere Welt mit mehr Liebe und Mitgefühl zu sehen, zu berühren und neu in Bewegung zu setzen.

DIE „DENK"-SEITE
Der Optionsprozess® und ich

FRAGEN, DIE SIE SICH SELBST STELLEN KÖNNEN:

Möchten Sie glücklicher sein?

Müssen Sie jetzt unglücklich sein, um später glücklich zu sein?

Haben Sie Angst, allzu glücklich zu werden? Wenn ja, warum? Welche Glaubenssätze haben Sie dazu?

Glauben Sie, dass „Wünschen" als Motivation für Sie ausreicht?

Neigen Sie dazu, Wünsche in Bedürftigkeiten zu verwandeln?

Falls Sie etwas verlieren und nicht traurig sind, heißt das, dass es Ihnen gleichgültig war?

Wenn Sie sich fürchten oder besorgt sind, sind Sie dann auch verwirrt und unklar?

OPTIONSKONZEPTE, DIE SIE ERWÄGEN KÖNNEN:

DIE EINSTELLUNG DER OPTION: LIEBEN HEISST EINVER-STANDEN SEIN.

UNGLÜCKLICHSEIN WIRD BENUTZT, UM ZU MOTIVIEREN.

SIE SIND IHR EIGENER EXPERTE.

NUR SIE WISSEN, WAS GUT FÜR SIE IST.

ANDERE, DIE UNS VIELLEICHT ABSTEMPELN ODER VER-URTEILEN, TUN DAS FÜR SICH SELBST.

NICHTS AN UNS IST FALSCH UND NICHTS WAR JE FALSCH.

GLÜCKLICHER ZU WERDEN IST EIN WOHLTUENDER, KEIN SCHMERZHAFTER VORGANG.

ÜBERZEUGUNGEN KÖNNEN PROPHEZEIUNGEN SEIN, DIE SICH UM IHRER SELBST WILLEN ERFÜLLEN.

WIR ALLE TUN DAS BESTE, WAS WIR KÖNNEN, DAS BESTE, WAS UNS AUF DER BASIS UNSERER DERZEITIGEN ÜBERZEUGUNGEN MÖGLICH IST.

WAHRHEITSERKENNTNIS UND KLARES DENKEN SIND NEBENPRODUKTE DES GLÜCKLICHSEINS.

GLÜCKLICHE MENSCHEN SIND EFFEKTIVER IM ERREICHEN IHRER WÜNSCHE ALS UNGLÜCKLICHE MENSCHEN.

SIE KÖNNEN ALLES SEIN, WAS SIE JEMALS SEIN WOLLTEN (LESEN SIE WEITER).

ÜBERZEUGUNGEN, DIE SIE VIELLEICHT ABLEGEN MÖCHTEN:

Unglücklichsein ist das Kennzeichen einer intelligenten und empfindsamen Person.

Wenn mein Glück nicht auf dem Spiel steht, dann kann die Sache nicht so wichtig sein.

Wenn ich völlig glücklich bin, dann werde ich mir nichts mehr wünschen.

Wenn ich andauernd glücklich wäre, dann wäre ich ein Idiot.

Mitgefühl wird an Traurigkeit und Unzufriedenheit gemessen.

Wäre ich mit meiner derzeitigen Lage nicht unglücklich, dann würde ich nicht versuchen, sie zu verbessern.

Wir sind zu alt, um uns zu ändern.

Veränderung ist schmerzhaft.

2
Der Optionsdialog:
Mein eigener Experte sein

Dieses Kapitel ist in vieler Weise das letzte des Buches. Es wird an dieser Stelle präsentiert, um Ihnen ein Verständnis der Methode auf breiter Basis zu vemitteln – jetzt, wo Sie diese Reise beginnen. Sobald Sie den Rest des Buches gelesen haben, können Sie sich durch ein nochmaliges Lesen dieses Kapitels größere Reichhaltigkeit und Tiefe erschließen, viele Einsichten bestätigen und neue ermöglichen.

Der Schwerpunkt liegt hier auf der Natur der Optionsdialoge als einer Serie von Fragen und als Untersuchung unserer Glaubenssysteme. Die Form ist einfach und direkt, eine zeitgemäße Analyse im Stil von Sokrates. Jede Frage ergibt sich aus dem Inhalt der Feststellung davor. Frei von Regeln und Wertmaßstäben gehen wir auf natürliche Art nur von uns selbst aus.

Aber warum sollen wir mit Fragen anfangen? Uns selbst Fragen zu stellen und nachzuforschen heißt nicht, dumm oder verständnislos zu sein. Es ist einfach ein Weg, um Wissen und Bewusstheit zum Leben zu erwecken.

Fragen sind weniger ein Zeichen von Zweifeln als vielmehr Gelegenheiten, unser Wissen herauszukristallisieren.

Auf den folgenden Seiten finden Sie Notizen zu einer Gliederung, einem Entwurf, einem Gesprächsmuster. Es ist ein *nacktes Gerippe*, das jeder von uns zum Leben erweckt, während er es benutzt, *während er es lebt*. Dieses Kapitel ist nicht nur eine Einführung, sondern auch die letzte Stelle, an der uns Hilfe von außen zur Verfügung steht; denn die Reise durch dieses Buch ist in Wirklichkeit eine Reise durch uns selbst.

Aus der inneren Einstellung „*Lieben heißt einverstanden sein*" ergibt sich die Methode, mit der ich mir selbst helfen kann, in jeder Weise glücklicher zu werden. Wenn ich mir selbst näher komme, wenn ich die Idee akzeptiere, akzeptiere ich auch mich selbst. Es gibt kein vorgefertigtes oder inszeniertes Verhaltensmodell. Eine Auflösung der Verwirrung, das Gewahrwerden und die Veränderungsmöglichkeit ergeben sich dadurch, dass ich meinen Glaubensmustern offen begegne.

Sobald ich sie in Aktion sehe, kann ich mich entscheiden, ob ich an ihnen festhalten will oder nicht. Hier kristallisiert sich das Festhalten oder die Neuwahl, das Annehmen oder Ablehnen. Alle Rätsel und Geheimnisse sind meine eigene Schöpfung. Hinweise auf emotionale oder geistige Störungen sind bedeutungslos. Das sind Urteile, die von anderen gefällt werden. Ein unglücklicher Mensch ist jemand, die auf seine *Vorstellungen* von Unglücklichsein reagiert. Hier geht es vielmehr darum, selbst etwas zu lernen und mir selbst etwas beizubringen – mit einem offenem Bewusstsein für meine eigenen Fähigkeiten, meine Würde und mein Wissen.

Es gibt keine guten oder schlechten Vorstellungen, Verhaltensweisen oder Gefühle. Wir sind wie wir sind, und in jeder Weise geben wir unser Bestes, in der besten Weise, auf die wir es mit unseren jeweiligen Überzeugungen vermögen und begreifen.

Unglücklichsein entsteht, wenn ich mich selbst oder irgendwelche Geschehnisse für negativ und störend halte. Den Optionsdialog gibt es für diejenigen unter uns, die glücklicher und somit auch effektiver leben möchten – ohne selbstbegrenzende Resultate und ohne schmerzhafte Nebenerscheinungen.

Großartig! Mir scheint, dass ich das wirklich tun will: Glücklicher werden und vielleicht sogar nach den Sternen greifen – perfektes Glück. Ich kann mir schon die Vorteile vorstellen – mich in meinem Beruf vom Frust zu befreien, in meiner Liebesbeziehung, meinen sexuellen Affären – in fast allem. Unglaubliche Möglichkeiten tun sich auf: Mich ungezwungen bewegen, in Harmonie mit meinem Körper sein, neue Horizonte erschließen. Aber Moment mal! Was ist mit den großen, großen, unabänderlichen Schrecken – Krieg,

Hungersnot, Armut, Krankheit? Sollten die mich nicht trotzdem noch unglücklich stimmen? Sollten mich derartige Dinge nicht zu Recht niederdrücken?

Gut, sprechen wir also über diese Tatsachen. Wir haben unsere Aufmerksamkeit immer auf *Sie* und auf *mich* gerichtet. Warum? Weil Ihre Unzufriedenheit in Ihnen lebt, so wie meine Unzufriedenheit in mir. Was wollen wir eigentlich sagen, wenn wir wütend und aufgebracht über die großen Probleme in der Welt sind? Wollen wir nicht sagen, dass wir diese Probleme gelöst sehen wollen, die Gewalt beendet, die Armen gespeist, die Kranken geheilt? Genau das wollen wir! Aber warum sind wir unglücklich darüber? Weil wir, genau wie mit begrenzteren persönlichen Problemen, die negativen Gefühle (Wut, Frustration, Angst) benutzen, um mit dem, was wir wollen, in Kontakt zu bleiben, um uns zu motivieren und zu bestärken. Um Dinge in Bewegung zu setzen. Wir befürchten, dass wir nicht versuchen würden, etwas gegen die „großen Tragödien" zu tun. Manche glauben auch, dass wir irgendwie herzlos und „unmenschlich" wären, wenn wir über die großen Probleme nicht unglücklich wären.

Zu Beginn benutze ich meine Unzufriedenheit dazu, mich selbst in Bewegung zu bringen (an einer Demonstration teilnehmen, freiwillig bei einer guten Sache mitmachen, Geld an eine wohltätige Organisation spenden). Nachdem ich etwas getan habe, fühle ich mich viel besser. Meine anfängliche Unzufriedenheit beweist auch, dass es mich berührt, dass ich ein empfindsames und teilnehmendes menschliches Wesen bin. „Ja, aber diese Probleme machen mich wirklich traurig". Sicher ist das so. Wenn ich glaube, ohne meine Traurigkeit ein „schlechter" Mensch zu sein, dann bin ich bestimmt traurig.

Niemand will hier über solche Gefühle und Reaktionen argumentieren. Aber können wir uns nicht immer noch wünschen, den Zustand unserer Welt zu verbessern, auch wenn wir nicht trübselig und ängstlich sind? Können unsere Liebe und unsere Fürsorge uns nicht dazu motivieren, anderen zu helfen; muss es statt dessen Entrüstung und Ärger sein?

Wenn wir Elend (sogar unsere eigene Niedergeschlagenheit) *dazu benutzen, Elend zu bekämpfen, dann erzeugen wir noch mehr Elend.*

Gut, das hilft mir weiter. Ich könnte mir vorstellen, Anteil zu nehmen, ohne unglücklich zu sein. Ich könnte zwar über den Zustand der Welt nicht glücklich sein, aber vielleicht wäre es möglich, neutral zu bleiben und mich meinen anderen guten Gefühlen zuzuwenden. Doch nun steht plötzlich noch ein Riesenberg vor mir. Was ist mit dem ganz großen Problem – mit dem Tod? Über das Sterben kann ich doch nur unglücklich sein. Diese Ängste entstehen – wie viele andere – durch meine Überzeugungen. Wenn ich in einer anderen Kultur aufgewachsen wäre, dann würde ich vielleicht dem Tod als dem schönsten Teil meines Lebens entgegensehen. Überhaupt keine Furcht, sondern nur willkommene Umarmung.

Meine Angst vor Tod und Sterben muss wohl aus dem Glauben entstehen, dass sie schlecht für mich sind. Weitere verstärkende Vorstellungen können dazukommen – dass es keine Zeit mehr gäbe, mit geliebten Menschen zusammenzusein, dass alle Möglichkeiten zu Ende wären usw. In dieser Kultur haben die meisten von uns viele Ängste (Vorstellungen und Aberglauben) im Zusammenhang mit der Sterblichkeit entwickelt. Niemand unterstellt, dass diese dumm oder unbegründet sind. Wenn wir daran glauben, dann sind sie für uns wirklich. Man könnte sich also folgende Frage stellen: Was genau ist die Natur meiner eigenen Ängste vor dem Tod und warum erhalte ich sie aufrecht? Obwohl der Tod unvermeidlich scheint, hat hier jeder von uns seine eigenen Ängste und Befürchtungen. Wenn mich das beunruhigt, dann kann ich es vielleicht in meine Untersuchungen mit einbeziehen. „Würde das heißen, wenn ich keine Angst vor dem Tod hätte, dann würde ich ihn mir wünschen?" Natürlich nicht. Ist es nicht möglich, sich nicht vor dem Sterben zu fürchten und trotzdem leben zu wollen? Entsteht nicht die Furcht vor dem Tod eigentlich aus dem Wunsch zu leben? Hören Sie es so, wie es gesagt wird: Wir können es sehen, wie wir wollen – das Einzige, was wir zu verlieren haben, sind unsere negativen Gefühle.

Nun bin ich fast bereit, weiterzumachen – aber halt. Ein kurzes Zögern vor dem Sprung ins kalte Wasser, eine alte Vorstellung kehrt zurück. Inzwischen verstehe ich, dass die Ansicht „Wenn ich die ganze Zeit glücklich wäre, wäre ich ein Idiot" einfach nicht zutrifft. Etwas macht mir aber immer noch Sorgen: Wenn ich es mir erlaube, unter allen Umständen glücklich zu sein, werde ich dann überhaupt noch irgendetwas in Bewegung setzten? Wenn ich überall glücklich wäre, würde es keinen Unterschied machen, wo ich bin. Gut, schauen wir uns das einmal an. Je mehr wir es zulassen, mit den Fragen zu arbeiten, desto mehr Möglichkeiten haben wir, glücklicher zu werden. Wenn ein begeisterter Skifahrer auf einem Hügel anhält, endet dann sein Skiausflug (er ist glücklich auf dem Hügel) oder setzt er seinen Weg ins Tal fort, so wie er möchte? Wenn ein Musiker ganz verzückt spielt, bleibt er dann endlos bei einem Stück hängen oder bewegt auch er sich weiter und folgt seinen Inspirationen? Wenn es mir Spaß macht zu schwimmen, werde ich nicht trotzdem aufhören, wenn ich müde bin? Wenn ich gern wandere, werde ich nicht trotzdem anhalten, um zu essen?

Glückliche Menschen bleiben in Bewegung.

Und das Handeln aus einer Glücksempfindung heraus erzeugt keine Lethargie. Ganz im Gegenteil, im Allgemeinen erhöht es unsere Beweglichkeit und unsere Leistungsfähigkeit. Statt mit unserer Angst zu kämpfen und vor unseren Schmerzen wegzulaufen, sehen wir unsere Wünsche viel klarer und bewegen uns mit Leichtigkeit auf sie zu (oder wir bewegen uns im Gleichklang mit unserem Wünschen).

Indem wir jede unserer Vorstellungen über das Unglücklichsein einzeln untersuchen, geben wir uns die Freiheit, Wünsche zu haben und die Energie ungehindert in uns fließen zu lassen. Wir haben gesehen, dass eine ängstliche Person oft den Datenfluss blockiert und Schwierigkeiten mit dem Verarbeiten von Informationen hat, weil die Energie in der Problembewältigung verbraucht wird. Ein glücklicher Mensch nimmt die Dinge einfach auf und verarbeitet sie; er weiß, dass alles, was er wahrnimmt und versteht, ihn mit besseren Fähigkeiten versieht und leistungsfähiger macht – das Glücksgefühl bringt diese Einstellung mit sich, sie ist weder ein endgültiges noch ein vorläufiges Ziel. Andere Lehren stellen „Selbstbewusstsein", „Anpassung", „Leistungsfähigkeit" oder „Normalität" als Ziel hin. Und wenn man sie fragt warum, dann würde die Antwort wohl lauten, dass wir diese Ziele eben erreichen müssen, um glücklich zu sein. Der Optionsprozess® macht genau hier einen Schnitt: Wir können jetzt glücklich sein, jetzt, während wir versuchen, uns zu ändern. Das Glück ist keine Belohnung – es sei denn, wir hielten es vor uns selbst zurück, bis wir ein erwünschtes Ziel erreicht haben. Würden wir es auch dann zurückhalten, wenn wir wüssten, dass wir ohnehin auf unser Ziel zugehen?

Von allen oberflächlichen Manipulationen befreit, bleibt nur unser Wunsch, glücklicher zu sein, und unsere Reise zu diesem Glücklicher-Sein. Es spielt keine Rolle, wie wir es definieren oder beschreiben oder ob wir gleicher Meinung darüber sind, was Glück eigentlich ist. Wenn wir glücklich sind und uns wohl fühlen, wissen wir es; wenn wir dort angekommen sind, haben wir keine Fragen.

Durch das Benutzen der Methode werden wir zum Begleiter für uns selbst, zu einer zweiten Stimme, einem Kameraden, der mit uns kämpft. Wir können auch andere begleitend unterstützen, und andere umgekehrt uns.

Einige von uns werden sich einem Optionslehrer zuwenden, der die Fragen stellt. Jeder Schüler behält dabei allerdings die vollständige Kontrolle. Aber es gibt auch die Möglichkeit, zu unserem eigenen Begleiter zu werden, uns selbst zu helfen, indem wir Hindernisse wegräumen und ein natürliches Fließen erlauben – uns selbst helfen, glücklicher zu sein.

Der Optionsdialog beginnt mit einer inneren Einstellung, die zugleich eine Lebensart ist, ein Seinsstil und eine Sichtweise. Schauen wir uns die Natur des Verfahrens einmal an: *„Lieben heißt einverstanden sein"*. *Keine Wertungen. Keine Bedingungen. Keine Erwartungen.* Mir selbst und anderen die Freiheit zu geben, das zu sein was wir sind – zu tun, was wir tun oder nicht tun. Andere zu akzeptieren, ohne meine eigenen Wünsche aufzugeben oder aufzuhören, nach dem zu streben, was ich möchte. Meinen Wünschen zu erlauben, eine Funktion des Wollens zu sein, keine Funktion von Bedürftigkeit. Da ist eine Bereitschaft, mir selbst nichts vorzumachen, weil mir bewusst ist, dass ich diese Art von Selbstschutz nicht benötige. Verantwortung zu übernehmen für das was ich bin – ohne Verurteilung oder Beschuldigung. „Ich sollte", „ich sollte nicht" und „ich muss" kann außer Acht gelassen werden. Wenn ich weiß, dass an mir nichts falsch ist, dann kann alles, was ich in mir aufdecke, mich nur bereichern und mir helfen, mehr von dem zu bekommen, was ich möchte. Und es ist mir bewusst, dass andere ebenfalls das Beste tun, was und so gut sie es ausgehend von ihren gegenwärtigen Ansichten können – auch sie wünschen sich, glücklicher und liebevoller zu sein.

Durch das Herauskristallisieren meiner Bewusstheit und das Anschauen der Glaubensmuster, die hinter meiner Unzufriedenheit stehen, gebe ich mir selbst keine neue Richtung vor. Ich gestatte mir, nach eigenem Gutdünken zu beginnen und aufzuhören, ohne dass ich etwas erreichen müsste, um mir selbst dann zu erlauben, glücklich zu sein. Ich vertraue mir selbst und weiß, dass ich immer für mich da sein werde.

Durch das Untersuchen unseres Verhaltens und unserer Gefühle in Bezug auf glückliche oder unglückliche Empfindungen beginnen wir den Optionsprozess®.

Die meisten von uns glauben, dass wir jetzt unglücklich sein müssten, um später glücklich zu sein. Wir benutzen unsere negativen Gefühle zur Motivation, zur Bestärkung und als Maßstab unseres Mitgefühls und schaffen damit einen beständigen Kreislauf von unangenehmen Empfindungen. In der Gegenwart sind wir unzufrieden oder rastlos in Erwartung einer ungewissen Zukunft. Und weil uns immer eine ungewisse Zukunft bevorsteht, leben wir in der Gegenwart stets mit einem gewissen Unbehagen.

Diesem Teufelskreis können wir entkommen, wenn wir uns selbst helfen, glücklicher zu sein, indem wir *ohne Erwartungen* ganz in der Gegenwart leben. Wenn wir das fertig bringen, dann helfen wir indirekt auch anderen. Unsere zunehmenden guten Gefühle und unser Akzeptieren führen zu einer liebevollen, offenherzigen Verhaltensweise, die zur Folge hat, dass wir anderen ihren eigenen Raum lassen und ihnen ihre eigenen Freiheiten zugestehen können.

Unser Unglücklichsein gründet auf einem *logischen Glaubenssystem.* Wir schauen uns also unser eigenes Glaubenssystem genau an, denn dort entstehen all unsere Motivationen, dort sind sie miteinander verwoben. All unsere Wahrnehmungen und Gedanken werden durch dieses Glaubenssystem gefiltert (daraus folgen unser Verhalten und unsere Gefühle). Teile dieses Systems formen den Mechanismus, mit dem wir alles genau untersuchen und vielleicht auch loslassen – je nach Wunsch.

Unser Bestreben liegt mehr im Bereich der Philosophie als in der Psychologie. Es geht um die Frage, was wir gelernt haben (und jetzt glauben) und was wir mit dem Gelernten tun wollen (und immer noch glauben). Bei diesem Prozess *ist jeder von uns sein eigener Experte* – egal wer die Fragen stellt.

Niemand weiß mehr darüber, wer Sie sind und was Sie glauben, als *Sie selbst.*

Entwurf, Stimmung und Bedeutung der Selbsterforschung kommt von Ihnen. Ist das nicht der Fall, dann drückt sie lediglich die Ansichten eines anderen aus. Und sind wir nicht genau dadurch an diesem Punkt gelandet, dass wir begannen, unsere eigene Stimme zu ignorieren und unser Wissen nicht mehr zu benutzen?

Wenn die Ziele oder Ansichten eines anderen meine eigenen ablösen, dann nehme ich noch mehr Meinungen und Vorstellungen in mich auf. Aber keine von diesen wird mir helfen, meine eigenen Ansichten zu entdecken und sie nach eigener Wahl zu akzeptieren oder zu verwerfen. Mich selbst und meine Wünsche kennen zu lernen ist eine Aufgabe, die nur ich selbst durchführen kann. „Aber wie kann ich wissen, ob ich zu mir selbst die Wahrheit sage?" Fragen Sie einfach und antworten Sie dann.

Es gibt nur einen Experten für meinen Fall, und der bin ich. Es gibt nur einen Experten für Ihren Fall, und der sind Sie.

Der Optionsdialog, der aus der Grundeinstellung der Option entstanden ist, setzt sich aus drei Grundfragen und einer Alternativfrage zusammen. Obwohl jede Frage verschiedene Formulierungen und Nebenfragen hat, um klare Antworten zu erhalten, ist das Modell verblüffend einfach.

(1) WORÜBER SIND SIE UNGLÜCKLICH?
(2) WARUM SIND SIE DARÜBER UNGLÜCKLICH?
(3) WARUM GLAUBEN SIE DAS? Oder glauben Sie das?
      (Alternativfrage) WAS BEFÜRCHTEN SIE, WÜRDE
      GESCHEHEN, WENN SIE NICHT UNGLÜCKLICH
      DARÜBER WÄREN?

Wie? Sie denken: Das ist unmöglich, das bringt nichts. Es ist so einfach und ich bin so kompliziert. Diese Methode ist zu simpel. Das stimmt – oder vielleicht auch nicht. Es stimmt insofern, als die Fragen wunderbar einfach sind. Es stimmt jedoch nicht in Bezug auf die den Fragen innewohnende Kraft, Verwirrung aufzulösen und unsere Aufmerksamkeit zu konzentrieren. Der Weg zum Glück ist unkompliziert und voller Freude wie das Glück selbst.

Kompliziert ist die Reise durch das Unglück, durch den Nebel miteinander verwobener Überzeugungen und Kurzschlüsse. Für einige von uns gibt es keine Methode: Sie beschließen einfach, glücklich zu sein – Punktum. Total einfach, aber nur für wenige erreichbar. Bei den meisten sind Unbehagen und Ängste immer noch stark und beherrschend genug, um unser Fließen und Loslassen zu unterbrechen. In vielen der folgenden Kapitel über Kinder, Liebesbeziehungen, Sex, Gesundheit, Schuld, Geld, übersinnliche Erfahrungen und Selbstvertrauen werden wir eine scheinbar vielfältige Zusammenstellung widersprüchlicher Ideen und Meinungen entdecken. Manches davon mag erstaunlich kompliziert erscheinen. Dennoch lassen sich alle Erkenntnisse durch drei einfache, elementare Fragen gewinnen. Keine anderen Hilfsmittel sind nötig – außer dem Bewusstsein, glücklicher sein zu wollen.

Lassen Sie uns mit der ersten Frage anfangen und dann deren Varianten und Untergruppen erkunden. *Was* ist es, worüber Sie unglücklich sind? Und *was* daran macht Sie unglücklich? Wenn Sie einen geliebten Menschen verloren oder sich beruflich verschlechtert haben, wenn große Schulden Sie belasten, wenn Sie Probleme mit Sex oder Geld haben, dann mag die Frage zu Anfang unerhört und lächerlich erscheinen. Wie könnte z.B. irgend jemand eine Person fragen, warum sie über den Tod ihres Geliebten unglücklich ist? Das ist mehr als beleidigend, es ist einfach absurd. Ist es das?

Es mag albern aussehen, da jeder von uns sofort und entschieden antwortet und sich dabei sicher ist, dass jeder andere genauso geantwortet hätte. Doch die Antworten sind oft unerwartet und dabei nie unverständlich. Therapeuten, Fachleute und Lehrer glauben oft, die Antwort im Voraus zu wissen (so stellen sie Diagnosen und machen Voraussagen). *Aber nur Sie allein können die Antwort wissen.* Zurück zu der Frage. Was macht Sie unglücklich über den Tod eines Geliebten? Niemand sagt, dass wir nicht unglücklich sein „sollten" oder dass wir es unterdrücken oder nicht herauslassen sollten, wenn wir unglücklich sind. Nein, es geht darum, die darunter liegende Überzeugung zu entdecken. Wahrscheinlich würden Sie überrascht sein, wie unglaublich vielfältig und verschieden die Antworten sind: „Ich bin unglücklich, weil sie soviel gelitten hat". „Ich bin unglücklich, weil ich sie vermisse". „Ich bin unglücklich, dass ich nun alleine bin." „Ich habe Schuldgefühle, weil ich sie schlecht behandelt habe". „Ich bin unglücklich, weil ich so schwierig bin. Niemand wird mich je wieder lieben und ich werde einsam sein". Jede Antwort führt uns in unterschiedliche Bereiche, wenn wir unserem Konzept treu bleiben, *keine Richtung vorzugeben*. „Wie kann ich wissen, welches meine Antwort ist?" Fragen Sie einfach. Jeder Pfad beginnt an einem Ort und kann in viele Richtungen führen. Wir können weder davon ausgehen, dass es eine offensichtliche Antwort gibt, noch können wir voraussetzen, dass unterschwellige Angst besteht, denn so geht das nicht. Da gibt es nur meine Antwort für mich und Ihre Antwort für Sie.

Jeder von uns hat seine eigenen Gründe, unglücklich zu sein. *Und da jeder von uns anders ist, können nur Sie für sich selbst antworten.*

Die erste Frage hat auch viele Varianten. Oft werden wir sagen: „Ich bin nicht unglücklich, ich bin wütend". Also nehmen wir uns unser eigenes Vokabular und unsere eigenen Symbole vor. Worüber bin ich wütend? Was macht mir Sorgen? Was erzeugt Unbehagen oder Furcht in mir? Unglücklichsein ist nur ein Sammelbegriff für jede Art von Gefühlen oder Gedanken, die uns unbehaglich sind. Die weitere Frage dient der Klärung: Was meinen Sie damit? Oder nochmals: Was daran macht Sie unglücklich? Wenn ich sage, ich bin unglücklich darüber, niemanden zu haben, der sich um mich kümmert, was ist damit gemeint? Meine ich es körperlich, gefühlsmäßig, sexuell oder materiell? Jede Antwort auf die Frage, *was* uns unglücklich macht, kann gewöhnlich durch eine weitere, klärende Frage verfeinert werden, die das Unbehagen näher bestimmt und klarstellt.

Beginnen wir also den Zyklus. Worüber sind Sie unglücklich? Ich bin traurig, dass meine Geliebte gestorben ist. Was daran macht Sie traurig? Ich werde sie vermissen. Was meinen Sie damit? Nun, es wird jetzt keinen mehr geben, mit dem ich mein Leben teilen kann, keinen, der sich um mich kümmert. Keiner wird mich lieben. Also konzentrieren sich die Fragen und Antworten jetzt auf Ihren Wunsch, dass jemand sich um Sie kümmert und Sie liebt. An diesem Punkt sind wir immer noch nicht über die erste Frage hinausgekommen.

Sogar wenn wir die zweite Frage stellen, bringt uns das oft zu der ersten zurück. Es gibt keine festen Regeln, keine vorgefertigte Logik. Immer wieder gehen wir nur von der letzten Antwort aus.

Mit dem Optionsdialog begegnen wir uns selber. Wir schieben oder biegen uns nicht in irgendeine Richtung, sondern erlauben unsere natürlichen Neigungen

Die zweite Frage: *Warum sind Sie unglücklich darüber?* Wieder könnten einige von uns ärgerlich auf diese Frage reagieren und fragen: „Was meinen Sie mit *warum*? Jeder wäre unglücklich, wenn er einen geliebten Menschen verloren hat". Natürlich, aber Ihre Traurigkeit wird nicht verurteilt. In der Frage liegt weder Anklage noch Kritik, nur die Suche nach dem Grund Ihrer Traurigkeit. Wenn andere uns nach dem Warum unserer Handlungen und Gefühle gefragt haben, dann enthielten diese Fragen oft viele Untertöne; z.B. dass Sie anders handeln oder fühlen sollten. Doch diesmal ist es nur eine reine Frage ohne Hintergedanken. Sie ist ein Hilfsmittel für unser Verständnis.

War unsere Antwort also, dass wir über den Tod eines geliebten Menschen trauern, weil wir nun allein sind, dann wäre die nächste Frage: *Warum macht es Sie traurig, allein zu sein?* Weil ich dann niemanden habe, der mich liebt. *Warum würde Sie das traurig machen?* Weil ich geliebt werden möchte. Zu diesem Zeitpunkt könnte die alternative Frage gestellt werden: *Was befürchten Sie, könnte geschehen, wenn Sie nicht unglücklich darüber wären, allein zu sein?* Ich würde allein bleiben. Ich würde vielleicht nicht versuchen, jemand anderen zu finden. Oh! Damit wird gesagt: „Wenn ich nicht unglücklich darüber wäre, würde ich nichts tun, um die Situation zu ändern." Hier wird eine bedeutende Überzeugung bloßgestellt. Sie zeigt uns auch, wie wir sogar unsere Traurigkeit nutzen, um uns selbst, so gut wir das im Moment vermögen, Gutes zu tun.

Nun kann die letzte Frage gestellt werden: *Warum glauben Sie das?* Manchmal können wir keine Gründe finden. In diesem Fall haben wir die Gelegenheit, die Dynamik zu durchschauen und uns davon zu trennen – wenn wir es so wollen. „Wenn ich keinen Grund dafür sehe, warum glaube ich immer noch daran?" Zu anderen Gelegenheiten finden wir möglicherweise eine Antwort. Zum Beispiel, dass wir etwas glauben, weil es schon immer so gewesen ist. Woraus die

Frage entstehen könnte: Wenn es in der Vergangenheit immer so war, heißt das auch, dass es in Zukunft immer so sein wird? Das wäre eine klärende Frage. Die Antwort könnte lauten: Nun, vermutlich müsste es nicht so sein, denn das war in der Vergangenheit, aber bei meinem Glück wird es mir wieder passieren. In Ordnung, falls es wieder passiert, worüber würden Sie dann unglücklich sein? Und damit sind wir wieder bei der ersten Frage angelangt.

Da jede Überzeugung von anderen Überzeugungen unterstützt wird, ist die Fragestellung immer wieder relevant. *„Warum glauben Sie das?"* könnte vermutlich an jeder Stelle gefragt werden, solange es um meine Überzeugungen geht (ich bin nicht talentiert, ich bin nicht liebenswert, mit mir ist etwas nicht in Ordnung usw.). Alle Dialoge können normalerweise auf einige allgemeine und grundsätzliche Überzeugungen zurückgeführt werden. Ändern sich diese bei einem Individuum, dann können sich ganze Welten von Gefühlen und Verhaltensweisen ändern. Stellen Sie sich vor, nach einer Untersuchung mit dieser Methode würde mir meine Überzeugung bewusst, dass mit mir etwas nicht in Ordnung ist. Ich entschließe mich jetzt, mich von dieser Einstellung zu trennen (da ich beginne, zu verstehen, dass ich bin was ich sein will und dass ich mich ändern kann, wann immer ich es möchte). Das würde meine gesamte Lebensphilosophie und alle meine Aktivitäten beeinflussen. Wenn jede Frage sich aus der vorhergehenden Antwort ergibt, sind die Möglichkeiten endlos.

Bei einigen Gelegenheiten könnten sich unsere Antworten im Kreis drehen. Ich hasse es, weil es mir Sorgen macht, weil es mich unglücklich macht. Oder ich bin unglücklich, weil ich traurig bin, weil ich depressiv bin, weil ich mich unbehaglich fühle. Eine Beschreibung ersetzt lediglich die andere. Hier könnte eine klärende Frage gestellt werden: Was stört Sie daran, traurig oder depressiv zu sein? Es hat keinen Sinn, mit sich selbst zu argumentieren oder zu diskutieren. Es ist nicht „schlecht", so zu empfinden wie Sie empfinden. Nehmen Sie es hin, Sie werden immer Ihr Bestes tun.

Eine weitere hilfreiche Bemerkung: Wenn möglich, sprechen Sie alles laut aus. Warum? Damit Sie es hören, es gewinnt dann an Substanz und ist besser erkennbar. Ihre Worte verdeutlichen Ihre Ideen besser. Wir sprechen es aus, um es zu besser zu verstehen. Ängste und Vorurteile sind leichter zu erkennen, wenn sie ausgesprochen werden. Auch ist es spannend, sich selbst etwas sagen zu hören, von dem man nicht wusste, dass man es glaubt.

Eine kurze Zusammenfassung: Es gibt drei Grundfragen, jede mit einer Unterfrage, zum besseren Bestimmen und Klären von Unzufriedenheit und Unglücklichsein.

(1) WORÜBER SIND SIE UNGLÜCKLICH? Was meinen Sie damit oder was daran macht Sie unglücklich?

(2) WARUM SIND SIE DARÜBER UNGLÜCKLICH? Was meinen Sie damit?

(3) WARUM GLAUBEN SIE DAS? Oder glauben Sie das? (Alternative Frage) WAS BEFÜRCHTEN SIE, WÜRDE GESCHEHEN, WENN SIE NICHT UNGLÜCKLICH DARÜBER WÄREN?

Oft ist die letzte Frage auf dem Pfad weit von der ersten entfernt. Dennoch steht alles in Beziehung zu dem Punkt, an dem wir begonnen haben. Häufig finden wir keine Antwort, wenn man uns nach dem Grund unserer Überzeugungen fragt. Oft haben wir diese Überzeugungen akzeptiert, ohne sie je infrage zu stellen. Das mindert ihre Macht nicht, aber es gibt uns die Gelegenheit zu entscheiden, ob wir sie beibehalten wollen oder nicht.

Es gibt noch eine weitere, sehr nützliche Frage, die wir in den Dialog integrieren oder gelegentlich als Klärungshilfe verwenden können: *Was will ich?* Oft konzentrieren wir uns so sehr auf unseren Kummer und unsere Verwirrung, dass wir unsere Wünsche aus den Augen verlieren. Einfach innezuhalten und zu jeder beliebigen Zeit diese Frage an uns selbst zu stellen, kann eine produktive Methode sein, um unser eigenes Zentrum zu finden. Bei der Arbeit, zu Hause, im Urlaub; beim Essen, Lieben oder Laufen – wenn wir uns verwirrt fühlen oder im Zweifel sind, können wir einen Augenblick innehalten und uns fragen: Was will ich? Häufig kommt sofort eine Antwort, die Ihre derzeitigen Handlungen und Gefühle klären kann und Sie viel lebhafter auf das Ziel Ihrer Wünsche zugehen lässt.

Vielleicht könnten wir in einem Rückblick die in unserer Kultur am häufigsten anzutreffenden Überzeugungen sammeln, aus denen oft negative Gefühle entstehen und weiter genährt werden. Für einige von uns mag schon diese Aufzeichnung reichen, um sie außer Funktion zu setzen. Wenn dem so ist, wunderbar! Wenn nicht, dann können wir abwägen, was wir über diese Überzeugungen denken und uns fragen (wenn es zutrifft): „Warum glaube ich das oder was verursacht in mir unbehagliche oder unglückliche Gefühle?"

IRGEND ETWAS AN MIR MUSS NICHT IN ORDNUNG SEIN.

MAN MUSS JETZT UNGLÜCKLICH SEIN, UM SPÄTER GLÜCKLICH SEIN ZU KÖNNEN.

WENN DU MICH LIEBTEST, DANN WÜRDEST DU...

ICH MACHE ANDERE UNGLÜCKLICH.

ICH KANN MICH NICHT ÄNDERN, SO BIN ICH NUN MAL.

MEINE GEFÜHLE ENTSTEHEN EINFACH, ICH KANN SIE NICHT KONTROLLIEREN.

ICH BIN ES NICHT WERT, GELIEBT ZU WERDEN.

WENN ICH MICH GEHEN LIESSE, WÜRDE ICH MIR SELBST SCHADEN.

ICH „BRAUCHE" LIEBE, ICH „BRAUCHE" SEX, ICH „BRAUCHE" GELD...

WENN ICH KEINE SCHULDGEFÜHLE HÄTTE, WÜRDE ICH ES WIEDER TUN.

TRAURIGKEIT IST EIN ZEICHEN VON SENSIBILITÄT UND INTELLIGENZ.

ETWAS, VON DEM MEIN GLÜCK NICHT ABHÄNGT, WÜRDE ICH VIELLEICHT NICHT STARK GENUG WOLLEN.

WIR „SOLLTEN" GEWISSE DINGE IM LEBEN TUN.

DAS LEBEN HAT SEINE HÖHEN UND TIEFEN; DAS „GUTE"
GIBT ES NICHT OHNE DAS „SCHLECHTE".

WENN ICH NICHT WEINEN WÜRDE, DANN BEDEUTETE
DAS, DASS ES MIR NICHTS AUSMACHT.

ICH MUSS BEKOMMEN, WAS ICH ERWARTE; ANDERN-
FALLS WERDE ICH WÜTEND ODER BÖSE.

WENN ICH NICHT WÜTEND WÜRDE, DANN WÄRE ICH
DAS OPFER.

STÄNDIG GLÜCKLICH ZU SEIN WÄRE WIE DER TOD.

ICH MUSS UNGLÜCKLICH SEIN, DAMIT ICH WEISS, WANN
ICH GLÜCKLICH BIN.

WENN ICH ANDAUERND GLÜCKLICH WÄRE, DANN WÄRE
ICH EIN IDIOT.

MAN SOLL DAS LEBEN NICHT DURCH EINE ROSAROTE
BRILLE BETRACHTEN.

DAS LEBEN IST KEIN KINDERSPIEL.

ICH HABE NUR BEGRENZTE ENERGIEN ZUR VERFÜGUNG.

So in einer Spalte untereinander sehen sie ziemlich wild aus.
Obwohl sie nur eine ganz kleine Beispielsammlung von Meinungen
über das Unglücklichsein darstellen, bilden sie doch ein komplettes
Fundament für Trauer und Verzweiflung. Bevor wir jetzt einen Dialog ausprobieren, sollten wir vielleicht eine Pause machen. Nehmen
Sie sich jetzt eine Überzeugung nach der anderen vor und fragen Sie
sich bei jeder: Glaube ich das? Wenn die Antwort „Nein" lautet, dann
hatten Sie gerade die Gelegenheit sich zu bestätigen, was Sie bereits
wissen. Lautet die Antwort „Ja", dann möchten Sie sich vielleicht
fragen: Warum? Was auch immer Ihre endgültige Schlussfolgerung
sein mag, die Fragen bieten jedem von uns die Chance, das Erwachen
unseres eigenen Bewusstseins zu unterstützen.

DIE „DENK"-SEITE

Der Optionsdialog: Mein eigener Experte sein

FRAGEN, DIE SIE SICH SELBST STELLEN KÖNNEN:

Wollen Sie wirklich unglücklich sein?

Haben Sie Angst, Ihr Unglück teilweise oder ganz aufzugeben?

Glauben Sie, dass es langweilig wäre, total glücklich zu sein?

Sind Sie bereit, Ihr eigener Heiler zu sein?

OPTIONSKONZEPTE, DIE SIE ERWÄGEN KÖNNTEN:

FRAGEN SIND WENIGER EIN ZEICHEN VON ZWEIFEL ALS VIELMEHR GELEGENHEITEN, UNSER WISSEN HERAUSZU-KRISTALLISIEREN.

DIE GRUNDEINSTELLUNG DER OPTION ERMÖGLICHT ES JEDEM, SEINE EIGENE METHODE ZU ENTWICKELN.

ES GIBT KEINE GUTEN ODER SCHLECHTEN ÜBERZEUGUN-GEN.

WIR TUN STETS DAS BESTE, WAS WIR KÖNNEN, SO GUT WIR ES VERMÖGEN.

GLÜCKLICHE MENSCHEN BLEIBEN IN BEWEGUNG.

WENN WIR GLÜCKLICH SIND, HABEN WIR KEINE FRAGEN.

DIE „GRUNDEINSTELLUNG" IST: LIEBEN HEISST EINVER-STANDEN SEIN. KEINE ERWARTUNGEN. KEINE BEDINGUN-GEN. KEINE WERTUNGEN.

ALLES WAS WIR ENTDECKEN ODER LERNEN, KANN UNS
NUR BEREICHERN.

UNSER UNGLÜCKLICHSEIN BASIERT AUF EINEM
LOGISCHEN GLAUBENSSYSTEM.

JEDER VON UNS IST SEIN EIGENER EXPERTE.

ZU ALL DEN FRAGEN KENNEN NUR SIE DIE ANTWORTEN.

JEDER VON UNS HAT SEINE EIGENEN GRÜNDE, UNGLÜCK-
LICH ZU SEIN.

DER OPTIONSDIALOG IST EIN WEG, GLÜCKLICHER ZU
WERDEN.

ÜBERZEUGUNGEN, DIE SIE VIELLEICHT ABLEGEN MÖCHTEN:

Wir müssen unglücklich sein, damit wir uns um uns selbst kümmern dürfen.

Immer glücklich zu sein bedeutet, ein Idiot zu sein.

Es ist schlecht, unglücklich zu sein.

Der folgende Dialog und auch alle anderen in diesem Buch sind zusammengefasste Darstellungen von Selbsterforschungen mit Hilfe des Optionsdialogs. Da sie sich auf einzelne Individuen und deren Antworten konzentrieren, haben sie nicht die Funktion, zu überzeugen oder zu bekehren. Ihre Folgerungen können auch nicht verallgemeinert werden. Ihre Erkenntnisse sind ihre eigenen. Die Gespräche werden lediglich dargeboten, um die Methode der Fragestellungen klarer zu illustrieren. Als Zuschauer können wir nur ahnen, welchen Einfluss oder Bedeutung die Selbsterforschung auf einen anderen haben kann. Nur wenn wir es selbst tun, wird es zu unserer eigenen Erfahrung.

Nur Sie können tun, was nötig ist, um glücklicher zu werden. Beim Auffinden und Erforschen von Vorstellungen, beim Loslassen von alten und beim Wählen von neuen, immer gibt es nur einen einzigen wesentlichen Bereich, auf den es sich zu konzentrieren gilt, und das sind Sie.

(Anmerkung d. Übers.: Da der Autor sowohl zu Eigendialogen als auch geleiteten Dialogen anregt, habe ich manchmal die Du- und manchmal die Sie-Form als Anrede gewählt.)

DER ERSTE DIALOG

Frage: WORÜBER BIST DU UNGLÜCKLICH?
Antwort: Ich weiß nicht, ob ich eine einfache Erklärung abgeben kann, worüber ich gerade jetzt unglücklich bin – es scheinen so viele Dinge zu sein. Aber es dreht sich alles um ein spezielles Ereignis, von dem ich hoffe, dass es vorübergehen wird.

F: Was für ein Ereignis ist das?
A: Ich beschloss, dass ich wieder arbeiten wollte. Ich bin neunundzwanzig Jahre alt. Ich habe zwei wundervolle Kinder: Jackie ist sieben und Robby ist vier Jahre alt. Mein Ehemann Daniel arbeitet für eine Arzneimittelfirma. Wir haben alles, zumindest scheint es so. Alle Zeichen des materiellen Erfolgs: Eine schöne Wohnung im Gebiet der Murray Hills, nette Freunde und eine sehr großzügige Lebensweise. Aber trotz allem langweile ich mich.

F: Was meinst du damit?
A: Also, das hat nichts mit meinem Mann oder meinen Kindern zu tun. Vor der Geburt von Jackie war ich Art Director. Frauen wurden zu einer bedeutenden Kraft in der Industrie, und es öffneten sich mir alle Türen. Als ich schwanger wurde, beschloss ich, die amerikanische Supermutter zu werden – damals wollte ich das wirklich. Es war neu und aufregend, mehrere Jahre lang. Dann kam Robby zur Welt. Jetzt hatte ich zwei Kinder, und langsam entwi-

ckelte sich mein Leben zu einer einzigen großen Hetze: Saubermachen, Kinder herumfahren, Schule, Ärzte, Einkaufen usw.. Am Abend oder am Wochenende kann ich es kaum erwarten, auszugehen, während Dan daheim bleiben möchte. Aber ich habe bereits die ganze Woche dort verbracht. Und außerdem, wenn wir Freunde besuchen, habe ich nichts zu sagen. Dan hat seinen Gesprächsstoff und die anderen haben ihren. Aber ich fühle mich so nichtssagend wie mein Leben.

F: *Was meinst du mit nichtssagend?*
A: Ich bin klug. Ich habe ein abgeschlossenes Kunststudium. Ich möchte mich in viel mehr Dingen engagieren als nur Saubermachen und den Haushalt zu führen. Ich spiele gern mit den Kindern, aber Tag für Tag sehne ich mich nach Anregungen, die meinem Verstand angemessen sind. Deshalb habe ich einen Entschluss gefasst: Ich will nicht zu Hause hocken und die Zeit verstreichen lassen. Ich möchte das Gefühl haben, nützlich zu sein, und die Herausforderungen genießen, die ich seinerzeit im Beruf hatte. Also sprach ich mit Dan und erklärte ihm, was ich tun wollte. Er kam mit einer Vielzahl von Fragen und Kommentaren. Es war nicht das erste Mal, dass ich dieses Thema aufbrachte, und ich wusste, dass er mich nicht ernst nahm. Innerhalb von zwei Wochen hatte ich mein erstes Stellenangebot. Es war fantastisch, aber als ich Dan erzählte, dass ich tatsächlich eine Arbeit gefunden hatte, brach die Welt zusammen.

F: *Was meinst du damit?*
A: In jeder Hinsicht. Er beschuldigte mich, egoistisch zu sein, rücksichtslos und eine schlechte Mutter, weil ich nicht bei den Kindern sein wollte. Und dann kam es zu einer langen Diskussion über unsere Lebensweise. Er meinte, dass ich jede Gelegenheit hätte, alles zu tun was ich wollte, genug Herausforderungen - das Museum, Filme, Theaterstücke, Bücher. Das stimmt, aber darum ging es mir nicht. Wir schrieen einander die ganze Nacht lang an. Ich konnte es einfach nicht glauben, dass er so reagierte.

F: *Warum nicht?*

A: Ich hatte das Gefühl, dass ich zu einer Person aus dem finstersten Mittelalter sprach. All die großen Reden, die er geschwungen hat – Frauen sollten die gleichen Rechte wie Männer haben usw. usw. Wenn es darauf ankommt, sieht es plötzlich ganz anders aus.

F: *WAS ÄRGERT DICH SO DARAN?*

A: Er sollte mehr Verständnis aufbringen.

F: *WARUM BIST DU UNGLÜCKLICH, WENN ER DAS NICHT TUT?*

A: Weil es alle möglichen Fragen in mir hochkommen lässt. Ist das der Mann, für den ich ihn hielt, als wir geheiratet haben? Liebt er mich wirklich? Würde er nicht wollen, dass ich glücklich bin? Diese Fragen bringen mich total durcheinander.

F: *Was ist so unbequem an diesen Fragen?*

A: Ich glaube, ich habe Angst, ich könnte zu dem Schluss gelangen, dass unsere Ehe ein Traum ist, den ich nicht teilen will, und dass mein Mann ein bigottes Arschloch ist.

F: *Wenn dem so wäre, warum hättest du dann solche Angst davor?*

A: Weil ich meinen Mann und meine Kinder wirklich liebe, und weil ich nicht ein riesengroßes Problem in die Welt setzen will. Ich will einfach nur wieder arbeiten.

F: *Was hält dich davon ab, wenn du das wirklich willst?*

A: Nichts, außer den Konsequenzen. Ich höre es jetzt schon. Angenommen, er sagt ganz entschieden nein, sagt, dass er es nicht zulässt?

F: *WARUM WÜRDE DICH DAS STÖREN?*

A: Also, wer zum Teufel ist er, dass er mir die Erlaubnis geben kann oder nicht? Das ist völlig unsinnig. Warum sollte ich überhaupt um seine Erlaubnis bitten? Er hat mich nie gefragt, ob er die Stelle annehmen dürfte, die er jetzt hat. Als er sich entschieden hatte, dass er die Stelle wollte, sagte er zu. Ich sollte imstande sein, dasselbe zu tun – verdammt noch mal!

F: *WARUM MACHT DICH DAS SO WÜTEND?*
A: Ich habe das Gefühl, in einer Falle zu sitzen. Sobald ich etwas für mich selbst tun will, beschuldigt man mich, selbstsüchtig zu sein, ein schlechter Mensch zu sein.

F: *Inwiefern ist das eine Falle?*
A: Wenn ich zu Hause bleibe wie eine gute Hausfrau, werde ich weiter gelangweilt und nicht sehr glücklich sein; davon habe ich auf jeden Fall genug. Sobald ich mich aber tatsächlich entscheide, arbeiten zu gehen, bricht die Hölle los.

F: *Was meinst du damit?*
A: Mein Mann dreht durch, meine Schwiegermutter nennt mich eine Hexe und meine Schwester sagt, dass ich in unserem Haus die Hosen anhaben will. Das alles hat nichts mit mir zu tun.

F: *Warum bist du dann so aufgebracht?*
A: Ich bin wütend, dass mich alle verurteilen.

F: *Warum macht dich das wütend?*
A: Weil ich – verdammt noch mal – das Recht habe, zu tun was mir gefällt (sie weint). Ich will ja schließlich nicht in die Drogenszene oder auf den Strich gehen; ich möchte nur wieder arbeiten.

F: *Was an den Urteilen der anderen macht dich so wütend?*
A: Dass sie mich für böse und schlecht halten werden. Meine Schwiegermutter zum Beispiel ist eine begeisterte Hausfrau, Köchin und Großmutter. Sie ist glücklich, und das ist wundervoll für sie. Aber jetzt wird sie ihre Wertmaßstäbe auf mich anlegen. Kannst du dir vorstellen, dass sogar meine Schwester – sie ist vier Jahre jünger als

ich – mich gefragt hat, ob ich Probleme damit habe, eine Frau zu sein? Wer sind sie, dass sie sich erlauben, mich zu verurteilen?

F: *Jede von ihnen wird ihre eigenen Gründe haben, deine Schwiegermutter, deine Schwester, dein Mann. Vielleicht können wir uns mit der folgenden Frage beschäftigen: Warum würde es dich so unglücklich machen, wenn die anderen entscheiden würden, dass du „schlecht" bist?*

A: Weil es nicht so ist – ganz einfach.

F: *Wenn du weißt, dass es nicht so ist, warum regt es dich dann so auf, wenn die anderen es sagen?*

A: Ich meine – (lange Pause) – ich fürchte, dass ich anfangen werde, ihnen zu glauben.

F: *WAS MACHT DIR DARAN ANGST?*

A: Ich will das nicht glauben.

F: *Warum würdest du es dann tun?*

A: Ich weiß nicht. Manchmal, nur ganz selten, denke ich, dass sie vielleicht Recht haben. Bei der ganzen Sache geht es um meinen Vorteil, ich habe wirklich meine eigenen Interessen zuerst berücksichtigt. Und ich muss dir sagen: Das passiert in unserem Haus nicht oft.

F: *Was beunruhigt dich daran, deine eigenen Interessen zuerst zu berücksichtigen?*

A: Ich nehme an, es macht mich zum Egoisten.

F: *Was heißt das?*

A: Zuerst an mich selbst zu denken.

F: *Und warum sollte dich das unglücklich machen?*

A: Ich weiß nicht. Man hat mir immer gesagt, dass Egoismus schlecht sei. Es wird erwartet, dass man an die anderen denkt.

Als ich noch ein Kind war, wurden in meiner Familie diejenigen als große Helden angesehen, die ihr Leben für andere hingaben. „Du darfst nicht an dich selbst denken" war der Schlachtruf meines Vaters.

F: *GLAUBST DU DARAN?*
A: Ja und nein.

F: *Worin besteht das „Ja" in deiner Antwort?*
A: Vielleicht ist es nicht richtig. Meine Kinder und mein Mann sind wichtig, und sie sollten angemessen berücksichtigt werden.

F: *Was willst du damit sagen?*
A: Dass ich sie vielleicht vernachlässige, wenn ich meine eigenen Interessen berücksichtige, und dass sie darunter leiden könnten.

F: *GLAUBST DU DAS?*
A: Eigentlich nicht. Nehmen wir zum Beispiel die Kinder. Ich wäre eine bessere Mutter, wenn ich in glücklicher Stimmung mit ihnen zusammen sein könnte statt mich an sie gekettet zu fühlen. Es geht nicht um die Länge der Zeit, die wir miteinander verbringen, sondern um ihre Qualität. Ich weiß, dass ich mit den Kindern viel besser umgehe, wenn ich glücklich bin und nicht ärgerlich oder gelangweilt. Tatsächlich habe ich mich schon nach einer speziellen Tagesschule für Robby umgesehen und eine sehr gute gefunden. Jackie ist den ganzen Tag in der Schule und spielt am Nachmittag mit seinen Freunden, er ist versorgt. Irgendwie weiß ich wirklich, dass das Beste für mich auch das Beste für sie sein würde.

F: *WARUM BIST DU DANN AUFGEBRACHT?*
A: Weil ich möchte, dass sie das wissen. Aber sie werden es nicht glauben, sie werden es nicht verstehen.

F: WARUM WÄRST DU UNGLÜCKLICH, WENN SIE ES NICHT VERSTEHEN?

A: Weil ich möchte, dass sie verstehen.

F: *Ich weiß, dass du das willst, aber warum wärest du unglücklich, wenn es nicht so laufen würde?*

A: Ich weiß nicht.

F: WAS BEFÜRCHTEST DU, KÖNNTE GESCHEHEN, WENN DU ÜBER IHR MANGELNDES VERSTÄNDNIS NICHT UNGLÜCKLICH WÄRST?

A: Du meinst, falls sie alle unglücklich und verärgert wären, und es für mich einfach in Ordnung wäre?

F: *Ja.*

A: Das würde tatsächlich beweisen, dass ich egoistisch und rücksichtslos bin.

F: GLAUBST DU DAS?

A: Ich würde sagen – nein, Es fühlt sich einfach nicht so an. Egal ob ich über ihren Mangel an Verständnis unglücklich wäre oder nicht, ich würde sie immer noch lieben. Aber sie würden das nicht wissen.

F: WARUM WÜRDE DICH DAS UNGLÜCKLICH MACHEN?

A: Weil ich möchte, dass sie mich verstehen, dass sie wissen, sie sind mir wichtig und ich liebe sie. Die ganzen Sache hat mit ihnen gar nicht soviel zu tun, außer dass sie sich natürlich auf eine berufstätige Ehefrau und Mutter einstellen müssten. Aber ich habe mich um alle möglichen Probleme gekümmert. Ich glaube, sie denken, dass ich mich mit meiner Entscheidung fürs Arbeiten gegen sie entscheide. Als sei das der Beweis, dass mir nicht viel an ihnen liegt. Ganz egal wie sehr ich mich bemühe, es zu erklären, es ist, als würde ich gegen eine Wand reden.

F: *Wenn du ihnen auf jede mögliche Weise dabei helfen würdest, dich zu verstehen, und es würde nichts nützen – WORÜBER WÜRDEST DU DANN UNGLÜCKLICH SEIN?*

A: Ich glaube, dann würde ich nicht unglücklich sein. Ich kann mein Leben nicht für alle anderen leben mit Ausnahme meiner selbst. Ich will es nicht.

F: *Warum glaubst du dann, würdest du es tun?*

A: Jetzt glaube ich es nicht mehr. Ich bin mir klar darüber, dass ich zurück ins Arbeitsleben will. Wenn sie mich dafür verurteilen, kann ich auch nichts machen.

F: *Wie fühlst du dich?*

A: Besser. Ich fange sogar an, mir ein Gefühl der Vorfreude zu erlauben. Das habe ich zuvor mit meinem Ärger weggedrückt. Ich fühle mich jetzt viel besser. Doch das Problem mit meinem Mann ist noch nicht erledigt.

F: *Welches Problem?*

A: Angenommen, er würde mir gegenüber irgendein unsinniges Verbot aussprechen, zur Arbeit zu gehen?

F: *Und falls er das tut, warum würde dich das stören?*

A: Weil ich weiß, dass ich nicht darauf hören würde. Bliebe ich ihm zuliebe zu Hause, dann würde ich das später bereuen und ihn vielleicht sogar dafür hassen. Ich will nicht zu einem Leben gezwungen werden, das ich nicht will. Wahrscheinlich mache ich mir Sorgen, er könnte so verärgert sein, dass er sich scheiden lassen will oder so.

F: *Ich weiß, dass dies nach einer unmöglichen Frage klingen wird, aber versuche trotzdem zu antworten, wenn du magst: WARUM WÜR-DE DICH DAS UNGLÜCKLICH MACHEN?*

A: Ich möchte wirklich nicht meine Ehe zerstören, obwohl ich offensichtlich ein paar Veränderungen will. Meiner Meinung nach wären sie gut für jeden von uns. Aber manchmal sage ich zu mir selbst: Wenn er mich wirklich lieben würde, dann würde er mir das gönnen.

F: *GLAUBST DU DAS?*
A: Ich meine schon.

F: *OK, was meinst du?*
A: Wenn er nicht so verdammt ärgerlich und wütend wäre und nicht so voller Selbstmitleid, dann würde er wissen, dass es das Beste für mich ist. Und aus Liebe für mich würde er es ebenso wollen.

F: *Und du sagst, weil er verärgert und wütend ist, weiß er nicht, was das Beste ist. Falls es so ist wie du vermutest, was würde sein Unwillen, dich arbeiten zu lassen, beweisen?*
A: Gar nichts, nehme ich an. Vergiss, was ich vorher gesagt habe. Ich weiß, dass er mich wirklich liebt. Es macht mich einfach so wütend, eine Person voller negativer Gefühle und Anschuldigungen um mich zu haben.

F: *WARUM MACHT ES DICH WÜTEND?*
A: Ich wünsche mir so, dass er Verständnis zeigen würde – wirklich zu verstehen, dass es gut ist, und es für mich zu wünschen.

F: *Und wenn er das nicht tut?*
A: Wenn nicht, dann nicht. Ich denke, das wäre in Ordnung. Ich kann nicht mehr tun. Ich kann nicht in seinen Kopf kriechen und die Wegweiser umdrehen – nur er kann das.

F: *Was willst du genau?*
A: Zurück ins Berufsleben gehen, glücklich sein, meinen Mann lieben, meine Kinder und mich selbst – mich selbst ganz besonders. Es ist schon komisch. Wenn ich richtig untersuche, was ich fühle und warum ich in Bezug auf die Arbeit so fühle, dann verstehe ich

ganz und gar, das es wirklich gut für mich ist. Und nicht nur für mich, sondern auch für alle anderen. Eine glückliche Person trägt viel mehr zum Familienleben bei und ist ein viel liebevolleres Mitglied als eine, die gelangweilt und unglücklich ist. Ich fühle mich jetzt wirklich wohl mit meiner Entscheidung.

F: *GIBT ES IRGENDETWAS, VON DEM DU IMMER NOCH FÜRCHTEST, DASS ES PASSIEREN KÖNNTE?*

A: Im Moment nicht. Ich werde mit meinem Mann das Beste tun, was ich kann. Wenn er aus seinem Ärger heraus reagiert, werde ich es einfach weiter versuchen. Ich kann seine Meinung nicht ändern, aber in einer Weise kann ich ihm erlauben zu denken, was er will.

F: *Was meinst du damit?*

A: Wir haben das zuvor schon einmal diskutiert. Es hing damit zusammen, wie man mit jemandem glücklich sein kann. Es ist, als ob ich wollte, dass er sagt: „Wunderbar, großartig, tu' was immer du möchtest." Ja, wenn ich möchte, dass er mir meine Entscheidung erlaubt, dann kann ich ihm sicherlich auch seine Reaktion gestatten.

3
Kinder kommen glücklich auf die Welt

In einer umgrenzten fließenden Welt sind die Töne gedämpft und alle körperlichen Bedürfnisse werden von der dicht verwobenen Ordnung dieses Universums erfüllt. Ein regelmäßiger, melodischer Rhythmus – geformt von der natürlichen Melodie des Herzens – füllt die Höhle mit sanfter Musik, die im Widerhall des Taktschlags entsteht. Die Gebärmutter: Ein Sonnensystem des Lebens, Ort der Schöpfung und der Entstehung des Menschen. Innerhalb ihrer Wände beherbergt sie einen wachsenden Embryo, der sich jeden Tag in millionenfacher Weise weiter entwickelt, bis er beginnt, die Form einer Person anzunehmen. Der Kopf, die Arme, die Füße und die Hände wachsen aus ihrer eigenen Masse heraus, als wären sie aus der Substanz mütterlicher Energie geformt. Während er sich zur Gestalt eines Fötus entwickelt, beginnt er mit der Vorbereitung auf die Geburt, heraus aus diesem Universum.

Im Gegensatz zu den Visionen einer umwölkten Vergangenheit wird der Mensch nicht so sehr als ein Fremdling ins Universum hinein geboren, sondern er ist aus dem eigentlichen Stoff dieses Universums geschaffen. Die Elemente, aus denen er zusammengesetzt ist, die Befruchtung, die am Anfang seines großartigen Vorstoßes steht und neues Leben im Inneren einer Frau entstehen lässt, sind lebenswichtige Bestandteile der Welt, die er betreten wird. Mit der Geburt bewegt sich der Mensch aus der Umarmung einer sanften und kontrollierten Umgebung in eine andere, die mehr zufällig und weniger vorhersehbar funktioniert. Nach einem Zeitplan, von seiner biologischen und physiologischen Entwicklung bestimmt (die präzise in ihrem genetischen Fundament festgelegt ist), baut er gemeinsam mit seiner Mutter einen harmonischen Energiestoß auf und wird nach draußen geschleudert.

Auf diese Art wird jedes Kind zu einer Offenbarung der Natur – zu einem Ausdruck ihrer Lebendigkeit und Schönheit. Nach der Reise durch den Geburtskanal begrüßt das Kind seine Existenz mit weit geöffneten Augen und tut seinen ersten Atemzug. So wird es zu einem lebendigen Teilnehmer an unserer gemeinsamen Atmosphäre, und durch diesen ersten Atemzug macht es die Welt zu der seinen.

Das Kind ist einfach, unkompliziert und unbelastet. Seine ziemlich komplexen biologischen Systeme, seine unbewussten Reflexe und automatischen Prozesse funktionieren mit eigener Leichtigkeit. Der neue kleine Mann oder die Frau scheint das Universum ohne Mühe in sich aufzunehmen. Ihre Wünsche sind einfach, und im Rahmen der Gesellschaft und der Familieneinheiten werden ihre biologischen Bedürfnisse gewöhnlich erfüllt.

Die erste Form der Verständigung steht oft im Zusammenhang mit dem Weinen. Wenn das Kind zum ersten Mal weint, dann reagiert es auf veränderte Wahrnehmungen seiner inneren Umgebung, wo sein System sich vom eigenen Gleichgewicht wegbewegt. Schreien oder Weinen ist lediglich die Reaktion des Kleinkinds auf sich selbst. Wir Erwachsenen interpretieren das als „ich habe Hunger" oder „ich bin nass" oder „mir tut etwas weh". Das ist unsere Art, mit den biologischen Bedürfnissen des Kindes in Kontakt zu bleiben und seinen Zustand zu überwachen. Während wir zuhören und reagieren, beginnt das Kind ebenfalls, unsere Reaktionsmuster auf seine Äußerungen zu erfahren. Bis hierhin gibt es kein Unglücklichsein.

Nun wird das Weinen des Kindes zu seinem Hilfsmittel, mit dem es uns innerhalb seiner gegenwärtigen Möglichkeiten herbeiruft. Wir haben ihm beigebracht, wie es sein Schreien als Verständigungsmittel einsetzen kann, um das zu bekommen, was es möchte. Das Kind gibt keinerlei Erklärung ab, unglücklich zu sein, noch klagt es die Welt an. Erst wenn wir sagen „Ach, das arme Kind ist hungrig", *verbinden wir mit seiner Aktivität eine Wertung.* Der Schrei ist nur eine Meldung, dass der Körper nicht in Harmonie ist und dorthin zurückkehren möchte (durch Nahrung, Trockenlegen usw.). Indem wir den Hunger oder die Nässe als schlecht werten, projizieren wir unsere Vorstellungen auf das Kind – Vorstellungen, die es bisher noch nicht übernommen hat. Wenn wir annehmen, das weinende Kind sei unglücklich, dann sagen wir damit etwas über unser Glaubenssystem aus, nicht über das Kind. Glück oder Unglück sind für es nicht von Bedeutung – nur der Wunsch, sein eigenes Gleichgewicht wieder herzustellen.

An diesem Punkt und auf eine Art, die mit dem Stand seiner Entwicklung übereinstimmt, fängt das Kind an, Brücken der Verständigung zu seiner Mutter und der Außenwelt zu bauen.

Wenn sein Gleichgewicht wieder hergestellt ist, bewegt sich das Kind mit ehrfürchtiger Scheu in seiner Welt, geblendet von faszinierenden Sinneserfahrungen in Farben und Tönen. Seine Ohren spitzen sich, seine Augen tanzen, Geschmacksempfindungen füllen seinen Mund, während seine kleinen Hände die Beschaffenheit seiner selbst und seiner Umgebung erforschen.

Das Kind ist dauernd von ungezwungener Neugierde erfüllt. Suchend. Offen. Aufnehmend und glücklich. Seine Welt ist einfach da. Es gibt keine Entscheidungen, was gut und böse ist, keine langes Nachdenken, was es möchte oder nicht möchte. Das Kind befindet sich einfach in Bewegung zu seinen Wünschen und Launen hin. Da sind keine Fragen, nur wunderbares Erforschen. Die Bewegungen seiner Arme, die Anregung und Freude des Essens, das Saugen an der Brust seiner Mutter oder am Schnuller einer Flasche, das Entleeren seiner Blase sind lediglich einige Bewegungsvorgänge in seinem natürlichen Hang, einfach nur zu sein.

Diese Aktivitäten werden vom Kind weder in Erwägung gezogen noch bewertet. Möglicherweise werden sie nicht einmal bedacht. Vielleicht ergeben sie sich einfach.

Was will ich damit veranschaulichen? Dass ein Kind in diese Welt glücklich hineingeboren wird. Liegt darin nicht immer die Faszination, die wir beim Beobachten der Bewegungen und Erkundungen eines Kleinkindes empfinden?

Weinen signalisiert keine negativen Gefühle, es ist einfach eine hörbare biologische Reaktion als Antwort auf Veränderungen in seinem Gleichgewicht. Weinen wird erst dann zu einer „unglücklichen" Empfindung, wenn *wir* ihm diese Bedeutung geben.

Die erste soziale Interaktion erfährt das Kleinkind mit seiner Mutter, und es geht dabei ums Essen. Empfangen und Geben von

Nahrung setzen den Beginn für die Annäherung. Das Schreien, die verschiedenen Zeichen, das Anbieten von Essen, das Halten im Arm und das Streichen des Rückens, sie alle sind Aspekte dieser fundamentalen Wechselwirkung. Auch die Ausscheidungsfunktionen sind ein Teil seiner Welt, ein anderer Erfahrungsbereich, eine andere Quelle von Annehmlichkeit und Befriedigung. Sogar wenn das Gesicht des Kindes sich verzieht und rot anläuft, während es seinen Darm entleert, ist das kein Ausdruck von Unbehagen oder Ablehnung; es nimmt nur alle seine Kräfte zusammen und konzentriert sich auf die gegenwärtige Aktivität. Berühren und berührt werden sind während dieser ersten frühen Lebensmonate ebenfalls freudige Erfahrungen ohne sexuelle Untertöne; es sind keine Assoziationen damit verbunden. Die Vielfalt physischer und genitaler Rezeptoren ist nichts anderes als ein Aspekt seiner Begegnung mit den Sinnen. Für das Kind gibt es nur das Aufnehmen, das Verarbeiten und den Austausch mit dem Universum.

Seine Welt ist im Einklang mit ihm, es lebt völlig ungezwungen in ihr und nimmt in Ehrfurcht alles in sich auf wie ein Schwamm, ohne jede Wertung.

Es klingt wundervoll. Unglaublich! Aber was passiert dann? Warum und wann hören wir auf wir selbst zu sein, zögern und fragen, wer wir sind? Dafür gibt es viele Gründe, die alle mit unseren frühen und späteren Kindheitserfahrungen zu tun haben und mit den Vorstellungen, die wir übernehmen.

Bis jetzt haben wir einen Organismus, der sich an seine neue Umgebung anpasst und sie in sich aufnimmt, indem er seinen eigenen Triebkräften und Wünschen folgt. Für ihn sind das natürliche Vorgänge. Er lebt sein natürliches Selbst aus, glücklich und voller Liebe. Das Kind drückt seine Dankbarkeit für das Leben durch Neugierde aus. Immer noch keine Fragen, einfach ein Gleiten von einer Sache zur anderen, Spaß haben an Leuten und Objekten in seiner Welt. Erfüllt von Freude an sich selbst.

Kein Zögern, ob es aufhören sollte, mit diesem Objekt zu spielen oder nicht, um sich dann einem anderen Objekt zuzuwenden. Es ist ganz einfach: Wenn es fertig ist, legt es ein Spielzeug zur Seite und nimmt ein anderes in die Hand. Keine Handlung hat mehr Wert als die andere. Es geht immer nur um das, was gerade getan wird. Keine

Überlegungen „sollte ich?" oder „sollte ich nicht?", einfach widerstandslose Bewegung zu den Wünschen hin. Das Kleinkind handelt immer innerhalb seines natürlichen Fließens. Es wird nicht dadurch abgelenkt, dass es ängstlich oder unglücklich ist. In seiner Welt lebt es nur mit dem Verlangen zu krabbeln, zu essen, trocken zu sein, warm zu sein. Während das Kind in diesem Anfangsstadium durch Interaktionen langsam klüger wird, entwickelt es eine erhöhte Kommunikationsfähigkeit, um das zu bekommen, was es möchte, und andere in seiner Umgebung in Richtung seiner eigenen Ziele zu bewegen – z.B. ihm zu essen zu geben, es trocken zu legen oder ihm eine Decke zu bringen.

Wenn Lernen, Spaß haben, gekitzelt werden oder mit einem Ball zu spielen alle gleichwertig sind, wenn es kein „Nein" gibt – was geschieht, um diesen idyllischen Vorgang zu verändern? *Da das Kind aufnahmefähig wie ein Schwamm ist, nimmt es zusammen mit seiner Umgebung auch die Vorstellungen und Ideen der Menschen auf, die sich in seiner Umgebung befinden.*

So wird es ebenfalls zu einem Lebewesen mit Überzeugungen und Ansichten und unterliegt dadurch auch den Problemen und Folgen, die diese Vorstellungen und Ansichten mit sich bringen.

Ernährungsprogramme von Eltern für ihre Kinder sind unterschiedlich und haben unterschiedliche Konsequenzen. Einige füttern ihre Kleinkinder nach einem Programm, welches vom Kind und seinen Bedürfnissen bestimmt wird. Andere bestimmen festgelegte Essenszeiten, die mehr auf die Ess- und Schlafgewohnheiten der Eltern abgestimmt sind. Für dieses Kind funktionieren Wünsche und Kommunikation nur gelegentlich. Es versteht, dass zu gewissen Zeiten eine klare Reaktion auf sein Schreien erfolgt, während zu anderen Zeiten überhaupt keine Reaktion stattfindet. Diese Widersprüchlichkeit wird es gewöhnlich dazu anregen, noch mehr zu schreien in dem Bemühen, die Wirksamkeit seiner Kommunikation zu erforschen und zu testen. Es weiß niemals so richtig, wann es aufhören soll, weil es nie weiß, ob dies der Zeitpunkt ist, zu dem es eine Antwort bekommen wird. Wenn es nach ununterbrochenem Kreischen endlich eine Reaktion erreicht, kommt diese meist von einem unwilligen Elternteil oder von einem, der durch die Intensität des Kindes aus dem Gleichgewicht gebracht ist. Deshalb mag die nachfolgende Fütterung von Ärger oder unguten Gefühlen überschattet sein. Das Kind erkennt dies am veränderten Hautgeruch, am unruhigen Herzschlag und dadurch, dass es anders berührt und gehalten wird. Das Kind empfindet die Spannung, erfährt die Disharmonie und stellt sich darauf ein.

Später, in anderen Bereichen, mag ein erschöpfter, aber wohlmeinender Elternteil damit anfangen, das Kind durch Missbilligung zu trainieren. „Nicht weinen. Sei ein guter Junge, dann wird Mami dich füttern." Oder die resolutere Unterweisung, die der Reaktion von Eltern auf ihr eigenes Unbehagen entspringt, während sie mit dem Kind zusammen sind: „Hör sofort damit auf – du machst Mamis Vorhänge kaputt. Du bist ein böser Junge." Das Kind reagiert auf die Schelte und Missbilligung mit Verwirrung und beginnt dann, die Überzeugungen des tadelnden Erwachsenen zu übernehmen. So lernt das Kind, unglücklich zu sein.

In anderen Bereichen seines Lebens ist das Kleinkind immer noch es selbst, spielend und erforschend. Ohne die Wünsche oder Werte in der Welt seiner Eltern zu kennen, mag es vielleicht mit seinem Saft spielen, indem es ihn verschüttet und in den Wohnzimmerteppich einreibt. Es mag das Notizheft seiner Mutter untersuchen, indem es die Seiten zerknittert und einreißt, sie ganz durchreißt, weil es von dem Geräusch fasziniert ist. Es mag seine hölzernen Bauklötze testen, indem es sie wirft und fallen sieht, ihrem Stakkatogeräusch zuhört und vielleicht zuschaut, während sie zufällig einen Spiegel oder ein Fenster zerbrechen.

Es ist Kolumbus bei der Entdeckung Amerikas oder ein Astronaut, der den Mond erforscht. Für das Kind ist das, was es tut, einfach Teil einer herrlichen, aufregenden Reise, bei der es Kontakt mit seiner Welt aufnimmt.

In jeder der oben genannten Situationen würden Eltern, die ihr Heim in einem Durcheinander vorfinden, wahrscheinlich schockiert sein und vielleicht ärgerlich reagieren. Ärger als Reaktion darauf, ihre Dinge ruiniert zu sehen. Ärger als Instrument, dem Kind ihre Missbilligung zu zeigen, so dass es weiß, es sollte das nicht wieder tun. Möglicherweise würden sie in ihrer Erregung über die Unordnung und oder den angerichteten Schaden das Kind aus dem Raum schaffen.

Die Eltern tun in einem solchen Augenblick das Beste, was sie können. Sie versuchen zurecht zu kommen, das Heim zu organisieren und das Kind vernünftig zu erziehen. Der Ärger oder die Aggressivität gegenüber dem Kind entsteht als Folge der elterlichen Überzeugung, dass diese Art der Reaktion für beide Seiten am besten sei, sowohl für die Eltern (z.B. es ist gut, seinen Ärger heraus zu lassen) als auch für das Kind (Tadel ist ein wirksames Erziehungsmittel). Aufgrund dieser und anderer Vorstellungen und Wertungen wäre solch eine Reaktion die beste, zu der die Eltern imstande sind. Bei uns allen entstehen Gefühle und Verhaltensweisen durch unsere Meinungen über eine Situation. Auch wenn unsere Handlungen negativ und sogar selbstzerstörerisch erscheinen mögen, wir verhalten uns so, weil wir in natürlicher Weise unseren Ansichten folgen - wie auch immer diese geartet sein mögen. Fragen Sie irgendeine beliebige Person, selbst jemanden, der gegenüber Kindern scheinbar zerstörerisch handelt: Man wird Ihnen sagen, dass es nur mit den „besten" Absichten geschieht. Es ist NICHT entscheidend, welcher Art unsere Absichten sind, sondern es geht um den Inhalt unserer Vorstellungen und Werturteile.

Aber das Kind kennt den Sittenkodex und die Regeln der Erwachsenengesellschaft nicht. Mit der Feindseligkeit, die sich ihm gegenüber ausdrückt, wird ihm eine ganz spezielle Information übermittelt: Wenn es glücklich ist und einfach das tut, was es tut, dann sind seine Eltern unglücklich. Durch ihre Missbilligung lernt das Kind, dass etwas an seinem Gefühl von Liebe und Glück nicht in Ordnung ist. Es war nur dabei, sich selbst zu entdecken und hatte keinerlei schlechte Absichten. Doch plötzlich dringt man in seine Welt ein und teilt ihm ausdrücklich oder indirekt mit, dass es sich falsch verhält.

Die meisten Kinder verstehen ihr Dilemma nicht. Sie können die Bedeutung des Ärgers und der Schelte nicht begreifen. Dem Kind wird gezeigt, dass seine Handlungen andere unglücklich machen. Wenn das Kind glücklich ist (Bauklötze herumwirft, Papier zerreißt, mit seinem Saft einen Fluss auf dem Fußboden erzeugt), werden andere unglücklich. Es versteht nicht, dass die Folgen seiner Handlungen von den Eltern mit Unbehagen betrachtet werden. Durch ihre Reaktion übermitteln sie dem jungen Menschen ihre eigene Meinung: „Er macht andere unglücklich." Das führt zu der grundlegenden Erkenntnis: „Irgend etwas an mir ist nicht in Ordnung" oder „Ich bin schlecht, weil ich so bin, wie ich bin". Ein anklagender Finger zeigt auf es.

Und eine weitere Andeutung wird durch die Haltung der Eltern ausgedrückt, nämlich dass man von dem Kind irgendwie nicht erwartet, dass es glücklich ist. Wenn das Kind sich Mühe geben würde, dann hätte es nicht so unüberlegt gehandelt... „Wenn du mich lieb hättest, würdest du auf das hören, was Mami dir sagt." Hier wird ein weiterer Glaubenssatz geliefert: „Wenn du mich liebtest, dann würdest du..."

Die Verwirrung nimmt zu. Das Kind kommt zu dem Schluss, dass etwas an ihm und seinem Glück nicht richtig ist, und es entwickelt den Argwohn, dass sein Glück unerfreuliche Folgen hat. „Wenn es schlecht ist, dass ich so bin wie ich bin, und wenn das andere unglücklich macht, dann stimmt irgend etwas bei mir nicht." Und ein weiterer Schluss: „Ich muss mich wie jemand anderes benehmen und nicht wie ich selbst, um akzeptiert zu werden." *So wird das Kind zum Schauspieler – es lernt, Fassaden aufzubauen und nicht, es selbst zu sein.*

Was zu Beginn als das einfache Bemühen erschien, unser Eigentum zu schützen und das Kind richtig zu erziehen, hat weitreichende Folgen. In den allerersten Situationen von Urteilen und Missbilligung bringen wir unseren Kindern viele Ansichten bei – Ansichten über sich selbst und darüber, unglücklich zu sein. Über die Jahre vertiefen wir diese Erfahrung von Interaktion zu Interaktion. Die Lehre besagt: Wenn du etwas tust, was die Eltern nicht wollen, wirst du unglücklich sein. Sie dient auch als Methode, das Kind vor Gefahren zu schützen (in der Meinung, dass Unglücklichsein ein wirkungsvolles Abschreckungsmittel ist). Oft erwarten die Eltern außerdem, dass ihr Kind unglücklich ist, wenn sie selbst unglücklich sind – als eine Geste der Sympathie und Menschlichkeit von dieser kleinen Person. Wenn wir also wütend sind und eine Handlung des Kindes missbilligen, dann sollte es sich daraufhin unterwürfig und bedrückt verhalten. Es wäre sonst kein menschliches Wesen. Die angemessene Reaktion wird also vorgegeben, gefördert und anerkannt.

Haben unsere Eltern uns nicht gezeigt, wie unglücklich sie waren, wenn wir gekränkt waren, uns geschnitten hatten oder es nicht schafften, etwas zu bekommen, das wir ernsthaft haben wollten? Zu Anfang wurden wir dazu angehalten, die Reaktion zu imitieren. Später „sollten wir" ihnen das Gleiche geben, man „erwartete" das. Mitgefühl signalisieren und in erkennbarer Weise reagieren.

Es wird hoch eingeschätzt, unglücklich zu sein. „Wenn du traurig bist, dass ich traurig bin, dann fühle ich mich besser." „Wenn du dich gut fühlst, während ich mich schlecht fühle, dann fühle ich mich noch schlechter." Die Rollen sind klar festgelegt. Ansichten und Vorstellungen werden wiederholt und entsprechend dem Verständnis des Kindes übersetzt. So wird es vorbereitet, zu lernen, aufzunehmen und sein Verhalten in Übereinstimmung mit den Sitten und Werten seiner Kultur und seiner Lebensgemeinschaft auszurichten. Und eine der wichtigsten Sitten ist es offenbar, unglücklich zu sein. Tatsächlich ist das Kind Schüler in einer Konditionierungssituation, in der ihm Glaubensmuster als Anteil sozialer Interaktionen beigebracht werden. Sobald das Kind diese Vorstellungen als seine eigenen übernimmt, ist es nicht länger ein Empfänger der Konditionierung, sondern wird zu einem ihrer Fürsprecher.

Wünschen ist jetzt in eine anerzogene und besser vorhersehbare Reaktion umgewandelt. Irgendwie erzeugen viele der unkontrollierten Wünsche des Kindes negative Reaktionen. Im Laufe seiner Kindheit entwickelt sich in ihm die deutliche Empfindung, dass seine Existenz für andere ein Ärgernis darstellt. Fragen des Selbstwerts und des Selbstbildes!

Unter den Vorstellungen, die kleinen Menschen beigebracht werden, nimmt „Du machst mich unglücklich" einen besonderen Stellenwert ein. Nach diesem Konzept ist das Kind direkt verantwortlich für die negativen Gefühle einer anderen Person, so als würde diese nicht auf ihre eigenen Vorstellungen reagieren, sondern durch das Kind in einer geheimnisvollen Weise manipuliert und unglücklich gemacht. Als ob es das könnte, als ob es die Macht dazu hätte!

Das Unglücklichsein ist bei jedem von uns das Ergebnis unserer eigenen Überzeugungen. Eltern, die unglücklich sind über zerbrochenes Geschirr, einen verdorbenen Teppich oder zerrissene Tapeten, haben ihre eigenen Gründe, so zu reagieren. Vielleicht ruft das Verhalten des Kindes in ihnen Zweifel wach, ob sie gute Eltern sind. Unter denselben Umständen mögen andere Eltern keinen Grund zu irgendwelcher Besorgnis sehen. Ganz egal, wie sie auf die Beschädigung ihrer Sachen oder auf die Wildheit und Unbedachtheit ihres

Kindes reagieren, es ist alles eine Widerspiegelung ihrer eigenen Vorstellungen, Werturteile und Schlussfolgerungen. Schlage ich Ihnen jetzt vor, Sie sollten passiv dasitzen, während ein wildes Kind durch Ihr Haus tobt und Ihr Eigentum missbraucht? Natürlich nicht. Aber wenn wir den Ursprung unserer Gefühle und die Folgen unserer Reaktionen mit mehr Bewusstsein betrachten würden, dann würden wir uns vielleicht bemühen, einen Weg zu finden, die Aktivität des Kindes zu zügeln, ohne es so aussehen zu lassen, als würden wir das Kind missbilligen oder könnten es nicht leiden.

Das Drama geht weiter. Der Glaube an gegenseitige Abhängigkeit (ich mache dich unglücklich und du machst mich unglücklich) wird dem Kind häufig nahegelegt und anschaulich erläutert. Der kleine Mensch fängt an, seine Macht über andere mit Besorgnis zu betrachten, während er die Vorstellungen übernimmt. Er erlaubt es seinen Wünschen nicht länger, ungehindert zu fließen – letzten Endes macht er seine Eltern ja schon allein dadurch unglücklich, dass er so ist, wie er ist.

Wieder eine Bestätigung der Vorstellung, dass Irgendetwas bei mir nicht in Ordnung ist: „Ich bin schlecht, wenn ich mich so gebe wie ich bin". Außerdem muss auch an seinen Wünschen etwas falsch sein. Wenn das Kind unausgesetzt weint, um etwas zu bekommen, sagen die Eltern, die dann ärgerlich werden, indirekt zu ihrem Kind: „Irgend etwas an dir stimmt nicht, wenn du etwas vermisst oder mich mit deinen Wünschen unter Druck setzt." Die Botschaft lautet: „Unterdrücke deine Wünsche und dein Wesen. Sei so, wie ich es will und von dir erwarte, dann habe ich dich lieb."

Wie oft haben wir den frustrierten Aufschrei eines Kindes gehört: „He, ich habe dich nicht darum gebeten, zur Welt zu kommen!" Es sieht seine bloße Existenz als Ursache von Leiden und Schmerz – zu lieben bringt Probleme. Jetzt muss es sorgsam und sehr vorsichtig zuhören, damit es weiß, was es tun soll – weil es jetzt daran *glaubt*, dass seine Wünsche schlecht sind.

Die Eltern sitzen selbst in der Klemme. Irgendwie legen sie das Verhalten ihres Kindes so aus, als würde sich darin Rücksichtslosigkeit und ein Mangel an Zuneigung ausdrücken. Sie sehen das Kind als ein widerspenstiges, ungezogenes Wesen, das Disziplin braucht. Eltern verbinden oft ihren Selbstwert mit ihrem Kind. „Wenn mein Kind unerzogen und undiszipliniert ist, dann habe ich versagt". So empfinden beide Seiten die Existenz des anderen als mögliche Quelle von Schmerz, sicher aber als Belastung. Niemand sagt, dass die Eltern dies wollen, dass sie das Kind nicht in der besten Weise lieben, zu der sie fähig sind. Aber es stellt sich da eine Frage: Gibt es eine bessere Art, mit unseren Kindern zu leben, einen direkteren Weg, sie darin zu unterstützen, dass sie sich selbst erlauben, glücklich zu sein?

„Wenn ich schlecht bin so wie ich bin, dann muss ich lernen, nicht ich selbst zu sein; denn andere sagen, das ist gut. Dann habe ich starke Zweifel an mir selbst und fühle mich unsicher. Da ich geliebt werden möchte und mir eine friedvolle Umgebung wünsche, muss irgend etwas bei mir nicht stimmen, denn ich bin für andere eine Ursache von Disharmonie."

Und somit wird das Leben zu einem Prozess, bei dem man lernt, wie man sein soll (als ob das Kind es nicht wüsste). Zum Handeln wird ständig das private Buch über akzeptable Verhaltensweisen zu Rate gezogen. Stop und Start. Die Reise durch das Leben, die zu einem gewissen Zeitpunkt leicht und fließend erschien, wird nun zu einem Hindernisrennen, bei dem das Kind versucht, andere nicht unglücklich zu machen, während es sich gleichzeitig bemüht, herauszufinden was es will.

Da das Kind ein Mensch ist, sieht es andere Menschen als Modell an. Es imitiert, um zu lernen, und es kopiert, um anerkannt zu werden. Die Regeln werden ihm schon im frühesten Alter beigebracht. Manche Kinder mögen ihre Eltern anschreien „Lass mich allein!", und haben dann schreckliche Angst, allein gelassen zu werden könnte bedeuten, sterben zu müssen. Nur allzu oft unterdrückt das Kind diesen Impuls. Ihm bleibt nur die Wahl, den Verstand zu verlieren oder erwachsen zu werden.

Doch in der Welt der Erwachsenen, wo Werturteile und Missbilligung gang und gäbe sind, wo Liebe und Ablehnung mit Bedingungen verknüpft sind, ist fast jede Bewegung mit der Unterdrückung von Wünschen und Ärger verbunden. Das heranwachsende Kind ärgert sich sogar über sich selbst, weil etwas mit ihm nicht stimmt...und ist zugleich wütend darüber, dass andere von ihm erwarten und es ständig auffordern, nicht es selbst zu sein.

Sogar zum Thema Liebe kommen Zweifel auf. „Wenn meine Eltern mich anschreien und bestrafen, dann sagen sie, sie täten das zu meinem Besten, weil sie mich lieb haben." Verständlicherweise entstehen in dem Kind zwiespältige Gefühle darüber, geliebt zu werden. „Wenn meine Eltern mich schlecht behandeln und schlagen, weil sie mich lieben, will ich dann überhaupt geliebt werden? Und würde ich selbst lieben wollen?" Liebe, vermischt mit Ärger und Leid, wird zu einem zweischneidigen Schwert. Liebe wird mit Unbehagen verbunden, und das Kind könnte sogar Angst davor entwickeln, geliebt zu werden.

Seine Gefühle von Unbehagen und Elend sind dem Kind zu eigen, aber die Ansichten, die es hat, sind mit größter Wahrscheinlichkeit diejenigen, die wir ihm beigebracht haben.

Was könnte ich mir jemals mehr wünschen, als ohne Regeln und Bedingungen geliebt zu werden? Was *mehr* könnte ich meinen Kindern geben als die „Grundeinstellung": Lieben heißt einverstanden sein? Wenn ich mein Kind auf diese Art liebe, dann würde ich es akzeptieren und wollen, dass es sich wohl fühlt und froh ist.

Wenn ich mein Kind missbillige, wenn ich für sein Verhalten Bedingungen aufstelle, die es erfüllen muss, um geliebt zu werden, wenn ich seine Handlungen verurteile und als ein Zeichen sehe, dass etwas an ihm nicht stimmt, dann setzte ich das Kind mit Feindseligkeit und Aggressivität unter Druck. Warum bin ich nicht einfach glücklich, wenn mein Kind glücklich ist?

Die sofortige Antwort lautet, dass viele Dinge, die ich vielleicht für mein Kind möchte, im Gegensatz zu dem stehen, was ihm offensichtlich Spaß macht. Zum Beispiel: Seine Art, glücklich zu sein, ruiniert mein Haus – und das möchte ich ganz bestimmt nicht. Nun gut, vielleicht gibt es einen Weg, verschiedene Freiheitsbereiche zu unterscheiden. Das Kind muss über das entscheiden, was zu seiner Welt gehört, und ich muss über das entscheiden, was zu meiner Welt gehört. Das hat Auswirkungen. Eltern entscheiden oft darüber, was für das Kind am besten ist, weil sie der Meinung sind, das Kind würde nicht das Beste für sich selbst wählen. Aber wenn ich das tue, dann sage ich zu meinem Kind: „Mit dir stimmt etwas nicht, du kannst ja nicht einmal gut zu dir selbst sein." Was für eine Rolle würde das alles spielen, wenn ich nur wollte, dass mein Kind glücklich ist? Sein Forschen, seine Entscheidungen und Misserfolge und seine erneuten Versuche sind allesamt Teil seines Wachsens und Werdens.

Wann es essen oder nicht essen sollte, ob es sich mit diesem oder jenem Spielzeug beschäftigt, wann es schlafen und wann wach sein sollte, all das sind Bereiche, die zur eigenen Welt des Kindes gehören. Wenn ihm mehr Freiheit ohne unerwünschte Folgen zugebilligt würde, wenn es erkennen könnte, dass Neigungen und Handlungen, die aus seinem Wesen entstehen, in Ordnung sind, dann würde es ganz bestimmt keine Zweifel sich selbst gegenüber hegen und würde nicht glauben, dass mit ihm etwas nicht stimmt. Es würde keine Furcht entwickeln vor der Frage, wer es ist, und sich keine Sorgen um seine Handlungen machen. Indem ich mein Kind so liebe wie es ist, und indem ich seine Entscheidungen billige (obwohl sie nicht die meinigen sind), würde ich ausdrücken: „Meine Liebe zu dir kommt daher, dass ich einverstanden mit dir bin. Wir wissen beide, dass du in Ordnung bist."

Wenn das Kind in meine Welt einbricht und die Fenster meines Hauses mit einem Stein zerschmettert, dann könnte ich einschreiten, falls ich das will. Es ist mein Bereich, für den ich meine eigenen Ansprüche habe. Dennoch sind der Ton und der unausgesprochene Kommentar meiner Stimme von größter Wichtigkeit. Entscheidend ist, in welcher Weise ich meine Gefühle ausdrücke.

Wenn ich meine Wünsche ohne Ärger, ohne Furcht und ohne Drohungen klarmachen könnte – einfach nur erklären, dass ich meinen Besitz respektiert sehen möchte –, dann würde das Kind nicht den Eindruck gewinnen, es würde abgelehnt oder gehasst. Nur wenn ich es anschreie und ihm sage, es sei schlecht, mache ich meinem Kind gegenüber eine allgemeine Aussage.

Häufig erinnert sich ein Kind, das bestraft oder geschlagen wurde, an den seelischen Schock des Angriffs viel länger als an den Grund und an die damit verbundene Lektion. Tatsächlich ist eine Aggression mit ihrer Auswirkung von Ablehnung und Liebesentzug normalerweise so erschreckend, dass die Botschaft beim Kind kaum ankommt. Doch es verbleibt die Wut, die Abneigung und die Folgerung, dass es „schlecht" ist.

Es gibt Optionsvarianten, die in natürlicher Weise der Grundeinstellung 'Lieben heißt einverstanden sein' entspringen können.

Eines Abends entschloss sich meine zehnjährige, quicklebendige Tochter Bryn, meine Schreibmaschine zu benutzen, ohne um Erlaubnis zu fragen und ohne Wissen um deren Handhabung. Als ich nach Hause kam, hatte sie es irgendwie fertiggebracht, den elektrischen Mechanismus kurzzuschließen.

Ich nehme an, ich hätte mich selbst in Wut steigern können (weil ich die Maschine gerade an diesem Abend hatte benutzen wollen), ich hätte meinen Ärger ausdrücken können, indem ich sie anschrie: „Du scherst dich um niemanden, als dich selbst" und „Du bist gedankenlos und ungezogen" oder „Du bist ein böses Mädchen". Aber wenn wir ganz kurz jede dieser Wertungen und Anschuldigungen näher betrachten und versuchen, sie in Beziehung zu der Situation und unserem Wollen zu sehen, dann erkennen wir vielleicht, warum sie unproduktiv und wirkungslos sein würden.

Es ist *eine* Sache, den Kindern zu erklären, dass man wünscht, sie sollten etwas nicht tun. Eine völlig andere Sache ist es, sie als unsensibel, gedankenlos oder „schlecht" anzusehen und zu bezeichnen, weil man ihnen damit den Eindruck vermittelt, dass man sie menschlich ablehnt. Ich möchte nicht, dass meine Tochter glaubt oder zu dem Schluss kommt, sie sei unbeholfen oder schlecht, weil sie etwas getan hat, das meinen Wünschen oder Werten widerspricht. Anschreien, Beschimpfung und Bestrafung, die durch Wut provoziert sind, erzeugen nur Groll und Widerstand gegen den Wunsch der Eltern (gewöhnlich wiederholt das Kind dann die unerwünschte Handlung).

Während unserer Diskussion tauschten Bryn und ich unsere Gefühle und Gedanken aus. Ich machte ihr klar, dass ich grundsätzlich immer gefragt werden möchte, bevor sie meine Sachen benutzte, auch wenn sie im Moment vielleicht glaubte, die besten Gründe zu haben. Ich formulierte vorsichtig meinen Respekt für ihr Eigentum und bat sie um dasselbe Entgegenkommen meinen Sachen gegenüber. Meine Tochter fühlte sich akzeptiert und war daraufhin viel offener, meine Wünsche anzuhören und meine Bitten zu berücksichtigen als ein Kind, das durch einen Hagel von Anschuldigungen und Ärger polarisiert und abgelenkt wird. Bryn reagierte mitfühlend und besorgt. Sie konzentrierte sich darauf, mir beim Finden einer anderen elektrische Schreibmaschine zu helfen, um meine zu ersetzen, während sie in Reparatur war.

Sie musste weder mit einem schlechten Gewissen noch längerem Unbehagen für ihren Übergriff bezahlen. Auch meine Liebe brauchte sie sich nicht zu „verdienen". Ich hatte sie über meine Vorlieben und Wünsche informiert und damit erreicht, was ich wollte. Bryn war aufmerksam und aufrichtig – Haltungen, die nicht durch Furcht und Unbehagen bestimmt sind, sondern von Verständnis und Respekt für sich selbst und auch für mich.

Warum sollten wir nicht beide – meine Tochter und ich – jeder dem anderen seine Freiheit zugestehen, ohne in das Gebiet des anderen einzudringen? Jeder von uns konnte in seinem eigenen Bereich unabhängig bleiben, jedoch mit dem anderen in Verhandlung treten, wenn wir die Linie zu überschreiten wünschten. Mit einer solchen Abmachung drückt jeder von uns aus, dass er die Wünsche und Entscheidungen des anderen schätzt und in Ordnung findet. Und am allerwichtigsten – sie respektiert.

Ein wirksames Konzept für Verhandlungen mit dem Kind ist *das Abkommen*. Beim Abkommen besteche ich nicht und übe auch keinen Druck aus (beide Vorgänge tragen Furcht, Bestrafung, Ärger und Groll in sich). Statt dessen benutzt ich ein System des Austauschs, bei dem beide Seiten durch die Transaktion bereichert werden. Es ist ein Vorgang, bei dem ich dem Kind etwas anbiete, was es will, im Austausch gegen etwas, das ich möchte, oder umgekehrt. Einige mögen darauf bestehen, dass dies immer noch eine Form der Bestechung ist. Aber dann wären alle Geschäftsvereinbarungen, Abmachungen unter Freunden und Übereinkommen unter Liebenden ebenfalls Bestechung. Bei einem Abkommen treffen zwei respektvolle Partner Vereinbarungen miteinander, indem jeder dem anderen erlaubt, Möglichkeiten einer Transaktion vorzuschlagen und zu wählen, ohne dass irgendeine Bestrafung oder Vergeltung angedroht würde. Das Kind hat immer die Freiheit und die Wahl, ein Angebot abzulehnen (oder anzunehmen) – genau wie ich auch.

Eltern, die die Grundeinstellung der Option angenommen haben, reagieren nicht mit Unbehagen, Ärger oder Groll, wenn das Kind sich entschließt, das Abkommen abzulehnen. Sie würden auch keine Bedenken oder Vorbehalte haben, ihre eigene Position beizubehalten.

Ich erinnere mich an eine sehr intensive Verhandlung mit meinem Sohn Raun über ein Abkommen. Wir waren beide im Familienzimmer beschäftigt und ich wollte, dass er sich still mit seinem Spielzeug beschäftigte, während ich das Überarbeiten eines Artikels beendete, den ich geschrieben hatte. Zu Beginn hatte ich erwogen, mich in mein Arbeitszimmer zurückzuziehen, war diesem Impuls jedoch nicht gefolgt, weil ich Raun nicht alleine lassen wollte. Obwohl er in den allermeisten Fällen auf meine Wünsche einging (wie ich auf die seinen), war er diesmal fest entschlossen, seine Fantasiespiele fortzusetzen, in denen er rasende Lastwagen, Rettungshubschrauber und knallrote Feuerwehrautos mit lauter, durchdringender Stimme darstellte. Für Raun war sein Spiel bestimmt genauso wichtig wie mein „Spiel" für Erwachsene. Ich musste eine Abgabefrist für die Veröffentlichung einhalten, von der auch die Sicherung von Grundbedürfnissen abhing – dem Kauf von Nahrungsmitteln, der finanziellen Unterstützung meiner Familie. Trotzdem entschloss ich mich, meinem Sohn gegenüber und dem, was er als die Wichtigkeit seiner Aktivitäten ansah, respektvoll zu bleiben.

Ich eröffnete die Verhandlungen mit einem ersten Angebot: Eine Runde Hüpfen auf dem Bett und ein Ritt im Huckepack auf meinem Rücken im Austausch für eine längere Periode der Stille seinerseits. Er lächelte mich neckisch an und schüttelte seinen Kopf – ein klares „Nein". Mein zweites Angebot war ein kurzes Bad in seinem kleinen Wasserbecken aus Gummi. Er schien für einige Sekunden zu überlegen, dann wies er auch dieses zweite Angebot zurück. Mit leuchtenden Augen durchsuchte er das Zimmer nach anderen Ideen, anderen Gegenständen für ein Abkommen. Schließlich überzog eine breites Lächeln sein Gesicht, als er meinen Vorschlägen seine eigenen entgegensetzte: Zwei Kugeln Schokoladeneis in einer Waffel. Ich hielt für ein paar Sekunden inne und dachte über seinen Gegenvorschlag nach. Ich hatte wenig oder kein Interesse an einer Fahrt zum Supermarkt. Ich zeigte Raun meinen Mangel an Begeisterung und wiederholte *mein* bestes Angebot – eine Runde Schwimmen im Wasserbecken.

Zuerst gab er keine Antwort. Aber dann drehte er sich um und sah mir mit großer Bestimmtheit direkt in die Augen. Nun schlug er eine Hüpfrunde, einen Ritt im Huckepack und zusätzlich das Schwimmen vor – all das als Gegenleistung für sein Schweigen. Unser Austausch sowie die Entwicklung und Fairness unseres Abkommens machten mir großen Spaß. Ich sagte dem kleinen Mann, dass ich seinem Vorschlag zustimmte. Während der nächsten zwei Stunden setzte dieser entspannte Junge von dreieinhalb Jahren seine kunstvollen Fantasiespiele mit Autos, Lastwagen und kleinen Menschen fort. Nicht ein einziges Mal machte er Lärm, nicht ein einziges Mal musste ich ihn ermahnen. Raun war total begeistert davon, seinen Teil eines Abkommens einzuhalten, bei dessen Formulierung er selbst mitgeholfen hatte. Es fiel ihm leicht, seine Verpflichtung einzuhalten, weil ihm nur allzu bewusst war, dass er genau das tat, was er wollte.

Der Kern meines Verhaltens in *dem Abkommen* war, dass ich meinen Sohn als gleichwertig akzeptierte, ihn mit Respekt behandelte und ihm die Gelegenheit gab, seine eigene Wahl zu treffen.

Je mehr Geschick wir darin entwickeln, einander in Bezug auf Werte und Vorlieben einzuschätzen, desto fähiger werden wir als Partner in einem Abkommen. Wenn mein Kind auf meine Wünsche eingeht, weil es die Aktivität mag, die ihm in einem Abkommen in Aussicht gestellt wird, dann setzt es seinen eigenen Willen durch und bekommt, was es will. Schließlich ist das Kind, das seine Welt in Freiheit erforschen kann, eine glückliche und ungebundene Persönlichkeit. Und ist es das nicht genau, was ich von Anfang an für mein Kind wollte?

Natürlich will ich hier nicht vorschlagen, dass ausnahmslos alles durch Tauschhandel bestimmt werden *soll*. Oft mögen wir uns entschließen, Dinge zu tun, ohne etwas als Gegenleistung zu erwarten. Wenn es aber um die Frage unterschiedlicher Absichten oder Interessen von Eltern und Kindern geht, dann wird das Abkommen zu einer Einrichtung, mit deren Hilfe wir einander in Respekt und Liebe motivieren können.

„Es klingt so, als würde es sehr viel Zeit brauchen", habe ich von einigen als Kommentar gehört. Also, wenn ich überlege, wie oft ich einem Kind immer wieder dasselbe sagen muss, wenn es etwas nicht tun will, und wie oft ich es tadeln muss, wenn es daraufhin unbefriedigend oder nutzlos handelt, dann erkenne ich, dass es auch sehr viel Zeit benötigt, das Kind durch ständiges Herumkommandieren unablässig anzutreiben. Darüber hinaus führt das zu unerfreulichen Nebenwirkungen wie Unsicherheit, Feindseligkeit, Unbehagen, Furcht und Ärger. Wenn ein Kind dagegen im eigenen Interesse handelt – sei es als das Ergebnis eines Abkommens oder aus eigenem Verständnis heraus –, dann sind Zwang oder Überwachung nicht nötig. Höchstwahrscheinlich wird es seine Aufgaben und Interessen auch mit größerer Perfektion umsetzen als ein Kind, das unter Druck steht. Letztendlich wird es zum Urheber und Initiator seiner eigenen Abkommen mit anderen.

Wenn ich sehe, dass mein Kind herumtobt, Dinge um sich wirft und Lärm macht, dann weiß ich, dass dieses Kind glücklich mit sich selbst ist – es sind Bilder und Klänge seiner Lebendigkeit. Wenn ich ihm diese Freiheit gebe, es solchermaßen gewähren lasse, dann erlaube ich ihm, in seinen Wünschen, seiner Kraft und in seinem Grund zum Dasein sich selbst zu finden. Wenn nicht, dann kämpfe ich mit ihm, grabe ihm das Wasser ab und dränge ihm die Vorstellung auf, dass es nicht gut ist, wenn es einfach nur es selbst ist. Indem ich keine Bedingungen und Erwartungen aufstelle, lasse ich das Kind wissen, dass es so, wie es ist, in Ordnung ist und dass ich es ohne Werturteile liebe, ohne von ihm zu erwarten, dass es sich in einer vorgeschriebenen Weise verhält, damit ich meine Zuneigung und meine Fürsorge aufrechterhalte.

Das Verhalten eines Kindes ist niemals schlecht gewesen, bevor jemand es so beurteilte. Seine Handlungen waren kein Anlass, unglücklich zu sein, bevor jemand glaubte, dass es so sei. Seine Existenz war keine Plage, ehe nicht jemand sie dazu machte. Ja, einige haben das Unglücklichsein als ein Instrument genützt, um den Wunsch, sich und ihre Kinder glücklich zu sehen, zu erfüllen.

Wie oft habe ich gehört: „Wenn ich meinen Sohn schlage, dann schmerzt es mich mehr als ihn" und „Ich habe meine Tochter zu ihrem eigenen Besten bestraft" oder „Wenn ich nicht wütend werde, wird er es immer wieder tun". Alle diese Begründungen, all diese Rationalität, all der Druck steht im Dienst der Vorstellung, dass ich auf bestimmte Art handeln oder mich in bestimmter Weise benehmen muss, um meine Kinder beim Erreichen ihres Potentials zu unterstützen oder ihnen zumindest zu helfen, „gute" Persönlichkeiten im Rahmen unserer Gesellschaft zu werden.

Ich kann meine Kinder durch Druck und Zwang formen, oder ich kann eine alternative Methode der Erziehung anwenden, kann ein Umfeld herstellen, das es meinen Kindern erlaubt, ihren eigenen Sinn zu finden. Ich kann ihnen den Raum geben, ihr eigenes Wünschen in ihrem Inneren zu finden und ihre eigenen Wege, das zu artikulieren, was sie fühlen und was sie sind; kann sie ermutigen, zu sein und sich selbst auszudrücken, oder sogar nach Wegen zu suchen, auf denen sie Wasser aus dem Brunnen ihres eigenes Wesens schöpfen können.

Wenn Kinder als widerspenstig und unnormal angesehen werden, dann werden Zwang und Missbilligung als Lehr- und Trainingsmethoden benutzt. Das Ergebnis ist gewöhnlich niederschmetternd, weil das Kind *auf den Druck mit Gegendruck reagiert*. Weil es glaubt, es „müsste" oder „sollte" etwas tun, um Zustimmung zu gewinnen, rebelliert es gegen diese Beschränkung seiner Entscheidungsfreiheit und wendet sich manchmal direkt dagegen, auch wenn es sich selbst dabei weh tut.

Nehmen wir an, ein Kind ist hungrig und kommt zu Tisch. Der Vater schimpft: „Setz dich sofort hin und iss – und dass nur ja kein Bissen übrig bleibt!". Entweder wird das Kind wie ein Häufchen Elend auf seinen Sitz sinken, oder es wird den Tisch verlassen, obwohl es hungrig ist. Druck erzeugt normalerweise nur Gegendruck, auch wenn eine gute Absicht dahintersteht. Andererseits könnte ich dem Kind zu der Einsicht verhelfen, dass ihm dieses Essen nützt; ich könnte ihm seinen Hunger nahe legen und sein Wollen unterstützen. Dann würde es vermutlich genau das tun, was ich ihm wünsche: Es würde für sich selbst sorgen, und weil dies seine eigene Wahl ist, würde es das in bester Laune tun.

Ein anderer Nachteil der Druckausübung ist die offensichtliche Möglichkeit, das Kind zum Roboter zu machen, es aus dem Zwang zum Handeln agieren zu lassen, es zu bestimmten Reaktionen zu veranlassen, nur weil es Missbilligung und Bestrafung vermeiden will, es eine respektvolle Sprache zu lehren, die nicht der Liebe entspringt, sondern der Furcht vor dem Verlust von Zuwendung. Was würde ich tun, wenn ich mein Kind zwinge, in Übereinstimmung mit meinen Erwartungen zu leben und meinen Sittenkodex zu akzeptieren? Die Botschaft lautet: „Du sollst so sein, wie ich bin, nicht so, wie du selbst".

Aber wenn ich Menschen liebe, dann bin ich glücklich mit ihnen. Ich weiß, dass sie immer das Beste tun, dessen sie nach ihrem besten Wissen fähig sind. Wenn ich sie akzeptiere, wenn ich ihre Handlungen nicht mit allen möglichen Bedeutungen belege, wenn ich sie ohne Bedingungen liebe, dann können sie das sein, was sie sind und sich frei fühlen, sich selbst und auch mich zu lieben. Zum Ausgleich könnten sie mir zuhören und meine Wünsche und Vorschläge berücksichtigen. Ich würde nicht wollen, dass mein Sohn oder meine Tochter nett zu mir wären, weil sie glaubten, „sie müssten" sich so verhalten; und wahrscheinlich würden sie es gerade deshalb auch nicht wollen. Ich würde es vorziehen, dass sie mich lieben, weil sie es so wollen.

Indem ich die Wünsche von Menschen akzeptiere, die ich liebe, gebe ich ihnen die Freiheit, mich zu lieben, die Freiheit, ihre Wünsche zu nähren und fruchtbar zu machen. In einer solchen Umgebung blüht Glückseligkeit, weil die Menschen sich mit ihrem eigenen Wollen bewegen.

Ein Kind wird alle Spiele, die es lernt, letztendlich mit den Eltern und beim Spielen mit Gleichaltrigen ausprobieren. Das Kind mag nun zu seinen Eltern sagen: „Wenn ihr mich lieben würdet oder wolltet, dass ich glücklich bin, dann würdet ihr mir ein Eis kaufen". Es kennt die Vorstellungen seiner Eltern und nutzt sie aus. Kinder haben gelernt, dass Wünschen allein nicht genug ist; also täuschen sie Bedürftigkeit vor (ich werde unglücklich sein, wenn du es mir nicht verschaffst), um so zu erreichen, dass ihre Eltern klein beigeben. „Ich muss dieses Eis haben, sonst werde ich unglücklich sein". Diese Äußerung zielt auf das Glaubenssystem der Eltern und die innere Bedrohung, unglücklich oder schuldig zu sein, wird aktiviert. Möglicherweise wird sie das dazu bringen, dem Bitten des Kindes, das andernfalls mit Ablehnung droht, nachzugeben – denn die Ablehnung des Kindes könnte bedeuten, dass sie schlechte Eltern sind. Statt dem Gegenangriff des Kindes offen entgegenzutreten, entscheiden sie sich lieber für eine Besänftigungspolitik, was wiederum das Verhalten des Kindes bestärkt.

Tatsächlich ist dies der Schlüssel, wie man *Wünsche in Bedürfnisse* verwandelt. Da Wünschen nicht ausreicht, ist die Drohung, unglücklich zu sein und „haben zu müssen" die Methode des Kindes, seine Eltern zu bewegen. Tatsächlich ist es auch seine Methode, sich selbst dazu zu bringen, seine Eltern zu drängen und ihnen keine Ruhe zu lassen. Wenn das Kind zum Schluss das, was es haben zu müssen behauptet nicht bekommt, dann erfüllt sich seine Voraussage und es fühlt sich todunglücklich.

Daher wird das Kind mit wachsendem Alter auch ein Experte darin, negative Gefühle zu benutzen. Es weiß allerdings nicht, dass Ärger, Furcht, Ängstlichkeit, Drohungen und Unbehagen ihre eigenen Probleme mit sich bringen. Alles was es lernt ist, dass im-Einklang-Sein oder glücklich handeln nicht besonders verdienstvoll ist. „Wenn meine Eltern mir sagen, dass ich kein neues Fahrrad bekomme und ich darüber nicht unglücklich bin, dann sind sie nicht motiviert, ihr Geld darauf zu verwenden. Wenn mein Glück nicht auf dem Spiel stünde, wäre es ihnen egal. Also zeige ich ihnen, dass mein Glück auf dem Spiel steht."

Es ist ein unglaublich schönes Phänomen, dass alle Kinder sich bewusst sind, dass ihre unglückliche Stimmung eine Schau ist, ein Theaterspiel, eine vorgefertigte Technik, die ihnen hilft, mehr von dem zu bekommen, was sie wollen. Ein besonders gutes Beispiel aus meinem Leben ist ein spezielles Ereignis, das sich eines Sonntagnachmittags mit meiner damals dreijährigen Tochter Thea zutrug. Als meine Frau und ich gerade dabei waren, eine Skulptur zusammenzusetzen, kam unser verschmitztes kleines Mädchen herbei und fragte nach Süßigkeiten. Die gehören mit Sicherheit nicht zu den Hauptnahrungsmitteln in unserem Haus, und der Bioladen war sonntags geschlossen. Wir konnten ihren Wunsch nicht erfüllen, und meine Frau gab eine beiläufige Antwort. Sie würde für Thea Süßigkeiten besorgen, wenn sie das nächste Mal gesundes Essen einkaufen würde. Diese Antwort befriedigte unseren zielstrebigen Wirbelwind nicht. In Übereinstimmung mit der Art ihrer Persönlichkeit lehnte sie es ab, so schnell aufzugeben. Ihre freundliche erste Anfrage verwandelte sich in eine Bettelsymphonie. Sie kniff ihre Augen zusammen und ihre Stimme wurde scharf und schneidend. Sie stampfte sogar mit dem Fuß auf den Boden.

Als nächste Stufe brachte sie jetzt verschiedene fantasievolle Argumente vor, um ihrem Begehren, das sich inzwischen in eine Forderung verwandelt hatte, mehr Nachdruck zu verleihen. Wir hörten geduldig zu und erklärten ihr nochmals unsere Einstellung. Ich wies sie abermals auf die Bereitschaft ihrer Mutter hin, während der Woche für sie Süßigkeiten zu kaufen. Für einen Augenblick lichteten sich die Wolken und Thea schien zufrieden zu sein. Dann krampfte sich jedoch ihr Körper zusammen, als sie beschloss, in einem letzten Versuch ihre dramatischste Technik zu benutzen, um doch noch zum Ziel zu gelangen. Thea begann plötzlich und sehr heftig zu weinen. Wir beobachteten mit Bewunderung ihren Energieausbruch und die systematische Steigerung ihrer Bemühungen.

In einem Versuch, ihrer Entschiedenheit entgegenzutreten und in dem Wunsch, ihre „voll entwickelte" Verzweiflung zu neutralisieren, setzte ich mich neben meine Tochter und kitzelte ihren Bauch. Für einen Augenblick ließ sie ein Lächeln zu, doch dann bewegte sie schnell ihren Körper weg. Als ich weitermachte, riss sie sich schließlich los und ging zur anderen Seite des Raumes. Sie schaute mich noch einmal mit grübelnd verzogenen Augenbrauen an und ein weiteres kurzes Lächeln blitzte aus ihren tränenden Augen. Dann drehte sie sich um, als wolle sie absichtlich meinen Blick vermeiden und sich auf die gegenwärtige Aktivität konzentrieren. Sie begann wieder zu weinen. Ich konnte ihre Botschaft fühlen, ohne die Worte zu hören: „Papi, bitte geh weg und verdirb nicht meine Vorführung. Ich weine einfach, um dich und Mami dazu zu bewegen, mir Süßigkeiten zu kaufen."

Fantastisch. Die unglücklichen Gefühle schienen durch einen einfachen An-Aus-Mechanismus kontrolliert zu sein – Tränen wurden mühelos gegen Lachen ausgetauscht und Lachen wieder mühelos gegen Tränen. Unsere Tochter benutzte Traurigkeit als Mittel, um uns zu motivieren, als ein Methode, um das zu bekommen, was sie wollte.

Am selben Abend führten wir mit Thea ein Gespräch über das Vorkommnis mit den Süßigkeiten. Wir waren sehr beeindruckt, als unsere kleine Tochter uns offen erklärte, sie sei sich genau bewusst gewesen, was sie tat. Ohne zu zögern gestand sie ein: „Weißt du, als ich vorhin weinte und so, da habe ich wirklich nur so getan, damit du mir Süßigkeiten kaufen solltest".

Unter ähnlichen Umständen hätte ein anderes Kind vielleicht mehr Erfolg bei der Anwendung einer solchen Methode gehabt. Sie würde ihre Traurigkeit jedesmal, wenn sie etwas erreichen wollte, als eine Technik einsetzen. Und jedes Mal, wenn sie ihr Ziel erreichte, würde sie das darin bestärken, dieses Hilfsmittel regelmäßig zu benutzen. Ärger kann auch in einem Kind wachsen, wenn es sich bewusst wird, dass seine Eltern eher durch seine Traurigkeit motiviert werden als durch ihre Liebe zu dem Kind. Nach zahllosen Vorkommnissen mit vorgetäuschter Traurigkeit erscheint die Aktivität immer wirklicher, und das Kind mag sich irgendwann tatsächlich nicht mehr daran erinnern, dass es Theater spielt. In diesem Augenblick besteht es seine Abschlussprüfung und wird erwachsen.

Ein Spiel als wirklich anzusehen ist die beste Art, es erfolgreich zu spielen (besonders das Spiel, unglücklich zu sein). Diese Bedingung stellt sicher, dass wir nicht so leicht verwirrt werden oder die Regeln vergessen. Und indem wir so unser zur Schau gestelltes Unglück als wirklich etablieren, wird es tatsächlich zu einer wichtigen und stark aufgeladenen Realität in den empfindlichen und verletzlichen Kammern unseres Verstandes.

Visionen und Techniken der Kindererziehung, die aus der Grundhaltung der Option („Lieben heißt einverstanden sein") geboren wurden, können auch bei weiterführender Erziehung und unter mehr formalen Umständen des Lehrens angewandt werden.

Lehren ist nicht nur ein Vorgang, bei dem wir möglichst viele Informationen in den Kopf junger Leute schaufeln. Es ist die Kunst, sie hervorzulocken und ihnen zu helfen herauszufinden, was es für sie zu lernen *gibt* – und das ist von Person zu Person verschieden. Lehren ist nicht das Einflößen von Daten, sondern das Übermitteln von Motivation. Ein Lehrer lehrt, indem er dem Kind hilft, seinen eigenen Drang zum Lernen zu entwickeln und seine eigene natürliche Neugierde zu befriedigen. Er unterstützt und begleitet es dabei als Führer und Partner und erlaubt ihm, seinen eigenen Interessen zu folgen.

Wenn ich ein Kind in seiner Würde und mit seinen Fähigkeiten ohne Erwartungen akzeptiere, dann gibt es keinen Grund, seinen Erfolg beim Lernen und Verarbeiten zu bewerten. Was immer es erreicht, ist das Bestmögliche in diesem Augenblick. Dies dann als armselig oder unzureichend zu bezeichnen, bewirkt kaum etwas, außer das Kind einzuschüchtern und es meine Missbilligung spüren zu lassen.

Manche Fachleute bemühen sich, derartige Auswirkungen zu neutralisieren. Sie benutzen andere Bezeichnungen, mit denen sie Fähigkeiten benennen und die sie im Umgang mit ihren Klassen und Studenten als nützlich ansehen. Aber auch diese sind kaum verhüllte Werturteile, mit denen Erwartungen und Bedingungen verbunden sind; es sind Vorstellungen, die oft zu Voraussagen werden, die sich dann selbst erfüllen.

In einem Schulsystem im mittleren Westen wurde ein einmaliges Experiment durchgeführt. Vier Klassen mit Kindern, die als leicht „geistig behindert" diagnostiziert und getestet waren, wurden in die nächste Klasse versetzt. Zwei Lehrer wurden informiert, dass ihre Schüler behindert seien. Den anderen Lehrern wurde nichts gesagt, diese *glaubten*, dass jeder von ihnen eine Klasse mit normalen Schülern hätte. Nach zwei Semestern waren die Leistungen der zwei Klassen, deren Lehrer glaubten, durchschnittliche Schüler zu haben, fast auf normalem Niveau und in manchen Gebieten sogar vollständig normal. Die beiden Lehrer, die meinten, dass sie mit behinderten Kindern arbeiteten, hatten am Ende des Schuljahres recht unterschiedliche Ergebnisse aufzuweisen. Ihre Klassen waren stark zurückgefallen, die Kinder waren in ihren Funktionen mehr zurückgeblieben und mehr unter ihrem Altersniveau als zuvor. Das kann uns ein gute Lehre sein: In unserer Eile und unserem Bedürfnis zu werten und einzuordnen, erschaffen wir neue Grenzen und passen unseren persönlichen Einsatz so an, dass er mit diesen Grenzen übereinstimmt. Sagen Sie einem Kind, dass es dumm ist, glauben Sie daran, dass es dumm ist, und schon unterstützen Sie es dabei, einen Anschein von Dummheit in sich aufzubauen.

Man verleiht Auszeichnungen an das beste Kind einer Klasse und tadelt das schlechteste. Aber warum gibt es das Beste und das Schlechteste? Vermutlich weil viele Fachleute und Eltern glauben, dass eine Bewertung des Kindes ihnen die beste Möglichkeit gibt, den Fortschritt zu bestimmen und dann Lob oder Tadel zu benutzen, um das Kind zu weiteren Leistungen oder zur Verbesserung anzuspornen. Die entscheidende Meinung ist hier, dass Missbilligung oder die Drohung mit Missbilligung brauchbare Hilfsmittel sind, um unsere Kinder „in Bewegung zu setzen". Auch wenn das nicht direkt gesagt wird, legt man es doch wirksam durch Zensuren und schriftliche Beurteilungen fest. Das Kind wird mit Vorstellungen von guten und schlechten Schülern bombardiert und versucht, sich in einer möglicherweise bedrohlichen Umgebung zurechtzufinden, in der Wettbewerb und der Vergleich mit Altersgenossen ein Glaubensgrundsatz ist.

Der einzige Unterschied zwischen einem langsam und einem schnell lernenden Kind ist das Tempo bei der Aufnahme von Wissen und die *Bewertung*, die ihm von jemanden auferlegt wird. Die Bewertung besteht darin, dass einer besser ist als der andere. Aber solche Einschätzungen haben verheerende Folgen. Für den so genannten langsamen oder durchschnittlich Lernenden sind sie ein Kommentar über seinen Wert als Mensch. Sie haben eigentlich mehr die Wirkung, ihn dort zu belassen, wo er ist: Zum einen wegen der Erwartung seines Lehrers, dass er begrenzte Fähigkeiten habe (was ihm in geschickter Weise übermittelt wird, so dass er selbst beginnt, daran zu glauben). Zum anderen wegen seiner eigenen Ängste und Furcht vor fortgesetzter Missbilligung. Auch der schnell Lernende oder Musterschüler entkommt dem Druck nicht. Ständig muss er seine „Außergewöhnlichkeit" aufrechterhalten oder sonst die Auswirkungen des Misserfolgs spüren (eine Zwei statt einer Eins bekommen). In diesem Spiel wird auch er durch die Sorge abgelenkt, ständig Leistung bringen zu müssen, um akzeptiert und gelobt zu werden. Unglücklich zu sein oder die Drohung, unglücklich zu sein, wird als Antrieb benutzt in einem System, das die Vorstellung nährt, seine Kinder „müssten" oder „sollten" mit Idealen und Erwartungen im Erziehungsbereich übereinstimmen, statt das Kind mit seinen Talenten und seinem Unbehagen oder Behagen zu akzeptieren und ihm zu helfen, als Individuum das Beste *für sich selbst* zu sein.

Selbst das ungebärdige und störende Kind, dessen Aufmerksamkeit und Lernfähigkeit eingeschränkt sind, tut von seinen Überzeugungen und seinen negativen Gefühlen ausgehend sein Bestes. Doch schauen Sie einmal, wie wir dieses Kind betrachten. Es ist interessant, dass unsere Kultur mit dem geistig behinderten Kind nachsichtig ist (von dem wir sagen, es tut das Beste, was es kann), nicht aber mit dem leistungsschwachen oder ungebärdigen Kind (von dem wir annehmen, dass es *nicht* sein Bestes gibt). Wieder taucht hier die Frage auf, ob es diesen Unterschied wirklich gibt. Viele glauben, die Rute könne das ungebärdige Kind voranbringen, weil es die intellektuelle Begabung hat, mehr zu leisten.

So wie der Leistungsschwache in Übereinstimmung mit seinen Glaubensmustern und den daraus folgenden Empfindungen sich Mühe gibt oder nicht (vielleicht versucht er, mit seinen Ängsten vor dem Versagen und Furcht vor Zurückweisung fertig zu werden, mit seinem Ärger darüber, nicht geliebt zu werden usw.), so entspringen unsere Missbilligung und Strenge unseren eigenen Glaubensmustern (Unglücklichsein und harte Worte sind motivierende Faktoren; wir müssen ihm/ihr eine Lehre erteilen usw.). Doch in all unserer Strenge bedeuten wir dem Kind mit Nachdruck, dass mit ihm etwas nicht stimmt. Auf diese Weise stoßen wir es von uns und vom Lernen weg. Mit unserer „bedingten" Anerkennung veranlassen wir es möglicherweise, sein Verhalten zu wiederholen.

Vielleicht ist es wie bei jedem von uns: Das ungebärdige und andersartige Kind möchte einfach nur, dass die Leute es so nehmen, wie es ist. Vielleicht ist sein Geschrei nach Aufmerksamkeit im Klassenraum (wenn auch negativ und negativ verstärkt) nur sein Weg, um zu sagen: „Bitte hab' mich lieb!" Sein Benehmen ist nicht als persönliche Beleidigung gemeint oder als Boshaftigkeit gegenüber unseren Regeln. Wenn ein Kind oder irgendjemand anderes in unglücklicher und selbstzerstörerischer Stimmung ist, dann sagt das viel über diese Person aus, aber nichts über uns. Andere können niemals irgend etwas über uns aussagen.

Und so wird im Verlauf unserer „Ausbildung" der Mechanismus des Unglücklichseins durch unterstützende Erfahrungen, durch Verteidigungsreaktionen und Projektionen verstärkt. Diese Programmierung wieder rückgängig zu machen erfordert einen viel größeren Aufwand, wenn es spät passiert. Kinder sind noch nicht so komplex und viel offener, sie sind leichter zu erreichen. Sie haben gelernt, unglückliche Stimmungslagen zu benutzen, um sich selbst zu motivieren, und vielleicht auch, ihre eigenen Wünsche zu fürchten, um vorsichtig zu sein und zu vermeiden, dass sie sich selbst schaden. Und ganz genauso können sie lernen, ihre Glaubensmuster zu revidieren, das System zu ändern und zu beginnen, sich selbst zu vertrauen.

Der Punkt, an dem wir bei ihnen und bei uns selbst beginnen können, ist „Lieben heißt einverstanden sein", mit der Grundeinstellung der Option, die ohne Werturteile und ohne Bedingungen akzeptiert. Das Kind könnte dann versuchen, ohne Begrenzungen und ohne Zwang zu lernen und zu wachsen. Wenn wir ihm erlauben, seiner Wissbegier nachzugehen und die Welt in seinem eigenen Rhythmus zu erforschen, dann ist es im Kontakt mit der Umgebung gelöst und so freudevoll wie das Baby, das auf der Suche nach dem nächsten Abenteuer kichernd und lachend über den Wohnzimmerflur krabbelte.

Die Grundeinstellung „Lieben heißt einverstanden sein" kann nicht einfach dargestellt werden wie auf einer Bühne, sie kann nicht einmal wirkungsvoll nachgeahmt werden. Selbst wenn ich „dem Anschein nach" eine oberflächliche Reaktion von Bejahung und Zustimmung zeige, wird die negative Wertung letztendlich doch übermittelt, falls ich in Wirklichkeit Missbilligung empfinde – möge es durch die Art und Weise, wie ich mich ausdrücke, durch Gesichtsausdruck, Körpersprache oder allgemeine Angespanntheit geschehen, mein Standpunkt und meine Gefühle treten zutage. Das Kind erkennt diese Anzeichen mit Leichtigkeit und wird dann durch die doppelte Botschaft verwirrt. Offene Gesten der Anerkennung werden durch einen untergründigen Tonfall von Ablehnung Lügen gestraft.

Um welche Frage geht es hier? Kann ich die Methoden der Kindererziehung als angelernte Funktion in meiner Erinnerung speichern und auf diese Art beherrschen? Ich glaube nicht. Kurse mit dem Thema „Wie werden wir perfekte Eltern?" sind in Mode – sie schlagen Veränderungen durch psychologische Mechanik vor. Sie beschreiben spezielle Taktiken und Strategien und bezeichnen das als Methode. Mit der Option – meine Grundeinstellung vorausgesetzt – kann ich mir *meine eigene Methode* der Kindererziehung erschaffen und meinen eigenen Stil im wechselseitigen Austausch entwickeln. Dann ist es nicht mehr notwendig, wirkungsvolle Techniken zu erlernen oder zu studieren (als ob ich sie nicht ohnehin kennen würde). Meine Handlungen und Reaktionen würden ganz natürlich aus meinem Wesen heraus fließen, wenn ich meine Kinder lieben und mit ihnen glücklich sein würde.

Je glücklicher wir als Eltern sind, desto effektiver und liebevoller sind wir mit unseren Kindern. Wir müssen bei uns selbst beginnen. Wenn ich mich ändere, dann verändert sich die ganze Welt.

Wenn ich an meine Kinder mit der Denkweise der Option herantrete, dann erlaube und gönne ich ihnen ihre Erfahrungen und akzeptiere Art und Inhalt ihrer Probleme. Dann wäre es mein Wunsch, dass sie ihre eigene Bewusstheit entwickeln und nicht, dass ich ihnen Predigten halte, sie ausschimpfe, Forderungen stelle und ihnen drohe. Ich würde das nicht als Ergebnis einer sorgfältig geplanten Taktik wollen, sondern aus Liebe und Fürsorge für sie. Ich würde auch erkennen, dass dies eine wunderbar wirkungsvolle Art ist, mit jemandem umzugehen, im Gegensatz zu Ärger, Furcht, Feindseligkeit und Groll, die nur weitere Empfindungen derselben Art erzeugen würden.

Wir gehen sehr beiläufig mit unseren Worten um, und doch – wie oft vermitteln diese unseren Kindern Missbilligung und negative Gefühle. Unsere Ausdrucksweise spiegelt unsere innere Einstellung wider. Sie ist normalerweise voll von Assoziationen der Zurückweisung und Verurteilung, und wir sind uns nur selten des Tonfalls und der starken Wirkung unserer Kommentare bewusst.

Wenn wir uns ein paar typische Bemerkungen von Eltern ansehen, dann werden diese unterschwelligen Ansichten und die Missbilligung in dramatischer Weise offensichtlich:

„Tu was ich dir sage, und zwar SOFORT!"

„Inzwischen solltest du wissen, wie man das richtig macht."

„Was glaubst du, mit wem du redest?"

„Halt' den Mund, wenn ich mit dir rede!"

„Räum' dein Zimmer auf, sonst schicke ich dich ins Bett."

„Lass mich das nicht noch einmal sagen, sonst..."

„Du solltest dich wie eine junge Dame benehmen,
    nicht wie ein Baby."

„Die Leute werden denken, du seist in einem Schweinestall
    aufgewachsen!"

„Ich weiß, was gut für dich ist. Du bist zu jung, um das
    zu verstehen."

„Verlasse bitte das Zimmer, wir sprechen hier unter Erwachsenen."

„Wenn du deine Schularbeiten nicht machst, werde ich dein
Taschengeld streichen."

„Mein Gott, wie du aussiehst! Warum lässt du dir nicht mal die
Haare schneiden?"

Jede der obigen Äußerungen drückt direkt formulierte oder
unterschwellige Missbilligung aus. Auch die „Fragen" sind nichts
anderes als versteckte Anschuldigungen. Es gibt noch andere Fragen,
die sich den Anschein der Neutralität geben, in Wirklichkeit aber
Kritik darstellen: „Warum benimmst du dich wie ein kleines Kind?"
(das Verhalten wird als unangemessen beurteilt). „Warum gibst du dir
keine Mühe mit der Schule?" (unterstellt, dass du dir keine Mühe
gibst). „Was ist so wichtig an einer kleinen Party?" (stellt die Aktivität als unwichtig hin). „Wer außer Deinen Eltern würde sich mit dir
herumschlagen?" (behauptet, dass du schwierig und unerträglich bist).
„Wie kommt es, dass du die einfachsten Regeln nicht begreifst?" (eine
Bewertung der Intelligenz und Aufmerksamkeit).

Wenn ich mir selbst und meinem Kinde gegenüber gute Gefühle hätte (in dem Wissen, dass wir beide unser Bestes in der besten
Weise tun, in der wir es mit unseren derzeitigen Überzeugungen tun
können), dann gäbe es keinen Grund, Werturteile zu fällen. Ich hätte dann den Wunsch ihm zu helfen, glücklicher zu werden und seine
Wünsche erfolgreicher zu verwirklichen.

Wenn ich Kindern aufmerksam zuhöre, dann höre ich sie viele
wunderbare Dinge sagen. Wenn ich als liebevolle und fürsorgliche
Person auf sie eingehe, helfe ich ihnen, sich selbst als gut und schät-
zenswert anzusehen. Obwohl ich (aus meinen eigenen Gründen) den
Wunsch haben könnte, dass sie sich anders verhalten oder entscheiden würden, könnte ich ihnen immer noch zeigen, dass es in Ordnung ist, alle Gefühle und Gedanken auszudrücken (egal, ob glücklich oder unglücklich). Das kann ich tun, indem ich einfach ohne Bewertung und ohne Tadel zuhöre. Wenn das Kind sich stärker akzeptiert sieht, ist es eher bereit, seine Wünsche und Probleme zu erforschen. Unterstützt durch mein Wohlwollen beginnt es bei dieser Er-

forschung, seine eigenen Antworten zu finden und den Weg durch sein eigenes Labyrinth aufzuspüren.

Wenn meine Tochter sagt, dass sie ihre Schularbeiten nicht mag und sie nicht machen will, dann lasse ich sie reden und ihre Gefühle ausdrücken, anstatt sie zu beschimpfen oder ihr zu drohen. Dadurch helfe ich ihr beim Klären ihrer eigenen Gedanken. Aber das ist nur ein kleiner erster Schritt. Anschließend würde ich ihr eine der Optionsfragen stellen, so wie ich es mit jeder anderen Person tun würde, der ich helfen möchte, glücklicher zu sein. In Bezug auf ihre Schularbeiten würde meine Frage lauten: „Warum bist du genervt (unglücklich), wenn du deine Schularbeiten machen sollst?" Das ist von entscheidender Wichtigkeit, um sie darin zu unterstützen, das „Warum" aufzudecken oder die Überzeugungen, die ihren Gefühlen zugrunde liegen. Es zeigt ihr auch, dass ich mich um sie kümmere und Interesse an ihr habe, dass es mein Ziel ist, ihr Leben zu teilen und ihr zu helfen, anstatt sie zu verurteilen und zu missbilligen.

Wenn ich ein gutes Gefühl zu meinem Kind habe, dann bin ich glücklich mit ihm und will ihm helfen. Ich weiß, dass nur es selbst sein Unbehagen auflösen und die Antworten finden kann, die für es selbst richtig sind. Mein Kind ist sein eigener Initiator und Lehrer.

Wir missbilligen diejenigen, die wir lieben, nur dann, wenn wir selbst unglücklich sind.

Kinder werden aus uns geboren, aber sie gehören uns nicht. Sie sind kein Besitztum. Sie können eine großartige Erfahrung sein, ein Zugang zu unserer eigenen Menschlichkeit. Kinder sind freie Wesen, an denen wir uns erfreuen können und die wir lieben dürfen. Wir teilen die Welt mit ihnen, aber ihre Gedanken und Wünsche gehören ihnen in derselben Weise, in der unsere Gedanken und Wünsche uns gehören.

DIE „DENK"-SEITE
Kinder kommen glücklich auf die Welt

FRAGEN, DIE SIE SICH SELBST STELLEN KÖNNEN:

Können Sie andere Menschen unglücklich machen?

Haben Sie Angst, Sie selbst zu sein?

„Erreichen" Sie Dinge, indem Sie unglücklich sind?

OPTIONS-KONZEPTE, DIE SIE ERWÄGEN KÖNNEN:

WIR KOMMEN GLÜCKLICH IN DIESE WELT.

MEINE UNGLÜCKLICHEN GEFÜHLE SIND EIN PRODUKT MEINER ÜBERZEUGUNGEN.

LIEBEN HEISST EINVERSTANDEN SEIN.

ICH MACHE MEIN KIND NICHT UNGLÜCKLICH, UND MEIN KIND MACHT MICH NICHT UNGLÜCKLICH.

DAS VERHALTEN MEINES KINDES IST KEINE STELLUNG-NAHME ZU MEINER PERSON.

ICH LASSE MEINEM KIND SEINE FREIHEIT IN SEINEM EIGE-NEN BEREICH (SPIELEN, ESSEN, KLEIDUNG).

ABKOMMEN, DIE ICH MIT MEINEM KIND ABSCHLIESSE, HELFEN IHM ZU LERNEN SICH ZU ENTSCHEIDEN, SEINEN WILLEN DURCHZUSETZEN UND SELBSTVERTRAUEN AUF-ZUBAUEN.

ICH KANN BEKOMMEN WAS ICH WILL, OHNE ZUERST EINE BEDÜRFTIGKEIT HERZUSTELLEN.

EIN KIND BAUT GEGENDRUCK AUF, WENN ES UNTER DRUCK GESETZT WIRD.

LEHREN BEDEUTET EINEM KIND ZU HELFEN, SEINE EIGENE NATÜRLICHE NEUGIERDE ZU ENTWICKELN UND AUSZU-LEBEN.

ÜBERZEUGUNGEN, DIE SIE VIELLEICHT ABLEGEN MÖCHTEN:

Wenn ein neugeborenes Baby weint, ist es unglücklich.

Ich mache andere unglücklich.

Mit mir stimmt etwas nicht.

Wenn ich meine Tochter schlage und bestrafe, tue ich das zu ihrem eigenen Besten.

Wenn ich unglücklich bin, stelle ich damit meine Empfindsamkeit und Menschlichkeit unter Beweis.

DER ZWEITE DIALOG

Frage: WORÜBER BIST DU UNGLÜCKLICH?
Antwort: Meine Kinder treiben mich zum Wahnsinn.

F: Was meinst du damit?
A: Wenn ich mich entspannen will, zu lesen oder sogar mit einem Freund zu reden versuche, dann kommen sie einfach mit all ihren Forderungen hereingeschneit. Egal wie oft ich ihnen sage, dass sie uns allein lassen sollen, sie kommen immer wieder zurück. Zum Schluss schreie ich sie an – und dann gehen sie endlich. Aber nicht sofort. Manchmal muss ich immer weiter brüllen, um irgendeine Reaktion zu erreichen. An diesem Punkt bin ich normalerweise so aufgebracht, dass ich mich ohnehin nicht mehr entspannen kann.

F: *Warum regst du dich so auf?*
A: Sie gehorchen mir einfach nicht, und das macht mich wütend.

F: *Warum macht es dich wütend, wenn die Kinder dir nicht gehorchen?*
A: Dann bin ich meinen Kindern ausgeliefert.

F: *Was meinst du damit?*
A: Sie tun einfach, was sie wollen, und verlangen ständig etwas von mir. Ich kann das nicht ausstehen.

F: *WARUM MACHT DICH DAS UNGLÜCKLICH?*
A: Weil ich meinen eigenen Privatbereich haben möchte, Zeit für mich.

F: *Ich verstehe, dass du das willst. Aber warum bist du unglücklich, wenn du das nicht bekommst?*
A: Weil ich wie ein Fußabtreter bin, auf dem alle herumtrampeln (sie beginnt zu weinen). Ich kann nichts dagegen tun. Ich liebe meine Kinder, aber für sie bin ich nur Köchin und das Dienstmädchen. Für meinen Mann vielleicht genauso. Ich will Zeit für mich haben.

F: *Könntest du genauer erklären, was du damit meinst?*
A: Ich will Zeit haben, um für mich selbst Dinge zu tun, die mir Spaß machen. Vielleicht Klavierstunden nehmen oder Tennis spielen lernen. Irgend etwas! Ich bin den ganzen Tag so beschäftigt, dass nichts für mich übrigbleibt, außer natürlich herumzukeifen und mich wie eine Art Hexe zu benehmen. Sie machen mich zu etwas, das ich nicht sein will.

F: *Wie machen sie das?*
A: Wie? Nun, indem sie mich dauernd stören, mir ständig auf die Nerven gehen – sie machen mich wütend.

F: *Aber wie bringen sie es fertig, dich wütend zu MACHEN?*
A: Wenn sie mich ärgern, rege ich mich auf. (Pause) Ich habe das Gefühl, dass ich mich im Kreis drehe.

F: OK, vielleicht gehen wir am besten zu der Frage zurück. Wenn deine Kinder dich wütend machen, wenn sie das irgendwie in dir verursachen, wie, meinst du, bringen die das fertig? Wie können die Kinder dich wütend MACHEN?

A: Lass mich dir die Szenerie beschreiben. Ich sehe es genau vor mir. Meine kleinen „Lieblinge" kommen ins Zimmer gesprungen, bauen sich genau vor mir auf und fangen einfach an zu reden. Wenn ich so unterbrochen werde, dann fühle ich mich missbraucht, ausgenutzt, was auch immer. Dann werde ich natürlich wütend.

F: Sie taten, was sie taten. Sie bauten sich vor dir auf und fingen an zu sprechen. Aber wie hat das „natürlich" deine Wut ausgelöst?

A: Ja also – (sehr lange Pause), wenn ich mich missbraucht sehe, dann packt mich wohl die Wut. Ich weiß nicht, manchmal denke ich, das ist meine einzige Möglichkeit, mich zu verteidigen. Der Trick wäre, nicht wütend zu werden, wenn sie ihre Forderungen an mich stellen.

F: Wie glaubst du, könntest du das erreichen?

A: Ich wüsste nicht, wie ich das anfangen sollte. Auch jetzt werde ich schon wieder wütend.

F: Nun gut. Was ist es an ihren Wünschen, das dich in Wut bringt?

A: Eigentlich will ich gar nicht eine Mutter sein, die dauernd herumschimpft. Auch wenn das alles vielleicht meine eigene Schuld ist, es sieht so aus, als könnte ich nichts dagegen machen.

F: Wie meinst du das?

A: Ich kann nichts anderes tun, es ist meine einzige Möglichkeit, sie unter Kontrolle zu halten.

F: GLAUBST DU DAS WIRKLICH?

A: Ich denke schon. Wenn ich freundlich und ruhig mit ihnen sprechen würde, dann würden sie mir niemals zuhören.

F: Und wenn die Kinder dann immer noch dabei bleiben würden, dich zu *ignorieren, WARUM WÜRDE DICH DAS UNGLÜCKLICH MACHEN?*

A: (Ihr Gesicht verzieht sich und sie beginnt zu weinen. Eine Minute vergeht.) Ich denke, das würde beweisen, dass es ihnen völlig egal ist.

F: *WARUM GLAUBST DU DAS?*

A: Wenn sie mich lieben würden, dann würden sie meine Wünsche respektieren und mich in Ruhe lassen.

F: *In Ordnung, aber wenn sie es nicht täten, warum glaubst du, dass dies bedeuten würde, du wärest ihnen gleichgültig?*

A: Wie kann jemand mich lieben und mich gleichzeitig zum Wahnsinn treiben?

F: *Was meinst du?*

A: Also gut. Kann man jemanden lieben und Interesse an ihm haben und trotzdem Dinge tun, die ihn ärgern? Wahrscheinlich ist das möglich. Jedes Mal, wenn ich eine Fertigmahlzeit auftische, ist Fred verärgert. Aber ich liebe ihn; ich war an einem solchen Tag einfach zu beschäftigt, um eine große Schau mit dem Essen zu veranstalten. Und trotzdem, obwohl ich weiß, dass er es nicht mag, serviere ich es ihm von Zeit zu Zeit. Die Antwort lautet: Ja.

F: *Ja zu was?*

A: Man kann jemanden zum Wahnsinn treiben und ihn trotzdem lieben.

F: *OK. Du sagst also, wenn jemand Dinge tut, die du nicht magst, dann muss das nicht heißen, dass derjenige dich nicht liebt oder dass du ihm gleichgültig bist.*

A: Ja, das ist mir jetzt klar. Mir ist gerade ein Stein vom Herzen gefallen. Ich glaube, ich habe mir eingebildet, dass meine Kinder mit ihrem Benehmen irgendwie ausdrückten, dass sie mich nicht lieben. Aber so ist das nicht. Sie können mich verrückt machen und mich dabei immer noch lieb haben.

F: *Was meinst du mit „verrückt machen"?*
A: Dinge zu tun, die ich nicht will.

F: *Und wie macht dich das verrückt?*
A: Ich denke, jetzt sind wir wieder bei der Sache mit der Wut. Sie machen mich nicht verrückt, es ist meine Reaktion. Diese Erkenntnis ändert die Dinge wirklich. Wenn ich mich selbst dazu bringe, dann kann ich mich auch davon abbringen. Ich habe mir immer eingebildet, dass die Leute mich wütend oder unglücklich MACHEN, aber das stimmt einfach nicht. Lass mich das mal für mich selbst durchdenken. (Sie lacht) Ich fühle mich schon besser in Bezug auf meine Kinder. Wenn sie mit ihren Spielen beschäftigt sind und wollen, dass ich etwas tue, dann hat das wirklich nichts damit zu tun, ob sie mich lieben – sie wollen nur einfach, was sie wollen. Wahrscheinlich habe ich mir vorher noch nie die Zeit genommen, das zu erkennen. Irgendwie kann ich damit sehr viel besser leben. Das ist wirklich gut – aber es löst noch immer nicht mein Problem.

F: *Welches Problem?*
A: Dass ich das Opfer dieses ganzen Blödsinns bin. Das Problem bleibt.

F: *Was meinst du damit?*
A: Es stört mich immer noch, dass ich den Launen und Forderungen meiner Kinder ausgesetzt bin.

F: *In welcher Weise bist du ihnen „ausgesetzt"?*
A: Vielleicht fühle ich mich jetzt besser. Aber das wird sie nicht dazu bringen, mein Privatleben zu respektieren. Das ist immer noch ein Grund, unglücklich zu sein.

F: *WAS FÜRCHTEST DU WÜRDE GESCHEHEN, WENN DU ÜBER DAS EINDRINGEN IN DEIN PRIVATLEBEN NICHT UNGLÜCKLICH WÄREST ?*
A: Das wäre großartig. Einfach toll – phantastisch! Aber das ist unmöglich.

F: *Warum?*
A: Wie kann ich mit all dem glücklich leben?

F: *Was meinst du damit?*
A: Wenn ich nicht unglücklich darüber bin, wird das für immer so weitergehen – es wird sich niemals ändern.

F: *Sagst du, dass du unglücklich bist, damit du die Situation ändern kannst?*
A: Ja, ich glaube so ist es. Aber das ist idiotisch.

F: *Könntest du die Situation ändern, ohne wütend zu werden?*
A: (Sie lacht) Na klar! Ich könnte es ändern, ohne wütend zu werden. Es scheint so offensichtlich zu sein. Trotzdem ist mir das bisher noch nie klar geworden. (Pause) Das ist wirklich gut. Richtig toll! Jetzt will ich darüber nachdenken, wie ich ihnen gegenüber anders reagieren kann. Aber irgendwie kann ich mir nicht vorstellen, zu ihnen mit einer sanften, freundlichen Stimme zu sprechen.

F: *Warum nicht?*
A: Weil sie nicht auf mich hören werden. (Mehr Lachen) Wenn ich sie anschreie, hören sie sowieso nicht auf mich. Eigentlich gibt einen keinen Grund, die andere Möglichkeit nicht auszuprobieren. Aber ein bisschen Angst habe ich schon.

F: *Warum hast du Angst?*
A: Wenn das nicht funktioniert, dann sitze ich in der Klemme.

F: *Was meinst du damit?*
A: Jedes Mal, wenn ich eine Frage beantworte, glaube ich zu wissen, was ich sage. Wenn ich dann über dein „Was meinst du?" nachdenke, dann stelle ich fest, dass ich nicht halb so klar bin wie ich dachte. (Lange Pause) Ich glaube, ich habe vergessen, worüber wir sprachen. Ach ja, jetzt weiß ich's wieder. Ich werde in der Klemme sitzen, weil mir dann keine andere Möglichkeit mehr bleibt – aber das stimmt auch nicht. Ich kann mir eine andere Strategie ausdenken. Ich kann sogar einfach für ein paar Stunden von zu

Hause weggehen. Ich bin sicher, dass sie einen Nachmittag überleben werden, ohne dass ich sie von vorne bis hinten bediene.

F: *Was willst du?*
A: Ich möchte einen Versuch machen. Ich möchte meinen Kindern
erlauben, alle ihre Wünsche und Forderungen vorzubringen, und
ich möchte das akzeptieren. Aber dann möchte ich immer noch
meine Antwort dazu geben können, auch wenn diese Antwort
„Nein" lauten sollte. Ich möchte es aber freundlich und ruhig
sagen, ohne Ärger und Missbilligung.

F: *Und glaubst du, dass du das tun wirst?*
A: Ja, aber...

F: *Worin besteht das „aber"?*
A: Ich dachte gerade: Was soll ich tun, wenn das nicht funktioniert?

F: *Was glaubst du?*
A: Vielleicht spielt es keine Rolle. Ich kann mich damit beschäftigen, wenn und falls das Problem auftritt. Ich fange an zu sehen,
dass es andere Möglichkeiten gibt. In gewisser Weise erziehen
meine Kinder und ich uns gegenseitig. Ich mache bei ihrer Quen-
gelei genauso mit wie sie. Sie wissen, dass ich nachgeben werde,
wenn sie nur lange genug weitermachen. (Lange Stille) Ich fühle
mich jetzt besser. Bisher kam es mir so vor, als hätte ich keine
Wahl. Jetzt sehe ich, dass es nicht so ist. (Eine weitere lange Pause und ein Lächeln) Weißt du, zum Teil bin ich auch wütend auf
mich selbst, wegen der faulen Kompromisse und weil ich es zulasse, in eine solche Situation zu geraten. Du weißt, was ich meine –
kaum mehr zu sein als Köchin und Kindermädchen.

F: *Was daran macht dich wütend?*
A: Dass ich mehr will, und zwar für mich. Ich liebe meine Familie,
ich liebe es, allen zu helfen. Aber es gibt eine Grenze. Alles ist in
Ordnung, solange ich diese Grenze nicht überschreite. Ich will
einfach nur glücklich sein.

F: *Was hindert dich daran?*

A: Ich hindere mich selbst daran. Ich selbst bin es, ich tue nicht, was ich will. Aber ich werde jetzt anfangen, das zu verbessern. Ich glaube, dass auch ein Teil von mir ärgerlich darüber ist, dass ich unglücklich oder missmutig bin.

F: *Warum?*

A: Es zeigt, dass ich versagt habe.

F: *Was meinst du mit „versagt haben"?*

A: Was für eine Art von Leben führe ich, wenn ich die ganze Zeit über wütend oder schlecht gelaunt bin? Ich denke, ich würde das als Scheitern bezeichnen. Würdest du das nicht so sehen?

F: *Nun, wenn ich es so sehen würde, dann hätte ich meine Gründe dafür, so wie du deine Gründe hast. Warum würdest du es als Scheitern bezeichnen?*

A: Ich denke, es ist nicht das was ich will, und wenn ich nicht habe was ich will, wie kann ich dann glücklich sein?

F: *Nicht zu haben oder zu bekommen, was man möchte, ist eine Sache; unglücklich darüber zu sein ist eine andere. Warum bist du unglücklich, wenn du nicht bekommst, was du willst?*

A: Weil ich es vielleicht niemals bekommen werde.

F: *Wie meinst du das?*

A: Wenn ich nicht unglücklich darüber wäre, würde ich mich vielleicht einfach damit abfinden, und dann würde es sich niemals ändern.

F: *GLAUBST DU DAS WIRKLICH?*

A: (Lachend) Nein, nicht so richtig. Veränderungen gibt es immer, egal ob ich unglücklich bin oder glücklich. Ich glaube, unglücklich sein tut einfach mehr weh. Aber ich fühle mich immer noch eingeengt – durch meine Familie. Ich sehe Billys Gesicht klar vor mir. Ich kann seine Stimme sagen hören: „Mami, bitte fahr' mich zu Richard. Mami, Du hast mir versprochen, dass ich heute einen neuen Baseballhandschuh bekomme. Mami, was gibt es zum Abendessen?" Er fragt immer weiter, wie ein Automat. Aber ich sehe es jetzt klarer. Er fragt einfach nur und ich ziehe dann die Schau mit der Wut ab.

F: *WAS BEFÜRCHTEST DU KÖNNTE GESCHEHEN, WENN DU NICHT WÜTEND WÜRDEST?*
A: Er würde vielleicht bis zum Jüngsten Tag weiterfragen.

F: *Sagst du damit, dass du wütend wirst, um ihn zu entmutigen?*
A: In einer Weise, ja. Da haben wir es wieder. Ich versuche meinen Willen zu bekommen, indem ich wütend werde. Das Komische daran ist, dass es nicht funktioniert. Manchmal denke ich, ich sollte „Ja" sagen zu ihnen, wenn ich eigentlich „Nein" sagen will.

F: *Was meinst du damit?*
A. Ich spreche von meinem Bild einer guten Mutter. Ich glaube, man erwartet von mir, dass ich immer auf meine Kinder eingehe. Vielleicht ist es das, was mich stört.

F: *In welcher Weise?*
A: Ich möchte wirklich eine gute Mutter sein, aber nicht in totaler Aufopferung. Ich fühle mich gezwungen, mich selbst immer hintenan zu stellen.

F: *Was meinst du mit „gezwungen"?*
A: Gute Eltern sollten immer auf ihre Kinder eingehen.

F: *In Ordnung, das ist deine Ansicht. Aber inwiefern wirst du gezwungen?*
A: Werde ich nicht. Ich erfülle nur meine eigene persönliche Erwartung, die Mutter des Jahres zu sein. Ich liebe es, Dinge für meine Familie zu tun, wenn es meine freie Entscheidung ist. Wenn nicht, fühle ich mich gezwungen.

F: *Du meinst, du tust Dinge, die du dir nicht selbst ausgesucht hast?*
A: Ja, irgendwie.

F: *Zwingt dich jemand, es zu tun?*
A: Nein, aber es würde nicht meinem Bild von einer guten Mutter entsprechen. Aber da es mein eigenes Bild ist, ist es vermutlich auch meine freie Entscheidung, so zu sein oder nicht. Vielleicht meine ich mit 'gezwungen sein', dass ich etwas tue, von dem ich glaube, dass ich es nicht tun will.

F: *Wie das?*
A: Da haben wir's wieder. Als du mich das fragtest, kam bei mir ein Gefühl der Ungewissheit auf. Ich sage, dass ich Dinge tue, die ich nicht tun will. Wenn ich sie aber trotzdem tue, dann habe ich vermutlich einen Grund dafür. Weißt du, was das heißt?

F: *Was?*
A: Es heißt, wenn ich einen Grund habe, dann muss ich eine Entscheidung treffen, ich muss wählen, was ich tun will. Letzten Endes tue ich wahrscheinlich, was ich will, obwohl ich das normalerweise nicht so sehe. Sogar wenn ich meine Kinder von vorn und hinten bediene, tue ich es vermutlich, weil es mir einfacher vorkommt als der Alternative ins Auge zu sehen.

F: *Welcher Alternative?*
A: Eine schlechte Mutter zu sein, indem ich nicht auf meine Kinder eingehe.

F: *Wieso macht dich das zur schlechten Mutter?*
A: Ich weiß nicht. Meine Freundin Allison bringt es fertig, alle möglichen Aktivitäten für sich selbst zu unternehmen. Und trotzdem denke ich, dass sie eine großartige Mutter ist. Lebhaft, glücklich, sie tut, was ihr Spaß macht, ist aber trotzdem aufmerksam und liebevoll zu ihren Kindern. Vielleicht wäre ich eine bessere Mutter, wenn ich weniger da wäre und mir selbst mehr Zeit geben würde. Im Augenblick bin ich keine Freude für irgendwen, mich selbst eingeschlossen.

F: *Was meinst du damit?*

A: Meine ärgerlichen und schroffen Reaktionen – das ist nicht die Art, wie ich sein möchte.

F: *GLAUBST DU, dass du so sein würdest?*

A: Ich glaube nicht wirklich, dass ich so sein würde. Aber nehmen wir einmal an, wenn meine Kinder mich das nächste Mal bedrängen, würde ich explodieren. Das würde mich tatsächlich komplett fertig machen.

F: *Warum?*

A: Dann hätten wir die ganze Zeit hier vergeudet und nichts hätte sich geändert.

F: *Wie kannst du das wissen?*

A: Wenn mich wieder die Wut packt, dann hat sich nichts geändert. Das ist der Beweis, oder?

F: *GLAUBST DU DAS?*

A: Komisch – eigentlich nicht. Etwas hat sich auf jeden Fall geändert. Ich fühle, dass ich meine eigenen Fesseln gesprengt habe. Ich nehme an, ich habe Angst, wenn ich noch immer wütend wäre, dann käme da noch mehr.

F: *Und wenn es noch mehr Gründe aufzudecken gäbe, warum würdest du unglücklich darüber sein?*

A: Würde ich nicht, solange ich weiß, dass ich Lösungen dafür finden kann.

F: *Und wie könntest du das wissen?*

A: Wenn ich etwas von meinem Unglück heute, hier und jetzt, auflösen konnte – sogar wenn es nur ganz wenig war –, dann kann ich morgen das auflösen, was morgen da ist. Weißt du, wenn ich mich nicht eingeengt fühle oder wütend mit meinen Kindern bin, dann bin ich mir wirklich bewusst, wie sehr ich sie liebe (beginnt zu weinen). Du brauchst mich nicht zu fragen, warum ich unglücklich bin. Es geht mir gut.

DER DRITTE DIALOG

F: *WORÜBER SIND SIE UNGLÜCKLICH?*
A: Über meinen Sohn. Ich glaube, ich habe allzu große Erwartungen in ihn gesetzt, und nichts hat sich erfüllt. Ihm ist einfach alles egal, vielleicht mit Ausnahme seiner Flöte und des Sports.

F: *Warum sind Sie unzufrieden damit?*
A: Er sollte studieren, etwas aus sich machen. Ich sage ihm immer, dass ich es finanziere. Aber nein, doch nicht mein Sohn, er ist eine große Nummer, er interessiert sich nicht für so was.

F: *Was stört Sie so sehr an seinem mangelnden Interesse?*
A: Dass er ein Nichts sein wird. Sehen Sie doch, wenn er mein Haus verlässt und in die Welt da draußen geht, dann wird es nicht so einfach. Das wird ein ganz schöner Schock für ihn.

F: *Und WARUM WÜRDE SIE DAS STÖREN?*
A: Ich möchte, dass er glücklich ist, nicht armselig und elend.

F: *Wollen Sie damit sagen, dass Sie glauben, er würde sich elend fühlen?*
A: Ja, da bin ich ganz sicher.

F: *Gut. Sollten sich Ihre schlimmsten Befürchtungen bewahrheiten, warum quält Sie das so?*
A: Ich dachte mir, ich habe vielleicht etwas falsch gemacht. Wenn ich ein besserer Vater gewesen wäre, stünde es vielleicht besser um meinen Sohn.

F: *Was meinen Sie damit?*
A: Dann wäre er jetzt in der Schule und würde studieren, anstatt seine Zeit mit diesem blöden Instrument zu vertrödeln. Vielleicht hätte ich es anders machen können.

F: *Selbst wenn Sie das gekonnt hätten, warum sind Sie jetzt unglücklich darüber?*

A: Wahrscheinlich um sicher zu sein, dass ich meine Augen offen halte und in Zukunft besser aufpasse. Egal was ich falsch gemacht habe, ich will den Fehler nicht wiederholen. Das wäre wirklich das Letzte!

F: *WARUM?*

A: Mann, die Situation ist schlimm genug.

F: *Was meinen Sie damit?*

A: Ich meine, es ist schlimm, weil er alles ablehnt, was ich für ihn möchte.

F: *Wollen Sie sagen, dass es schlimm ist, weil er nicht das getan hat, was Sie von ihm erwarten?*

A: (Eine lange Pause ohne Antwort)

F: *Was fühlen Sie?*

A: Ich bin verwirrt.

F: *Worüber?*

A: Zu Hause stehe ich ganz allein in dieser Sache. Meine Frau ist der Meinung, dass unser Sohn frei sein sollte, zu tun was er will. Mein Sohn macht sich ein schönes Leben. Schau'n Sie, er muss wirklich nicht so sein, wie ich es will. Ich will nur, dass es ihm gut geht. Ich glaube, er macht es falsch.

F: *Warum?*

A: Weil die jungen Leute heutzutage eine Schulausbildung machen müssen, sonst haben sie keine Chance. (Lange Pause) Ich glaube, ich weiß nicht mehr weiter. Jedes Mal, wenn ich mit ihm reden will, stößt er mich zurück. Manchmal habe ich den Eindruck, wenn ich sage „mach' dies", dann wird er aus Trotz gerade das Gegenteil tun. Tief drinnen habe ich dieses schlimme Gefühl, wenn ich denke, dass mein Kind mich vielleicht nicht leiden kann.

F: *WARUM WÄREN SIE UNGLÜCKLICH, WENN ER SIE NICHT LEIDEN KÖNNTE?*
A: Vermutlich geht das auf meine Fehler zurück. Was für ein Vater muss ich gewesen sein, wenn mein eigen Fleisch und Blut mich verachtet.

F: *Was wollen Sie damit sagen?*
A: Ich glaube, ich war ein schlechter Vater.

F: *GLAUBEN SIE DAS WIRKLICH?*
A: Nun, alle Zeichen deuten in diese Richtung. Mein Sohn treibt sich als Musiker herum und kann mich nicht leiden.

F: *Falls alle Ihre Ansichten über Ihren Sohn zutreffen würden – ich sage nicht, das ist gut oder schlecht, wahr oder falsch –, wenn das, was Sie als das Schlimmste ansehen, eingetroffen ist, WARUM STÖRT SIE DAS SO SEHR?*
A: Jeder würde doch darüber unglücklich sein!

F: *Aber welche Gründe haben Sie, WARUM MACHT ES SIE UN-GLÜCKLICH?*
A: Ich will, dass er mich liebt und respektiert.

F: *Das ist es, was Sie wollen. Aber warum sollten Sie unglücklich sein, wenn er das nicht tut?*
A: Jetzt weiß ich überhaupt nichts mehr.

F: *OK, versuchen wir es mal anders herum. WAS FÜRCHTEN SIE KÖNNTE PASSIEREN, WENN SIE NICHT UNGLÜCKLICH DARÜBER WÄREN, DASS ER SIE NICHT MAG?*
A: Dann würde ich ihn einfach fallen lassen. Ich würde ihn, ver-dammt noch mal, einfach tun lassen, was immer er will. Würde mich einfach nicht mehr um ihn kümmern. (Lange Pause – ein Seufzer) Aber ich will das nicht.

F: *WARUM GLAUBEN SIE DANN, DASS SIE DAS TUN WÜRDEN?*
A: Also – eigentlich glaube ich nicht, dass ich das tun würde (lacht).

Es ist so ein komischer Gedanke – nicht unglücklich zu sein über das, was mein Sohn tut, und trotzdem immer noch anderer Meinung zu sein (mehr Gelächter).

F: *Warum lachen Sie?*
A: Ich dachte gerade: Wenn ich meinem Sohn erlaube, etwas zu werden, was ich nicht will, heißt das nicht, dass er mir egal ist?

F: *Was meinen Sie?*
A: Ich weiß nicht.

F: *Vielleicht ist die Frage einfacher zu beantworten, wenn wir sie anders formulieren. GLAUBEN SIE, dass Sie Ihrem Sohn seine Wünsche zugestehen könnten, auch wenn diese verschieden von Ihren eigenen sind, und dabei immer noch ein liebender Vater sein könnten?*
A: Ja, das glaube ich. Ich verstehe jetzt. Es ist schon seltsam; ich habe mir immer eingebildet, je mehr man über eine Sache unglücklich ist, desto mehr nimmt man Anteil. Als ob die unglücklichen Gefühle ein Beweis wären.

F: *GLAUBEN SIE DAS JETZT IMMER NOCH?*
A: Nein. Ich kann den Unterschied klar sehen. Dennoch war das eine der Regeln, die ich auf meinen Sohn angewendet habe. Ich konnte unglücklich sein, ohne dass es ihn jemals zu stören schien. Da habe ich angenommen, ich sei ihm egal.

F: *Und jetzt?*
A: Ich glaube nicht, dass es notwendigerweise etwas in dieser Richtung bedeutet. Also, das ändert meine Ansichten beträchtlich.

F: *Wie?*
A: Jetzt werde ich nicht mehr schlechter Laune sein, wenn ich sehe, dass er gut drauf ist. Mit diesem Hin und Her ist jetzt Schluss. Schön, nehmen wir einmal an, ich ließe ihn in Ruhe. Das ändert aber immer noch nichts an seiner Zukunft.

F: *Was meinen Sie damit?*
A. Wahrscheinlich wird er dann nicht zurück zur Schule gehen.

F: *Nun gut, das bringt uns zu dem zurück, worüber wir vorher gesprochen haben. Sie sagten, dass Sie von ihm erwarten, zu studieren. Wenn er jetzt entscheidet, dass er das immer noch nicht will, WARUM SOLLTE SIE DAS UNGLÜCKLICH MACHEN?*
A: Du lieber Himmel! Die einzige Antwort, die mir dazu einfällt: Ich will, dass er studiert.

F: *Ich verstehe, dass Sie sich wünschen, er möge seine Ausbildung weitermachen. Aber warum würden Sie unglücklich sein, wenn er sich entschließen sollte, es nicht zu tun?*
A: Das ist wie ein Bumerang. Ich glaube, ich sehe es als Missachtung mir und meinen Wünschen gegenüber.

F: *Glauben Sie das?*
A: Vermutlich schon.

F: *WARUM GLAUBEN SIE DAS?*
A: Wenn er mich lieben und respektieren würde, dann würde er auch tun, was ich will. Aber ich glaube, das macht keinen Sinn. Ich will auch oft nicht tun, worum meine Frau mich bittet, aber das hat nichts mit meiner Liebe zu ihr zu tun. Ich bin ganz schön durcheinander. Ich möchte eine Pause machen.

OK, ich bin wieder bereit. Wir waren nahe dran, nicht wahr?

F: *Nahe an was?*
A: (lachend) Nahe daran, dass ich sehe, was ich tue. Während wir die Pause machten, kam mir ein Film in den Sinn, den ich vor vielen Jahren gesehen habe. Ein Vater war Berufssoldat in der Marine gewesen und wollte, dass sein Sohn den gleichen Weg einschlug. Als der Junge das nicht wollte, wurde der Vater wütend und kreuzunglücklich. Aber der Junge liebte seinen Vater, er hatte einfach nur Angst, zur Marine zu gehen. Vielleicht ist es das-

selbe mit meinem Sohn. Ich möchte das, was für ihn am besten ist, aber er könnte das als schrecklich ansehen. Also setzt er sich andere Ziele – eigentlich ist das kein großes Problem. Vielleicht hat das gar nichts damit zu tun, ob er mich liebt und respektiert. Ich weiß nicht – ich bin mir nicht sicher.

F: *Was wissen Sie nicht?*
A: Was die richtige Antwort ist.

F: *Vielleicht könnten wir mehr herausbekommen, wenn wir weiter suchen – falls Sie wollen.*
A: Prima, machen wir weiter.

F: *Worüber sind Sie verwirrt?*
A: Was drückt mein Sohn aus, wenn er die Pläne, die ich für ihn habe, ablehnt? Vielleicht gar nichts, das ist mir jetzt klar! Eigentlich wollte ich immer nur, dass er glücklich ist. Aber obwohl es so scheint, als würde er das tun, was er will, habe ich manchmal den Verdacht, dass seine Handlungen eine Reaktion GEGEN mich sind.

F: *Und wenn es so wäre, was würden Sie dann darüber denken?*
A: Wenn ich der Meinung wäre, dass es bedeutet, er mag mich nicht leiden, dann würde ich mich sehr unbehaglich fühlen.

F: *Warum?*
A: Da sind wir wieder bei dem, was ich vorhin sagte: Ich möchte, dass er mich mag.

F: *Gut, das möchten Sie. Aber warum würden Sie unglücklich sein, wenn er Sie nicht mag?*
A: Wahrscheinlich mache ich mir Sorgen darüber, dass es meine Schuld ist!

F: *Meinen Sie, dass Sie versagt haben?*
A: Ja und nein.

F: *Nehmen wir mal das Ja. Warum glauben Sie, dass Sie versagt hätten, wenn die Wahl Ihres Sohnes anders ausfällt als Sie es für ihn gewollt haben?*

A: Irgendwie dringen die Fragen langsam zu mir vor. Gut also, ich begreife, dass seine Entscheidung nicht mit seiner Liebe zu mir im Zusammenhang steht, und ich verstehe, dass ER glaubt, das Beste für sich zu tun. Somit habe ich keinen Grund zu glauben, dass ich versagt habe.

F: *Dann also – GLAUBEN SIE ES?*

A: Ich weiß nicht. Es kommt mir lächerlich vor, etwas zu glauben, ohne einen Grund dafür zu haben. Aber es fällt mir schwer, mich davon zu trennen.

F: *Warum?*

A: (seine Stimme versagt) All die Jahr quält man sich, weil man an etwas glaubt. Und dann hat man eines Tages eine Unterredung so wie diese hier, und man beschließt, dass man die Sache nicht länger glaubt. Sehen Sie doch mal, was das über mich sagt, was ich in all diesen Jahren gemacht habe.

F: *Was glauben Sie, sagt das über Sie?*

A: Andauernd habe ich meinen Sohn unter Druck gesetzt, weil ich dachte, wenn ich ihn dazu bringen könnte, zu tun was ich wollte, dann wäre das ein Beweis für seine Liebe und seinen Respekt. Tatsächlich hat er jedoch genau das Gegenteil getan, teilweise wahrscheinlich nur, um meinem Druck zu entkommen.

F: *Wenn das so wäre, WARUM WÜRDEN SIE UNGLÜCKLICH SEIN, DAS ZU ERKENNEN?*

A: Ich verstehe. Ich bin nicht unglücklich. Ich bin dankbar, das zu wissen. Vielleicht kann ich ändern, was ich bisher getan habe. Ich könnte aufhören, meinen Sohn ständig zu triezen, und könnte ihm freundlich sagen, dass er ein Herumtreiber ist. Vielleicht würde er sogar beginnen, ab und zu auf mich zu hören. Es ist schon komisch, wie man für seine Kinder Erwartungen hat, weil man selbst glaubt, dass es eine gute Sache ist. Aber jetzt kann ich sehen, wie der Schuss nach hinten losgeht. Es ist sein Leben. Wenigstens kann ich versuchen, das zu respektieren und mich nicht einzumischen. Aber wenn er meine Meinung hören will, dann werde ich ihm die Wahrheit sagen. (Pause) Also, ich kann nicht sagen, dass ich glücklich bin über seine Flöte und sein Desinteresse am Studieren. Aber ich kann sagen, dass es jetzt für mich in Ordnung ist. (Lächelnd) Ich glaube, was ich meine ist, dass ich jetzt mit mir im Reinen bin. Ich glaube, ich bin sogar bereit, ihm beim Flöte spielen zuzuhören.

4
Den Berg von Überzeugungen abtragen

Jeden Tag meines Lebens treffe ich Hunderte von Entscheidungen, obwohl sich das meistens gar nicht so anfühlt. Ich will wohl glücklich und zufrieden sein, aber ich fühle mich nicht glücklich und zufrieden. Ich blicke mit Verwirrung auf mich selbst. Ich will mehr und mache mich auf den Weg zum Arzt, damit er mir Aufputschmittel oder Beruhigungsmittel verschreibt, die mich von meinen Depressionen befreien sollen. Ich wende mich Religionen zu, um Frieden zu finden, oder Mystikern, um einen Blick aufs Nirwana zu erhaschen. Oder ich halte mich an meinen Drinks fest, auf der Suche nach dem Kick.

Selbst mein Unglücklichsein erhöhe ich, indem ich es „geistige Gesundheit" nenne. Zugleich leugne ich jegliche Verantwortung für es ab, ordne es unter „Gemütskrankheiten" ein oder nenne es eine „Fehlfunktion" meines Unbewussten, die sich meiner Kontrolle entzieht. Ich suche nach halbherzigen Auswegen, nach Bewältigungsstrategien und meditativer Glückseligkeit, um meinen Schmerz zu mildern. Ich schaue rechts und links nach etwas, was schon immer in meiner eigenen Macht lag. *Ich habe die Freiheit, zu wählen und mich zu ändern.*

Was will ich also wirklich? Der Freudianer würde nach Anpassung und Angleichung rufen, der Gestalt-Fan nach Bewusstsein und Berührtsein. Der Humanist drängt auf Selbstverwirklichung, während die Fundamentalisten Opfer und Anbetung verlangen. Aber wieso? Was will ich mit dieser Jagd voll Hast und Faszination erreichen? Ich will glücklich sein. Ich will mich mit mir selbst und den Menschen um mich herum gut fühlen. All mein Streben nach Besitztümern,

Ansehen, Liebespartnern, Gesundheit und einfach nur Dingen entspringt dem Glauben, ich müsste sie haben, um glücklich zu sein. Der Optionsprozess® richtet meinen Blick darauf, das Glück schon jetzt zu finden und zu erleben, noch während ich meine Ziele und Interessen verfolge.

Ich habe nicht nur geglaubt, dass es mich glücklich machen würde, mir Dinge anzueignen, – ich war auch der Meinung, mein derzeitiges Unglücklichsein sei nötig, um mich auf den Weg zu bringen. „Mach' einfach gute Miene zum bösen Spiel", sagte ich mir selbst. Im Grunde glaubte ich fest daran, dass ich jetzt unglücklich sein sollte oder müsste, um später glücklich sein zu können. „Alles hat seinen Preis". „Glück und Glas, wie leicht bricht das". „Alles hat seine Licht- und Schattenseiten". „Ohne Regen keine Sonne". „Das Leben ist kein Zuckerschlecken".

Jede meiner Überzeugungen thront auf einem Berg von Glaubenssätzen. Und mein Unglücklichsein, der fühlbare Ausdruck meiner festen Vorstellungen, basiert auf einer logischen Beweisführung.

Wenn ich mein Glaubenssystem enthülle, schaffe ich mir selbst die Möglichkeit, die Kurzschlüsse negativer Gefühle zu unterbrechen. Wenn ich meinen selbstzerstörerischen Konzepten den Strom abdrehe, wird sich daraus ganz selbstverständlich die Grundhaltung der Option ergeben.

Buddha sagte einst: „Löse das Leid auf, und Freude wird entstehen."

Die Freude wird übrig bleiben, wenn ich das Elend, das Unbehagen und die Ängste zerstreut habe. Sie ist unter dem Müll meiner unguten Gefühle und beunruhigenden Visionen verborgen.

Was ist denn nun eine Überzeugung? Sie ist ein Urteil, das in Wirklichkeit aus einer Frage und einer Antwort besteht. Meistens tauchen Überzeugungen in Form von Feststellungen auf. Das Gebäude ist hoch (Frage: ist es niedrig oder hoch?). Draußen ist es warm (Frage: was ist mein Gefühl zur Außentemperatur, damit ich weiß, was ich anziehen soll?). Ein Auto fährt mit Benzin (Frage: Was treibt ein Auto an?). Dies sind Überzeugungen über mein Umfeld.

Doch die Überzeugungen, die entscheiden, ob ich glücklich bin, enthalten ein Urteil über gut oder schlecht. Ist eine Sache gut für mich? Ist sie das, was ich mir wünsche? Oder ist sie schlecht für mich?

Aus den Fragen, die sich um das Gute und das Schlechte drehen, entwickeln sich all die Urteile (Antworten), die meinen Wünschen und Gefühlen Gestalt geben und die mein Verhalten bestimmen. Wenn ich sage, dass der Himmel blau ist, so ist das normalerweise eine simple Feststellung. Doch wenn der blaue Himmel bedeutet, dass während einer langen Dürreperiode immer noch kein Regen zu erwarten ist, und wenn ich ein Bauer bin, dann wird damit ein Urteil oder eine Überzeugung aktiviert. Der blaue Himmel bedeutet Mangel an Regen, und das ist schlecht für mein Geschäft. Also könnte ich deshalb unglücklich sein.

Das hört sich so einfach an, aber wie ist das mit jenen „spontanen" Handlungen, die nicht auf Urteilen oder Glaubenssätzen basieren zu scheinen? Und wie ist das mit den automatischen Reaktionen – wenn ich zum Beispiel mit einem Messer bedroht werde und zur Seite springe? Ist diese Reaktion wirklich so automatisch? Wenn jemand auf ein zweijähriges Kind mit einem Messer losgehen würde, dann würde es wahrscheinlich nicht einmal zusammenzucken, geschweige denn zur Seite springen. Aber greif' mich an – ich würde sofort in Bewegung geraten!

Obwohl meine Reaktion in einer Millisekunde erfolgt, ist sie doch ein Ausdruck meiner Überzeugungen und Ängste (die das Kind sich noch nicht zugelegt hat). Ich weiß, was ein Messer anrichten kann. Ich könnte entsetzt über die Möglichkeit sein, geschnitten zu werden und vielleicht sogar zu sterben – ein weiteres Thema, über das ich angstbesetzte Vorstellungen habe. Außerdem hege ich Überzeugungen über Leute, die mit Messern herumlaufen und andere bedrohen. Sie sind gefährlich, verrückt und ich tue gut, ihnen aus dem Weg zu gehen. Und so weiter.

Jede dieser Aussagen enthält Glaubenssätze verschiedenster Art. Über Messer, Schmerz, Menschen, Gewalttätigkeit, Tod, Aktion und so weiter. Obwohl ich schnell reagiere, zeigt das lediglich, in welch einem atemberaubenden Tempo meine Gehirnwellen und Gedankenprozesse ablaufen. Da sie neurologisch und elektrisch gebildet und gesteuert werden, übermitteln sie Informationen so schnell, dass im Bruchteil einer Sekunde tatsächlich Hunderte von Gedanken (Überzeugungen) in mir aktiv werden können. Deshalb erfolgt die schnelle Bewegung, die mich aus der Gefahrenzone bringt, automatisch.

Doch sie ist das Resultat einer komplexen Serie von Urteilen und Überzeugungen.

Die bedeutungsvolle Einsicht ist hier, dass wir alle eine An-sammlung von Überzeugungen und Glaubenssätzen sind. *Wir sind glaubensgesteuerte Tiere.*

Wie erwerbe ich Überzeugungen? Der Großteil meiner Grund-überzeugungen ist mir beigebracht worden, von Eltern, Freunden, Lehrern, Religionen, Institutionen, Regierungen, Kulturen und so weiter. Als Student des Lebens und Empfänger all jener Überzeugun-gen wurde ich zum Mitspieler, als ich sie mir zu Eigen machte. Oft trage ich sie Jahr um Jahr mit mir herum, ohne zu wissen, wann und wo ich sie erworben habe.

Ich gehe von meinen Überzeugungen aus (denjenigen, die ich anzunehmen gewählt habe), und jeder von uns kann zum gleichen Thema völlig verschiedene Überzeugungen haben. Im Folgenden kann vielleicht auf sehr vereinfachte Weise dargestellt werden, wel-che Vielfalt von Überzeugungen es zu ein und derselben Sache ge-ben kann und wie sehr sie unsere Gefühle und Reaktionen bestim-men.

Eine junge Frau auf dem Weg zum College steht am Zug, um einzusteigen. Sie wird ihr Zuhause zum ersten Mal verlassen. Ihre Familie steht auf dem Bahnsteig und wartet auf die letzten Verabschie-dungen. Der Vater ist voller Stolz und freudiger Erregung über seine Tochter, die in seinen Augen zu einer wachen, intelligenten und unabhängigen jungen Dame herangereift ist. Trotzdem fühlt er auch Unruhe und Verwirrung, denn er glaubt, dass er einsam sein und sein „kleines Mädchen" vermissen wird. Seine Frau, die leise in ihren karierten Schal weint, fühlt sich von persönlichen Verlustgefühlen und dem schnellen Verstreichen der Zeit überwältigt. Die kleine Schwester ist voller Freude und Begeisterung über die Abfahrt ihrer großen Schwester. Sie wird ihr Zimmer übernehmen und außerdem endlich das verwöhnte „Einzelkind" sein dürfen. Ein Fremder geht an diesem stillen Drama vorbei. Er nimmt die ganze Situation nur flüchtig wahr, ohne das geringste Gefühl dazu zu haben.

Obwohl sie alle am gleichen Geschehen teilnehmen, reagiert doch jede einzelne Person im Einklang mit ihren oder seinen Überzeugungen. Der Vater hält die Situation für gut und schlecht zugleich, die Mutter sieht sie als negativ, während die kleine Schwester sich über ihren Vorteil freut. Der Fremde urteilt gar nicht. Er bezog sich auf keinerlei Überzeugungen und entwickelte deshalb auch keine Gefühle für das Ereignis.

Was ich fühle und wie ich handle, hängt von meinen Überzeugungen ab, die ich entweder frei gewählt habe oder die dadurch, dass ich sie angenommen habe, zu den meinigen geworden sind. Keine Handlung oder Person ist in sich gut oder schlecht...ich nenne sie nur so, meinem Willen entsprechend. Ich beschreibe sie, liebe sie, hasse sie, nehme sie an, stoße sie weg und werde glücklich oder unglücklich – je nach meinen Glaubenssätzen. Deshalb bestehen die Überzeugungen, die ich als Kind erworben habe, noch genauso wie die, welche gestern dazu kamen, – ich muss nur heute an sie glauben. *Denn ich habe immer nur das Heute.*

Und in dem dynamischen Prozess des Annehmens und Ablehnens von Überzeugungen werde ich mit Wahlmöglichkeiten konfrontiert. Wenn ich also die Wahl habe, mich für oder gegen alte Überzeugungen und die Überzeugungen anderer Menschen zu entscheiden, wenn ich also Überzeugungen selbst neu erstellen kann, dann bin ich das, was ich selbst wähle und entscheide und kann mich, wenn ich will, selbst neu erschaffen! Und wenn ich das gerne tun möchte, ist das ein wunderschöner Weg, kein schmerzhafter.

Wenn uns als Kindern beigebracht wurde, dass wir nicht im Regen hinausgehen sollten, dass es schlecht für uns wäre und wir krank werden würden, und wenn wir diese Überzeugung angenommen hätten, dann würden wir uns auch später bei nassem Wetter nicht hinaustrauen. Würden sich unsere Vorstellungen und Erfahrungen mit dem Regen später ändern, dann könnten wir auch neue Überzeugungen und Urteile entwickeln. Der Regen könnte jetzt für uns zu einer freudvollen und beglückenden Erfahrung werden, und wir würden oft und gerne bei Regenwetter hinausgehen.

Generationen von Katholiken haben freitags kein Fleisch gegessen, weil sie das für eine Sünde wider die Gesetze und Vorschriften ihrer Religion hielten. Nun, da gewisse Regeln und Vorschriften geändert wurden, ist es völlig in Ordnung, freitags Fleisch zu essen. Menschen, die dreißig Jahre lang nie auf die Idee gekommen wären, an jenem Tag Fleisch zu essen, änderten ihre Überzeugungen über Nacht, als sie glaubten, dazu jetzt die Erlaubnis zu haben. Ihre Gefühle zu dem Thema und auch ihr Verhalten machten eine dramatische Wandlung durch.

Vor einigen Jahren wurde von ärztlicher Seite immer wieder betont, dass es gesund sei, zu joggen; also begannen viele von uns, zu joggen und sich dabei gut zu fühlen. Als dann einige Jogger zusammenbrachen und sogar starben, die Laufschuhe noch an den Füßen, da lernten wir, dass wir unser Herz durch das Laufen extrem belasteten und forderten. Sofort änderten wir unsere Überzeugung, hörten auf zu joggen und betrachteten alle, die weitermachten, mit Missbilligung. Nach weiteren Untersuchungen und Berichten erfuhren wir, dass das Joggen mit der nötigen medizinischen Überwachung nun doch gesund war. Wir lasen alle Berichte durch und entschieden dann, dass wir genügend „Beweise" hätten, um unsere Überzeugung abermals zu ändern, zurück zu „Joggen ist gut." Wir joggten wieder. Andere, die der neuen Beweisführung nicht trauen, mögen vielleicht weiterhin der Überzeugung sein, dass Joggen einem schadet.

Meine Überzeugungen sind frei gemachte und aufrechterhaltene Urteile – doch sie sind veränderbar.

Selbst wenn ich das offensichtliche Wählen anscheinend aufgebe oder anderen überlasse, habe ich eine Wahl getroffen. Ich bin weiterhin damit verbunden. Ich sage: „Soll doch der Präsident entscheiden" oder „Der Doktor kann's entscheiden", und jedes Mal, wenn ich mich derart in ihre Hände lege, tue ich das in der Überzeugung, dass sie kompetenter sind, die „beste" Wahl zu treffen, eine Wahl, die meinem Urteil entsprechend auch für mich die beste ist. Meine Persönlichkeit besteht in ihrer Grundsubstanz zu einem großen Teil aus Überzeugungen zu Bereichen wie Regierung, Schule, Eltern, Sex, Selbstbild, Selbstwert, Kinder, Zukunft, Tod und Möglichkeiten.

Um mein eigenes System besser zu verstehen, kann ich sie untersuchen und dann verändern. Die langgehegten Grundsätze: „Ich wähle meine Gefühle nicht, sie passieren" und „den Ereignissen aus meiner Vergangenheit bin ich ausgeliefert" und „ich kann nichts daran ändern. So bin ich eben" können alle hinterfragt werden.

Die Schlussfolgerung lautet: Wenn ich meine Überzeugungen wähle, dann bin ich selbst verantwortlich. Aber das glauben wir vielleicht nicht, oder wir wollen es nicht glauben. Warum nicht? Verantwortlichkeit wird nur dann bedrohlich, wenn ich mich vor meiner eigenen Vergangenheit schützen will (mit Überzeugungen wie „ich konnte da nicht anders handeln – ich bin einfach so") – oder vor meiner Zukunft (mit Überzeugungen wie „wenn ich jetzt die falsche Wahl treffe und was Schlechtes dabei herauskommt, dann habe ich die Schuld, und was dann!?"). Es gibt keine Vergangenheit, keine Zukunft. Es gibt nur mich, jetzt, in diesem Moment. Mich, jetzt, von Moment zu Moment. Meine Überzeugungen über Vergangenheit und Zukunft waren nichts anderes als eine Strategie mit dem Ziel, auf mich zu achten und meine Handlungen zu rechtfertigen.

Verantwortung im JETZT wird erst dann zu einem Problem, wenn ich glaube, ich könnte eine Wahl treffen, die mir schadet, könnte mich aufgrund eines mysteriösen Versagens selbst verletzen. Wenn das so wäre, dann würde ich allerdings meine eigene Macht nicht kennen lernen wollen. Wenn ich dagegen weiß, dass ich immer das Beste für mich selbst tue, meinen Überzeugungen und allen verfügbaren Informationen entsprechend, dann liegt in diesem erweiterten Bewusstsein meine Chance, effektiver zu werden, meine eigene Freiheit zu erleben und zielstrebiger auf mein Glück zuzugehen.

Ich bin der Herrscher in meinem eigenen Königreich von Überzeugungen. So wie ich das Leben heute gut finden kann, so habe ich die Wahl, es morgen schlecht zu finden, sollte ich plötzlich zum Krüppel oder von einer schrecklichen unheilbaren Krankheit befallen werden. Ich mag die Überzeugung gehegt haben, dass bestimmte Menschen böse seien, bis ich in der Begegnung eines Besseren belehrt wurde und meine Überzeugung änderte.

Solange es möglich ist, eine Überzeugung zu ändern, kann ich auch die dazugehörigen Gefühle und Verhaltensweisen ändern. Ich habe die *Freiheit*, alles und jedes zu werden, das ich werden möchte. Ja, sogar genauso zu bleiben wie ich bin. Und so könnte man sagen, dass ich in diesem Moment genau der bin, der ich sein will – die bin, die ich sein will – auf der Grundlage meiner derzeitigen Überzeugungen.

Wenn ich mich von den Überzeugungen befreie, die ich nicht mehr möchte, all jenen, die ich für selbstzerstörerisch halte und die mich unglücklich machen, dann öffne ich mein Leben in alle Richtungen, die es gibt.

DIE „DENK"-SEITE
Den Berg von Überzeugungen abtragen

FRAGEN, DIE SIE SICH SELBST STELLEN KÖNNEN:

Haben Sie in der letzten Zeit die Änderung einer Überzeugung erlebt? (eine reicht)

Sind Sie ein „Opfer" Ihrer Vergangenheit gewesen?

Glauben Sie, dass Sie sich ändern könnten, wenn Sie es wirklich wollten?

OPTIONSKONZEPTE, DIE SIE ERWÄGEN KÖNNTEN:

ENTFERNE DAS LEID, UND DU WIRST FREUDE BEKOMMEN

DER MENSCH IST EIN GLAUBENSGESTEUERTES TIER

AUSSER DEM JETZT WIRD ES NIE ETWAS GEBEN

ÜBERZEUGUNGEN SIND FREI GEWÄHLTE UND AUFRECHT-ERHALTENE URTEILE

ICH BIN, WAS ICH ZU SEIN WÄHLE. WENN ICH ES WILL, KANN ICH MICH JEDERZEIT NEU ERSCHAFFEN

MIT DER WAHL MEINER ÜBERZEUGUNGEN TRAGE ICH DIE VERANTWORTUNG DAFÜR, WER ICH BIN

VERÄNDERE DEINE ÜBERZEUGUNGEN UND DU VERÄN-DERST DAMIT DEINE GEFÜHLE UND DEIN VERHALTEN

ÜBERZEUGUNGEN, DIE SIE VIELLEICHT ABLEGEN MÖCHTEN:

Ich muss jetzt unglücklich sein, damit ich später glücklich werde.

Alles hat seinen Preis.

Ich kann doch nicht pausenlos glücklich sein.

Ohne das Schlechte gibt es auch nichts Gutes.

Das Leben hat immer seine Höhen und Tiefen.

Ich wähle meine Gefühle nicht, sie überfallen mich einfach.

Ich bin all den Dingen, die in meiner Vergangenheit passiert sind, ausgeliefert.

Ich kann nichts dafür, dass ich so gehandelt habe. So bin ich eben.

DER VIERTE DIALOG

Frage: WORÜBER BIST DU UNGLÜCKLICH?
Antwort: Ich habe mich nicht im Griff. Das ist, als ob meine Emotionen mich überwältigt haben und ich nichts daran ändern kann. Ich reagiere mit Wut, bevor ich überhaupt weiß, dass ich wütend bin. Und obwohl ich mir sage, so will ich gar nicht sein, errege ich mich weiter.

F: Was stört dich denn am meisten daran, dass du von deinem Zorn überwältigt wirst?
A: Dass ich irgendeinem Ding in mir ausgeliefert bin.

F: Was meinst du damit?
A: Also, heute saß ich zum Beispiel in einem Taxi und musste dringend pünktlich zu einem Termin in der Stadt sein. Der Taxifahrer klüngelte die Seventh Avenue runter, als ob Zeit kein Thema wäre. Ich bat ihn, schneller zu fahren, und er sagte okay. Zwei

Minuten später hatte er sich gemütlich an einen Bus gehängt, obwohl die linke Spur frei war. Ich weiß nicht, was da mit mir geschah. Ich schrie ihn an und fluchte. Später habe ich mich natürlich entschuldigt, aber es war mir peinlich, dass ich mich wie eine Art Wahnsinniger verhalten habe. Das muss aus meinem Unbewussten kommen. Da kommen irgendwelche alten Geschichten aus meiner Kindheit zum Vorschein.

F: *Kannst du erklären, warum du das so sagst? Was passiert da deiner Meinung nach?*
A: Meine Reaktion im Taxi war verrückt. Unrealistisch. Sie hatte anscheinend nichts mit mir zu tun. Es fühlte sich an, als ob meine Emotionen nicht zu mir gehörten. Weißt du, mitten im lautesten Geschrei war ich ein paar Sekunden lang neben mir, als ob ich außerhalb meines Körpers stand und mich selbst beobachtete. Das kann doch nicht wahr sein!

F: *Als du „außerhalb" von dir warst und den ärgerlichen Teil von dir anschautest, wie hast du dich da gefühlt?*
A: Noch viel wütender. Ich war wütend über meine Wut.

F: *Warum?*
A: Ich wollte doch nur, dass der Fahrer sein blödes Taxi auf Touren brachte, und er tat genau das Gegenteil.

F: *Was war daran so ärgerlich?*
A: Würde es dich nicht ärgern?

F: *Kann sein, aber wenn ich wütend werde, habe ich meine eigenen Gründe dafür. Und du hast deine Gründe.*
A: Ich verstehe, was du sagst – aber ich hatte ja keine Wahl. Besser ich schreie ihn an, als dass ich alles in mich hineinfresse. Ich will schließlich kein Magengeschwür kriegen.

F: *Wenn du wütend bist und die Wut dadurch, dass du sie ausdrückst, loslässt und entschärfst, dann tust du damit das Beste, was du für dich selbst tun kannst. Ob du den Ärger unterdrückst oder rauslässt, ist deine*

Entscheidung und du hast dich offensichtlich entschieden. Ich wollte wissen, WARUM. Was waren die Gründe für deine Wut?

A: Wenn ich nicht pünktlich bei meinem Klienten erschienen wäre, hätte ich möglicherweise einen bedeutenden Auftrag verloren.

F: *WARUM WÜRDE DICH DAS UNGLÜCKLICH MACHEN?*

A: Weil ich den verdammten Auftrag wollte und kurz davor war, ihn wegen eines blöden Taxifahrers zu verlieren.

F: *Und wenn das Schlimmste passiert wäre und du den Auftrag verloren hättest, WARUM WÜRDE DICH DAS UNGLÜCKLICH MACHEN?*

A: Weil ich ihn wollte. Ich lebe schließlich davon.

F: *Natürlich. Du wolltest den Auftrag. Aber warum würde es dich unglücklich machen, ihn nicht zu bekommen?*

A: (atmet mit einem tiefen Seufzer aus) Weißt du, ich muss nicht jeden Auftrag, den ich verfolge, an Land ziehen. In diesem Fall hatte ich mir nicht genug Zeit gelassen, um pünktlich in der Stadt zu sein. Wäre ich aufmerksamer gewesen, hätte ich mindestens zehn Minuten mehr eingerechnet. Es ist schon in Ordnung, einen Auftrag zu verlieren – es sei denn, es geschieht durch meine Schuld.

F: *Was meinst du damit?*

A: Es macht mir nichts aus, wenn ich keinen Geschäftsabschluss mache. Es sei denn, der Grund liegt bei mir, weil ich versäumt habe, irgendetwas zu tun oder nicht zu tun. Das ist auf keinen Fall in Ordnung.

F: *Warum nicht?*

A: Weil das bedeutet, ich hab's nicht auf die Reihe gekriegt. Punkt. Ich habe versagt.

F: *Was meinst du mit „versagt"?*

A: Ich meine, dass ich da die Verantwortung trage. Weißt du (lacht), ich kann mich nicht mit „höherer Gewalt" herausreden, wie es

in Versicherungstexten so schön genannt wird. Es war „Robert-
liche Gewalt". Ich kam mir selbst in die Quere. Wenn ich mich
einfach zurückgelehnt und den Termin kurz überdacht hätte, dann
hätte ich von vornherein mehr Zeit eingeplant. Die Taxifahrt
hätte dann ruhig langsam sein können. Aber das habe ich nicht
getan. Also steckte ich wutentbrannt im Verkehr fest.

F: WAS GLAUBST DU, WÄRE PASSIERT, WENN DU NICHT
WÜTEND GEWORDEN WÄREST?

A: Dann hätte ich gar nichts getan und der Fahrer hätte einfach
weitergetrödelt.

F: GLAUBST DU DAS?

A: (seufzt) Ich weiß, ich habe das gerade gesagt, aber plötzlich bin
ich mir nicht mehr so sicher. Glaube ich das wirklich? Selbst wenn
ich nicht wütend geworden wäre, hätte ich irgend etwas getan...
da bin ich mir sicher.

F: Willst du damit sagen, du warst wütend, damit du etwas unternehmen
würdest?

A: Ja, genau, so ist das. So klar habe ich es noch nie gesehen (grinst).
Komisch, nachdem ich ausgestiegen war, ging mir nicht aus dem
Sinn, dass mein Wüten und Toben überhaupt keinen Einfluss auf
den Fahrer hatte. Ja, ich erntete genau das Gegenteil von dem,
was ich wollte. Der Fahrer hielt den Wagen an, wandte sich mir
zu und fing an, einen Riesenstreit vom Zaun zu brechen. Dabei
ging noch viel mehr Zeit verloren. Da wird mir wirklich etwas
klar...wenn ich sehe, dass ich meine Wut produziere, um etwas zu
tun. Gut, das ist ein Teil des Ganzen, aber dahinter steckt noch
etwas anderes.

F: Was meinst du damit?

A: Da geht's drum, wie ich auf diese ganze Versagensgeschichte reagiere.

F: Könntest du mal erklären, was du damit meinst?

A: Ja. Ich werde wütend, wenn ich sehe, wie ich alles verpfusche.

F: *Am Anfang sagtest du, deine Wut käme aus dem Nichts und würde dich dann übermannen – als ob sie von dir getrennt wäre. Sagst du jetzt, dass deine Wut aus der Wahrnehmung deines Versagens und aus einem Urteil darüber kommt?*

A: (ein sanftes Lächeln) Ja, ich glaube schon. Mein Ärger ist ganz real meine spezifische Antwort auf das Versagen. Mensch – guck mal, was ich da gerade gesagt habe; genau das Gegenteil dessen, wovon ich noch vor ein paar Minuten überzeugt war. Komisch, wo ich da gelandet bin...wieder ganz am Anfang. Das haut mich echt um. (Lange Pause) Meine Gefühle sind gar nicht so automatisch wie ich dachte. Ich HABE wohl meine Gründe. Weißt du, ich weiß das jetzt und finde es eine großartige Entdeckung, aber ich fühle mich immer noch aus dem Gleichgewicht.

F: *Was meinst du mit „aus dem Gleichgewicht"?*

A: Ich fühle da noch ein Unbehagen. Meine Wut entsteht aus meiner Überzeugung, dass ich versagt habe, aber ich weiß nicht, warum mich Versagen so aufregt. Können wir weitermachen?

F: *Klar. Warum regt dich Versagen so auf?*

A: Na ja, vielleicht kannst du mir sagen, warum es den Ärger in mir entfacht.

F: *Wenn ich die Frage beantworten würde, könnte ich dir nur MEINE Gründe sagen. Und nur du kannst deine Gründe wissen. Willst du's mal probieren?*

A: Versagen bedeutet für mich nicht nur, dass ich etwas nicht bekomme. Was weh tut ist, etwas zu versuchen und danebenzuhauen. Mann, das ist ganz schön verrückt - darauf festzusitzen, dass alles, was nicht so geht wie du es wolltest, zu deiner persönlichen Niederlage wird. Ich hab sogar schon geglaubt, dass ich absichtlich nicht das Beste für mich selbst tue.

F: *WARUM GLAUBST DU DAS?*

A: Ich habe keine Ahnung mehr, warum ich irgendetwas glaube.

F: *Was würdest du denn vermuten, warum du glaubst, absichtlich zu vermeiden, was gut für dich ist?*

A: Vielleicht gibt es keine Antwort. Vielleicht ist das alles nur eine blöde Angewohnheit von mir.

F: *Wie das?*

A: Nur wenn ich unter Druck stehe, beurteile ich mich so – dass ich daneben bin oder absichtlich nichts auf die Reihe kriege. Das sind die Momente, wo ich mich selbst beschuldige, nicht gut genug zu sein. Ob das was mit dem zu tun hat, was wir eben besprochen haben?

F: *Was meinst du?*

A: Die Sache mit dem „wütend sein, um etwas zu tun". Vielleicht beschuldige ich mich, nicht gut genug zu sein, damit ich gut genug bin.

F: *Meinst du damit, ohne diese Anschuldigung würdest du dir möglicherweise selbst schaden und nicht das Beste geben, was du vermagst?*

A: Ja. Das habe ich gerade eben, als ich gesprochen habe, eingesehen. Du fragtest mich, ob ich glaube, dass ich mich selbst absichtlich verletzen würde und ich wusste sofort, tief in meinem Innersten, dass das nicht so ist. In gewisser Hinsicht hatte ich Angst davor, nicht wütend zu werden.

F: *WARUM?*

A: Das wäre der Beweis gewesen, dass ich mich nicht um mich schere. Die Wut war der Beweis, dass es mir wirklich etwas ausmacht.

F: *Okay. Brauchst du einen solchen Beweis immer noch?*

A: (sein Gesicht wird weich, er lächelt) Nein...solch einen Beweis brauche ich mit Sicherheit nicht mehr. Ich glaube, es hat damit zu tun, ob ich an mich selbst glaube. Im Grunde meines Herzens tue ich das. Der Trick ist jetzt nur, sich an dieses fantastische Stück Information in der nächsten Zeit zu erinnern. Ich kenne mich. Ich werde wahrscheinlich gleich wieder wütend.

F: *Obwohl du in der Vergangenheit immer wütend reagiert hast und viel-leicht sogar genau aus den Gründen, die du eben genannt hast, warum GLAUBST DU JETZT, dass du immer noch genauso reagieren würdest?*

A: Warum? Weiß ich nicht. Ich das nicht verrückt? Ich weiß es nicht.

F: *WAS FÜRCHTEST DU, WÜRDE PASSIEREN, WENN DU NICHT WÜTEND WÜRDEST?*

A: Das geht immer wieder auf dieselbe Sache zurück – vielleicht würde ich die Situation nicht in die Hand nehmen.

F: *GLAUBST DU DAS?*

A: Nein, nicht mehr. Es wird klarer und klarer. Ich sehe, was ich da geglaubt und was ich da getan habe. Nein, ich brauche nicht wütend zu sein, um gut auf mich zu achten. Und das will ich auch nicht. Und ich sage dir, das hört sich in meinen Ohren richtig gut an.

F: *Was möchtest du?*

A: Ich will mehr herausfinden. Jetzt, wo ich sehe, dass alles erklärbar ist, weiß ich, dass ich mich ändern kann.

Zu Lieben ist die Erfahrung,
sich wohl zu fühlen –
wiedergeliebt zu werden
ist ein zusätzliches Geschenk.
Wenn ich mich vom Lieben abschneide,
trenne ich mich damit von meinem Wohlgefühl ab.

5
Liebesbeziehungen und
der Optionsprozess®

Ich krabbelte auf dem Holzboden meiner Kindheit umher und baute Regenbögen von Horizont zu Horizont. Auf einer gemalten Landschaft in rosa, gelb und pastellblau erschienen die Buchstaben, zehn Stockwerke hoch: L-I-E-B-E. Ich vernarrte mich so sehr in meinen Traum, dass eine eine heiße Sonne am Himmel erschien, von meinen Erwartungen erschaffen.

Die höchste Vollendung des Ganzen! Zu lieben und geliebt zu werden! Den Menschen zu finden, der still im Hintergrund meiner Fantasie gewartet hatte. Von den Glocken war mir erzählt worden, die ich bei jeder Umarmung hören würde. Ich war einfach bezaubert von all den Liebenden, die in den rosa-errötenden Romanzen der Filmleinwände endlich wieder zusammenkamen. Werbung für Haarspray, Poster mit Zigarettenwerbung, – alles umwarb mich und lockte mit einem Versprechen von Armen, die mich halten würden, von Mündern, die mich riefen.

„Ich bin bereit – ich kann nicht mehr warten," sagte ich mir trotz der Ambivalenz, die ich über die Art von Liebe empfand, wie sie in meiner Familie vorherrschte, mit ihrer verdrehten Mischung aus Schmerz und Strafe. Ich stand auf dem Fußweg meiner Jugend, gerade mal jenseits der Pubertät; trieb mich in der Nähe von Buchläden herum, träumend, wartend; entwarf hinter geschlossenen Lidern Szenen voller Romantik und zuckersüßer Liebe.

Und endlich kam es zu mir oder ich zu ihm: das erste Mal, wo meine Augen für einen anderen Menschen aufleuchteten. Peng...es erwischte mich komplett und ich hob ab. Ich war geblendet, verwirrt von diesem stillen hübschen Mädchen mit den langen Wimpern. Sie saß auf dem dritten Platz in der ersten Reihe, eine moderne June Allyson, strahlend vor frischer Sauberkeit und Unschuld. Später war es dann die quicklebendige Tänzerin, deren Körper sich mit hypnotischer Leichtigkeit bewegte und deren Lächeln von soviel Wärme und Spaß sprach, wie ich mir nie hätte erträumen können.

Und ich beschränkte mich mit diesen Traumgestalten nicht auf die Gleichaltrigen in meinem Freundeskreis. Da gab es eine Lehrerin, die es mir angetan hatte und über die ich mitten zwischen Kreide und Radiergummis ins Träumen geriet. Dann die Jane Fonda-Gestalten, verschleierte Erscheinungen, die durch meine geheimsten Tagträume eilten. Die Nachbarsfrau drei Häuser weiter. Ich baute mir sogar die perfekte Geliebte zusammen, aus Einzelteilen, die ich in den Menschen um mich herum fand. Ich nahm mir hier einen Körper, dort ein Gesicht, und je nach Bedarf veränderte ich ihre Persönlichkeiten und Interessengebiete.

Es gab mir ein Hochgefühl. Bald reifte ich langsam zu nahen, bindenden Liebesbeziehungen heran. Langsam wagte ich es, wirklich die Entfernung zwischen mir und meinen Traumgestalten zu überwinden...die Hände meiner Fantasien zu berühren. Und plötzlich begann die Achterbahn einer Liebesbeziehung. Wie schnell ich alt wurde. Mich anpassen und wieder neu anpassen.

„Was ist los?", fragte ich mich selbst. „So hatte ich's mir nicht vorgestellt." „Hey, das ist aber nicht, was ich wollte!" Tausend Jahre Protest brüllten zwischen den Laken hervor. „Wo ist der Zauber, wenn sie mich berührt?" „Warum kommt mir das alles so verdammt normal vor?"

Ich kenne einige, die an dieser Stelle aufgegeben haben, die sich mit dem enttäuschend Wenigen begnügt haben. Andere haben den Zauber weiter gesucht, gejagt, verfolgt. Aber die meisten erlebten wenigstens einmal einen Honeymoon - so wie ich. Wir waren zwei Menschen, die miteinander im Einklang waren, zwischen denen Hingabe und Austausch in Harmonie schwangen, die Liebe gaben und Liebe zurückbekamen. Herzförmige Badewannen, mitternächtliche Bootsfahrten, Händchenhalten am Meer bei Sonnenuntergang, Kerzenlicht und Wein, Hände, die sich so zärtlich vortasteten, Augen, die Bände sprachen. Wundervoll! Doch es ging vorbei. War der Honeymoon schon nach einem Tag zu Ende? Nach einer Woche, oder sogar einem Jahr? Warum konnten wir es nicht halten? Was passierte im hellen Tageslicht unserer Geschichte – warum änderte der nächste Morgen alles?

Ich hatte die Liebe gewollt, das Lieben, die zärtlichen Berührungen, Liebkosungen, das Miteinander und sogar all die Bilder aus den Filmen. Ich war bereit, das totale Hollywood zu inszenieren. Und wurde betrogen. Wieso?

Ich wollte meine Fantasie, und alles andere schien im Vergleich grau und trübe. Was erzählte ich mir eigentlich wirklich in all den einsamen Nächten unter meiner Bettdecke, wenn ich flüsterte: „Ich brauche Liebe!" Ich habe ein „Recht" darauf. Ich „muss" sie haben. Ich sagte damit, dass ich ohne sie unglücklich, mutlos, niedergeschlagen sein würde. Ich baute mir unmögliche Denkmodelle, mit denen ich meine Realität verglich, um dann an dem Unterschied zu leiden. Ich versuchte, meine Partner in Richtung meiner eigenen festen Vorstellungen zu manipulieren. Ich unterwarf meine Liebesbeziehungen den umständlichsten Bedingungen, belastete sie mit den verschiedensten Urteilen und einer Menge Erwartungen. Ich wusste es nicht besser.

Meine Fantasien wurden zum Nährboden für lauter Fragen, zu einem Gewächshaus des Unglücklichseins.

Ich erinnere mich an all die vielen Beziehungen, die ich durchlief. Verworren. Unklar. Und doch war ich wohl nicht bereit, sie genauer zu betrachten, stellte nicht mal Fragen. Ich dachte, wenn es mir jetzt schlecht geht, dann will ich das nicht noch mit Fragen nach dem Grund komplizieren. Ich glaubte, dass ich damit nur eine Tür für noch mehr Unglück öffnen würde. Ich hatte keine Ahnung, dass ich meinen Glaubenssätzen gegenübertreten und sie damit vertreiben und auflösen könnte.

Ich glaubte einen Meißel zu brauchen, und dabei fehlte mir nur meine eigene Erlaubnis, die Dinge genauer zu untersuchen.

Die erste Frage war die schwerste...nein, nicht die Frage selbst, sondern der Mut, sie überhaupt zu stellen. „Worüber bin ich unglücklich?" Plötzlich wusste mein Verstand nicht weiter. „Ich weiß es nicht," antwortete ich mir. „Ich bin einfach nur unglücklich." Aber dann begann auf meinen Lippen ein Lächeln zu erscheinen. Ich wusste, ich hatte mehr Gründe als ein Tag Minuten hat. Ich entspannte mich, und eine Flut von Gedanken füllte meinen Kopf.

Die wichtigste Einsicht war: „Ich kriege nicht, was ich will oder was ich zu wollen glaube." Ironischerweise war mir dieser Gedanke vor meiner Frage nicht bewusst gewesen. *Wenn wir damit beschäftigt sind, an unseren Beziehungen zu „arbeiten" oder uns sorgen, sie zu verlieren, dann nehmen wir uns meistens gar nicht die Zeit, sie genauer anzuschauen und zu erforschen.*

Entspricht die Art unserer derzeitigen Beziehungen wirklich dem, was wir uns wünschen? Oder fürchten wir uns vor der nächsten, wenn wir an die bittersüße Art der letzten zurückdenken? Die einzige Frage, die da zum Vorschein kommt, ist: Wollen wir mehr von unseren Beziehungen? Wenn die Antwort Nein ist, können wir weitergehen. Ist sie das aber nicht, dann können wir herauszufinden versuchen, wo die Schwierigkeiten liegen, wenn unsere bestehende Beziehung nicht so fließt wie wir es wünschen, oder wir können uns befreien, um Raum für eine neue Beziehung zu schaffen.

Es mag jetzt kleinlich scheinen, aber da gab es ein bestimmtes Ereignis in einer vergangenen Beziehung, das mich mächtig störte. Immer wenn ich zu meiner Freundin ging, erwartete ich, dass sie mich mit einer großen dicken Umarmung begrüßen würde...eine Geste, die, so glaubte ich, unser Miteinander besonders und wertvoll machen würde. Ich sagte ihr sogar, dass sie mir damit eine besondere Freude machen könne. Trotzdem begrüßte sie mich oft ganz nebenbei mit einem lockeren Montagmorgen-Hallo, und ich wurde wütend. Was regte mich so auf? Ich nahm das wohl für ein Zeichen dafür, dass sie mich nicht genug mochte. Ihre Liebe und Zuneigung wurden von meinem Misstrauen und Ärger überschattet. Beschuldigungen bremsten den Fluss. „Sie liebt mich doch gar nicht, ansonsten würde sie das tun, was ich mir wünsche." Aber das konnte doch nicht wahr sein? Jetzt scheint es so klar, doch damals war es unbegreiflich. Ich erschaffte mir tatsächlich meine eigenen Frustrationen, indem ich mir bestimmte Bilder und Aktivitäten vorstellte, die meine Partnerin erfüllen „musste". Und wenn sie das nicht tat, dann machte ich mir einen Berg von Vorstellungen, was ihr Verhalten wohl bedeuten könnte.

Es war ein Spiel mit meinen eigenen Erwartungen. Das Elend war allein mein eigenes. Und wenn ich schon die Begrüßung mit so vielen Vorstellungen belastet hatte, dann hatte ich das sicher auch an anderen Stellen getan. Der Eisberg war gekippt und ich wollte mehr verstehen. Wenn ich mich so auf verschiedenste Art selber unglücklich machte, dann konnte ich das vielleicht auch umdrehen und mich von den Fesseln befreien. Zumindest konnte ich es versuchen. Schließlich wurde aus jeder Erforschung ein wunderbares Erwachen – zu Beginn anscheinend komplex, doch am Ende so klar.

Obwohl in Liebesbeziehungen viele verschiedene Fesseln aus Unzufriedenheit entstehen, so viele wohl, wie es Menschen und Glaubensmuster gibt, sind einige ganz besonders auffällig und sehr verbreitet.

DIE „ICH BIN DER BEDÜRFTIGE TROTTEL"-FESSEL
Meine Beziehung ist noch recht neu und am Wachsen, aber ich beginne zu sehen, dass ich dich wohl mehr liebe als du mich. Ich bin schließlich immer so interessiert an deinen literarischen Interessen, an deiner Arbeit und den Leuten, die du triffst. Du dagegen fragst mich nie, wie mein Tag war oder wie es mir geht, wenn ich unglücklich dreinschaue. Wenn ich dich weiterhin mehr liebe als du mich, dann werde ich womöglich zum bedürftigen Trottel. Um also das Risiko einzugrenzen, halte ich von jetzt ab einen Teil meiner Liebe zurück, damit ich nicht in diese Position gerate und dann verletzt werde. Vielleicht glaube ich sogar, dass du dadurch angeregt wirst, dich in der Beziehung mehr zu bemühen. Stattdessen kriegst du mit, dass ich meine Liebe zurückhalte und hältst jetzt auch deine zurück. All diese Zurückhaltung bringt uns zu dem Schluss, dass wir einander wohl nicht wirklich lieben, obwohl das gar nicht stimmen muss. Schließlich trennen wir uns oder bleiben zusammen und haben ständig eine schlechte Meinung vom anderen.

DIE „WIR HABEN NICHTS GEMEINSAM"-FESSEL
Obwohl wir ursprünglich aus Liebe geheiratet haben und uns immer noch lieben, scheinen wir nicht viel gemeinsam zu haben. Ich interessiere mich für Politik und er für Musik. Ich mag Tennis und Wasserski, und er will immer mit den „Jungs" Basketball spielen. Ich hab's ja versucht. Schließlich ist die Ehe eine Art Opfer (glaube ich). Ich habe immer gehört, dass man seine eigenen Interessen hintan stellen und die Interessen des Partners teilen soll. Ansonsten kann aus

der Beziehung nichts werden. Ich habe die Politik dann aufgegeben und mir lieber Konzerte angehört, habe meinen Tennisschläger gegen einen Sitzplatz im Freien ausgetauscht, um ihm beim Basketball zuzusehen. Ich weiß nicht mehr, wann das anfing, aber ich wurde wütend. Warum muss ich das aufgeben, was ich möchte? Kann er mich nicht so lieben wie ich bin? Wenn er mich lieben würde, könnte er mir sowas nicht antun. Ich bin sauer über all die Kompromisse und darüber, dass ich nicht dazu komme, meine eigenen Hobbys zu tun. Wir haben wirklich nichts gemeinsam. Wie konnte ich es überhaupt zulassen, mich so zu einzuschränken? Da kann man nichts machen, sage ich mir, wir sind der typische Fall von zwei Leuten, die nicht zusammenpassen.

DIE „SCHWEIGEMAUER"-FESSEL
Jedes Mal, wenn ich bestimmte Dinge anspreche, macht dich das unglücklich...wir können darüber also nie reden. Tun wir's doch, dann kommt ein Streit dabei heraus. Ich habe immer nur gehört, dass sich die Partner in einer guten Beziehung nicht streiten, denn Streit ist der Beweis, dass man nicht zusammenpasst, und das führt zur Scheidung. Ich kriege also Angst, über ein paar bestimmte Dinge zu reden. Die werden dann zu den ersten Bausteinen für unsere Schweigemauer. Bald gibt es weitere Dinge, über die nicht geredet werden darf. Es werden schnell immer mehr, die Mauer wächst, und genauso wächst meine Angst vor einer Trennung, ich muss mich an allen Ecken und Enden vorsehen. Meine Trennungsangst wird immer größer. Bald können wir es beide nicht mehr ertragen (schließlich können wir nicht darüber reden, denn das könnte zu „schlimmeren" Problemen führen.) Einer von beiden beschließt, dass es besser ist, die Beziehung zu beenden, damit wir uns endlich von der Trennungsangst befreien. Später wird mir klar, dass wir die Beziehung mit genau dem Schweigen, das sie retten sollte, zerstört haben. Das was wir am meisten fürchteten, haben wir getan – die Beziehung beendet.

Wenn ich es mir gestatte, genauer hinzusehen, wird alles klarer. Meine Überzeugungen und Urteile sind wirklich meine Stolpersteine. Es ist unglaublich, wie ich mich auf Wegen wiederfinde, die ich nie gehen wollte. Ich dachte, ich müsste aufpassen und alles gut bedenken, die Dinge gründlich betrachten und beurteilen, damit ich wüsste, was zu tun sei und wie ich gut für mich selbst sorgen könnte. Doch genau diese Beurteilungen scheinen meine Probleme zu verursachen und alles durcheinander zu bringen.

Urteile. Urteile sind Überzeugungen. Mit der Fessel „Ich bin ein bedürftiger Trottel" sage ich aus, dass ich unglücklich bin, weil es mir so scheint, als ob ich von meiner oder meinem Geliebten nicht alles bekomme, was mir zusteht. (Sie liebt mich nicht so sehr wie ich sie). Im Fall von „Wir haben nichts gemeinsam" wiederum entscheidet sie, dass sie nicht genug bekommt, denn sie trägt den größten Anteil der Beziehung dadurch, dass sie ihre eigenen Interessen für ihn opfert – und wenig oder nichts zurückbekommt. Im Dilemma der „Schweigemauer" wurden viele Urteile gefällt. Das Entscheidendste war vielleicht, dass ich glaube, nicht genug zu geben, ansonsten wären nicht so viele Tabuzonen entstanden und mein Verhalten hätte alles geändert. All diese Urteile haben entweder mit materiellen Dingen zu tun, oder mit der Qualität von Liebe und Gefühlen.

Wenn ich genauer hinschaue, finde ich die Geschwindigkeit und Heftigkeit, mit der materielle Einschätzungen entstehen, erstaunlich. Die Frau, die findet, dass ihr Lebensstil nicht so ist wie ihr Mann es versprochen hatte: Sie ist mir begegnet. Die Frau, die mit den Annehmlichkeiten des Lebens nicht zufrieden ist – von der Kleidung bis zu den Autos; der Mann, der findet, seine Frau solle im Haushalt mehr tun. Bei allen geht es um materielle Urteile mit dem Thema „ich bekomme nicht genug." Es gibt auch das Gegenteil – materielle Urteile mit dem Thema „ich gebe nicht genug". Die Frau, die glaubt, sie unterstütze den Lebensstandard ihres Partners nicht genug; der Mann, der sich minderwertig fühlt, weil seine Geschenke klein oder billig sind.

Dann sind da auch noch die Urteile mit dem Thema „ich bekomme nicht genug", wenn es um Gefühle und Liebe geht. Der Mann, der seine Partnerin kalt, distanziert und sexuell abwesend findet; die Frau, die sich einen liebenden Gefährten zärtlich vorstellt, weich, mitfühlend...und die jeden Morgen einen kühlen, missbilligenden und abweisenden Mann neben sich im Bett vorfindet. Auch hier gibt es die entgegengesetzten Urteile – „ich gebe nicht genug". Die Frau, die sich für uninteressant hält, für nicht aufregend genug, ihren Geliebten glücklich zu machen; der Mann, der sich für impotent, für untreu oder unfähig hält.

Das ursprüngliche Urteil „ich bekomme nicht genug" erhält oft, wie mir aufgefallen ist, eine ganz bestimmte Tendenz – es wird zu eine anderen Annahme verdreht – dass ich wohl nicht genug gebe. Ich nehme an, es hätte mir gelingen müssen, meinen/meine Geliebte/n zu motivieren, mir alles zu geben, was ich mir wünsche. Alles, was mir meiner Meinung nach zusteht. Wenn ich es nicht bekomme, dann ist das mein Fehler. Ich schließe daraus also: „Irgendwas stimmt nicht mit mir!" Immer wenn ich glaubte, dass diese Selbstbezichtigung nicht mehr rückgängig zu machen war, habe ich Beziehungen beendet, nur um den Selbstzweifeln und dem Schmerz zu entkommen.

Wie konnte etwas so Schönes in so kurzer Zeit so schwierig werden? Ich nehme an, wenn ich diese Frage stelle, dann bin ich mir nicht mehr so sicher, ob es wirklich so schön war – außer in meiner Fantasie. Das ist allerdings auch nicht richtig: Es gab Zeiten, die waren fast euphorisch. Warum ist die Liebe dann schief gegangen? Warum habe ich mit den Urteilen über das Genug-bekommen und Nicht-genug-bekommen überhaupt angefangen?

Sie basieren alle auf meinen *Erwartungen* und auf der *Grundvorstellung über die Liebe* (wenn du mich lieben würdest, dann würdest du...). Diese beiden sind die wichtigsten Gründe (Überzeugungen) für glückliche Beziehungen.

Wenn ich Erwartungen habe, dann müssen meine Geliebten oder Freunde und Freundinnen das tun, was ich erwarte, damit ich mich wohl und glücklich fühle. Wenn ich das, was ich erwarte, nicht bekomme, dann werde ich unglücklich. Doch genau dieses Phänomen ist es, das in meinen Beziehungen Reibung, Unwohlsein und manchmal die Trennung erzeugt.

Meine Fantasien entstehen in einem Vakuum. Sie haben oft nichts damit zu tun, wer ich wirklich bin und wer mein Geliebter oder meine Geliebte wirklich ist.

Ich erschaffe mir damit eine unlösbare Aufgabe – ich versuche, die Erfahrungen meines Alltagslebens an meine Traumgeschichten anzupassen. Das Resultat: meine Enttäuschungen werden auf diese Weise vorprogrammiert. Feste Vorstellungen zu erschaffen, denen meine Partner oder Freunde dann gerecht werden müssen, hat seine Nachteile. Wir erwarten damit von anderen, dass sie tun müssten oder sein müssten, was wir uns erträumt haben. Das ist etwas anderes als ihnen zuzugestehen, sich ihren eigenen Wünschen entsprechend zu verhalten. Meine Erwartungen scheinen mir zwar dabei zu helfen, meine Wünsche konkret zu machen und mich zu motivieren (die Karotte vor dem Esel), aber sie rächen sich oft!

Das bringt mich direkt zu der *Grundvorstellung* über die Liebe, die mir in meiner frühesten Kindheit beigebracht und eingebläut wurde. *„Wenn du mich wirklich lieben würdest, dann würdest du…"* Das war der *Prüfstein* für meine Eltern, meine Freunde und mich. Wenn er oder sie das tut, was ich mir wünsche, dann lieben sie mich. Und wenn sie es nicht tun, ist das für mich der Beweis, dass sie mich nicht lieben oder dass ich ihnen egal bin.

Die Neuformulierung dieser Überzeugung hallt durch die Flure fast aller Haushalte. Wenn Robert mich lieben würde, dann wäre er liebevoller zu mir. Würde Jane mich lieben, dann würde sie unsere Firma mehr unterstützen. Wenn Harry mich lieben würde, hätte er den Wunsch, mich sexuell besser zu befriedigen. Würde ich Tina etwas bedeuten, dann stände sie zu mir. Würde Judy mich wirklich lieben, dann wäre sie netter zu meinen Eltern. Wenn Ted mich wirklich lieben würde, dann wäre er mir treu. Wenn Laura mich mögen würde, käme mehr Post von ihr. Mark würde mir viel mehr erzählen, wenn er mir vertrauen würde. Die Themen sind zahllos, aber immer im klassischen Tenor: „Wenn du mich wirklich lieben würdest, dann würdest du…"

Meine Wünsche und Erwartungen gehören zu mir und decken sich nicht unbedingt mit denen meines Geliebten (der seine eigenen Wünsche und Erwartungen haben mag). Also stimmt er nicht immer mit mir überein. Aufgrund meiner tiefsten Überzeugungen kann ich mich jetzt verurteilen und annehmen, dass es unzählige Beweise dafür gibt, dass ich ungeliebt und nicht liebenswert bin.

Angenommen, ich komme nach Hause und finde die Wohnung zum hundertsten Mal verlassen vor. Meine Frau ist mit ihren Freundinnen zum Einkaufen und hat das Abendessen noch nicht einmal vorbereitet. Ich lasse meinen Blick über die Leere und Stille schweifen und sage mir: „Würde sie mich wirklich lieben, dann wäre sie hier, wenn ich heimkomme. Sie würde nicht mit ihren Freundinnen unterwegs sein. Sie hätte mir mein Abendessen zubereitet." Da sie meine Erwartungen an eine gute und liebevolle Ehefrau nicht erfüllt hat, nehme ich an, dass sie mich nicht liebt – oder zumindest, dass sie mich nicht genug liebt.

Mein Beziehung, rechne ich mir aus, ist nicht im Gleichgewicht. Aus dieser anfänglichen Enttäuschung wird eine grüblerische Depression. „Vielleicht stimmt etwas nicht mit mir. Ich müsste fähig sein, sie dazu zu bringen, sich besser und liebevoller um mich zu kümmern, aufmerksamer und rücksichtsvoller zu sein. Ich müsste es schaffen, dass sie mich mehr liebt."

Doch da mir das noch nie gelungen ist, glaube ich nicht, dass ich in Zukunft Erfolg damit haben werde. Ich nehme meinen Ärger und meine Unzufriedenheit zum Anlass, meine Frau zu dazu bewegen, mich mehr zu lieben – was ironischerweise das Gegenteil bewirkt. Sie fleht mich an, sie in Ruhe zu lassen. Ein Gefühl von Machtlosigkeit erfüllt mich und ich erwäge, aus der Ehe auszusteigen, um dem wachsenden Unbehagen zu entgehen. Später schaue ich mir meine Handlungen genauer an und sehe, wie ich mit meinen Erwartungen, Urteilen und negativen Gefühlen eine Saat der Vergeblichkeit gesät habe. Ich wollte doch nur lieben und geliebt werden. Jetzt schneide ich mich womöglich von beiden ab.

Ist die Entwicklung sichtbar? Im Anfang fand ich, dass ich nicht genug bekomme. Das kam aus meiner Erwartung, dass eine gute Ehefrau jeden Abend zu Hause sein, das Abendessen zubereiten und mir ihre Aufmerksamkeit schenken sollte. Diese Grundüberzeugung nahm ich als Prüfstein meiner Wahrheitsfindung: Wenn sie mich lieben würde, dann würde sie all das tun, was ich mir wünsche. Das hat sie aber nicht getan, also liebt sie mich nicht. Das erscheint mir schlimm, also werde ich unglücklich, woraufhin ich versuche, meine Frau dazu zu bringen, mir mehr Aufmerksamkeit zu schenken. *Das* führt jedoch dazu, dass ich noch weniger von dem bekomme, was ich mir wünsche. Als schließlich der Schmerz immer größer wird, will ich aus der Beziehung aussteigen. Und das ist genau das Gegenteil von dem, was ich eigentlich im Sinn hatte.

Eine andere Sichtweise des Ganzen könnte es noch klarer machen. Obwohl ich meiner Frau unterstellte, mich nicht zu lieben, weil sie unterwegs war, unternahm sie zu derselben Zeit vielleicht viel Schönes für sich selbst, Dinge, die mit unserer Ehe und Liebe nicht das Geringste zu tun hatten. Vielleicht hatte sie ihren eigenen Selbstwert erweitert und sich zu einer freieren Lebensweise hin bewegt, hatte sich vielleicht eingeschränkt gefühlt und suchte einen Ausweg. Mit keiner ihrer Handlungen sagte sie: „Ich liebe dich nicht." Sie hatte ihre eigenen Gründe und Überzeugungen für alles, was sie tat. Es war völlig unpassend, meine Grundüberzeugung als Maßstab zu benutzen, denn *meine Annahmen entstehen aus meinen eigenen Urteilen und Ängsten*. Wenn jemand sich nicht meinen Erwartungen entsprechend verhält, bedeutet das gar nichts.

Einige echte Fragen tauchen auf. Will ich überhaupt Erwartungen haben? Wenn sie zu Umständen und Vorstellungen führen, die mich unglücklich *machen* (ich fühle mich schlecht, weil ich nicht bekomme, was ich erwartet habe), könnte ich dann nicht ohne sie leben? Ich könnte immer noch Wünsche haben und versuchen, sie zu erfüllen, könnte jedoch dann der Zukunft ihren Lauf lassen. Wenn meine Freude nicht daran gekoppelt ist, etwas zu bekommen, dann könnte ich vielleicht schon glücklich sein, während ich mich um das bemühe, was ich mir wünsche. Wenn ich mir wünsche, zu lieben und geliebt zu werden, sind Erwartungen völlig unproduktiv.

Meine Grundüberzeugung ist in sich unlogisch und macht mich dadurch oft unglücklich. Denn wenn der Mensch, den ich liebe, viele Dinge aufgrund seiner eigenen Überzeugungen tut, dann ist mein Glaube: „wenn sie mich lieben würde, dann..." nie der Weisheit letzter Schluss. Sie könnte mich durchaus lieben und trotzdem nicht tun, was ich möchte oder worum ich bitte. Genauso habe auch ich Dinge getan, mit denen sie nicht einverstanden war und sie trotzdem geliebt.

Wie oft haben wir einen Elternteil geliebt und doch das Gegenteil von dem getan, was von uns erwartet wurde. Wenn wir uns um unsere Wünsche kümmern, dann kümmern wir uns einfach um unsere Wünsche und drücken damit keineswegs aus „ich liebe dich nicht und du bist mir egal." Trotzdem mussten wir uns so oft anhören: „Du liebst mich nicht."

Ich erinnere mich an Gelegenheiten, bei denen ich tagsüber in einem Meeting oder durch irgendein Ereignis verärgert war und meine Laune mit in den Abend schleppte. Da war ich dann vielleicht ruppig und genervt, und obwohl ich damit nur etwas über mein eigenes

Unwohlsein aussagte, nicht über den Menschen, den ich liebe, mag es doch den Anschein erweckt haben, als sei sie mir gleichgültig. Also noch einmal – die Grundüberzeugung kann nicht als Maßstab meiner Wahrheitsfindung dienen. Sie gibt mir nur eine weitere Möglichkeit, mich selbst mit Vorurteilen unglücklich zu machen. Kann ich diese Überzeugung ablegen, wenn ich das will? Natürlich, wenn ich weiß, dass ich ohne sie besser für mich selbst sorgen könnte. Bin ich mir aber nicht sicher, dann kann ich sie noch behalten. Ich muss mich nicht antreiben, alles darf seinen eigenen Gang gehen.

Das bringt mich dazu, eine weitere Grundüberzeugung genauer zu betrachten, die uns fast alle motiviert, wenn es um Liebesbeziehungen geht. Der Glaube ist, dass ich für das Unglücklichsein der anderen verantwortlich bin und sie genauso für mein Unglücklichsein verantwortlich sind.

Wenn ich glaube, dass ich die Macht habe, andere zu kontrollieren, dann glaube ich vielleicht auch, dass es in meiner Macht steht, ihre Wünsche und ihr Verhalten zu bestimmen. Wenn aber meine eigenen Gefühle und mein Verhalten von mir selbst auf der Grundlage meiner Überzeugungen geschaffen werden, dann kann mich niemand kontrollieren außer ich selbst. Was ich zu tun wähle, entscheide ich selbst. Und was andere zu tun wählen, entscheiden sie selbst.

In Wirklichkeit *ist jeder von uns für sich selbst verantwortlich.* Wenn ich nicht mag oder gutheiße, was du tust, habe ich dafür meine eigenen Gründe. Wenn ich darüber unglücklich bin, geschieht das, weil ich glaube, dass es mir schadet. Mein Unglücklichsein entsteht aus meinen Urteilen und Überzeugungen. Ich könnte mich auch meines Urteils enthalten, und das, was du tust, wird mich nicht unglücklich machen. Die Möglichkeiten sind endlos. Bin ich unglücklich, dann ist das mein Gefühl. Der Mythos, dass andere mich unglücklich machen oder dass ich andere unglücklich mache, ist nur eine der vielen Überzeugungen, die ich vom ersten Lebenstag an in mich aufgenommen habe.

Diese Überlegungen und Beispiele enthalten noch weitere Lehren. Es gibt noch mehr herauszufinden, wenn meine Frau nicht zu Hause ist und ich ärgerlich werde, es gibt mehr zu erfahren über das

Paar, das sich vor dem Streiten fürchtet, mehr zu entdecken im Fall des Mannes, der unglücklich ist, weil er sich selbst für einen Trottel hält, mehr einzusehen über die Frau, die sich dabei behindert fühlt, ihre Interessen zu verfolgen und darüber verstimmt ist. *Wenn wir unglücklich sind und uns unseren Ängsten widmen, dann leben wir nicht in der Liebe.*

Die Menschen lieben im gleichen Maße wie sie einverstanden und glücklich sind.

Wäre ich jemand, dem das Fliegen große Freude bereitet und der von mir geliebte Mensch hätte Flugangst und würde deshalb nicht mit mir in einem Flugzeug sitzen wollen, dann sagt das über seine Liebe zu mir nichts aus. Liebte ich jemanden, den die Dunkelheit stark ängstigt, dann hätte seine Weigerung, eine dunklen Raum mit mir zu betreten, nichts damit zu tun, dass er mich vielleicht nicht liebt. Wenn meine Partnerin eifersüchtig ist, weil sie Angst hat, allein gelassen zu werden, dann ist das kein Beweis mangelnder Liebe.

Wenn meine Frau, mein Mann, meine Geliebte oder mein Freund sich unwohl fühlen, unsicher, ängstlich, besorgt, dann werden sie viele Dinge tun, die den Schein erwecken könnten, dass er oder sie rücksichtslos und lieblos sind. Und doch sagen ihre Handlungen lediglich aus, dass sie versuchen, im Rahmen ihrer Möglichkeiten das Beste für sich selbst zu tun. Selbst wenn sie kalt, unbedacht und unverständlich erscheinen, versuchen sie doch, so gut sie es vermögen, ihren inneren Überzeugungen zu entsprechen. Was ich über die Handlungen der anderen sage, ist meine Sache. Meine Erklärungen sind meine Erklärungen. Der einzige Schluss, den ich ziehen kann, ist, dass unglückliche Menschen sich von der Liebe abbringen lassen, um ihre Ängste zu hegen – und dieser Schluss sagt nichts über ihre Liebe aus, nur über ihre unglücklichen Gefühle.

Wenn ich urteile, kann das zu befremdlichen und irrigen Schlüssen führen. Ich könnte zu jemandem, der unter Klaustrophobie leidet, sagen: Wenn du mich liebtest, würdest du deine Angst vor Fahrstühlen überwinden. Doch deine Angst kann viel akuter sein als deine Liebe (wir gehen auf den Fahrstuhl eines Hochhauses zu). Aus reinem Selbstschutz (so sieht es für dich aus) läufst du von mir weg und verlässt das Gebäude. Und ich könnte ironischerweise deine Flucht und deine augenscheinliche Verstimmtheit zum Anlass nehmen, zu glauben, dass du mich nicht genug liebst. Ich könnte der Meinung sein, dass jemand, der mich wirklich liebt, in meiner Gegenwart vor nichts Angst haben würde. Doch das wäre dann kein Liebesbeweis, nur eine Übung, die eigene Meinung beiseite zu stellen.

Der klaustrophobische Mensch auf der anderen Seite dieser Gleichung würde, wenn er meine Überzeugungen teilt, seine eigenen Urteile entwickeln. Er könnte mir vorwerfen, dass ich ihn erst liebe, wenn er so ist oder handelt, wie ich das wünsche. Wenn er dann aus lauter Panik doch mit dem Fahrstuhl fährt, hat er damit die Wahl getroffen, sich der noch größeren Angst zu stellen, mich vielleicht zu verlieren. Auch dieser Schritt findet in einem Umfeld von Angst statt und hat nichts mit Liebe oder ihrer Abwesenheit zu tun, nur mit Erwartungen und Urteilen.

Gehen wir damit noch ein Stück weiter. Wenn der Klaustrophobiker es mir Recht macht, wird er mir das hinterher möglicherweise vorwerfen. Schließlich würde er sich selbst vorwerfen, dass es so leicht ist, ihn zu manipulieren (er sollte mich um meiner selbst willen lieben und nicht für das, was ich tue). Darin sind die Samen für Selbsthass und nach innen gerichteten Ärger zu suchen. Ich mag mich nicht, weil ich es zulasse, in solch eine Situation gebracht zu werden. Ich glaube, dass ich nicht um meiner selbst willen geliebt werde, sondern nur für meine Leistungen. Doch ist das die Wahrheit? Ein Mensch, der von mir verlangt, dieses oder jenes als Zeichen meiner Liebe zu tun, versucht damit nur, seine eigenen inneren Ängste in Schach zu halten.

Das flehentliche Gesuch will sagen: „Bitte liebe mich, ganz gleich, was ich tue, ganz gleich, wie ich erscheine." *Nimm mich an, sei einverstanden mit mir.* Wenn ich spüren könnte, dass ich genau das haben will, dann würde ich es auch allen wünschen, die ich liebe. Ich würde wissen, dass all meine Ängste und Erwartungen an meine unglücklichen Gefühle geknüpft sind und nicht an meine Liebe. Wenn ich den Prozess ganz verinnerlicht habe, kann ich viele Überzeugungen und Bedingungen für meine Negativität über Bord werfen.

Das ist intensiv, vielschichtig und doch ganz einfach. Es gibt so viel einzusehen und auch wieder nicht. Unser Unglücklichsein erscheint in so vielen Gestalten, schier endlos – aber der Ablauf geschieht immer aufgrund von Überzeugungen und Meinungen. Wenn all dies nichts anderes bewirkt als die Einsicht „lieben heißt, einverstanden sein", dann haben wir schon alles gehört, was es zu hören gibt. *Keine Bedingungen, keine Erwartungen und keine Urteile* – das kann nicht nur die Richtschnur für unsere Beziehungen werden, sondern ein sehr pragmatischer, bodenständiger Ansatz, um mehr von dem zu bekommen, was wir uns wünschen.

Indem ich meiner Geliebten ihre Wünsche zugestehe (obwohl ich vielleicht nicht die gleichen habe oder dabei bin, wenn sie sich erfüllen), gebe ich ihr die Möglichkeit und den Raum für glückliche und unglückliche Gefühle und teile so auf großzügige Art meine Liebe mit ihr.

Manche werden vielleicht sagen, dass die Grundeinstellung der Option selbstlos ist. Im Gegenteil! Wenn ich die Konflikte der von mir geliebten Menschen verstehe und annehme, helfe ich ihnen damit nur, glücklicher zu werden und mit sich selbst gut umzugehen, und das wiederum ist doch genau, was ich mir selbst und ihnen wünsche.

Gut. Bis hierhin haben wir's geschafft. Jetzt wäre erst einmal eine Pause und eine Tasse Kaffee dran. Ich weiß, ich habe Sie mit Ideen bombardiert. Machen Sie sich keine Sorgen über alles, was Sie vielleicht schon wieder vergessen haben – was für Sie wichtig ist, bleibt hängen und der Rest kann ruhig verloren gehen. Und wenn Sie ihn doch mal brauchen, können Sie ja dieses Kapitel noch einmal lesen.

Okay, von mir aus kann's losgehen. Sind Sie bereit? Wir gehen miteinander weiter.

Wenn unglückliche Gefühle die Triebkraft für meine Beziehungen sind, dann werde ich leicht das Gegenteil von dem ernten, was ich anstrebe.

In dem Moment, wo meine eigene Unzufriedenheit auf die Unzufriedenheit meiner Partnerin trifft (wenn ich darüber unglücklich bin, dass sie unglücklich ist), werde ich sie entweder bestechen, angreifen oder ignorieren. Letztendlich könnte das dazu führen, dass ich sie verlasse. Das tue ich nicht aus Boshaftigkeit, sondern um meine Beziehungen zu verbessern. Ich handle immer nur im Namen der Liebe. Manchmal ist mir bewusst, dass ich unglückliche Gefühle als Werkzeug benutze, doch ist mir auch bewusst, dass sich das meistens rächt?

Meine geliebte Frau ist unglücklich, wenn ich jeden Donnerstagabend zum Kartenspiel gehe – ich verzichte also darauf, um sie nicht unglücklich zu machen. Damit besteche ich sie, nicht mit mir unzufrieden zu sein. Später ärgere ich mich darüber, dass ich mich einschränke. „Wenn sie mich liebte, würde sie nicht von mir verlangen, meine kleinen Vergnügungen für sie zu opfern." Ich meine, dieses oder jenes tun zu *müssen*, damit sie mich liebt und glücklich mit mir ist. Und wenn ich etwas opfern *muss*, schleicht sich leicht der Gedanke ein, dass es sich nicht lohnt. Es rächt sich!

Ursprünglich wollte ich mich einfach nur besser fühlen. Doch letzten Endes habe ich damit mein Unglücklichsein vergrößert und meine guten Gefühle zum Erlöschen gebracht.

Den geliebten Menschen zu *ignorieren* oder *ihm etwas zu entziehen* – all das sind Möglichkeiten, unglückliche Gefühle mit mehr Negativität zu bekämpfen. Mein Geliebter ist immer unglücklich, wenn ich nicht zu Hause bin. Ich werde also so viel wie möglich wegbleiben, um ihn zu „trainieren", nicht mehr von meiner Anwesenheit abhängig zu sein, um sich glücklich zu fühlen. Ich will mich nicht eingeschlossen oder verantwortlich fühlen. Ich werde ihm das, was er „braucht" nehmen, bis er es nicht mehr „braucht". Doch tatsächlich wird er dadurch nur noch unglücklicher. Es rächt sich! Ich wollte ihm dabei helfen, sich besser zu fühlen, und nun fühlt er sich noch schlechter, weil er überdies glaubt, dass ich boshaft und lieblos handele, wenn ich nicht zu Hause bin.

Der *Angriff* ist eine weitere Möglichkeit, meine zwischenmenschlichen Probleme durch Negativität zu lösen. Wenn ich jemandem mit Ärger und Missbilligung begegne, wird er begreifen, wie wichtig mir die Sache ist. Er wird dann aufhören, Dinge zu tun, die ich nicht will. Ich sage: „Wenn du dich weiterhin so verhältst, werde ich dir gegenüber eben barsch und ärgerlich sein." Doch damit zeige ich ihm nur, dass ich ihn missbillige. Meine Handlungen, die ich für gute Abschreckungsmaßnahmen halte, werden zu Mauern, die Widerstand erwecken. Selbst wenn der andere bereit wäre, sich zu ändern, würde mein Drängen und Urteilen ihn eher davon abhalten. Er würde reagieren und gegen mich kämpfen. Es rächt sich! Ich wollte das Feuer löschen und habe es stattdessen angefacht.

Als Motivationshilfe für Veränderung sind negative Gefühle denkbar ungeeignet. Sie schaffen mehr Probleme als sie lösen. Im

Moment mag es vielleicht scheinen, als ob sie etwas nützten, doch der unterschwellige Ärger und der Groll, den sie mit sich bringen, werden meinen „augenscheinlichen" Erfolg letzten Endes unterminieren. Was ich zu Beginn wollte, war zu lieben und geliebt zu werden. Erreicht habe ich das Gegenteil, ich war weniger liebevoll und wurde weniger geliebt. Ich kann nicht zugleich unglücklich und liebevoll sein. Das heißt nicht, dass ich etwas Falsches getan habe – ich habe das Beste getan, was ich aufgrund meiner derzeitigen Überzeugungen vermochte. Wenn ich dem geliebten Menschen etwas vorenthalten, ihn bestochen oder angegriffen habe, dann glaubte ich, dass unsere Beziehung letzten Endes davon profitieren würde. Ich muss mich also nicht im Nachhinein dafür prügeln. Wenn ich weiß, dass diese Überzeugungen das Gegenteil von dem bewirken, was ich bezweckt hatte, dann kann ich sie über Bord werfen und in meinen Beziehungen mehr Raum erlauben.

Dieses ist der letzte Schritt. Es ist die Zusammenfassung am Ende des Kapitels und die Einschätzung, wie es sich anfühlen könnte, auf dem Sprungbrett zu stehen, das dieses Kapitel ausgelegt hat. Unglückliche Gefühle in meinen Liebesbeziehungen haben immer mit meinen Überzeugungen zu tun. Wir haben die beiden wichtigsten Gründe herausgearbeitet, die in diesem Bereich dazu beitragen, uns unglücklich zu machen: Erwartungen und der Glaube „wenn du mich liebtest, würdest du..."

Wenn ich verletzt, besorgt oder wütend bin, tue ich das Beste, was mir angesichts meiner derzeitigen Überzeugungen möglich ist. Wenn ich diese Überzeugungen aber als kontraproduktiv und instabil erkenne, kann ich sie aufgeben. Ich kann mich entscheiden, mehr zu akzeptieren und weniger zu urteilen, denn ich weiß, dass ich so eher das bekomme, was ich mir wünsche. Ich kann diese Untersuchung als eine Gelegenheit sehen, glücklicher zu werden – obwohl Bewusstheit nie Veränderungen erzwingt, sie erweitert nur den Umfang meiner Möglichkeiten. Veränderung entsteht, wenn wir die Wahl treffen, etwas zu verändern. Wenn wir es wünschen, können wir gerne da bleiben, wo wir sind.

Wenn ich einsehe, dass ich für die Ängste und die Liebe der anderen keine Verantwortung trage, können mich ihre Anschuldigungen nicht mehr treffen, und auch ich werde niemanden mehr mit

Schuldzuweisungen belasten. Ich verstehe, dass unglückliche Gefühle schlechte Beweggründe für eine Veränderung sind und dass es sich immer irgendwann rächt, wenn ich sie dafür benutze. Ich kann mich also entscheiden, sie nicht mehr als Hilfsmittel einzusetzen. Wenn ich begriffen habe, dass andere auf mein „du musst" und „du solltest" mit Widerstand reagieren werden, kann ich diese Forderungen ablegen. Sie sind nutzlos. Lieber helfe ich den Menschen, die ich liebe, ihre eigenen Gründe und Motive zu erkennen und anzuwenden. Mit jeder neuen Einsicht (Überzeugung) sehe ich neue Möglichkeiten.

Wenn ich den anderen auf den Prüfstand stelle, wenn ich Bedingungen festsetze, wird das nie zu einem Beweis seiner Liebe führen. Es wird mir nur beweisen, dass wir alle die Fähigkeit haben, die Ängste eines anderen Menschen zu aktivieren. Das Unglücklichsein der anderen und ihr Umgang mit den eigenen Unannehmlichkeiten hat nur mit ihnen selbst und nicht im Geringsten mit mir zu tun. Ich erkenne, dass meine Partnerin nicht im Kontakt mit ihrer Liebe ist, wenn sie von Angst motiviert wird, und ich sehe darin auch keinen Beweis mehr, dass sie mich nicht liebt oder nicht versucht, mich mehr zu lieben.

Selbst wenn meine Beziehung zusammenbrechen würde, könnte ich mir sicher sein, dass *nichts an mir falsch ist. Ich handele, so gut es mir auf der Basis meiner derzeitigen Überzeugungen möglich ist.* Und meine Partnerin tut dasselbe. Wenn ich die Überzeugungen, mit denen ich mich selbst behindere, aufgegeben habe, kann ich besser für mich einstehen – und das Gleiche gilt für meine Partnerin.

Ich kann mir sicher sein, dass ich auf meiner eigenen Reise zum Glücklichsein immer bestrebt bin, meine Liebe für andere zu erweitern – und das Gleiche gilt für die anderen. Je glücklicher ich werde, desto mehr beobachte ich, dass ich anderen mit der Grundhaltung der Option begegne: *Lieben heißt einverstanden sein.*

Manchmal behindere ich meinen Fortschritt durch die Überzeugung, dass ich über meine Beziehung und ihr mögliches Ende ungehalten und unglücklich sein muss, weil sie mir sonst egal wäre. Doch dieser Glaube ist nur wahr, wenn ich will, dass es so ist. Ich brauche nicht unglücklich zu sein, um für mich zu sorgen und zu versuchen, mehr Liebe zu entwickeln. Wenn ich glücklicher werde, kann ich nur gewinnen. Ich habe dabei nichts zu verlieren – außer meine Ängste und Sorgen.

Mein Unglücklichsein kann von den verschiedensten unterschwelligen Überzeugungen abhängen. Doch ich habe entdeckt, dass meine ganze Welt sich ändert, wenn ich mich von meinen Erwartungen und der Grundüberzeugung über die Liebe befreie. Ich lebe die Option, wenn ich die Grundhaltung annehme. In dem Maße wie meine Meinungen und Urteile sich auflösen, werde ich liebvoller werden. Ich selbst habe beobachtet, dass meine Liebesbeziehungen mir viel mehr geben, seitdem ich meine Überzeugungen durch die Optionsdialoge geändert habe, und diese Entwicklung trägt in jedem Aspekt meines Lebens ihre Früchte.

Um glücklich zu sein brauche ich nichts zu tun außer meine unglücklichen Überzeugungen abzulegen. Ich selbst wähle, was ich erforschen und verändern möchte. Die Option verzichtet auf Regeln, Versprechungen, auf Richtig und Falsch. Dieses Buch wird die Sammlung von selbstbehindernden Überzeugungen nicht erweitern, sondern bietet eine Möglichkeit, sie auszuräumen. Es gibt hier keinen Doktor oder Priester, der uns mit großer Autorität erklärt, wie wir unser Leben gestalten sollen. Niemand wird uns bei der Hand nehmen und uns sagen, was wir zu tun haben. Das brauchen wir nicht und in Wirklichkeit wollen wir es auch nicht. Jeder von uns weiß selbst am besten, was gut für ihn ist. Die Option ist nichts als ein Werkzeug, das von Hand zu Hand geht. Sie kann so effektiv für uns werden wie wir selbst es wünschen.

In meinen Liebesbeziehungen und auf allen anderen Gebieten meines Lebens kann ich mehr und mehr von dem bekommen, was ich mir wünsche, wenn ich mein Handeln und die Resultate meiner unglücklichen Gefühle genau betrachte und annehme. Ich kann dann die Optionsdialoge nutzen, um Überzeugungen aufzudecken und zu verändern. Vielleicht habe ich beim Lesen dieses Kapitels auch viele meiner eigenen Überzeugungen in Aktion gesehen und kann jetzt sofort *entscheiden* (wenn ich das will), einige von ihnen abzulegen.

Hier wird mehr dargestellt als eine Haltung und eine Lebensvision, mehr als nur eine Methode und eine Dialogtechnik, denn mit der Erlaubnis, uns selbst mehr zu lieben, beginnt eine ganz wundervolle Reise.

DIE „DENK"-SEITE
Liebesbeziehungen und der Optionsprozess®.

FRAGEN, DIE SIE SICH STELLEN KÖNNEN:

Sind Sie liebevoller, wenn Sie glücklich sind oder wenn Sie unglücklich sind?

Erwarten Sie, dass die Menschen, die Sie lieben, Ihre Erwartungen erfüllen?

Ist Ihre Liebe für einen Menschen davon abhängig, dass er Sie liebt? Wenn ja, warum?

Haben Sie Angst, in Beziehungen verletzt zu werden?

Haben Sie feste Regeln für Ihre Liebesbeziehungen? Wenn ja, warum?

Sagen Sie oft „er sollte" oder „sie sollte"?

Wenn Sie jemanden lieben, nehmen Sie denjenigen so an wie er ist, oder beurteilen Sie ihn?

OPTIONSKONZEPTE, DIE SIE ERWÄGEN KÖNNTEN:

ERWARTUNGEN SIND DER WICHTIGSTE GRUND FÜR UN-
GLÜCKLICHE GEFÜHLE IN BEZIEHUNGEN.

„WENN DU MICH LIEBTEST, WÜRDEST DU..." IST ZUR BE-
WEISFÜHRUNG NICHT GEEIGNET.

WENN MEIN PARTNER NICHT TUT, WAS ICH WILL, SAGT
DAS NICHTS ÜBER SEINE LIEBE ZU MIR AUS.

WIE SEHR EIN MENSCH LIEBT, HÄNGT DAMIT ZUSAM-
MEN, WIE GLÜCKLICH ER IST.

WIR KÖNNEN ANDERE NICHT UNGLÜCKLICH MACHEN.
DAS KÖNNEN SIE NUR FÜR SICH SELBER TUN.

JEDER VON UNS IST FÜR SEINE EIGENEN UNGLÜCK-
LICHEN GEFÜHLE SELBST VERANTWORTLICH.

LIEBEN HEISST EINVERSTANDEN SEIN.

ICH TUE DAS BESTE, WAS ICH VERMAG, UND MEIN PART-
NER TUT DAS GLEICHE. WIR TUN DAS BESTE, WAS WIR
AUFGRUND UNSERER ÜBERZEUGUNGEN VERMÖGEN.

ÜBERZEUGUNGEN, DIE SIE VIELLEICHT ABLEGEN MÖCHTEN:

Wenn du mich liebtest, würdest du...

Sie ist unglücklich, und das beweist, dass sie mich nicht liebt.

Mein Partner macht mich und ich mache ihn unglücklich.

Wenn ich meinen Partner nicht dazu bringen kann, mich mehr zu
lieben oder glücklich zu sein, dann stimmt etwas nicht mit mir.

Ich sollte fähig sein, andere dazu zu bringen, mich mehr zu lieben.

DER FÜNFTE DIALOG

Frage: WORÜBER SIND SIE UNGLÜCKLICH?
Antwort: Ich bin nicht wirklich unglücklich, ich bin niedergeschlagen.

F: WORÜBER SIND SIE NIEDERGESCHLAGEN?
A: Ach, ich fühle mich melancholisch, nicht lebendig, habe keine
    Energie... Sie wissen schon.

F: Was stört Sie am meisten daran, sich nicht lebendig zu fühlen?
A: Dass ich nichts tue.

F: *WARUM MACHT SIE DAS UNGLÜCKLICH?*
A: Vielleicht sollte ich mal von vorne anfangen... was meinen Sie?

F: *Warum fragen Sie?*
A: Ich glaube, ich weiß nicht, wie ich am besten vorgehen soll.

F: *Wie meinen Sie das?*
A: Da habe ich das gleiche Problem wie bei dem Gefühl, dass ich nichts tue. Ich fühle mich einfach verwirrt und kann also sagen, ich weiß es nicht. Dann bitte ich andere, es mir zu sagen. Mich zu leiten.

F: *WAS FÜRCHTEN SIE, KÖNNTE PASSIEREN, WENN SIE SICH SELBER LEITEN WÜRDEN?*
A: Ich würde alles vermasseln.

F: *Wie meinen Sie das?*
A: Vor etwa sechs Monaten hat mich der Mann, mit dem ich mehr als drei Jahre zusammengelebt habe, verlassen. Wir hätten zweimal fast geheiratet. An einem Sonntagnachmittag kündete er ganz ruhig an, dass er die Nase voll hätte und ging. Mist.

F: *Warum sagen Sie „Mist"?*
A: Ich habe ihn wirklich geliebt (weint). Zwei Monate lang habe ich jetzt nichts anderes getan als mir die Augen aus dem Kopf zu heulen. Dieses ganze „ich arme"-Drama. Dachte dran, mir die Pulsadern aufzuschneiden. Jetzt weiß ich gar nichts mehr. Ich habe ihn wirklich geliebt, unsere Beziehung war mir enorm wichtig. Aber wir passten einfach nicht zusammen, kamen aus völlig verschiedenen Welten. Das war von Anfang an so.

F: *Wie meinen Sie das?*
A: Ich meine, ich habe es auf unsere Verschiedenheit geschoben, aber vielleicht lag es gar nicht daran. Er musste immer seinen Willen haben und ich sollte dazu Ja und Amen sagen. Worum es auch ging – wohin wir im Urlaub reisen, in welchem Restaurant wir essen, wen wir am Wochenende einladen – es war, als ob ich nichts zähl-

te, und das merkte ich. Da habe ich eben die ganze Zeit mit ihm gekämpft.

F: *Warum haben Sie gekämpft?*
A: Weil ich wollte, dass er an mich denkt, dass er mich würdigt und einbezieht. Wenn er mich wirklich geliebt hätte, wäre er sicherlich viel rücksichtsvoller gewesen.

F: *GLAUBEN SIE DAS?*
A: Na ja, als ich ihn liebte, war ich immer rücksichtsvoll.

F: *Und wenn Sie es einmal nicht waren?*
A: Dann konnte ich richtig zickig sein.

F: *Wenn Sie „zickig" waren, was denken Sie, haben Sie ihn dann weniger oder gar nicht geliebt?*
A: Das hatte nichts damit zu tun. Wenn ich schlechte Laune hatte, dann habe ich mich einfach blöd und schwierig verhalten, aber ich habe ihn weiterhin genauso geliebt.

F: *Okay, eben haben Sie gesagt, dass er „rücksichtsvoller gewesen wäre, wenn er Sie wirklich geliebt hätte". Glauben Sie das?*
A: Ach so... Sie meinen, all die Male, wo er sich wütend und genervt verhielt, da war er einfach nur wütend und genervt und hat mich trotzdem weiter geliebt? Komisch – und ich war mir immer so sicher, dass es bedeutete, er liebt mich nicht mehr. Darüber habe ich nie nachgedacht. Wenn ich unglücklich bin, habe ich gar nicht die Geduld oder das Interesse, lieb und nett zu sein. Da heißt aber nicht, dass er mir dann nichts mehr bedeutet. Und, wissen Sie, wenn er so ärgerlich war, habe ich alles noch schlimmer gemacht. Ich habe mich dann zurückgezogen und war total sauer.

F: *WARUM WAREN SIE SAUER?*
A: Das weiß ich gar nicht mehr genau. Ich wollte, dass er mich mehr liebt.

F: *WAS FÜRCHTETEN SIE, WÄRE PASSIERT, WENN SIE NICHT SAUER GEWORDEN WÄREN?*

A: Dass ich ihm egal wäre... aber das macht gar keinen Sinn. Die meiste Zeit reichte schon mein Geschrei aus, um ihn aus der Wohnung zu vertreiben. Das klingt jetzt sicher albern, aber zum Teil habe ich so geschrien, damit er mich liebt. Und das Gegenteil ist passiert. Zum Teil habe ich auch geschrien, weil ich so sauer auf mich selbst war.

F: *WARUM WAREN SIE SAUER AUF SICH SELBST?*

A: Alles kam so anders als ich eigentlich wollte. So, als ob man sich im Kopf einen Plan zurechtlegt, wie alles sein würde, was man fühlen würde... und dann ist alles anders. Nichts funktioniert. Es ist furchtbar, wie dann alles zusammenbricht.

F: *WARUM WÜRDE SIE DAS UNGLÜCKLICH MACHEN?*

A: Weil es mein Herzenswunsch war. Alles sollte so wunderbar werden. Wissen Sie, er war der erste Mann, mit dem ich zusammengelebt habe. Ich war außer mir, als es nicht klappte.

F: *WARUM?*

A: Weil ich es so sehr wollte. Ich brauche es, geliebt zu werden.

F: *Ich weiß, dass Sie sich Liebe wünschten. Aber warum waren Sie unglücklich, als Sie sie nicht bekamen?*

A: Warum war ich unglücklich... weil ich sie nicht bekam. Ich meine, wenn Ihnen etwas wichtig ist und Sie bekommen es nicht, dann ist es doch klar, dass Sie unglücklich werden.

F: *WARUM GLAUBEN SIE DAS?*

A: Schauen Sie sich doch in der Welt um – so ist es eben.

F: *Ich verstehe, dass es Ihnen so geht: Wenn Sie etwas nicht bekommen, was Sie sich wünschen, dann werden Sie unglücklich.*
DIE FRAGE IST: WARUM?

A: Keine Ahnung. Vielleicht ist das einfach natürlich.

F: *WAS IST IHRE ANGST, WAS PASSIEREN WÜRDE, WENN SIE NICHT UNGLÜCKLICH DARÜBER WÄREN, NICHT GELIEBT ZU WERDEN?*

A: Das würde bedeuten, es wäre mir nicht wichtig genug. Ich wäre kalt und gefühllos und würde vielleicht niemals geliebt werden.

F: *GLAUBEN SIE DAS?*

A: Was? – Ist die Frage: „Glaube ich, ich würde nie wieder geliebt werden, wenn es mir egal wäre?" oder: „Wenn ich nicht unglücklich wäre, dann würde das bedeuten, es ist mir egal."

F: *Welche Frage möchten Sie beantworten?*

A: Ich glaube nicht, dass ich unglücklich sein muss, um etwas wichtig zu finden, – wirklich nicht, obwohl ich mich so verhalten habe, als glaubte ich es. Das war meine Art, der Sache Bedeutung zu geben. Ich nehme an, wenn ich nicht unglücklich gewesen wäre, hätte ich mich nicht mehr weiter bemüht. Komisch, ich bin wieder am Anfang gelandet, dass ich niedergeschlagen bin und nichts tue.

F: *Wie?*

A: Mit einem neuen Mann etwas anzufangen erschien mir so schmerzhaft, dass ich es mir jetzt gar nicht mehr wünsche. Darum bin ich so antriebslos. Ich reibe mich mit der Angst vor Verletzungen auf und fühle dann gar nichts mehr.

F: *Warum glauben Sie, dass es so schmerzhaft sein wird?*

A: Ich habe ja nichts dagegen, an der Beziehung zu arbeiten; aber wenn es dann nicht klappt, gibt es wieder Kummer und Enttäuschungen.

F: *Warum Kummer und Enttäuschungen?*

A: Ich nehme an, man fühlt sich alt und verbraucht.

F: *Wie meinen Sie das?*

A: Man ist einfach nicht mehr unbefangen. Das ist, als sei man von all den Männern, mit denen es nicht geklappt hat, ausgelaugt.

Lauter vergeudete Energie. Und dann bleibt nichts übrig, nur Erschöpfung.

F: *Warum ist das so?*
A: Schon der Gedanke daran macht mich platt.

F: *Wenn Sie es noch einmal versuchen oder daran denken, es noch einmal zu versuchen, was genau macht Sie daran so erschöpft?*
A: Ich glaube, ich sehe einen langen Kampf mit null Gewinn am Ende.

F: *Warum sieht das für Sie so aus?*
A: Weil es immer so gewesen ist.

F: *Warum glauben Sie, wenn es immer so gewesen ist, dann wird es auch immer so bleiben?*
A: Na ja, vielleicht muss es kein Kampf sein. Ich sehe es wohl auch so, um mich selbst zu schützen.

F: *Wovor?*
A: Wieder da hineingezogen zu werden. Davor, Zeit und Energie an irgendeinen Blödmann zu vergeuden, anstatt einen wirklich sanften, angenehmen Mann zu finden, der mich liebt.

F: *WAS FÜRCHTEN SIE, WÜRDE PASSIEREN, WENN SIE ES NICHT ALS KAMPF ANSEHEN WÜRDEN?*
A: Ich könnte mich zu schnell einlassen, zu locker. Ich würde mich wieder an einen Kandidaten binden, der für ein glückliches Zuhause nicht taugt.

F: *Meinen Sie, dass Sie es sich als einen Kampf vorstellen, damit Sie beim nächsten Mal sorgfältiger Ihre Wahl treffen?*
A: Ja. Ist das nicht albern? Mir war das vorher nie richtig klar. Ich glaube, ich könnte jetzt auch ohne diese Vorstellung sorgfältig wählen. (lächelt) Ich glaube, manchmal sehe ich es aber auch als Kampf, damit ich so schlau bin, es nicht noch mal zu versuchen. Hände weg.

F: *Warum würden Sie das tun?*

A: Das ist nicht wirklich, was ich möchte. Ich nehme an, das ist meine Form von Selbstschutz, damit ich mich nicht wieder einlasse und dabei verletzt werde.

F: *WARUM GLAUBEN SIE, DASS SIE VERLETZT WERDEN WÜRDEN?*

A: Ich sehe plötzlich, dass ich das nicht mehr glaube. Wahrscheinlich trägt meine Anspannung sogar dazu bei, dass es passieren würde.

F: *Was wünschen Sie sich?*

A: Es wieder zu versuchen – schau an, schau an! Ich hab's gesagt und ich meine es auch. Dieses Mal möchte ich eine einfache, gesunde und liebevolle Beziehung.

F: *Glauben Sie auf irgendeine Art immer noch, Sie müssten unglücklich sein, um bei der Wahl Ihrer Beziehungen gut auf sich zu achten?*

A: Nein... auf keinen Fall. Unglücklich oder nicht – ich habe immer versucht, das Beste zu wählen. Dafür muss ich nicht erst unglücklich sein. (lacht) Ich kann mir vorstellen, dass ich auch viel mehr Energie zur Verfügung habe, wenn ich mich nicht ständig selbst prügele. Ich wäre einfach ich selbst. Können Sie sich vorstellen, wie wunderbar das klingt? Einfach ich selbst sein...

6
Schuldgefühle ade!

Die Sonne tauchte das Zimmer in ein fast überirdisches Leuchten. Er saß teilnahmslos auf der Couch und schaute ihren endlos langsamen Bewegungen zu. Jede Geste schien ihr unglaublich große Mühe zu machen. Ihre Mundwinkel waren vom Alter rissig. Wenn sie den Mund bewegte, blieb die zerfurchte Haut starr. Doch beim Sprechen leuchteten die tief liegenden Augen in ihrem noch immer attraktiven Gesicht. Dies war ein froher Morgen für sie, – jeder Morgen in Gegenwart eines der Enkelkinder war volle Freude.

Sie, die sich einst aktiv an ihrer Umwelt beteiligt hatte, wurde durch die Arthritis in die passive Rolle einer Beobachterin gezwungen, die Neuigkeiten in Empfang nahm anstatt selbst welche in die Welt zu setzen. Tatsächlich fand sie es schwierig, ihre Tage und Wochen anderen gegenüber als interessant darzustellen, deren Leben sie sich voll mit wichtigen Pläne und Aktivitäten vorstellte. Für sie selbst hatten nun die kleinen Dinge große Bedeutung erlangt – ein Buch mit ermutigenden Gedichten, ein amüsantes Fernsehprogramm, der kleine Hund, der ihr ständiger Begleiter war, das überraschende Lächeln eines Kindes oder die Stimme ihrer Tochter aus dem Hörer des Telefons. Jedes dieser kleinen Ereignisse war ein Geschenk.

Irgendwie wusste er, ahnte er all das, als er der Frau gegenübersaß. Er war es gewohnt, sie wie von ferne zu sehen, aus einem Abstand, der von seinen eigenen ungeklärten Fragen geschaffen wurde. Er fragte sich, ob er selbst so lange leben wollte, besonders wenn er krank oder behindert wäre.

Mit diesen Besuchen versuchte er, eine Verpflichtung zu erfüllen, mehr um seine insistierende Mutter zu beruhigen als aus echtem Interesse an seiner Großmutter. Seit seinem letzten Besuch waren fast drei Monate vergangen, und während der ganzen Zeit hatten seine Eltern ihn beschuldigt, unsensibel, rücksichtslos und kalt zu sein. Besonders das Wort „kalt" brachte eine tiefe Unruhe in ihm zum Schwingen und überflutete ihn mit Schuldgefühlen. Er wollte die Menschen, die ihn liebten, nicht undankbar und cool behandeln. Je unwohler er sich fühlte, desto mehr zwang er sich dazu, seine Großmutter zu besuchen. Er wusste zwar, dass er diese sanftmütige Dame liebte und respektierte, doch seine Schuldgefühle und Unsicherheit waren stärker.

Obwohl er ihr gegenübersaß, war er von seinen inneren Widersprüchen so abgelenkt, dass er keinen Kontakt spürte. Er sah, wie sie ihren Tee trank und ihm zulächelte, und auch er begann unwillkürlich zu lächeln. Einen Augenblick lang fühlte er sich von jenen alten, warmen, sehr warmen Gefühlen gestreichelt, doch mit seiner Aufmerksamkeit war er anderswo. Ihre Worte trafen auf taube Ohren. Er schwebte in einem Tagtraum, in dem er sich die Wildwasserfahrt mit seinem Kanu ausmalte, die er am Wochenende unternehmen wollte. Er sah das schmale, elegante Boot durch aufgewühltes Wasser und über glatte Felsen schneiden. Die gleiche Empfindung, aus dem Gleichgewicht zu sein, die er von seinen Flussfahrten erinnerte, befiel ihn auch hier.

Er schreckte auf, als die Hand der Großmutter ihm sanft auf die Schulter klopfte. Seine Fantasie fand ein jähes Ende. Die alte Frau nickte in einem Rhythmus, der durch sein Gleichmaß und seine Präzision an ein Pendel denken ließ. Sie lächelte, als sie vorschlug, dass er vielleicht irgendwohin gehen wollte. Dabei war sie voller Leichtigkeit und Verständnis.

Sofort zuckte er zusammen. Er fühlte sich bloßgestellt, durchschaut und nahm an, dass sie seine geheimen Gedanken erkannte. Sein Mangel an Interesse war unübersehbar. Er fühlte sich peinlich berührt und verlegen, das steigerte seine Schuldgefühle noch. Er konnte seinen Mangel an Feingefühl selbst nicht glauben. Lächerlich – da saß sie nur zwei Meter entfernt und er hatte ihr Gespräch mit ihm völlig ignoriert.

Wäre sie ärgerlich oder vorwurfsvoll gewesen, hätte er schnell eine Verteidigungshaltung angenommen: Er war müde, die letzte Nacht war lang gewesen – er hätte zahllose Entschuldigungen finden können. Doch ihr freundlich-weicher Blick und ihr geduldiges Verständnis entmutigten ihn vollends. Er warf sich vor, aufmerksamer sein zu sollen, kontaktfreudiger, denn was blieb ihr noch außer diesen seltenen Begegnungen? Und doch war er zugleich verärgert, dass er sich so verpflichtet fühlte.

Je unwohler er sich fühlte, desto weniger konnte er sich auf ihre Worte konzentrieren. Selbst ihr Lächeln verunsicherte ihn. Schließlich wurden seine Schuldgefühle so unerträglich, dass er sich zum Gehen entschloss. Er schob eine Verabredung vor, die offensichtlich erfunden war. Trotzdem bestand sie darauf, dass sie ihn verstehe und küsste ihn liebevoll auf die Wange.

Während er auf den Fahrstuhl wartete, verstärkte sich das ungute Gefühl noch, denn er schätzte diese Frau wirklich, die hier alleine und fast eingesperrt in einer kalten Hochhauswelt aus Beton lebte. Doch irgendwie spürte er, dass seine positiven Gefühle unter dem Schutt seiner Schuld vergraben lagen und er mit seinem Unbehagen ein Ereignis, welches früher von Spaß, Austausch und Herzlichkeit bestimmt gewesen war, völlig verdorben hatte. Er wandte sich zum Abschied noch einmal unbeholfen zurück und verschwand dann schüchtern und verlegen im Fahrstuhl.

Ein anderer Tag. Eine andere Stadt. Ein anderer Optionsschüler, diesmal der junge Geschäftsführer einer Textilfirma, der den Entschluss gefasst hatte, mit seiner Sekretärin nach der Bürozeit noch einige Schriftsachen durchzusehen und zum Abschluss zu bringen. Robert wusste, sein Hauptmotiv war nicht die Arbeit, aber er beharrte bei sich darauf, dass er keinesfalls an das dachte, woran er dachte. Die Arbeit, so sagte er sich, ist doch ein hervorragender Grund, um später nach Haus zu kommen. Diese Entschuldigung hatte er ganz unschuldig sowohl sich selbst als auch der Frau, mit der er zusammenlebte, präsentiert. Nach einer halben Stunde war das Büro völlig verlassen – bis auf die beiden Super-Erfolgstypen. Robert schlug vor, in seinem Büro zu arbeiten, wo sie es sich bequemer machen konnten. Nachdem er die Tür sorgfältig verschlossen hatte, begann er sein Diktat mit kleinen Berührungen zu würzen und ihren Körper leicht zu streifen. Sie schrieb währenddessen weiter, seinen Avancen offensichtlich nicht abgeneigt.

Minuten später waren die beiden auf dem Boden zwischen Aktenschränken gelandet. Der Stift und der Schreibblock lagen auf dem dichten Veloursteppich, direkt neben ihren Körpern. Nachdem ihre Begegnung beendet war, verließen sie Hand in Hand das Büro. In der Eingangshalle verabschiedeten sie sich sachlich und korrekt voneinander. Als Robert auf den Ausgang zuging, stand die Frau, mit der er zusammenlebte, unvermittelt vor ihm. Sichtlich verstört trat sie ihm entgegen, Enttäuschung und Wut in den Augen. Sie erklärte ihm, dass sie vorgehabt hätte, ihn mit einem Besuch in seinem Büro zu überraschen und dass sie daher die gesamte Fußbodenaffaire mitgehört hatte.

Robert fühlte sich ertappt und durchschaut. Er begann, sich zu entschuldigen. „Alles hängt jetzt vom richtigen Vorgehen ab", sagte er sich, „ich muss sie davon überzeugen, dass ich mich deshalb schlecht fühle. Und ich fühle mich schlecht, doch zugleich auch wieder nicht." Die Erregung über sein Abenteuer begann sich infolge seines heftigen Unbehagens zu verflüchtigen. Er erschien sich selbst als jemand, der seiner Liebsten schlimmste Qualen „zugefügt hatte". Von Schuldgefühlen überwältigt sah er plötzlich, dass er etwas ihm sehr Wertvolles in Gefahr gebracht hatte. Und je schlechter er sich fühlte, desto eindringlicher versicherte er sich selbst und seiner Partnerin, dass er so etwas nie wieder tun würde.

Schuld ist ein Gefühl, das ein „guter" Mensch empfindet, wenn er etwas „Schlechtes" getan hat.

Etwas Schlechtes zu tun kann auch bedeuten, nicht das zu tun, was wir unserer Meinung nach hätten tun sollen. Wenn wir auf klassische Art konditioniert wurden, dann fühlen wir uns sofort schlecht, nachdem wir unser Missverhalten erkannt haben. Diese mächtige innere Peitsche besteht aus einem Kontroll- und Gleichgewichtssystem, das uns angeblich dabei helfen soll, uns innerhalb der Regeln zu bewegen.

Da gibt es den Menschen, der seine Affäre bereut und heruntermacht, um sich selbst davon abzuhalten, so etwas jemals wieder zu tun. Es gibt den jungen Mann, der sich für seinen Beitrag an der Schwangerschaft seiner Freundin schuldig fühlt und das ganze Empire State Building kaufen würde, um ihr zu helfen (und seine Schuld zu tilgen).

Der Manager, der aus Sorge über seine schlappe Leistung plötzlich einen Energieschub entwickelt.

Diese Menschen haben Schuldgefühle und handeln entsprechend. Ihr primäres Bestreben steht in direktem Zusammenhang mit ihrer Schuld: *Sie bemühen sich das zu tun, was sie glauben tun zu müssen – oder das nicht zu tun, was sie glauben nicht tun zu dürfen.* Genau wie andere unglückliche Gefühle auch wird das Schuldgefühl dazu benutzt, Motivation zu erzeugen oder zu verhindern.

Wenn ich mich schuldig fühle, weil ich einem Freund nicht geholfen habe oder auf meinen Partner wütend war, dann drücke ich damit aus, dass ich nur bereit bin, mein Fehlverhalten zu korrigieren, wenn ich zuvor unglücklich werde – unglücklich über das, was ich „hätte tun sollen" oder „nicht hätte tun dürfen". Der seelische Schmerz, den ich mir damit selbst auferlege, soll als Abschreckung oder Ansporn dienen. Hier taucht wieder einmal das Wort „sollen" auf. Wenn ich glaube, dass ich mich auf eine bestimmte Art verhalten sollte, dann steckt darin eine Erwartung (ich muss immer bereit sein, meinen Freunden zu helfen oder ich muss meinen Partner immer liebevoll behandeln). Dieses „Sollen" wird dann durch die Schuldgefühle noch vertieft und zementiert.

Des Weiteren verfolgen wir mit unseren Schuldgefühlen Ziele, die wohlangesehen und akzeptiert sind: *Mit meinen Schuldgefühlen beweise ich mir und anderen meine „Menschlichkeit"* und fühle mich zu passender Gelegenheit schlecht, damit ich mich später gut fühlen kann. So leiste ich meinen Beitrag. Wir sind auch viel leichter bereit, einem zerknirschten Übeltäter zu verzeihen als jemandem, der keine Reue zeigt, denn wir glauben, dass einer, der sich einer Missetat schuldig fühlt, diese nie mehr begehen wird.

Dabei geht es um viel mehr als nur darum, Verantwortung zu übernehmen. Es hat damit zu tun, dass ich meine Handlungen als schlecht darstelle (beurteile) und mich mit innerer und äußerlich zur Schau getragener Angst quäle. Das entspricht einer Form von Buße, selbst-auferlegt und selbst durchgeführt, in der die unglücklichen Gefühle eine reinigende und läuternde Funktion erfüllen sollen. Obwohl wir sie oft in der Hoffnung auf Vergebung zur Schau stellen, erleiden wir unsere Schuldgefühle häufig auch still und heimlich. Dann versuchen wir, unseren schärfsten Kritiker zu besänftigen – uns selbst.

An dritter Stelle benutzen wir unsere Schuldgefühle als *Drohung,* damit wir unsere offensichtlichen und verborgenen Versprechen erfüllen. Anstatt den Wunsch zu haben, in einer Liebesbeziehung oder bei der Arbeit, einer Ehe oder einem Wettbewerb erfolgreich zu sein, machen wir ein Bedürfnis daraus, indem wir ein Versprechen herstellen. Ich verspreche, dass ich viel Geld verdienen werde. Ich verspreche, dich glücklicher zu machen und zartfühlend zu sein. Ich verspreche, ein Super-Ehemann und Vater zu sein. Ich verspreche, dich für immer und ewig zu lieben. Diese Versprechen enthalten die Verpflichtung zur Leistung, ganz gleich ob wir sie anderen machen oder uns selbst. Wir haben auch unsere „Nicht"-Versprechen. Ich verspreche, nicht untreu zu sein. Ich verspreche, nicht zu stehlen oder zu betrügen. Ich verspreche, nicht zu lügen.

Warum mache ich Versprechen? Letzten Endes sind sie ein Motivationswerkzeug. Meine Betroffenheit wird verstärkt, mein Engagement angefacht und eine Verpflichtung wird erschaffen. Ich sage mir selbst und anderen, dass ich diese oder jene Sache tun muss, weil ich sonst unglücklich sein werde.

Wenn ich das, was ich versprochen habe, nicht einhalte, fühle ich mich verantwortlich und schuldig, denn ich habe mein Versprechen „gebrochen". Ich gebe mir so zu verstehen, dass ich versagt habe und bestrafe mich zugleich, damit ich das nie wieder tue. Hier haben wir auch ein Beispiel dafür, wie *ich mich selbst bestrafe,* – als ob ich glaubte, ich würde nicht tun was ich will, – es sei denn, ich verspreche, dass... Und im Hintergrund drohen ständig die Schuldgefühle.

Der Glaube, ich sei für das Glück eines anderen Menschen verantwortlich, gehört zu den schwerwiegendsten Auslösern für Schuldgefühle. Wenn jemand unglücklich oder verstimmt ist, weil ich nicht das Richtige getan oder geleistet habe, glaube ich oft, dass ich für seine unglücklichen Gefühle verantwortlich bin, dass ich sie „verschuldet" oder „gemacht" habe. Wenn aber jeder von uns in Übereinstimmung mit seinen Überzeugungen sein eigenes Glück oder Unglück erschafft, dann kann ich für die Enttäuschung oder Verzweiflung eines anderen nicht die Verantwortung übernehmen. Der Zorn oder die Traurigkeit eines anderen gehören zu ihm. Er hat seine eigenen Gründe dafür, sie zu wählen. Wenn das Beste, was ich in einem gegebenen Moment für ihn tun kann, nicht reicht oder seinen Erwartungen nicht entspricht, dann hat das mit seinen eigenen Urteilen und Zielen zu tun. Wenn eine Junge schlechte Noten nach Hause bringt, ist er nicht verantwortlich für den Ärger der schimpfenden Eltern. Mit ihrer Unzufriedenheit meinen sie nicht wirklich den Sohn, sondern sich selbst und ihre eigenen Enttäuschungen.

Es ist beeindruckend, dass Schuldgefühle sich nicht auf einen bestimmten Bereich oder Gegenstand beschränken. Ich kann mich für alles schuldig fühlen: zu viel oder zu wenig Sex, Liebe, Geld, Ehe, Geschäfte, Untreue, soziale Ungerechtigkeit und so weiter.

Ja, Schuldgefühle können einen leicht zu Fall bringen. Wenn ich mich ständig selbst verletze und quäle, bringt das ziemlich störende Nebenwirkungen mit sich. Meine Schuldgefühle führen dazu, dass ich mich gezwungen fühle, „dieses" oder „jenes" zu tun, um zu büßen und meine mulmigen Gefühle zu vermeiden. Und obwohl ich meine Handlungen vielleicht wirklich ändern möchte, wehre ich mich zugleich dagegen, gedrängt zu werden – dabei bin ich selber derjenige, der mich drängt.

In extremeren Fällen wird mich mein Schuldgefühl genau von den Dingen abhalten, die ich mir wünsche. Habe ich mich einem Freund gegenüber ruppig und kurz angebunden gezeigt, dann fühle ich mich vielleicht schuldig, damit ich es nicht wieder tue. In Wirklichkeit möchte ich warm und herzlich sein. Doch in dem Maße wie meine Verlegenheit und meine schmerzlichen Schuldgefühle anwachsen, werde ich es vermeiden, ihm zu begegnen. Und je seltener ich ihn sehe, desto seltener habe ich die Möglichkeit, ihm mein warmes und herzliches Verhalten zu zeigen, um das es mir doch eigentlich ging. Meine Absicht hat sich gegen mich gewandt.

So sieht das Hin und Her meiner Verdrossenheit aus. Mein eigentliches Ziel war es, die Schuldgefühle oder eine Drohung von Schuld dafür zu nutzen, meine Wünsche zu intensivieren – damit ich mich mehr anstrengen würde. Doch die Ironie des Ganzen ist, dass ich damit, mich mit meiner Selbstverurteilung unter Druck zu setzen, um keine Fehler zu machen, meist genau das Gegenteil erreiche. Ich unterdrücke den ursprünglichen Wunsch, indem ich mich unter Anspannung setze und damit meine freie Bewegung behindere.

Woher dieser Kurzschluss? Mit Schuldgefühlen entferne ich mich von dem, was ich mir wirklich wünsche, anstatt mich eindeutig darauf zu zu bewegen. *Das ist ein negative Bewegung weg vom Schmerz.*

Ich sorge mich, dass ich all die bösen Dinge tun würde oder die guten Dinge nicht tun würde, wenn ich keine Schuldgefühle hätte. Die Schlussfolgerung ist dramatisch: ich drücke damit letztendlich aus, dass ich mir selbst nicht über den Weg traue. Ich habe den Verdacht, dass ich vorsätzlich gegen mich selbst handeln und mir selbst schaden würde. Also fühle ich mich schuldig, damit ich mich zurückhalte. Schon sind wir bei einer Grundüberzeugung angelangt: Wenn ich mir selber schaden würde, dann muss etwas mit mir nicht stimmen.

Gibt es eine Alternative? Ja. Ich kann meine Überzeugungen zum Thema Schuld genau wie alle anderen unglücklichen Gefühle unter die Lupe nehmen. Wenn ich merke, dass ich mich schuldig fühle, kann ich mich fragen: Warum fühle ich mich schuldig? Und welcher Glaube führt in diesem Moment zu meinen Schuldgefühlen? Wenn ich meine Überzeugungen auf diese Art durchforste, kann ich das „Warum" meiner Gefühle entlarven. Darin liegt die Chance, die darunter liegende Überzeugung zu ändern oder abzulegen.

Wenn ich mir etwas wünschen könnte, ohne bedürftig zu sein oder Versprechen einzugehen, dann könnte ich mir so ziemlich alles wünschen, was mein Herz begehrt. *Wenn mein Glück nicht davon abhinge, dass meine Wünsche erfüllt werden, dann könnte ich mich um alles bemühen, was ich mir wünsche, ohne Angst und ohne Sorge.* Ja, ich würde meine Wünsche mit viel größerer Klarheit und Zielgerichtetheit verfolgen, ohne dass ich mich gleichzeitig mit meinen Ängsten und Sorgen herumschlagen müsste.

Dadurch, dass ich nichts mehr als „schlecht" verurteile und mir mit Versprechungen keinen Druck mehr mache, verlieren die Schuldgefühle ihre Bedeutung und ihre Macht. Wenn ich nie gesagt habe: „ich musste" und kein Problem damit habe, etwas nicht zu erfüllen, dann brauche ich mir über die Resultate meiner Handlungen keine Gedanken mehr zu machen. Ich könnte es einfach nur versuchen. Wenn etwas danebengeht, könnte ich das annehmen und mich davon motivieren lassen, es beim nächsten Mal besser zu machen.

Wenn ich weiß, dass ich für mich selbst und andere nicht schädlich bin, dann brauche ich mich nicht schuldig zu fühlen. Ich handle so gut, wie ich es im Rahmen meiner derzeitigen Überzeugungen kann. Die Resultate meiner Handlungen sind Lehren, keine Verurteilungen. Und die Lehren, die ich aus fehlgeschlagenen Handlungen ziehe, können mir zeigen, was ich wirklich für mich wünsche. Der Kontakt mit einer solchen Bewusstheit führt dazu, dass Schuldgefühle unnötig werden und abgelegt werden können.

Ganz gleich, was jemand anderer für die „passende" schuldige Reaktion ansieht – wir könnten erfahren, dass wir unser Menschsein nicht mit unglücklichen Gefühlen, sondern mit Liebe und Fürsorge feiern.

DIE „DENK"-SEITE
Schuldgefühle ade!

FRAGEN, DIE SIE SICH SELBST STELLEN KÖNNEN:

Fühlen Sie sich oft schuldig wegen Ihrer Gedanken und Handlungen?

Wenn Sie sich schuldig fühlen, erzählen Sie dann anderen, wie Sie sich fühlen? Wenn ja, warum?

Sie haben etwas getan, was Sie für falsch halten. Glauben Sie jetzt, Sie müssten sich schuldig fühlen, damit Sie es nie wieder tun?

Erwarten Sie, dass andere sich „schlecht" fühlen müssten, wenn sie das, was sie versprochen haben, nicht erfüllt haben?

Machen Sie Versprechungen? Wenn ja, warum? Was glauben Sie, könnte Schlimmes passieren, wenn Sie keine Versprechungen mehr machen würden?

OPTIONSKONZEPTE, DIE SIE ERWÄGEN KÖNNTEN:

SCHULD IST NEGATIVITÄT, DIE DAFÜR EINGESETZT WIRD, ZU MOTIVIEREN, ZU BREMSEN UND SCHULDEN AB-ZUZAHLEN.

WENN WIR UNS SELBST NICHT VERTRAUEN, STELLT SICH DAS OFT DURCH SCHULDGEFÜHLE DAR.

MIT EINEM VERSPRECHEN GARANTIEREN WIR, DASS WIR ETWAS TUN, VON DEM WIR NICHT SICHER SIND, OB WIR ES WIRKLICH TUN WOLLEN ODER TUN WERDEN.

WENN UNSER GLÜCK NICHT DAVON ABHINGE, DASS WIR ETWAS BEKOMMEN, WÜRDEN WIR ALLES, WAS WIR UNS WÜNSCHEN, OHNE ANGST VERFOLGEN.

DIE RESULTATE UNSERER HANDLUNGEN SIND LEHREN, KEINE VERURTEILUNGEN.

UNSER MENSCHSEIN KÖNNEN WIR MIT UNSERER LIEBE
UND FÜRSORGE FEIERN.

ÜBERZEUGUNGEN, DIE SIE VIELLEICHT ABLEGEN MÖCHTEN:

Schuldgefühle werden von „guten" Menschen empfunden, wenn sie
etwas „Schlechtes" getan haben.

Schuld muss sein, damit die Menschen ehrlich bleiben.

Wenn ich mich nicht schuldig fühle, dann werde ich es wieder tun.

Die einzige Art, wie ich jemandem vertrauen kann, ist es, ihm ein Versprechen abzunehmen.

Wenn ich jemanden enttäusche, bin ich für seine unglücklichen
Gefühle verantwortlich.

DER SECHSTE DIALOG

Frage: WORÜBER BIST DU UNGLÜCKLICH?
Antwort: Über das, was ich getan habe.

F: *Was hast du getan?*
A: Als mein Mann Tom auf einer Tagung war, kam Gary auf einen
Sprung vorbei. Er wusste nicht, dass Tom nicht zu Hause war. Eigentlich war er gekommen, um Tom zu besuchen. Du weißt sicher
wie das ist – gute Freunde brauchen sich nicht speziell zu verabre-
den. Nun war ich also da, alleine, ohne Pflichten, und er hatte
sich den Abend freigehalten, um ihn mit Tom und mir zu verbringen. Also...also, also schlug ich vor, er solle doch bleiben. Das war
ja noch harmlos. Vielleicht waren die Drinks schuld.

F: *Die Drinks?*

A: Ja, ich servierte uns beiden einen Sherry, und dann führte ein Glas zum anderen. Dann ist es wohl einfach passiert. Ich meine, wir hatten es nicht geplant oder so. Ich bin mir nicht einmal sicher, dass ich es wirklich wollte. Ich kann's einfach nicht glauben, dass ich so was tun würde...das passt doch gar nicht zu mir. Ich fühle mich so ordinär.

F: *Was meinst du mit „ordinär"?*
A: Mein Mann rackert sich da draußen ab und ich liege mit einem anderen im Bett...und nicht nur mit einem anderen, nein, mit einem guten Freund. Hört sich an wie eine billige Seifenoper (weint). Aber weißt du, es ist keine Seifenoper, nein, ich bin's selbst gewesen.

F: *WAS DARAN MACHT DICH SO UNGLÜCKLICH?*
A: Dass ich abgerutscht bin. Dass ich die Kontrolle verloren habe.

F: *WARUM IST DAS SO BEUNRUHIGEND?*
A: Ich nehme an, da kann man mal sehen, was passiert, wenn ich einfach loslasse, wenn ich die Dinge auf mich zukommen lasse: Dann bin ich furchtbar. Ich bin nicht die typische gefrustete Ehefrau, die einen Bettgefährten sucht. Ich habe wirklich eine verhältnismäßig gute Beziehung mit meinem Mann. Sie ist nicht perfekt, aber das ist noch kein Grund, Tom hinter seinem Rücken zu betrügen. (schluchzt leise vor sich hin) Ich meine, für nichts als eine lausige Nacht vor über drei Monaten zahle ich immer noch den Preis.

F: *Wie meinst du das?*
A: Ich meine damit, dass ich mich schrecklich fühle. Ich mag mich selbst nicht mehr leiden. Wenn ich es nur ungeschehen machen könnte...

F: *Warum?*
A: Weil ich es niemals hätte tun sollen. Ich hatte nie die Absicht, meinen Mann zu betrügen, und ich will mit Sicherheit kein Leben, das auf Lügen basiert.

F: *Ich verstehe, dass du das jetzt nicht willst, aber warum fühlst du dich so schlecht über etwas, was vor drei Monaten passiert ist?*

A: Warum ich mich schlecht fühle über das, was ich getan habe? (lange Pause) Wenn du etwas falsch gemacht hast, fühlst du dich einfach schlecht.

F: *Möglich...aber warum fühlst DU dich „einfach" schlecht?*

A: (lächelt) Weißt du, das kann ich dir nicht genau sagen. Hört sich wahrscheinlich komisch an. Ich wollte sagen, es passiert von selbst, aber das kommt mir nicht richtig vor. Ich nehme an, wenn ich sage, dass ich mich schlecht fühle, könnte ich auch sagen, dass ich mich schuldig fühle.

F: *Okay, gut. Wenn du deine Gefühle als Schuld bezeichnest – warum fühlst du dich schuldig?*

A: Warum? Würde sich nicht jede ein wenig schuldig fühlen, die ihren Mann betrogen hat und immerhin mit einem Freund der Familie ins Bett gegangen ist?

F: *Kann sein, aber jeder von uns hat seine eigenen Gründe, sich schuldig zu fühlen. Was sind deine?*

A: Nun, ich sehe das als einen Vertrauensbruch an. Hätten Tom und ich uns entschieden, eine offene Ehe zu führen, in der sich jeder von uns auch mal ohne den anderen vergnügt, dann wäre das was anderes. Wofür ich mich schuldig fühle, ist die Heimlichtuerei.

F: *Wie meinst du das?*

A: Ich glaube, ich würde mich besser fühlen, wenn er Bescheid wüsste. Alles wäre offen und sichtbar. Irgendwie habe ich genau davor auch die meiste Angst. Ich weiß nicht, wie er reagieren würde, besonders, da es sich bei dem Mann um Gary handelt. Mist, ich weiß nicht, warum ich mich da hineinmanövriert habe. Ich war so unglaublich bescheuert. Zuerst hab ich Gary die Schuld gegeben; aber er hat mich ja nicht ins Schlafzimmer gezerrt. Wir sind miteinander reingegangen, zwei sehr einverstande Erwachsene, Hand in Hand. Warum zum Teufel habe ich es getan? Ich bin wütend auf mich selbst.

F: *WARUM BIST DU WÜTEND AUF DICH SELBST?*

A: Ich hätte es nicht tun sollen; es sagt etwas über meinen Charakter aus. Ich würde nie wollen, dass Tom das Gleiche tut. Alles ist verdreht. Hauptsächlich bin ich unglücklich und fühle mich so schuldig, dass ich das überhaupt getan habe.

F: *WAS FÜRCHTEST DU, WÜRDE PASSIEREN, WENN DU DICH ÜBER DIE AFFÄRE NICHT SCHULDIG FÜHLEN WÜRDEST?*

A: Dass ich es immer wieder tun würde (erschreckter Ausdruck). Hey, habe ich das gesagt? Es war mir vorher nie klar, dass ich das glaube.

F: *Willst du sagen, dass du dich mit deinen Schuldgefühlen daran hinderst, weitere Affären zu beginnen?*

A: Ja, das ist genau, was ich meine. Wenn ich kein schlechtes Gewissen hätte, würde ich es wieder tun…oder etwa nicht?

F: *Nun, vielleicht können wir uns das mal genauer ansehen. Willst du denn eine weitere Affäre haben?*

A: Nein, wirklich und ehrlich nein.

F: *GLAUBST DU, DASS DU EINE HABEN WÜRDEST, WENN DU DICH NICHT UNGLÜCKLICH UND SCHULDIG FÜHL-TEST?*

A: Wenn ich drüber nachdenke, macht es überhaupt keinen Sinn. Selbst wenn ich mich nicht schuldig fühlte, weiß ich, dass ich mit keinem anderen ins Bett gehen will, nur mit Tom. Das scheint mir jetzt so klar. Ich hatte wohl Angst davor, dass ein Mangel an Schuldgefühlen bedeuten könnte, ich wäre bereit, das Erlebnis jederzeit zu wiederholen oder geschehen zu lassen (lächelt). Das ist schön. Ich sehe, warum ich mich so schuldig gefühlt habe. Aber…aber ist es nicht ganz normal, sich schlecht zu fühlen, wenn man etwas Unrechtes getan hat?

F: *Was glaubst du?*

A: Ich weiß es nicht mehr. Ich nehme an, dass ich denke, ohne Schuldgefühle wäre ich gleichgültig, wäre mir alles egal.

F: *WARUM GLAUBST DU DAS?*
A: Weil...vielleicht einfach nur, weil ich das so gelernt habe. Wenn du etwas Falsches oder Böses tust, musst du dich schuldig fühlen.

F: *Warum?*
A: Das hab ich doch beantwortet – es wird halt erwartet.

F: *Klar, aber warum wird es erwartet, dass du dich schlecht fühlst, wenn du etwas „Falsches" tust?*
A: Wohl, um dich selbst zu bestrafen. Als Sühne. Das ist ein verrückter Lernprozess, auf den ich mich jahrelang eingelassen habe.

F: *Brauchst du es, dich zur Strafe schlecht oder böse zu fühlen, damit du etwas lernst?*
A: Nein. Natürlich nicht, das kann ich jetzt sehen. Merkwürdig, ich fühle mich nun überhaupt nicht mehr schuldig. Zum ersten Mal in drei Monaten sehe ich alles ganz klar. Ich will nicht aus meiner Ehe ausbrechen und ich habe auch keine Angst mehr, dass ich das tun könnte. Vorher habe ich mich so schuldig gefühlt, dass ich nicht mal mehr wusste, was ich eigentlich wollte. Ich hab' mich einfach nur selbst geprügelt.

F: *Und jetzt?*
A: Also, ich kann mich schuldig fühlen oder nicht, aber das ändert nichts daran, was ich getan habe. Ich glaube, mit meinem Selbsthass habe ich versucht, mich zu rechtfertigen. Du kennst ja die alte Geschichte: Zahle für deine Sünden, und alles ist vergeben.

F: *WAS MÖCHTEST DU?*
A: (sichtbar in Gedanken versunken...nach ein paar Minuten immer noch keine Antwort)

F: *Was fühlst du jetzt?*
A: Weißt du, was mir durch den Kopf schoss? Ich dachte, ich würde Tom gerne alles erzählen, aber ich konnte keinen Grund finden, so sehr ich auch suchte. Außerdem dachte ich, wenn ich nicht in

Tränen ausbrechen, nicht völlig aufgelöst und verschreckt sein würde, dann denkt er bestimmt, ich sei ein furchtbarer Mensch.

F: *Was meinst du damit?*

A: Dass ich ihm gerne die Wahrheit sagen würde, aber ich habe Angst, er wird sie nicht annehmen, wenn ich nicht völlig zerknirscht und schuldbewusst bin. Schau, ich will mit so einer Geschichte auf keinen Fall meine Ehe zerstören.

F: *Glaubst du, das würde passieren?*

A: Nein. (lächelt) Durch diese ganze Sache hat sich nur bestätigt, was ich eigentlich will: meinen Mann. In meiner Ehe gibt es sicher einige Probleme, besonders Kommunikationsprobleme. Vielleicht musste deshalb all das passieren – um die Dinge ans Tageslicht zu bringen. Ohne Schuld fühle ich mich viel freier, wirklich einmal zu versuchen, alles zu verstehen. Vorher hatte ich wohl zu viel Angst.

F: *Was möchtest du?*

A: Mich gut fühlen. Und das tue ich gerade, zum ersten Mal seit drei Monaten. Mir kam nie die Idee, dass ich mich nicht schuldig zu fühlen brauche, ja, dass ich selbst diejenige bin, die meine Schuld erzeugt. Merkwürdig, wie automatisch meine Reaktion da war.

F: *Und jetzt?*

A: Ich kann sehen, wie ich die Schuld benutzt habe. Ich denke, ich kann mich gut mit mir selbst fühlen und eine liebevolle, fürsorgliche Ehefrau sein, ohne mich zu bestrafen. Komisch...jetzt, wo ich mich für das, was ich getan habe, nicht mehr schuldig fühle, kann ich es mir viel besser ansehen.

7
Selbstvertrauen

Die junge Frau stand wie festgewurzelt auf den ausgetretenen Stufen ihres Wohnhauses. Dunstige Sonnenstrahlen fanden zwischen zwei gesichtslosen Glasfassaden ihren Weg und streichelten das rotbraune Haar, das über ihre Schultern fiel. Erregung füllte ihren Körper, als sie ihre eigene Weiblichkeit spürte; sie war gerade blühende neunzehn Jahre alt geworden. In ihren abgetragenen Jeans und der geflickten Lederjacke sah sie lässig und zugleich gut gekleidet aus. Drei, vier Minuten vergingen. Gedankenverloren stand sie da, ohne sich zu bewegen, wie in Stein gehauen, wie auf den Treppenstufen fest zementiert.

Langsam überblickte sie die schlafende Straße, fühlte und bemerkte die Frische dieses seltenen Wochenend-Morgens. Sanfte Musik. Bewegung mit langsamen Schritten. Ihr erster Impuls war, diesen lässigen Sonntag damit zu verbringen, die Stadt zu genießen. Eigentlich hatte sie vorgehabt, den Tag mit ihren Eltern zu verbringen, die sie seit über einem Monat nicht besucht hatte. Doch sie hatte den Plan gefasst, ohne in Betracht zu ziehen, dass dieser Tag nach einer Serie von Regentagen so warm und klar sein könnte. Unsicher und gespalten fragte sie sich, ob sie zu ihren Eltern fahren sollte oder nicht. Wollte sie wirklich zu ihnen? Wollte sie die Schönheit dieses Tages einer zweistündigen Fahrt in hässlichen und engen U-Bahnen und Bussen opfern und dabei auch noch riskieren, dass die Begegnung mit den Eltern total unangenehm verlief? Sie rieb ihre Handflächen mit den Fingern während sie die Ausstrahlung der großstädtischen Straße auf sich wirken ließ. Sie entschied, sich nicht zu entscheiden, bevor sie nicht eine Weile gegangen war.

An der dreizehnten Straße ging sie um die Ecke, auf den Weg zum Park. Sogar die Gebäude, die mit ihren schweren Schatten über dem Gehweg zu hängen schienen, strömten Lebendigkeit aus. Ein alter Mann, der seinen kleinen Hund spazieren führte, lächelte sie lüstern an. Sie lachte. Zwei kleine Kinder hüpften Händchen haltend an ihr vorbei. Sie wuschelte den Kopf des einen Mädchens.

„Was für ein herrlicher Tag," dachte sie bei sich. Solch ein Kontrast zu den Graffitti in kalten U-Bahn-Wagen, die in ihrer Tunnelwelt ruckelten und quietschten. In ihrer Fantasie hörte sie sogar die Fragen ihrer Mutter, hin- und hergeworfen wie Echos: „Warum lernen wir nie diesen jungen Mann kennen, mit dem du zusammenlebst?" „ Warum besuchst du uns nicht öfter?" „Du bist so dünn. Und dann immer diese Jeanshosen. Solch ein hübsches Mädchen – kannst du nicht mehr auf dich achten?" Mit ihrem eigenen lauten Rhythmus lenkten diese störenden Vorstellungen sie ab. Sie schüttelte ihren Kopf, um die Gedanken abzuwehren. Ein kleiner Junge sprang seilhüpfend an ihr vorbei, doch diesmal übersah sie sein eifriges Lächeln und den quietschlebendigen kleinen Körper.

„Ganz einfach," sagte sie sich, „ich will nicht hinfahren. Aber vielleicht müsste ich es tun." Drei Querstraßen weiter fiel ihr ein, dass ihr Vater neue Pinsel und Leinwände für sie gekauft hatte. Sie wollte die Malutensilien unbedingt haben, aber konnte sie die nicht ein anderes Mal holen? „Warum mache ich das?", dachte sie bei sich, „entweder ich fahre oder ich fahre nicht!" Sie ging auf ein Telefon zu und spürte, wie ihr Ärger anschwoll. „Okay, jetzt relax erstmal," sagte sie zu sich selbst, als sie eine Münze in den Schlitz warf, eine Nummer wählte und wartete. Keine Verbindung. Nein, überhaupt kein Amtszeichen. Sie rüttelte am Gerät und sah dann ein, dass sie ihr Geld verloren hatte, ohne eine Verbindung zu bekommen. „Typisch für diese Stadt," zischte sie. Wieder auf dem Gehweg begann sie, weiterzulaufen. Vielleicht war es ein Zeichen. Aber wofür? An einer Straßenecke hielt sie an, um ihren Verstand leer zu machen – eine Technik, die sie einmal in einem Meditationskurs gelernt hatte. Wieder begann sie, sich die Musik der Stadt einzuverleiben. Ja, ein friedlicher, milder Morgen war das, mit einer Luft- und Lichtqualität, die selten so schön war.

Sie kam an einem Laden für Künstlerbedarf vorbei, und ihr Vater fiel ihr wieder ein. Die Pinsel brauchte sie wirklich dringend und ihre Leinwände waren auch fast alle. Wenn sie jetzt losfuhr, würde sie kurz vor Sonnenuntergang wieder zurück sein. Ihre Spannung stieg fühlbar. „Was ist bloß mit mir los? Nun entscheide dich doch und tu was!" Schweißtropfen brachen auf ihrer Stirne aus, und sie fühlte, wie ihre

Brust sich hob und senkte. Sie betrat den Park und setzte sich auf eine alte Holzbank.

Ein kleiner Junge mit riesigen Sommersprossen, zwei puschelige alte englische Schäferhunde, ein junger Mann, der auf seiner Gitarre spielte, ein schlafendes Baby auf dem Arm seiner Mutter und ein altes Paar, das einem Andrew-Wyeth-Gemälde entstiegen schien – alle waren Teil der endlosen Parade von Menschen, die an ihr vorbeizog. Sie sah nichts. Sie hörte nichts. Sie war in einem inneren Dialog gefangen, in dem sie überlegte, wie sie genug Energie aufbringen könnte, um ihre Eltern zu besuchen. Während die Zeiger ihrer Uhr schrittweise die Minuten abhakten, verwandelte sich ihr lebendiges Pulsieren in Ärger. Fast eine Stunde verging. Immer noch unentschlossen, fühlte sie sich zwischen den zwei Möglichkeiten gefangen. Es schien, als ob sie weder wüsste, was sie tun wollte, noch wie sie es fertig bringen könnte, sich zu entscheiden.

Je tiefer sie in ihrem eigenen Dilemma untertauchte, desto mehr verlor sie die eigentliche Frage aus dem Blick. Warum war sie so unfähig, sich zu entschließen? Warum war sie so wütend? Unglücklich und unruhig saß sie da, in ihrem inneren Niemandsland gefangen, und genoss nun weder den Tag in der Stadt noch den Gedanken an den Besuch bei ihren Eltern und die Materialien, die sie hatte abholen wollen. Verwirrt und frustriert durch ihre Vorstellungen blieb sie den ganzen Tag auf der verwitterten Parkbank sitzen.

Warum die Verwirrung, die Unfähigkeit zu wissen, was sie tun wollte? Als die junge Frau den Besuch als etwas zu sehen begann, was sie tun „müsste", entstand Widerstand in ihr. Sie wehrte sich dagegen, etwas tun zu „sollen" oder zu „müssen", obwohl sie selbst diejenige war, die es verlangte.

Auch all dem, was sie nicht wollte und den möglichen unglücklichen Gefühlen widmete sie viel Aufmerksamkeit (U-Bahn-Fahrt, Busfahrt, Fragen ihrer Mutter), und verlor dabei den Kontakt zu ihren Wünschen (sich selbst und den Tag zu genießen). Anstatt ihrem ersten Impuls zu vertrauen und einen Spaziergang in der Sonne zu machen, bremste sie ihren Schwung durch ungeklärte Fragen. Vielleicht kamen auch weitere Vorstellungen über ihre Fähigkeiten und ihren Selbstwert zum Tragen. Am Ende stand ihre Unfähigkeit, Antworten zu finden, im Zentrum ihrer Aufmerksamkeit. All das hatte mit ihren ursprünglichen Plänen oder Wünschen nichts mehr zu tun.

Wenn ich mir mein eigenes Wünschen anschaue, gibt es viel zu sehen. Lehne ich das ab, was ich mir wünsche, dann glaube ich, dass ich mir etwas anderes wünsche. Oder ich befürchte die Konsequenzen dessen, was ich mir wünsche. Wenn ich es wichtig fände, dünn zu sein oder Angst davor hätte, dick zu werden, würde ich meinen Wunsch zu essen verurteilen.

Die faszinierendste Einsicht ist, dass ich *ständig mein Wünschen beurteile*.

Entweder bin ich damit beschäftigt, Beweise zu suchen, die es mir erlauben, zu tun was ich will, oder ich finde Begründungen, um das was ich will zu unterdrücken. Manchmal fand ich mich, genau wie das Mädchen auf der Parkbank, in meiner eigenen Verwirrung festgefahren. In solchen Momenten waren meine Fragen und Zweifel keine Hilfsmittel, um meinem Wollen zu begegnen, sondern Ausdruck meines Misstrauens mir selbst gegenüber.

Damit will ich nicht sagen, dass es falsch ist, zu überlegen und Argumente abzuwägen, doch wenn wir verstehen, warum wir es tun, können wir viel lernen.

Die Überzeugungen, die ich angenommen habe und das, was ich erkenne, sind zwei grundverschiedene Dinge. *Meine Überzeugungen sind erworben, abgeleitet oder beim Denken entstanden. Erkennen entsteht direkt aus meinem Wesen – es ist kein Produkt der Logik oder Vernunft.* Doch wie komme ich dazu, etwas zu erkennen?

Die Antwort verlangt zunächst unser Verständnis, wie wir dazu kamen, *nicht zu erkennen*. In den vorherigen Kapiteln haben wir gesehen, wie das Kind lernt zu glauben, es mache andere dadurch unglücklich, dass es einfach nur es selbst ist. Es wird dafür verurteilt und beginnt zu glauben, dass mit ihm etwas nicht stimmt. Um sich vor sich selbst zu schützen (es glaubt, dass es „böse" Dinge tut, dass es seine Eltern unglücklich und ärgerlich „macht"), unterdrückt es seine eigenen natürlichen Wünsche. Es achtet sorgsam auf jedes Zeichen und lernt sehr schnell, die Überzeugungen der anderen zu seinen eigenen zu machen, damit es weiß, wie es sich verhalten soll. Dabei verliert es den Kontakt zu seinen eigenen Neigungen und natürlichen Tendenzen.

Später werden weitere Vorstellungen angenommen und der Zustand vertieft sich. Ich erinnere mich, wie oft ich ermahnt wurde, alles langsam zu machen, anzuhalten, nur nach sorgfältigem Überlegen und Abwägen zu handeln. Ich lernte, so viele Informationen wie möglich zu sammeln, bevor ich irgendeine Wahl traf. Doch wie viele und welche Informationen vor einer Entscheidung nötig sind, ist nicht für jeden Menschen dasselbe. Der eine Wissenschaftler behauptet, es gebe sichere Beweise dafür, dass auf anderen Planeten Leben existiert; ein anderer Experte behauptet das Gegenteil. Sie sind sich vielleicht sogar darüber uneins, welche Beweise wirklich als Beweise gelten und welche nicht.

Wie viele Menschen haben schon darüber diskutiert, welche Resultate der Krebsforschung wirklich bedeutsam sind? Unzählige Wissenschaftler glauben fest daran, dass die Krebsanfälligkeit der Menschen von der Anzahl der Zigaretten abhängig ist, die sie geraucht haben. Als Beweis zitieren sie Berge von Statistiken. Doch indem sie beweisen, dass Raucher eher an Krebs erkranken, haben sie den Grund nicht wirklich entdeckt. Vielleicht entscheiden sich besonders Menschen, die schon krebsanfällig sind, zu rauchen. Die Ursachen für Krebs und Rauchen sind vielleicht dieselben, und es ist nicht so, dass eines von beiden zum anderen führt. Ich will jetzt nicht behaupten, dass das so ist – obwohl auch das von einigen Ärzten verfochten wird.

Es gibt unzählige Möglichkeiten, Beweise zu interpretieren. Eine Statistik könnte zum Beispiel beweisen, dass es bei Großbränden, wo viele Menschen sterben, immer eine Menge Feuerwehrautos gibt. Daraus könnte man schließen, dass Feuerwehrautos schädlich für die menschliche Gesundheit sind.

Ich stelle das so absurd dar, um etwas klar zu machen. Ich habe eine beliebige Beziehung genommen und ihr eine Kausalität zugesprochen. *Jeder Beweis unterstützt die Überzeugungen* desjenigen, der ihn interpretiert. In einem der vorhergehenden Kapitel wird am Beispiel des Joggens ersichtlich, wie Fachleute mit demselben Hintergrund dieselben Daten betrachten und dabei zu Resultaten gelangen, die sich dramatisch voneinander unterscheiden. Die Beweise werden nicht nur einem Urteil unterworfen, sie werden auch genutzt oder fallen gelassen, je nachdem, wie sie zu weiteren schon vorhandenen Urteilen passen. Und so weiter und so fort. Aber Urteile zu fällen und etwas zu KENNEN sind zwei grundverschiedene Dinge.

Meine Freundin hat blondes Haar, blaue Augen, wiegt 110 Pfund, liebt Eis und Musik. Aber wenn ich sage, ich *kenne* sie wirklich, meine ich dann diese Informationen? Sicher sind darin Aspekte dessen, was sie ist, enthalten – aber mein Kennen geht weit über diese Daten hinaus. Die Daten enthalten nachprüfbare Tatsachen über eine Person. Aber es hat Momente gegeben, wo ich eine Menge Informationen über einen Menschen zur Verfügung hatte und trotzdem sagen musste, dass ich ihn nicht kenne. Oder das Gegenteil: Ich begegne jemandem, über den ich sehr wenig weiß, zum ersten Mal, und doch habe ich das Gefühl, ihn gut zu kennen. Es gibt einen grundlegenden Unterschied zwischen meinem Wissen *über* jemanden, das auf Tatsachen beruht, und meinem *(Er)Kennen*.

Wenn ich ein Gemälde sehe, das ich mag, ein Lied höre, das mir gefällt oder etwas berühre, das sich gut anfühlt – habe ich dann wirklich Gründe für meine Empfindungen oder einfach nur eine natürliche Neigung in eine bestimmte Richtung? Wenn ich mich entschließe, das Gemälde zu kaufen und Gründe dafür ins Feld führe, dann finden diese mentalen Turnübungen erst statt, nachdem es mir gefiel und ich es haben wollte.

Basieren meine Handlungen auf Gründen oder erschaffe ich Gründe, um meine Handlungen zu rechtfertigen?

Zuerst wünschen wir uns etwas – und dann finden wir die Gründe dafür.

Wir erschaffen Gründe (Überzeugungen), um damit unseren Entscheidungen eine rationale Basis zu geben. Ansonsten würden wir glauben, dass wir aufgrund eines unerklärlichen Verlangens handeln, und dem vertrauen wir nicht.

Ganz gleich, wie entschieden und akkurat ich zu sein versuche – all meine Schlüsse im Bereich von Vernunft und Überzeugung können nie absolut sein. Sie sind immer nur Entscheidungen, die ich fälle.

Alles, was ich tue, stellt eine Entscheidung dar, und in der Essenz *entscheide ich mich entweder im Einklang mit meinen Wünschen oder ich entscheide mich gegen sie*. Indem ich mir meine Überzeugungen und Aktivitäten auswähle, bewege ich mich entweder in Harmonie mit mir selbst oder nicht. Das ist ein höchst kreativer Prozess: Ich entscheide mich, mir selbst zu vertrauen; ich entscheide mich, mich selbst zu hassen; ich entscheide mich, über eine Situation glücklich oder unglücklich zu sein; ich entscheide mich, zu essen und zu schlafen, zu arbeiten und Spaß zu haben. Wenn ich mich entscheide, zuzulassen, dann erlaube ich es meinen Wünschen, natürlich aus mir aufzusteigen, während ich mich im Universum umherbewege.

Wie kann ich wissen, ob ich mit mir oder gegen mich fließe? Im Zweifel gibt es einen einfachen Test. Wir können uns die Frage stellen: Bewege ich mich *weg von* oder *darauf zu*? Der Unterschied ist ganz eindeutig. Wenn ich mich auf meine Angst vor Krankheit konzentriere, ist das eine völlig andere Richtung und Bewegung als die Richtung meines Wunsches nach Gesundheit. Im Hass auf meine Arbeit widme ich meinen unglücklichen Gefühlen viel Energie und wünsche mich weg, während meine Suche nach einer besseren Arbeit ganz eindeutig eine Alternative darstellt, in der ich mich dem zuwende, was ich mir wünsche. Wenn ich meine Energie damit verschwende, mir Sorgen über eine mögliche Scheidung zu machen, dann steht das im Gegensatz zu dem Versuch, neue Möglichkeiten zu entdecken, um mein Leben und meine Beziehung erfolgreich zu machen. Wenn ich mich von mir selbst wegbewege oder gegen mich vorgehe, dann handle ich aus Unbehagen und Unglücklichsein. Wenn ich mich auf meine Wünsche zu bewege, dann bin ich mit mir selbst im Fluss. Obwohl ich vielleicht beim Verfolgen meiner Abneigungen dieselbe Richtung einschlagen könnte, würden meine unglücklichen Gefühle schnell zu einem Kurzschluss führen. Mein Blickwinkel wäre durch Zorn und Angst getrübt und meine Energie würde abgelenkt von dem, was ich mir wünsche. Wenn ich mir bewusst werde, dass mein Unglücklichsein mich motiviert, kann ich zuerst fragen: „Was will ich?" und dann: „Warum bin ich unglücklich?" Diese Fragen können hilfreiche Werkzeuge dabei sein, meinen Fokus und meine Richtung zu verändern.

Er-kennen heißt: Ich bewege mich in Harmonie mit mir selbst und meinen Wünschen, ohne zuerst Beweise oder Rechtfertigungen zu benötigen.

In Wirklichkeit brauche ich nichts zu tun, außer damit aufzuhören, mich selbst zu stoppen. Dann kann ich meine Wünsche zulassen und ihnen vertrauen. Welch schöne Alternative zu dem Ertrinken im Treibsand meiner selbstzerstörerischen Überzeugungen. Achtung – hört sich gefährlich an! Ist es aber nicht. Wenn ich glaube, dass eine solche Bewegung Gefahren in sich birgt, muss ich zugleich auch glauben, dass mit mir etwas grundlegend nicht in Ordnung ist. Und wenn dem so ist, kann ich diese Überzeugung und auch meine Gründe, an ihr festzuhalten, untersuchen.

Ein schönes Beispiel für den Zustand von Er-kennen finden wir in einem klassischen Experiment, das mit Kindern durchgeführt wurde. Es wurde eine Situation geschaffen, in der die Kinder unter bestimmten Bedingungen auf ihre Fähigkeit getestet wurden, ihre eigene Ernährungsform zu wählen. Verschiedenste Nahrungsmittel pflanzlichen und tierischen Ursprungs wurden in Reichweite der Kinder platziert. Miteinander kombiniert enthielten diese Nahrungsmittel alle Nährstoffe, Eiweiße, Fette, Kohlenhydrate, Vitamine und Mineralien, die für notwendig erachtet werden, um einen Menschen ausgewogen zu ernähren. Jedem Kind wurde völlige Freiheit gegeben, sein eigenes Essen zusammenzustellen.

Während der ersten paar Tage experimentierten die Kinder und probierten alle verschiedenen Nahrungsmittel. Sie aßen spontan, ohne erkennbares Muster. Die Beobachter führten Buch über jeden Bissen, der verspeist wurde. Im Verlauf des Experiments, das in einigen Fällen mehrere Monate andauerte, wurde ein erstaunliches Muster sichtbar. Die Kinder, die absolut kein Konzept oder Wissen über die Zusammensetzung des Essens und seinen Nährwert hatten, kombinierten ihre Ernährung so genau, dass sie optimal mit allen nötigen Nährstoffen versorgt wurden. Selbst wenn sie sich einen Tag lang mit nur einer Sorte Essen ernährt hatten, so schufen sie in den nächsten Tagen einen Ausgleich.

Ein möglicher Schluss: Wenn wir es zulassen würden, könnten wir uns alle gut um uns selbst kümmern. Ohne Ausbildung oder Spezialwissen waren diese Kinder fähig, die für sie richtige und ausgewogene Ernährung im wahrsten Sinne des Wortes zu „er-kennen". Die Führung überließen sie ihren eigenen Neigungen und ihren Körpern.

Ein er-kennender Mensch ist ein glücklicher Mensch, der mit seinen Wünschen im Kontakt ist. Unser Kennen und unser Wünschen haben dieselbe Wurzel, und das was jemand sich wünscht, wird richtig für ihn sein.

Obwohl es attraktiv und angenehm ist, in Harmonie mit mir selbst zu schwingen und zu handeln, gab es Zeiten, wo ich zweifelte und mich fragte, ob mein Lebensstil durch solch ein Gleichmaß nicht zu einer gedankenlosen und oberflächlichen Utopie werden würde. Doch auch das ist nur ein weiteres Urteil. Mein Leben kann nur dann gedankenlos werden, wenn ich mich für Gedankenlosigkeit entscheide.

Wir können mit uns selbst ein Experiment veranstalten. Dabei nehmen wir Kontakt mit unseren guten Gefühlen auf und erlauben uns jeden Tag drei Minuten Zeit, in der wir uns aus uns selbst heraus bewegen und entscheiden – ohne störende Urteile. Wir nehmen uns die Zeit, unsere Wünsche auszuagieren. Wenn wir möchten, können wir das auch zehn Minuten oder zwei Stunden lang tun. Da wir ja Experten für uns selbst sind, können wir in der anschließenden Auswertung entscheiden, welche Vorteile eine solche Freiheit für uns hat.

Von Zweifeln und Ängsten befreit erlebe ich mich als weitaus effektiveren Menschen. Mein Fokus ist direkter, meine Energien sind klarer ausgeprägt. Ich kümmere mich besser um mich selbst und bekomme mehr von dem, was ich mir wünsche. Ich brauche meine Erlebnisse nicht einmal zu kontrollieren, um sie mir zu wünschen und sie zu genießen. Ein wunderschöner Sonnenuntergang, das Lächeln eines neugeborenen Babys, der Anblick eines Pferdes, das durch hohes Gras streift – all das findet jenseits meiner Kontrolle statt. Und doch könnte ich zugleich glücklich sein und mir solche Erlebnisse wünschen, ohne das Bedürfnis, meine guten Gefühle und Verlangen zu begründen.

Es gibt nichts einzuüben, nichts zu wiederholen oder zu erinnern. Ich muss mich nur von meinen Belastungen lösen und meine Überzeugungen fallen lassen – und das ist eine Entscheidung, die jeder von uns für sich allein fällen muss.

Wenn ich zu mir selbst sage: „Ich gehe mit dem, was ich erkenne" oder „ich gehe mit dem, was sich für mich richtig anfühlt, anstatt den Beweisen zu folgen", dann handle ich *vertrauensvoll*, ich *bestätige mich selbst*.

DIE „DENK"-SEITE
Selbstvertrauen

FRAGEN, DIE SIE SICH SELBST STELLEN KÖNNEN:

Tun Sie die Dinge gerne, die sie tun „sollten", „müssten" oder „müssen"?

Haben Sie Angst, Ihren eigenen Neigungen und Ahnungen zu folgen? Wenn ja, warum?

Wenn Sie sagen, dass Sie jemanden „wirklich kennen", was genau meinen Sie dann damit?

Brauchen Sie immer einen Grund, bevor Sie etwas tun? Wenn ja, warum?

Fürchten Sie, dass es nicht förderlich für Sie wäre, einfach nur Sie selbst zu sein? Wenn ja, welche Überzeugungen haben Sie darüber, Sie selbst zu sein?

Sind Sie unsicher, was Ihre Wünsche sind?

Sind Sie unsicher, was Ihre Wünsche sind, wenn Sie glücklich sind?

OPTIONSKONZEPTE, DIE SIE ERWÄGEN KÖNNEN:

JEDER BEWEIS DIENT DEN ÜBERZEUGUNGEN DESJENIGEN, DER IHN INTERPRETIERT.

ZUERST WOLLEN WIR ETWAS, DANN FINDEN WIR BEGRÜNDUNGEN DAFÜR.

BEGRÜNDUNGEN SIND NICHT DAZU DA, UNSERE WÜNSCHE ZU UNTERSTÜTZEN, SIE RÄUMEN NUR DIE ZWEIFEL AUS DEM WEG.

WENN ICH EINE WAHL TREFFE, WÄHLE ICH ENTWEDER, MIT MEINEN WÜNSCHEN ZU GEHEN ODER GEGEN SIE.

ER-KENNEN BEDEUTET, MICH IN HARMONIE MIT MIR SELBST UND MEINEN WÜNSCHEN ZU BEWEGEN.

GLÜCKLICHER UND LIEBEVOLLER SEIN ZU WOLLEN ENT-
SPRINGT UNSEREM ER-KENNEN...DESSEN, WAS WIR SIND.

WIR BRAUCHEN KEINEN GRUND, UM GLÜCKLICH ZU
SEIN.

ÜBERZEUGUNGEN, DIE SIE VIELLEICHT ABLEGEN MÖCHTEN:

Es ist schlecht, mir etwas zu wünschen, wenn ich keinen Grund dafür habe.

Irgendwas muss falsch an mir sein.

Ich weiß (kenne) nicht.

Ich selbst zu sein ist böse und schlecht.

Wenn ich es mir genehmigen würde, zu tun, was ich möchte, dann würde ich mir nichts Gutes tun.

DER SIEBTE DIALOG

Frage: WORÜBER BIST DU UNGLÜCKLICH?
Antwort: Seit fast drei Jahren bin Buchhalter in einer Werbeagentur. Anfangs wurde mir zugesagt, dass ich nach einem Jahr Leiter der Buchhaltung werden sollte. Außerdem gab es Hinweise, dass ich für den Posten des Vizepräsidenten im Gespräch war. Plötzlich wurde mir aus heiterem Himmel eine Position bei einer Konkurrenzfirma angeboten, wo ich ab sofort mehr Verantwortung und mehr Geld bekommen kann. Ich kann bleiben oder ich kann mich verändern – beides hat seine Vor- und Nachteile. (Lächelt) Aus irgendeinem Grund kann ich mich nicht entscheiden. Noch vor ein paar Wochen, bevor dies alles passierte, hätte ich mein Leben als ruhig, sicher und verhältnismäßig sorgenfrei bezeichnet.

Nun, es mag lächerlich klingen, aber plötzlich fühle ich mich unwohl und wie besessen von dieser Situation. Ich muss mich entscheiden...und zwar schnell.

F: *WARUM FÜHLST DU DICH UNWOHL UND WIE BESESSEN VON DER SITUATION?*

A: Weil ich mich nicht entscheiden kann. Ganz schön ironisch: Wenn es um geschäftliche Verpflichtungen und Entscheidungen geht, habe ich nie ein Problem. Aber wenn es um mein Leben geht, um MICH, dann ist das explosiv. Letztendlich fühle ich mich dann immer ambivalent. Bleibe ich wo ich bin, dann könnte ich übers Ohr gehauen werden und bis in alle Ewigkeit auf meine Beförderung warten. Vielleicht hält mir der Vizepräsident meiner Abteilung nur eine Karotte vor die Nase. Sollte ich mich allerdings entscheiden zu gehen, dann gibt es keine Garantie, dass es hinhauen wird. Neue Leute, neue Gesichter und neue Probleme. Ich muss mal wieder ganz von vorne anfangen. Mist (Schlägt mit der Faust auf die Stuhllehne).

F: *Was regt dich daran so auf?*

A: Sowas passiert mir ja nicht zum ersten Mal. Immer, wenn ich etwas für wichtig halte, dann nimmt das plötzlich so riesige Proportionen an, dass ich es nicht mehr erfassen kann. Keine Ahnung, warum. Ich kann mit Leichtigkeit über die Anlage von Hunderttausenden von Dollars entscheiden und mich dabei völlig selbstsicher fühlen. Aber hier, mit dieser Sache mache ich mich selbet verrückt.

F: *Was meinst du damit, dass du dich verrückt machst?*

A: Wenn ich mit Dingen aus der Entfernung zu tun habe, also zum Beispiel mit Produkten oder Werbung, dann ist das für mich wie ein Spiel. Wenn ich selbst aber betroffen bin, werde ich sofort angespannt. (Pause) Ich möchte hiermit wirklich etwas erreichen. Ich kann's ja mal von einer anderen Seite betrachten. Wenn ich mit einer Werbekampagne eine bestimmte Richtung einschlage, dann gibt es normalerweise Möglichkeiten, die Richtung zu ändern, wenn wir merken, dass wir einen Fehler gemacht haben.

Selbst wenn wir das nicht tun, geht es eben nur um eine Entscheidung von vielen. Es geht dabei fast nie um „Alles oder Nichts". Doch mit meiner Entscheidung, zu bleiben oder den Job zu wechseln...da geht es irgendwie um Alles oder Nichts. Wenn ich daran denke, mache ich mich im wahrsten Sinne des Worte selbst verrückt. Tag und Nacht denke ich darüber nach; lauter Ideen schießen mir durch den Kopf, bis schließlich alles verschwimmt. Dann versuche ich schon nicht mehr, irgendetwas zu entscheiden, ich renne nur völlig aufgescheucht durch die Gegend.

F: *Aufgescheucht?*
A: Ich springe vor und zurück wie ein Kaninchen. Ich kann mich nicht einmal mehr auf die Vor- und Nachteile konzentrieren (schüttelt den Kopf hin und her).

F: *Warum nicht?*
A: Warum nicht. Warum nicht. Wenn ich das wüsste, wäre alles klar (atmet mit einem langen Seufzer aus). Ich halte das nicht aus. Ich wünschte, ich würde mich einfach entscheiden.

F: *Was macht dir an deiner Unfähigkeit zu entscheiden so zu schaffen?*
A: Wenn ich nicht zu Potte komme, ist die Sache gelaufen. Ich muss mich entscheiden.

F: *Klar, ich weiß, dass du glaubst, es wäre besser für dich, wenn du endlich eine Entscheidung fällen könntest. Aber warum fühlst du dich so unwohl, wenn du dich nicht entscheidest?*
A: Weil ich das tun will, was gut für mich ist.

F: *Willst du damit sagen, dass du dir selbst etwas Schlechtes antust, wenn du dich nicht bald entscheidest?*
A: Ja, natürlich. Ich laufe in meinem Käfig auf und ab, und die Welt zieht an mir vorbei. Wenn ich mich endlich für einen Job entschieden habe, ist der neue bestimmt schon vergeben. Und dann, ja Herrgott, dann hab ich's echt vergeigt.

F: Wie meinst du das?

A: Genau wie bei einer Beziehung, die ich mal hatte. Ich habe da ewig lange gebraucht, mich zu entscheiden, ob ich versuchen wollte, etwas daraus zu machen oder nicht. Und als ich dann soweit war, dass ich mich ganz einlassen wollte, war sie schon längst weg. Ich kann ihr keinen Vorwurf daraus machen. Die ganze Zeit habe ich die Probleme im Kopf gewälzt, aber ich habe sie nicht in Angriff genommen. Und dies hier ist eine ganz ähnliche Situation. Wenn ich nichts unternehme, ist die Sache gelaufen. Tür zu. Vorbei. Und warum? Weil ich mich nicht entscheiden konnte. Ich will nicht den Rest meines Lebens damit zubringen, mir selbst im Weg zu stehen.

F: *GLAUBST DU, DASS DU DAS TUN WIRST?*

A: Klar...das gehört zu meinem Lebensstil. (Pause) Nun ja, nicht wirklich. Wenn ich's mir überlege, hat mein Erfolg in der Werbebranche viel damit zu tun, dass ich klare Urteile und Entscheidungen fällen kann. Ich rede hier, glaube ich, nur über mein persönliches Leben. (Beginnt mit den Fingern auf den Tisch zu klopfen, hört wieder auf, atmet mit einem tiefen Seufzer aus). Sieh mal, ich will so nicht sein. Echt...das ist kein Vergnügen. Manchmal glaube ich, dass ich in meinem Ärger untergehen oder einen Herzinfarkt kriegen werde. Wenn ich merke, dass ich mich nicht entscheiden kann, dann fühlt sich mein Körper an wie in eine Schraubzwinge gespannt. Dann fließt eine Welle von Wut durch mich hindurch.

F: *Wenn du deine eigene Unentschiedenheit wahrnimmst, was genau macht dich dann so wütend?* (eine Abwandlung der Frage: Was genau macht dich daran so wütend?)

A: Wenn ich nur gelassener und direkter wäre, dann wüsste ich, was ich tun sollte. Ich komme mir vor, als ob ich zwei gegensätzliche Sichtweisen zugleich verteidige. Ich mache da etwas mit mir selbst, führe eine endlose Debatte und bin so beschäftigt damit, vor- und zurückzugehen, dass ich mich selbst dabei verliere. Wenn ich meine derzeitige Arbeit behalte, habe ich meine Sicherheit und eine ziemlich eindeutige Zukunft. Aber ich könnte dadurch auch stehenbleiben, – meine Zeit absitzen. Wechsele ich zu der anderen Agentur, dann öffnen sich mir sofort neue Türen, ich begegne neuen Menschen und erschaffe neue Möglichkeiten für mich selbst. Aber ich kann mir nicht sicher sein, dass es für Wochen oder sogar Monate okay sein wird.

F: *WAS MÖCHTEST DU?*
A: Da bin ich mir nicht sicher. Es ist schön für das Ego, ein neues Angebot zu bekommen, aber was bringt's? Alles was es mir bis jetzt beschert hat, ist meine Unzufriedenheit darüber, dass ich keine Wahl treffen kann.

F: *WAS FÜRCHTEST DU, KÖNNTE PASSIEREN, WENN DU ÜBER DEINE UNFÄHIGKEIT ZU WÄHLEN NICHT UN-GLÜCKLICH WÄREST?*
A: Ich ... ich könnte einen unvernünftigen Sprung machen.

F: *Wie meinst du das?*
A: Ich könnte eine unvorsichtige Entscheidung treffen.

F: *Du meinst, wenn du unglücklich bist, lässt du bei deinen Entscheidungen mehr Vorsicht walten?*
A: Ja, so ist es. Scheint merkwürdig, oder?

F: *Wie erscheint das merkwürdig?*
A: Dass ich soviel Unbehagen durchmachen muss, nur um mir selbst Gutes zu tun. Es ist verrückt, denn es funktioniert ja nicht einmal. Und doch glaube ich, es beginnt schon damit, dass ich diese Entscheidung als so ungemein wichtig ansehe, für mich und für mein Leben. Puh, mir war bisher gar nicht bewusst, was ich da tue. Das ist echt eine Entdeckung für mich. (Lächelt. Pause). Wenn ich sehe, was ich da geglaubt habe, dann ändert sich schon viel. Meine Unzufriedenheit kriegt keine Nahrung mehr. Doch das erklärt nur einen Teil des Ganzen. Ich habe das Gefühl, dass es da noch mehr gibt, noch etwas anderes.

F: *Du meinst, da gibt es noch ein weiteres Problem, das zu deiner Unentschiedenheit beiträgt?*

A: Ja. Ja, das meine ich.

F: *Und um was handelt es sich da?*

A: Tja, – ich weiß, jetzt höre ich mich an wie ein kleiner Junge, aber... ich habe Angst.

F: *Angst wovor?*

A: Dass ich einen Fehler mache. Dass ich mir alles vermassele und am Ende unglücklich bin.

F: *GLAUBST DU DAS?*

A: Ja. Ich hab das schon öfter gemacht. Ich habe mich schon öfter für etwas entschieden, was dann nicht geklappt hat. Es tauchten Probleme auf, die ich nicht vorhergesehen hatte.

F: *Klar. Dinge passierten, die du nicht vorhersehen konntest. Aber warum glaubst du, dass du deshalb nicht gut für dich selbst entschieden hast?*

A: Ich glaube wohl, wenn ich schlauer wäre, wacher, – dann könnte ich es kontrollieren.

F: *Was könntest du kontrollieren?*

A: Die Dinge, die Menschen, die Ereignisse..

F: *GLAUBST DU DAS?*

A: (lacht) Ja und nein. Auf irgendeine kosmische Weise schon, aber menschlich gesehen natürlich nicht. Warte mal. Ich brauche gerade mal einen Moment. (lange Pause) Vielleicht ist meine eigentliche Frage die, warum ich mich so darüber sorge und aufrege, dass die Dinge schief laufen könnten.

F: *Warum tust du es?*

A: Nun, da bin ich mir nicht sicher. Wenn ich in der Agentur bleibe und doch nicht befördert werde, dann werde ich immer das Gefühl haben, ich hätte eine große Chance verpasst, nur weil ich Angst hatte.

F: Meinst du damit, dass die Gründe, deine jetzige Arbeit zu behalten, auf Angst basieren?

A: (lächelt noch mehr) Ja, ich glaube ja.

F: Warum lächelst du?

A: Es fühlt sich richtig gut an, zuzugeben, dass ich aus Angst handele. Ich dachte immer, es würde sehr schmerzhaft sein, es zu zeigen und anzuschauen. Dabei ist fast das Gegenteil der Fall! Es gibt sehr wenige Orte auf der Welt, wo ich mich mit so einem Eingeständnis wohl fühlen würde. Und in diesem Gespräch, komisch, da ist es einfach nur ein weiteres Stück Information (lacht). Und das ist wundervoll (seufzt und spricht mit eindeutig bedrückterer Stimme weiter). Ich würde mich echt gerne ändern. Dazu gehört auch meine Arbeit. Das meiste kann ich im Halbschlaf erledigen. Zeit für einen Wechsel, nur...

F: Hält dich irgend etwas zurück?

A: Wenn ich etwas verändere und es klappt nicht, dann geht es mir danach vielleicht schlechter als vorher.

F: WARUM?

A: Keiner fällt gern auf die Nase.

F: Vielleicht. Aber die Frage könnte vielleicht lauten: Wenn es zum Schlimmsten käme und du in deiner neuen Arbeit versagen würdest – warum würde dich das unglücklich machen?

A: Ich würde am liebsten sagen, ich weiß nicht. Aber das fühlt sich nicht an wie die Wahrheit. Wenn ich nicht völlig über mein Versagen ausraste, kann ich ja immer noch etwas Neues finden. Ich wäre nur unglücklich über meine schlechte Urteilsfähigkeit.

F: Warum?

A: Weil es etwas über mich aussagt?

F: Was meinst du damit?

A: Ich bin mir nicht sicher. Mist. Da komme ich schon wieder mit so einer Wischiwaschi-Antwort.

F: Dann schauen wir uns die doch mal genauer an. Warum ärgerst du dich über „nicht sicher"?

A: Das ist wie ein Teil dieses Teufelskreises. Nicht sicher bedeutet unentschieden, zweifelnd, verwirrt.

F: WARUM MACHT ES DICH UNGLÜCKLICH, ZU ZWEIFELN ODER VERWIRRT ZU SEIN?

A: Weil das bedeutet, dass ich keinen Durchblick habe.

F: UND WENN DU KENEN DURCHBLICK HAST, WAS MACHT DICH DARAN UNGLÜCKLICH?

A: Das möchte ich auch gerne wissen.

F: Sicher, aber was ärgert dich daran, es nicht zu wissen?

A: Ich glaube, ich denke gerade, dass ich es nie wissen werde. Es wird immer so weiter gehen.

F: GLAUBST DU DAS?

A: Nein... nicht wirklich. Ich bin nur so ungeduldig.

F: Wenn du wüsstest, dass eine Antwort kommen würde - dass du irgendwann, irgendwie auf einmal wüsstest, was du wählen willst – wärest du dann immer noch ärgerlich?

A: Nein. Dann wäre es okay.

F: Meinst du also, deine Unentschiedenheit ärgert dich, weil sie für immer anhalten wird?

A: (lacht. Keine Antwort)

F: Warum lachst du?

A: Meine spontane Antwort auf deine Frage war Ja. Ja, ich hatte wirklich die Idee, dass meine Unentschiedenheit ewig andauern würde. Aber als ich dann drüber nachdachte, hörte es sich plötzlich ungeheuerlich an. Anscheinend glaube ich das.

F: WARUM GLAUBST DU DAS?

A: (schüttelt den Kopf) Keine Ahnung, wirklich nicht.

F: *Wenn du mal raten würdest, was wäre dann die Antwort?*
A: (lange Pause) Da kommt immer noch nichts. Leere. Ich weiß echt nicht, warum ich das glaube. Ich habe wohl gar keine Gründe dafür.

F: *Okay, wenn du keine Gründe hast, das zu glauben, willst du es dann weiterhin glauben?*
A: Will ich es weiterhin glauben? Nein, warum sollte ich, wenn es eh nicht stimmt. Es bringt mir doch nur Verdruss.

F: *Wie meinst du das?*
A: Die Entscheidung wird durch meinen Ärger vernebelt, nicht durch die Fragen, die ich mir stelle. Früher oder später klären sich meine Zweifel immer. Wenn ich genau hinschaue, sehe ich, dass ich immer eine Antwort finde und eine Wahl treffe. Ich habe wohl schon immer diesen inneren Zeitzwang für Perfektion. Wenn ich in einem bestimmten Zeitabschnitt nicht die Antwort parat habe – peng, dann habe ich versagt. Wenn ich mich nicht so unter Druck setzen würde, eine Lösung zu finden, dann würde es viel leichter passieren. Kannst du dir vorstellen, dass ich wirklich geglaubt habe, ich würde nie eine Lösung finden?

F: *Und jetzt?*
A: Vorbei. Ich glaube es nicht mehr. Wenn ich mich nur in Ruhe lasse, werde ich immer eine Lösung finden. Oh, das ist richtig gut, ich spüre, wie ich in Bewegung komme. (Schließt die Augen) Das möchte ich auf mich wirken lassen. Was für ein schönes Gefühl, so aufgeregt zu sein. (atmet tief) Nur noch eine Sache. Ich würde mich jetzt gerne noch auf die Entscheidung mit dem Job konzentrieren.

F: *Okay, was möchtest du?*
A: Ich möchte den neuen Job. Wirklich (lange Pause, lächelt). Kannst du das glauben? Wie leicht mir es gerade fiel, das zu sa-

gen! Eine Entscheidung. Puh, das fühlt sich an, als ob gerade eine zentnerschwere Last von mir abgefallen wäre. Ich frage mich allerdings noch, warum ich so leicht genervt bin und mich darum sorge, dass alles nicht klappen wird.

F: *Was meinst du selber dazu?*
A: Ich denke, im Grunde habe ich geglaubt, es würde bedeuten, dass ich mich nicht gut genug um mich selbst kümmere ... dass ich mich nicht auf mich verlassen könnte.

F: *GLAUBST DU DAS JETZT?*
A: Nein, jetzt nicht mehr. Das ist das Spiel, was ich immer gespielt habe. Jetzt, hier, im Moment, wo ich meine Ängste abgelegt habe (lächelt), da ist es ganz klar. Ich habe mich gut um mich selbst gekümmert und werde das auch weiterhin tun. Das habe ich letztendlich immer schon getan. Und selbst wenn mal etwas schief geht, heißt das nicht, ich hätte mich nicht, so gut ich kann, für mich selbst ins Zeug gelegt. (Plötzlich verzieht er sein Gesicht).

F: *Was fühlst du?*
A: Irgendwie, irgendwo vertraue ich mir vielleicht immer noch nicht ganz. Ich weiß nicht, ob ich bereit bin, ganz loszulassen.

F: *Warum nicht?*
A: Ich bin mir nicht sicher (überlegt sich, was er gerade gesagt hat, und beginnt zu lachen). Der Satz ist typisch für mich. Mir ist immer beigebracht worden, dass ich nicht einfach losspringen soll. Dass ich mir dann die Beine brechen werde. Ich muss also nachdenken, grübeln, und dann vielleicht... ganz vielleicht... könnte ich vielleicht wissen, was gut für mich ist. Jetzt hört sich das so merkwürdig an, nicht einmal mehr wie meine eigene Überzeugung.

F: *Ganz gleich, wann und von wem du eine Überzeugung gelernt hast: Wenn du jetzt noch an sie glaubst, dann ist sie jetzt in der Gegenwart ein aktiver Teil von dir. Wenn du sie entdeckst, kannst du dir die Frage stellen: GLAUBST DU DAS JETZT UND WILLST DU ES WEITERHIN GLAUBEN?*

A: Das sind ja ganz erstaunliche Fragen...wirklich erstaunlich! Glaube ich das jetzt? Will ich es glauben? Ich denke, nicht.

F: *Bedeutet „ich denke nicht", dass du dir nicht sicher bist?*
A: Ja, aber das ist nur meine Art, mich um etwas zu drücken. Ich bin mir sicher. Ich bekomme immer mehr das Gefühl, dass ich mir selbst vertrauen kann. Wenn ich nervös und besorgt bin, kann ich offensichtlich den Wald vor lauter Bäumen nicht sehen. Der Kampf zwischen den verschiedenen Vernunftgründen war immer nur ein schmerzlicher und verwirrender Prozess. Am Ende gab es nie eine eindeutige Lösung. Ich fühle mich jetzt echt seltsam.

F: *Wie meinst du das?*
A: Ich rede und denke dabei, dass ich mir nie richtig vertraut habe. Alle Fragen waren immer von Angst umgeben; ich habe nie geglaubt, dass ich zu einer richtigen Lösung kommen könnte. Ich habe wirklich nie geglaubt, dass ich wissen könnte, was gut für mich ist.

F: *Und jetzt – glaubst du jetzt immer noch, dass du nicht weißt, was gut für dich ist?*
A: Nein, jetzt nicht mehr. Und das ist so merkwürdig. Diese Sache mit dem Jobwechsel... ich weiß jetzt, was richtig für mich ist. Eigentlich wusste ich es schon in dem Moment, wo ich das Angebot bekam, doch auch da hatte ich Angst, meinem ersten Impuls zu folgen. Ich konnte es einfach nicht annehmen, ohne das übliche Elends-Ritual.

F: *Wie fühlst du dich jetzt?*
A: Neu. Mir selbst etwas fremd, aber es ist ein gutes Gefühl, keine Angst zu haben, weißt du. Es ist schon merkwürdig, wie wir Dinge lernen – wie wir auf bestimmte Art erzogen werden und dann entsprechend handeln. Wie eine Marionette. Ich habe nie all die Alternativen in Erwägung gezogen. Es kam mir immer vor, als hätte ich mit dem Ganzen nichts zu tun, und dabei war es meine eigene Angelegenheit.

F: *WAS MÖCHTEST DU?*

A: Ich möchte mich so fühlen wie jetzt im Moment. Ich möchte meine Entscheidungen mit oder ohne Begründung treffen und dabei wissen, dass ich das Beste tun werde, was ich für mich tun kann. Wo ich das jetzt sage, kommt mir selbst der Sortierprozess zwischen Für und Wider wie eine produktive Erfahrung vor. (Lächelt) Ich fühle mich wirklich gut! Mir wird klar, dass ich meine Entscheidungen ohne all das Drumherum, ohne Diskussionen und Argumente fällen kann, und sie werden trotzdem richtig für mich sein. (Lacht) Da bin ich mir sicher.

8
Mir geht's gut:
Gesundheit und psychosomatische
Krankheiten

Die klaren und farbigen ovalen Plättchen eilen in Harmonie mit dem Fließen des energiegeladenen Plasmas durch unser System. Mit Lasten von Nahrung oder anderen Produkten beladen, wirbeln sie durch die Arterien, nehmen jede Abzweigung oder Haarnadelkurve mit gekonnter Leichtigkeit. Dies ist die Metropole der Zukunft, so wie sie in einem jeden von uns existiert.

Unser Körper ist eine riesige, vielfältige und komplizierte Welt, die wundervoll auf ihre eigenen Funktionsbedürfnisse abgestimmt ist. Unser Herz, der wichtigste Motor, läuft aus eigener Kraft und pumpt unser Blut Tag um Tag mit zuverlässigem, melodischem Rhythmus. Auf Hauptstraßen oder Nebenwegen werden Verbindungen zu jeder einzelnen Zelle hergestellt, um sie mit Energie und Nährstoffen zu versorgen.

Gelegentlich bricht eine Struktur zusammen, nur um einer neuen Platz zu machen. Diese Erneuerung geschieht ständig, sie ist Teil der harmonischen Prozesse in der humanoiden Metropole. Diese ist ein wohl durchdachtes Utopia, selbst regulierend und selbst erschaffend. Millionen verschiedener Interventionen finden täglich statt, ohne dass die Harmonie des Organismus als Ganzes gestört wird.

Jeder Anteil unseres Systems hat seine eigenen Merkmale, obwohl sie alle durch ein unter der Oberfläche befindliches Kabel- und Röhrensystem verbunden sind. In der Vorstadt befindet sich die weiche, elastische Masse, die unseren Computer darstellt. Dieser sendet Millionen von elektronischen und chemischen Impulsen durch Leitungen, die mir jedem Standort in unserem System verknüpft sind. In einem anderen Gebiet dieses Stadtteils befinden sich bedeutende

Brücken und Tunnel, die in eine benachbarte Umgebung führen. Hier sind die Empfangsgeräte für das Sehen, das Hören und sämtliche Außenkontakte beheimatet.

Die Innenstadt beherbergt nicht nur unseren Hauptmotor, sondern birgt verschiedenste Nachbarschaften. In einer besonders ausgefeilten Anlage befindet sich das Verdauungssystem mit seinen unzähligen Nebengebäuden, in denen Zucker, Stärke, Kohlenhydrate und andere Nährstoffe verarbeitet werden. Ein langer Tunnel, der einem geschrumpften Staubsaugerschlauch ähnelt, bringt uns an die Außenbezirke der Stadt, wo sich die Kläranlagen befinden. Das Atmungszentrum reguliert die Aufnahme von Luft und Sauerstoff. Eine kunstvoll aufgebaute, fossile Knochenstruktur hält die Stadt zusammen und erstreckt sich bis in die Arme und Beine.

Unten im Bahnhofsviertel sieht es völlig anders aus als im Rest der Stadt. Verschiedene höhlenartige Strukturen bilden ein Netzwerk, in dem auch einige Reproduktions-Firmen ihren Sitz haben. Wichtig sind hier die verschiedenen Müllverwertungs- und Recyclingfabriken, die dafür sorgen, dass alle Endprodukte einer Verwertung jenseits des Systems zugeführt werden.

Obwohl die Metropole unseres Selbst kompliziert und teilweise unverständlich ist, verrichtet doch jede Abteilung, jede Fabrik und jede individuelle Stelle ihre Arbeit in einem vorzüglich aufeinander abgestimmten Miteinander.

Dann passiert es – nicht jedem von uns und nicht gleichzeitig. Es gibt eine Explosion. Alle Krisenmaßnahmen werden aktiviert. Normalerweise werden solche Situationen ganz selbstverständlich nebenbei erledigt, doch manchmal werden ganze Abteilungen, ganze Häuserblocks zerstört. Die Stadt ruft den Ausnahmezustand aus.

Häufig kann die Stadt auch nach großflächigen Zerstörungen weiterleben, obwohl ihr irreparable Schäden zugefügt wurden. Jede teilweise Behinderung, jede chronische Fehlfunktion, jede bakterielle oder virale Infektion und jeder Verlust von Gliedmaßen wird Krankheit genannt, oder genauer mangelnde Gesundheit.

Wenn die Stadt völlig zerstört wurde, wird ihr Dahingehen als Tod bezeichnet. Die meisten von uns fürchten den Verlust ihrer Gesundheit, weil das Schmerzen oder Verlust und letztendlich auch den Tod bedeuten kann.

Was sage ich mir selbst, wenn ich mich auf meine Angst vor Krankheit konzentriere? Wenn ich als gesunder Mensch Krankheiten fürchte, ängstige ich mir vor etwas, das „nicht da ist". Mich auf Krankheiten zu konzentrieren ähnelt der Kontemplation des Lochs im Käse...des Teils, der „nicht da ist".

Wenn ich also über Krankheiten spreche, lasse ich Ängste über etwas entstehen, das nicht existiert. Anstatt meinen Fokus auf das zu richten, was ich mir wünsche (Gesundheit), wende ich mich dem zu, was ich mir nicht wünsche. Ich wende mich meiner Negativität zu, die aus der Angst vor Krankheit oder vor der Verschlimmerung schon vorhandener Symptome besteht. Damit lauge ich mich energetisch aus und mindere meine Kraft durch Anspannung und Sorge. Wenn ich das tue, störe ich die Fähigkeit meines Körpers, mit seinen Problemen umzugehen. Ich konzentriere mich auf eine Abwesenheit (mangelnde Gesundheit, zukünftiger Schmerz, Tod) und hindere mich daran, die Gesundheit, die ich mir wünsche, aktiv und voller Energie zu unterstützen. Wenn ich mich *auf etwas zu* bewege, ist mein Beitrag meistens viel effektiver und klarer als wenn er einem Rückzug entspringt.

Eines der bedeutungsvollsten und einleuchtendsten Wörter, die in diesem Zusammenhang gebraucht werden, ist das englische „disease" (Krankheit). „Dis" kommt aus dem Lateinischen und bedeutet abseits, weg von, nicht. „Ease" hat seine Wurzeln im Französischen und bedeutet Wohlsein oder ein natürliches ungehindertes Im-Fluss-Sein. Selbst dieses Wort also, das einen Zustand von Nicht-Gesundheit beschreibt, legt uns dabei nahe, diesen Zustand als *eine Bewegung vom Fluss weg* zu sehen, als *nicht wohlig oder entspannt bei mir sein.*

Das ist zweifellos eine der präzisesten und knappsten Beschreibungen des Zustands von *Unglücklichsein.*

In der westlichen Medizin lag die Betonung häufig auf der Bekämpfung von Krankheiten und nicht darauf, ernsthaft die Erhaltung von Gesundheit anzustreben. Obwohl wichtige Vorstöße mit vorbeugenden Impfstoffen und Seren gemacht wurden und einige Fitnessprogramme die Bedeutung von körperlicher Bewegung und richtiger Ernährung betonen, gehen die meisten von uns erst dann zum Arzt, wenn unsere Krankheiten oder Fehlfunktionen schon bestehen. Anstatt uns darauf zu konzentrieren, unseren Körper gesund und im Gleichgewicht zu halten, neigen wir dazu, mit Ängsten und Sorgen zu liebäugeln, sobald unser System irgendeine Störung aufweist.

Vielleicht können wir zu einer Gegenperspektive gelangen, wenn wir uns die Grundprinzipien der Akupunktur ansehen, einer alten Heilkunst, über die schon um das Jahr 400 v. Chr. berichtet wird. Der Patient wird als Ganzes behandelt, sein Geist (Gedanken), sein Körper, seine Ernährung und seine Lebensführung werden allesamt ernst genommen. Wird der Patient einmal krank, geht es nicht darum, die „Krankheit" zu bekämpfen, sondern ihre Ursache zu erforschen und dadurch zu beheben, dass der Körper wieder ins Gleichgewicht gebracht wird. Anstatt eine Entzündung zu „behandeln", konzentriert sich der Akupunkteur darauf, die betroffenen Organe dabei zu unterstützen, das Gleichgewicht wieder herzustellen. Das geschieht durch Verstärken oder Beruhigen des Energieflusses.

Ziel ist es, dem Körper wieder zu seiner ureigensten Harmonie zu verhelfen, damit er sich dann selber helfen kann. Im alten China zeichnete sich ein guter Akupunkteur dadurch aus, dass keiner seiner Patienten krank war. Anhand von Meridianen und Akupunkturpunkten konnte er Störungen schon erkennen, bevor sie sich zu Krankheiten entwickelten. Daraufhin konnte er den Organen durch Energiezufuhr oder Sedierung dabei helfen, wieder richtig zu arbeiten. War er unaufmerksam oder nicht gründlich genug, dann würden seine Patienten krank werden oder sterben. In diesem Falle musste er eine Laterne vor seine Praxis hängen. So konnten interessierte Patienten einen guten 'Gesunderhalter' finden.

Interessant, mögen Sie jetzt sagen, aber das war damals, im alten China. Sicher. Aber hier finden wir eine Perspektive, einen Fokus und vielleicht einige Überzeugungen, die auch für uns bedeutungsvoll sind. Der Mensch wird als Ganzes behandelt, nicht als abgegrenztes Nierenversagen oder als Herzinfarkt oder als ein weiterer Fall von Diabetes. Außerdem wird der Blick auf das gerichtet, was DA IST, nämlich auf die Gesundheit – und nicht auf das, was nicht da ist. Nicht auf den Mangel an Gesundheit. Der Akupunkteur will den Menschen dabei helfen, ihre Gesundheit zu erhalten – und ein gesunder Körper befindet sich im Fluss und kann Krankheitskeime leichter abwehren.

Die westliche Medizin rückt „kriegerisch" gegen die Krankheiten zu Felde, in einer Bewegung, die antagonistisch ist und weggeht, die nicht auf etwas zugeht. Ein Großteil der Energie wird darauf verwendet, die „Krankheit zu besiegen". Schlag sie mit allen Waffen, die du zur Verfügung hast: mit ultrastarken Drogen, Amputationen, Strahlenbehandlung. Kämpfe gegen sie, bis sie aufgibt.

Bei extremen Kriegsmethoden kann sich der Körper oft nicht mehr von seiner Rolle als Kriegsschauplatz erholen. Die Drogen, die in der Krebstherapie verwendet werden, zerstören häufig genauso viel gesundes Gewebe wie krankes. Ritalin-Hydrochlorid, mit dem hyperaktive Kinder „beruhigt" werden, ist eigentlich ein Aufputschmittel ähnlich den Amphetaminen, dem „Speed". Im Körper kann es zu schweren Behinderungen führen, zu neuromuskulären Syndromen, zur Vernichtung von Gehirnzellen. Insulin, das zur Behandlung von Diabetes eingesetzt wird, kann bei langfristiger Anwendung zum Erblinden, zu Nierenversagen und Abwehrschwäche führen. Die Methoden sind oft drakonisch, aber anscheinend unvermeidlich. Um einem Kind zu helfen. Um ein Leben zu retten.

Doch die Frage stellt sich: Sind diese Methoden notwendig? Viele Fälle von Diabetes wären nie aufgetreten, wenn Ernährung und Lebensführung unseren natürlichen Bedürfnissen mehr entsprochen hätten.

Alles wird separat behandelt, ohne Zusammenhang. Wann hat mein Arzt das letzte Mal Interesse an meiner Ernährungsweise bekundet, hat mich in der Konsultation über meine körperlichen Aktivitäten befragt, über meinen Gefühlszustand und meine Arbeitszeiten? Solange ich nicht um eine „klassische" Generaluntersuchung bat, kümmerte sich mein Arzt nur um die akute Erkältung, die Entzündung oder den Virus. Mein Gesundheitszustand ist aber in Wirklichkeit von mir als Person, von meinen Gefühlen und Aktivitäten nicht zu trennen.

Diese Konzepte haben nicht nur symbolischen Wert. Sie können uns zu Fragen anregen, die wir uns jetzt stellen sollten. Worte haben genauso viel Macht und Realität, wie wir ihnen verleihen. Niemand will behaupten, es sei falsch, die Krankheiten, die uns befallen, nicht zu bekämpfen oder nicht zum Arzt zu gehen, wenn wir medizinische Hilfe brauchen. Niemand will uns hier von irgendetwas überzeugen. Es geht nur darum, eine alternative Vision vorzustellen, die jeder nach Wunsch anwenden oder nicht anwenden kann.

Statt nur reaktiv zu arbeiten, könnte die Medizin in der Hauptsache der Vorbeugung und Heilung dienen. Müssen wir Krankheiten bekämpfen? Wird unser biochemisches System nicht auch von unseren Gedanken und Gefühlen beeinflusst - von Gedanken und Gefühlen, die kaum einen Arzt interessieren? Und wer kann letztendlich mehr Sorge für mein Wohlergehen tragen als ich selber? Dazu ein paar statistische Erhebungen, die von einem Unterkomitee der amerikanischen Regierung erstellt wurden. In ihren Untersuchungen und Forschungen kommen sie zu dem Schluss, dass in den USA allein im Jahre 1974 2,4 Millionen unnötige Operationen durchgeführt wurden, die 3.9 Millionen Dollar kosteten und zu 11.900 Todesfällen führten.

Ein oft zur Verteidigung der heutigen medizinischen Strategien ins Feld geführtes Argument kann vielleicht hier und jetzt beigelegt werden. Gern werden Statistiken bemüht, aus denen hervorgeht, dass sich die Lebenserwartung in den letzten 75 Jahren als Resultat von ärztlichen Bemühungen, Drogen und Operationen dramatisch verlängert hat. Diese Statistiken sind allerdings sehr irreführend. Wurde ich im Jahr 1900 geboren, konnte ich also davon ausgehen, etwa 47 Jahre alt zu werden. Bin ich 1977 geboren, könnte ich damit rechnen, etwa 72 Jahre alt zu werden. Ist das nun ein Fortschritt, oder was bedeutet es für mich?

Hauptfaktoren, die zu einer längeren Lebenserwartung führen, sind verbesserte Geburtsbedingungen, bessere Kinderversorgung sowie ein gehobener Lebensstandard. Zur Jahrhundertwende verliefen viele Geburten für Kind und/oder Mutter tödlich. Viele Kinder überlebten ihr erstes Jahr nicht. Dadurch verringerte sich die statistische Lebenserwartung immens. Streichen wir nun diejenigen aus der Gleichung, die ihr fünftes Lebensjahr nicht erreichten und konzentrieren uns auf alle, die jetzt noch am Leben sind, wie zum Beispiel Sie oder ich – dann entdecken wir, dass selbst all die Forschungen und „medizinischen Errungenschaften" der Lebenserwartung, die vor 75 Jahren bestand, kaum etwas hinzugefügt haben.

In den letzten dreißig Jahren hat sich die Schulmedizin offener und bereiter gezeigt, bestimmte Beziehungen zwischen geistigen und körperlichen Zuständen anzuerkennen. Alle Krankheiten dieser Kategorie werden als psychosomatische Krankheiten bezeichnet. Es sind psychogene Störungen, das heißt körperliche Probleme, deren Ursprung oder Auslöser im geistig-emotionalen Bereich vermutet wird.

Im Schädel befindet sich eine Substanz, die Daten empfängt, verarbeitet, aufbewahrt und an alle Bereiche des Körpers versendet. Diese Computerstation wird Gehirn genannt – doch umfasst sie *alles*, was als menschlicher Geist (Mind) angesehen wird? Das Gehirn ist eine Masse, die viele Funktionen erfüllt, es enthält unter anderem verschiedene automatische und reflexive Trigger-Mechanismen. Der Geist oder das Wahrnehmungszentrum hat seinen physischen Sitz im Gehirn. Hier ist die Arbeitsstation, doch wer kann sich schon sicher sein, dass unser höchstes Wissen, Kennen und meditatives Nirwana nicht vielleicht im Daumen oder in der Kniescheibe stattfindet?

Den Überblick verloren? Ja, kann schon sein, aber vielleicht finden wir in dem Ganzen die eine oder andere Information, die wir erforschen und nützen können.

Selbst wenn wir auf das „Kniescheiben"-Denkmodell mal verzichten, kann die Schulmedizin nicht wegleugnen, dass Millionen von Neuronen das so genannte Denkzentrum mit allen Teilen des Körpers verbinden. Auch dass es sowohl elektrische wie auch chemische Informationswege in beide Richtungen gibt, die damit eine Art Ehe zwischen Geist und Körper herstellen, kann nicht mehr in Frage gestellt werden. Körper und Geist sind also auf allen Ebenen miteinander verbunden.

Daraus folgt, dass die einzelnen Anteile unseres Körper-Geist-Systems zwar aus verschiedenen Elementen bestehen, dass aber jedes von ihnen in einem harmonischen Ganzen (dem Körper) integriert und verantwortlich tätig ist. Jede Fehlfunktion in irgendeinem Organ beeinflusst schlussendlich alle Organe. Unser Zorn und unsere Ängste verändern die Körperchemie und die elektrischen Impulse im gesamten System, und wenn ein Anteil (der Verstand) sich entschließt, Drogen oder Alkohol zu konsumieren, dann werden ganz eindeutig alle anderen Anteile davon betroffen.

Worin besteht denn nun der angebliche Unterschied zwischen psychogenen und organischen Krankheiten? Gewisse Formen von Herzbeschwerden, hoher Blutdruck, Magengeschwüre, Colitis, Durchfall (einige Typen) und Kopfschmerzen werden als psychogen anerkannt. Der Mensch selbst ist auf irgendeine Weise ein auslösender Faktor. Krebs, Diabetes, Nierenprobleme und verschiedene andere Krankheiten der inneren Organe werden als organisch und damit als jenseits der Kontrolle des Betroffenen angesehen. Typhus, Grippe, Malaria und die Pest werden als übertragbare Krankheiten dargestellt, die außerhalb des Körpers ihren Ursprung haben und die ebenfalls teilweise der Kontrolle des Betroffenen nicht unterliegen.

Diese Kategorien erscheinen klar und spezifisch. Psychosomatische Krankheiten werden von mir selbst mit verursacht; im Gegensatz dazu habe ich über bestimmte organische Krankheiten keine Kontrolle. Das sieht zunächst mal einleuchtend aus, aber ist es das auch?

Wie kann ich erkennen, um welche Art Krankheit es sich handelt? Ich konsultiere meinen Arzt! Eigentlich soll das ja alles ganz einfach sein, da haben wir zum einen bakteriell-virale Auslöser, und zum anderen geistige und emotionale. Nun werden aber bestimmte Krankheitsformen, die vor fünfundzwanzig Jahren als organisch galten, inzwischen für psychogen gehalten. Zuckungen, Ausschläge, einige Verdauungsstörungen, gewisse Herz-Kreislaufstörungen – das sind nur einige der Krankheiten, die inzwischen neu eingeordnet wurden. Allein in den letzten zehn Jahren ist die Liste immens angewachsen.

Unter Medizinern gibt es auch heute noch viele Kontroversen über den Ursprung von Krankheiten. Der eine Arzt wird die Zuordnung von Krebs als einer psychogenen Erkrankung für völlig absurd erklären, während seine illustren Kollegen an einer großen Universität voll Hingabe daran arbeiten, das Gegenteil zu beweisen. Viele werden behaupten, dass Schizophrenie eine organische Erkrankung sei und deshalb mit Drogen und Vitamintherapie behandelt werden sollte; andere sind sich sicher, dass es sich um eine emotional und psychische Erkrankung handelt, die auf kognitiver und verbaler Ebene angegangen werden muss. Was folgt aus all dem?

Es zeigt, dass selbst unter den so genannten Experten und Fachleuten hitzige Diskussionen und Dispute geführt werden, wenn es um die Entstehung und Behandlung von Krankheiten geht. Alle Ärzte werden mehr oder weniger zustimmen, dass es so etwas wie psychogene Erkrankungen gibt. Einige erforschen, ob nicht letztendlich alle Krankheiten in diese Kategorie fallen. Doch auf der Ebene von wissenschaftlichen Experimenten und Beweisen stecken ihre Untersuchungen noch in den Kinderschuhen.

Also gut – was kann ich als Nichtmediziner nun mit Sicherheit wissen? Erstens, dass meine Gedanken und Gefühle das gesamte Körpersystem *wirklich* beeinflussen. Und zweitens besteht die fehlende Vision vielleicht nicht darin, dass ich selber meine Krankheiten oder mangelnde Gesundheit verursache, *sondern dass ich empfänglicher für Krankheiten werde, wenn ich meinen Körper daran hindere, in Harmonie mit seinem eigensten Fluss zu funktionieren.*

Da wird einer von einer gefürchteten Infektionskrankheit erwischt, ein anderer hingegen nicht. Da erholt sich einer nie wieder von seinem Herzinfarkt, ein anderer wird völlig gesund. Zwei Menschen mit demselben Gehirnschaden nach einem Schlaganfall (wo die Zellularstruktur unwiederbringlich zerstört wurde) entwickeln im weiteren Verlauf ihres Lebens völlig verschiedene Fähigkeiten. Der eine lernt es nie wieder, zu sprechen und zu gehen, der andere lernt beides wieder. Selbst die meisten Ärzte werden zugeben, dass der Unterschied zum Teil mit dem „Lebenswillen" oder mit der „Einstellung" des Patienten zu tun hat.

Daraus folgt: Der entscheidende Faktor beim Gesundwerden oder Überleben ist die Motivation, das Wollen. Der eine Mensch hat vielleicht den festen Willen, wieder sprechen oder laufen zu können, während der andere depressiv ist und an seiner eigenen Hoffnungslosigkeit scheitert. Vielleicht halten ihn seine Niedergedrücktheit und Trostlosigkeit davon ab, sich um seine Wünsche zu kümmern. Statt dessen schlägt er sich mit seinen Ängsten und Sorgen herum.

Wenn ich abgelenkt bin, lasse ich meine Energie und Willenskraft verpuffen und verliere dabei anscheinend meine Motivation und meinen Lebenswillen. Das macht mich empfänglicher für Krankheiten. Außerdem wird meine Selbstheilkraft geschwächt und kann Störungen in dem System, das ich „ich selbst" nenne, nicht mehr beheben.

Das Gegenprogramm könnte so aussehen, dass ich es mir wünsche, glücklicher zu sein und es auch bin - und dadurch in Harmonie mit meinem natürlichen Energiefluss komme. Um meine Gesundheitsvorsorge würde ich mich kümmern, indem ich meinem Körper erlauben würde, natürlich zu funktionieren. Ich würde ihn nicht mit chemischen, elektrischen und urteilenden Kurzschlüssen belasten, die zu Angst und Depressionen führen und meine Körperfunktionen behindern.

Noch ein Schritt weiter: wenn Sorge und Anspannung zu einem Herzinfarkt oder einem Magengeschwür führen können, könnten sie dann nicht auch zu einem Tumor führen? Das ist nur mal eine Frage! Unglückliche Gefühle können mit Sicherheit eine Erkältung oder eine Entzündung der Atemwege verlängern. *Wenn wir unglücklich sind, entziehen wir dem Körper lebenserhaltende Energien. Diese ständige Belastung kann zu Kurzschlüssen und Zusammenbrüchen führen.*

Ist eine entartete Zelle in einem gesunden Körper ein vergängliches Phänomen, während sie für ein unausgeglichenes System zu einer Blockade wird? Zahlreiche Mediziner werden bestätigen, dass wir alle Krebszellen in uns tragen; aber bei den meisten von uns vermehren sie sich nicht und stellen kein Problem dar. Warum aber tun sie das bei einigen?

Eine merkwürdige Entdeckung ist auch, wie viele Menschen sich vor Krankheiten fürchten, ja sich sogar für ihre Erkrankung schuldig fühlen. Sie glauben, dass sie ihre Erkältungen, ihre Kopfschmerzen, ihre Magenschmerzen und ihren hohen Blutdruck irgendwie selbst mit verursacht haben und das macht ihnen Schuldgefühle – als hätten sie ihre Gründe gehabt, die ihnen nun Leid tun. In einer Beratung sagte ein Student ganz beiläufig: „Als ich mir selber den Herzinfarkt verpasste..." Es scheint, als ob unsere spezifischen Erkrankungen eine Bedeutung haben und etwas über uns aussagen.

Zusammen mit einigen Kollegen erstellte ich eine Anzahl Profile von Bekannten, die kürzlich verstorben waren. Sehr bald kamen wir zu einer erstaunlichen Einsicht. Jede/r Einzelne war an einer Krankheit gestorben, die zu ihr oder ihm passte, die sogar in den meisten Fällen so exakt passte, als hätte derjenige sich seine Todesart selbst ausgesucht.

Der Vater eines Kollegen musste ins Krankenhaus, um sich einer Bruchoperation zu unterziehen – eine reine Routinesache. Als er nach der Operation in sein Zimmer zurückkam, machte ihn der Schmerz sehr ärgerlich. Die Ärzte hatten versichert, dass es sich um einen schnellen und geringfügigen Eingriff handele. Typischerweise ließ er seinen Ärger und Zorn am Personal aus. Bis zum späten Nachmittag hatte er einen Asthmaanfall entwickelt. Er hatte seine Atembeschwerden noch nie akzeptieren können und richtete nun seine Wut gegen sich selbst. Er versteifte sich im Kampf gegen den eigenen Körper. Gegen Abend war dann die rechte Lunge kollabiert und eine Stunde später begann die linke Lunge sich mit Flüssigkeit zu füllen, so dass er an ein Atemgerät angeschlossen werden musste. Am Morgen war er völlig überraschend an Herzversagen gestorben.

Einer meiner Freunde war von einer überwältigenden Krebsangst besessen. Seit der Studienzeit pflegte er den Arzt wegen jedem Schmerz, jeder Schwellung, jeder Infektion aufzusuchen, um untersuchen zu lassen, ob es Krebs war. Schließlich, im reifen Alter von siebenundzwanzig, wurde ein Knoten als Tumor identifiziert und operativ entfernt. Er hatte sich als bösartig herausgestellt. Ironischerweise erinnere ich mich an ein Treffen mit ihm, kurz nach der Operation. Er war entspannter, als ich ihn seit Jahren erlebt hatte; seine ängstliche Suche nach dem Krebs war nun vorbei und ich glaube, die Tatsache, dass er nun wirklich krebskrank war, erlöste ihn von der Angst, jemals Krebs zu kriegen.

Es gibt ein altes Sprichwort, das behauptet, wir bekämen genau das, was wir am meisten fürchten. Doch vielleicht geht es dabei nicht um eine Art mystischer Vergeltung, sondern darum, dass die Angst vor etwas viel schwerer zu ertagen ist als der Moment, wo es tatsächlich eintritt – schließlich kommt dann die Angst zu einem Ende. (Der Mann, der seinen Job verloren hat, ist entspannter und akzeptierender als derjenige, der sehen kann, dass sich etwas zusammenbraut und sich davor fürchtet.)

Eine andere Kollegin erinnerte sich voller Liebe an ihre Mutter. Diese starb mit Ende vierzig an einem Myelom, einer extrem bösartigen Form von Krebs, die das Knochenmark angreift. Diese Frau hatte sich selbst immer als zart und schwach gesehen und seit ihrer Jugend unter einer schweren Anämie gelitten. In den letzten

Lebensjahren, als der Krebs ihr gesamtes System verwüstete, brachte die Krankheit interessanterweise mit sich, dass ihre Knochen spröde wurden und leicht brachen – zart und schwach, wie ihr Selbstbild.

Ein Kollege erinnerte sich an seinen Schwiegervater, der ein sehr verklemmter und prüder Mann gewesen war. Er hatte eine verkniffene Art und eine sehr rigide Körperhaltung. Hinter seinem Rücken wurde er „Tightass" genannt. Im Anschluss an eine Kolostomie starb er an Darmkrebs, der den Enddarm und das Rektum befallen hatte. Eine weitere Mitarbeiterin erzählte von ihrer Tante, die stets leicht erregbar gewesen war. Ihr Zorn war fast immer in ihr, obwohl sie ihn manchmal verdrängte. Sie starb an den Komplikationen, die ein extremer Bluthochdruck mit sich brachte. Eine Frau sprach davon, dass ihre Großmutter ihr Leben lang von der Unterstützung und Sicherheit abhängig war, die ihr Mann ihr gab. Sie hatte immer behauptet, dass sie, sollte er je krank werden oder sterben, ohne ihn nicht weiterleben könnte. Zwei Wochen nachdem er an einem Hirntumor operiert worden war, und klar war, dass er nicht mehr lange leben würde, brach sie tot zusammen, als sie auf ihrem Balkon saß. Jeder, der sie kannte und liebte, war davon überzeugt, dass sie ihr Versprechen wahr gemacht und mit einem stillschweigenden Willensakt ihr Leben selbst beendet hatte.

Diese Beispiele über Krankheit und Tod sind keine Beweise dafür, dass Menschen sich absichtlich verletzen. Sie könnten aber daraufhin deuten, dass unsere Ängste und unglücklichen Gefühle ganz spezifisch damit zu tun haben, welcher Kurzschluss sich letztendlich im Körper entwickelt. Die Frau, welche sich selbst für zart und schwach hielt, wollte mit Sicherheit nicht krebskrank werden und erleben, wie ihre Knochen brachen. Aber ihre Angst vor Verletzlichkeit entzog ihrem System die Lebenskraft und führte vielleicht zu einer entsprechenden Fehlfunktion des Körpers.

Depressive Menschen (aufgrund von Angst, Sorge, Frustration) sind statistisch gesehen „empfänglicher" für Krankheiten als andere, die mehr zu Optimismus und Lebensfreude neigen. Ein Mangel an Gesundheit ist vielleicht nicht so sehr auf die Angriffe von Viren und Bakterien zurückzuführen, als vielmehr auf die Empfindlichkeit eines Körpers, der nicht im Gleichgewicht ist.

Wenn ich bereit bin, mir eine wahre Ehe zwischen all meinen Anteilen (Körper und Geist) vorzustellen, kann ich vielleicht herausfinden, wie meine unglücklichen Gefühle sich auf meine Gesundheit auswirken. Fühle ich mich unglücklich, so nenne ich das meistens „es geht mir nicht gut". Schaue ich genauer hin, kann ich oft Körperteile identifizieren, die das schlechte Gefühl spiegeln. Mein Kopf tut weh, im Magen ist mir übel, mein Körper ist erschöpft.

Frage einen beliebigen Menschen, wie er weiß, dass er glücklich ist, und er wird dir wahrscheinlich sagen, dass er sich dann *gut fühlt*. Das bedeutet, dass er und sein Körper (die eine Einheit sind) frei und ohne Blockierungen miteinander im Fluss sind.

Wenn ich mich unglücklich (ängstlich, besorgt, schuldig) fühle, verarbeitet mein Körper die Nahrung anders, er verändert sein chemisches Gleichgewicht und arbeitet *unter Druck*. Um mit dieser Störung klarzukommen, verändern sich die inneren Abläufe. Diese Notfall-Veränderungen können, wenn sie länger anhalten, zu gewissen Zusammenbrüchen führen. Ein Überschuss an Magensäure kann vom Körper leicht ertragen werden, wenn er nur einen Nachmittag lang besteht – dauert er jedoch Wochen oder Monate, führt das zur Zerstörung von Gewebe. Für kurze Zeiträume erlebt jeder Organismus einmal einen Bluthochdruck; doch auch hier wird ein längeres Ungleichgewicht den Organismus schädigen und das gesamte Kreislaufsystem schwächen. Einige dieser Schäden können operativ oder durch Diät, Entspannungsprogramme und Medizin behoben werden. Andere sind so chronisch oder heftig, dass sie die Systeme im Körper zerstören. Wenn ich beginne, diese Kreisläufe zu verstehen, wird mir klar, welch dramatische und selbstzerstörerische Folgen mein Unglücklichsein mit sich bringt – zum Beispiel den Verlust meiner Gesundheit. Als meine Mutter mir Vorwürfe machte, dass ich mich nicht schlecht fühle, wenn *sie sich schlecht fühlt*, (sie wollte nicht, dass ich unmenschlich und herzlos bin), da war weder ihr noch mir klar, welch umfassende Nebenwirkungen es hat, sich schlecht zu fühlen (abgebrochene Ziele, Krankheit, u.s.w.).

Wenn mein System so in sich vernetzt ist, was kann ich dann im Falle einer Krankheit, die ich für psychogen halte, wissen oder tun? (Vielleicht sind alle Krankheiten psychogen!) *Ich kann psychosomati-*

sche Krankheiten als Zeichen ansehen, als Hinweise auf mein Unglücklichsein – jedoch nicht als Strafen für meine eigene Dummheit oder Schlechtig-
keit. Da mein Körper auf meine Gedanken und Gefühle chemisch
reagiert (z.B. mit Übelkeit, wenn ich Angst habe), könnte ich seine
Reaktionen als Signale nehmen. *Mein Körper ist ein Teil von mir, der
mir sagt, ob ich glücklich oder unglücklich bin.*

In einem Optionsdialog kann ich ihn als Sonde benutzen, die
mich zu meinen Überzeugungen führt. Habe ich Schmerzen, so kann
ich mich fragen: Gibt es etwas, das mich unglücklich macht? (Das
kann sogar der Schmerz sein). Wenn ja, was macht mich unglücklich? Der Körper könnte mir ein inneres Radarsystem zur Verfügung
stellen, das ich für mich nutzen könnte.

Doch leider könnte ich meine Krankheit auch als einen Hinweis verstehen, dass etwas mit mir nicht stimmt, dass ich nicht gut
für mich bin. Ein derartiger Glaube könnte dazu führen, dass ich beginne, die Krankheit zu „bekämpfen", mein Magengeschwür zu hassen, von meinen Kopfschmerzen genervt und wütend auf meinen
hohen Blutdruck zu sein. Durch mein Kämpfen verstärke ich allerdings meine Schmerzen und Fehlfunktionen nur, denn ich behindere meinen Körper noch mehr (meine Wut und Angst erhöhen den
Blutdruck, verspannen die Muskeln, übersäuern mein Verdauungssystem). Ich bekämpfe den Teufel und gebe ihm dadurch mehr
Macht.

Das wiederum könnte ich als Beweis dafür nehmen, wie sehr ich
mich ständig selbst verletze: also bin ich nicht gut für mich selbst.
Doch wie kann das möglich sein, wenn ich immer das Beste für mich
tue, das ich aufgrund meiner Überzeugungen tun kann? Wenn ich
meine Krankheit mit Angst und Sorge bekämpfe, dann glaube ich in
dem Moment, dass ich die Situation auf diese Weise bestmöglich in
den Griff kriege und vielleicht verhindere, dass alles noch schlimmer
wird. Habe ich mir eine ernsthafte Erkrankung zugezogen, werde ich
mich sicherlich sofort darauf konzentrieren, dass ich nicht sterben will
– und das ist sehr verschieden von dem *Wunsch*, am Leben zu bleiben. Bin ich ängstlich, dann kann ich fast eine kleine Stimme in mir
sagen hören: „Du wirst es nicht schaffen." Das ist aber nicht die
Wahrheit, es sei denn ich mache es wahr, indem ich daran glaube. Es
gibt keine hoffnungslosen oder unabänderliche Situationen. Ich be-

mühe mich zwar sowieso immer, mir selbst Gutes zu tun, aber vielleicht gibt es einen besseren Weg.

Das Einzige, was mein Schmerz oder meine psychosomatischen Beschwerden mir möglicherweise sagen könnten, ist, dass ich nicht im Fluss mit meinen Wünschen und meinem Sein bin und dass mich etwas beunruhigt oder verwirrt.

Symptome sind weder Anklagen noch Verurteilungen, es sei denn, ich sehe sie als solche an.

Um das Konzept anzunehmen, dass eine psychosomatische Krankheit einer Anklage gleichkommt, müsste ich eine weitere Überzeugung haben, die das unterstützt – nämlich dass mein Körper mein Feind ist, der gegen mich handelt. Wie aber kann das sein? Und doch kann dieser Glaube sich selbst erfüllen, denn Sorgen und Zweifel führen zu Anspannung und Unwohlsein, aus denen wiederum ein Ungleichgewicht entsteht, das die Empfänglichkeit für jede Krankheit vergrößert.

Was könnte vor diesem Hintergrund mit dem Begriff Selbstheilung gemeint sein? Es würde bedeuten, die negativen Verknotungen zu durchtrennen und es mir zu ermöglichen, im Fluss mit meinen Wünschen und meinem Wohlsein zu leben. Die natürliche Harmonie meines Körpers wäre wiederhergestellt, was ihn befähigen würde, sich selbst gesund zu halten. Diese Haltung würde möglicherweise zu weiteren Alternativen führen, die wir für uns selber und unser Wohlergehen umsetzen könnten (bessere Ernährung, anderer Lebensstil, Kräutertherapie etc.). Damit wollen wir nicht sagen, dass ein Arzt oder Chirurg nicht sehr wichtig sein kann, wenn wir Hilfe brauchen.

Wir wollen zu der Idee anregen, dass unsere seelische Gesundheit eine große Rolle dabei spielt, wie gesund wir sind und bleiben. Mit meinen Überzeugungen und ihren Konsequenzen wähle ich zugleich mein körperliches Schicksal.

Mein Körper hat an meinem Glücklichsein teil, indem er sich gut fühlt. Schmerzen, Fehlfunktionen und psychosomatische Krankheiten können mir dabei helfen, mich von Unbehagen und Beschwerden zu befreien. Wenn ich die Überzeugungen aufdecke, die für meine negativen Gefühle verantwortlich sind, dann entziehe ich meinen

Symptomen ihre Energie und vielleicht sogar ihre Existenz.

Vor vielen Jahren galt meine Aufmerksamkeit der Einsicht, dass Übergewicht ungesund ist, dass Überernährung zu Überfettung führt, und dass ich deshalb eine Diät beginnen müsste. Meine Diät basierte auf einem negativen Wunsch. Ich setzte mir ständig selbst zu: „Iss bloß nichts!" Ich kümmerte mich um meine Ängste und ging gegen mich selbst an, so als wolle ich in Wirklichkeit essen und fett werden. Verrückterweise konnte ich nun, da ich ständig fürchtete, zuviel zu essen, an nichts anderes denken. Der gesamte Prozess kehrte sich gegen mich. Und doch hatte ich ihn nicht begonnen, damit er sich gegen mich kehrte, sondern weil ich glaubte, dass ich auf diese Weise aufhören würde zu essen, was mich wiederum gesunder machen sollte. Das war damals das Beste, was ich wusste und tun konnte.

Was mir nicht bewusst war: Ich hatte den Kontakt zu meinem Wunsch verloren, gesund und schlank zu sein. Hätte ich den Optionsprozess® benützt und mit seiner Hilfe meine Überzeugungen in puncto Gewicht, Krankheit und körperliche Erscheinung verändert, dann hätte ich dadurch vielleicht die Freiheit gefunden, mich auf meinen Wunsch zu konzentrieren, gesund und schlank zu sein. Mein Appetit und die Größe meiner Mahlzeiten hätten sich meinen Bedürfnissen und meinem Selbstausdruck angepasst anstatt von meinen Sorgen vergrößert zu werden.

Tut nicht jeder, der klagend proklamiert, dass er nikotinsüchtig ist, dasselbe? „Ich will nicht rauchen. Es ist furchtbar, aber ich kann nicht anders." „Es wird mich krank machen." „Ich wünschte, ich könnte aufhören." Alles negative Aussagen. Sie sprechen über Ängste und unglückliche Gefühle angesichts von Krankheit und Suchtverhalten. Nichts davon hat mit dem Wunsch zu tun, gesund zu sein.

Es gibt keinen Grund, diese Art Verhalten zu verurteilen, es als gut oder schlecht, richtig oder falsch zu bewerten. Da gibt es nur eine Frage. Wenn ich einmal geglaubt habe, es gebe einen Weg, mich besser um mich selber zu kümmern, und wenn dieser Weg dann nicht funktioniert hat, würde ich ihn dann weiter verfolgen? Wenn nicht, dann hätte ich damit eine Überzeugung geändert – und das wiederum würde mein Verhalten ändern.

Eine meiner Studentinnen, die ständig unter Magenkrämpfen

litt, wurde regelmäßig wütend auf sich selbst und schrie sich dann an: „Hör auf, so angespannt zu sein, verdammt noch mal!" Indem sie ihre Magenschmerzen bekämpfte, verstärkte sie die Spannung und verschlimmerte dadurch wiederum die Schmerzen. Sie war dermaßen mit ihren Schmerzen als Beweis ihrer eigenen Unfähigkeit, gut zu sich zu sein, beschäftigt, dass sie nicht dazu kam, herauszufinden, was sie eigentlich wollte. Später, nachdem sie einige ihrer Grundüberzeugungen verändert hatte, waren auch die Magenschmerzen völlig verschwunden. „Hey", rief sie eines Nachmittags, „ich habe mich mit meinem Körper angefreundet." Damit meinte sie, dass sie endlich Freundschaft mit sich selbst geschlossen hatte und sich selbst nicht mehr verurteilte. Sie hatte sich letztendlich dazu entschlossen, sich selbst mit der Grundhaltung der Option: „Lieben heißt einverstanden sein" anzuschauen und anzunehmen. Ohne Erwartungen. Ohne Bedingungen.

Wenn wir uns dessen, was wir tun, bewusst werden, ist das ein wichtiger erster Schritt in Richtung Veränderung. Doch wahre Veränderung ist eine *Entscheidung.*

Wenn ich mein Leben mehr an der Optionshaltung ausrichte, werde ich bemerken, dass ich auch meine Schmerzen anerkennen und mit ihnen fließen kann. Dabei frage ich mich selbst, was mir so unangenehm ist und entdecke meistens unterschwellige Überzeugungen. Wenn ich sehe, dass mein Unglück auf Urteilen oder Meinungen basiert, die entweder sinnlos oder selbstzerstörerisch sind, dann ist es leicht, auf sie zu verzichten. Und wenn ich diese Überzeugungen dann über Bord werfe, verschwinden meistens auch die Schmerzen und körperlichen Probleme, die aus ihnen entstanden waren. Ich kämpfe nicht gegen meine körperlichen Probleme an, ja ich arbeite nicht einmal an ihnen. Ich versuche, mich von den Überzeugungen zu befreien, die an der Wurzel des Übels stecken und eröffne mir so die Möglichkeit, mit meinem Wunsch nach Gesundheit in Kontakt zu kommen. Reicht die Zeit nicht, um mit meinen Überzeugungen in Kontakt zu kommen, so kann ich mich schnell fragen: Was will ich? Die Antwort kommt meistens schnell und leicht, und sie kommt als direkte Bestätigung meines eigensten Wesens. Ich benutze sie, um meinen Kopf in die Richtung zu wenden, in die ich reisen möchte.

Jede körperliche Störung wird zu einer Gelegenheit des

Forschens und Heilens. Wenn ich gesund bin, ist das kein Thema, doch es wird mit Sicherheit zu einem, wenn ich einmal krank bin.

Ich muss jedoch nicht warten, bis mein Körper mir Probleme macht. *Ich kann meinen Wunsch nach Gesundheit jetzt bestätigen – und das ist nur eine weitere Bestätigung und Anerkennung meines eigensten Wesens. Es ist ein Weg, mich selbst zu lieben.* Habe ich diese Richtung erst einmal gewählt, werden all die Dinge offenkundig, die ich tun kann, um Gesundheit zu erlangen oder zu erhalten (meine Diät ändern, ein Übungsprogramm einrichten u.s.w.). Wenn wir uns klar und angenehm fühlen, wissen wir genau, wie wir unsere Gesundheit am besten steigern und aufrechterhalten können.

Es gibt ein Geschenk, das ich mir selbst jetzt in diesem Moment machen kann – ich kann damit aufhören, meinen Körper davon abzuhalten, seinen eigenen Bedürfnissen zu folgen, indem ich die Überzeugungen ablege, die ihn daran hindern. Und wenn ich dann alle Bücher gelesen und alle Ärzte um Rat gefragt habe, kann ich auf meine innere Stimme hören und meinen eigenen Entscheidungen folgen. *Experten und Fachleute können zwar, wenn es um ihr Fachgebiet geht, eine Menge Wissen haben, doch ob und wie ihr Wissen mein Leben betrifft, kann nur ICH entscheiden.* Ob ich ihre Konzepte und Voraussagen annehme, ob ich nur einen Teil davon für mich erwähle oder ob ich mir meinen eigenen Weg durch den Dschungel schlage – nur ich allein weiß, welcher Weg für mich der richtige ist. Ich bin der einzige Experte, was mich anbetrifft, und Sie sind der einzige Experte, was Sie anbetrifft.

DIE „DENK"-SEITE
Mir geht's gut:
Gesundheit und psychosomatische Krankheiten

FRAGEN, DIE SIE SICH SELBST STELLEN KÖNNEN:

Haben Sie eher Angst vor Krankheit oder wollen Sie eher gesund sein?

Behandelt Ihr Arzt Sie wie einen ganzen Menschen oder nur wie ein isoliertes Problem?

Wenn Sie sich körperlich krank fühlen, denken Sie eher daran, die Probleme zu bekämpfen, oder daran, das Gleichgewicht wieder herzustellen?

Wenn Sie unter einer psychosomatischen Beschwerde leiden, führt das dazu, dass Sie sich aufregen und die Probleme bekämpfen, oder versuchen Sie, ihre Bedeutung zu verstehen?

Halten Sie sich selbst für gesund oder eher kränklich?

Fürchten Sie sich vor Krankheit und Tod? Wenn ja, was sind Ihre Vorstellungen davon?

OPTIONSKONZEPTE, DIE SIE ERWÄGEN KÖNNTEN:

WER KRANKHEIT FÜRCHTET, KONZENTRIERT SICH AUF DAS-WAS-NICHT-IST.

KRANKHEIT (ENGL. DIS-EASE) BEDEUTET, SICH NICHT WOHLZUFÜHLEN (BEING AT EASE) ODER NICHT IM NATÜRLICHEN FLUSS ZU SEIN.

WENN WIR UNGLÜCKLICH SIND, IST KRANKHEIT EINE DER MÖGLICHEN KONSEQUENZEN.

TROSTLOSIGKEIT ENTZIEHT DEM KÖRPER ENERGIE UND FÜHRT ZU UNGLEICHGEWICHT UND GRÖSSERER EMPFÄNGLICHKEIT FÜR KRANKHEITEN.

PSYCHOSOMATISCHE SYMPTOME DIENEN UNS ALS HIN-
WEISE – ES SIND FRAGEN UND KEINE FESTSTELLUNGEN
ODER ANSCHULDIGUNGEN.

WIR TUN IMMER DAS BESTE, WAS UNS MÖGLICH IST.

ÜBERZEUGUNGEN, DIE SIE VIELLEICHT ABLEGEN MÖCHTEN:

Mein Körper ist gegen mich.

Krankheiten behandelt man am besten, indem man sie bekämpft.

Wenn ich eine psychosomatische Krankheit habe, bedeutet das, dass ich dumm und selbstzerstörerisch bin.

DER ACHTE DIALOG

Frage: WARUM SIND SIE UNGLÜCKLICH?
Antwort: (seufzt) Weil ich vor knapp einer Woche herausgefunden habe, dass ich Diabetes habe

F: Was macht Sie daran unglücklich, Diabetes zu haben?
A: Wie soll ich bloß anfangen?

F: Womit möchten Sie anfangen?
A: Mit mir. Ich bin ein sechsunddreißigjähriger Mann, der gerne mindestens noch einmal sechsunddreißig Jahre leben möchte. Aber jetzt habe ich schlechte Karten. Bis zu meinem Lebensende muss ich mir jetzt jeden Morgen nach dem Aufstehen eine Insulinspritze verpassen. Ich werde zu einer Art Drogie. Abhängig...aber das ist eine Abhängigkeit, die ich nie mehr loswerden kann. Das stinkt zum Himmel.

F: *Warum stinkt es zum Himmel?*

A: Es ist einfach nicht normal. Ich bin immer ziemlich gesund gewesen und nun plötzlich ein Krüppel.

F: *Wie meinen Sie das?*

A: Für den Rest meines Lebens hänge ich an der Nadel, weil mein Zuckerspiegel, die Kopfschmerzen, die Schwindelgefühle und die Sehstörungen ansonsten zu einem Insulinschock führen würden, und dann...tja, dann kann das ganz schön in die Hose gehen. Ich glaube es nicht. Jeden Morgen ziehe ich eine Spritze aus ihrer Zellophanverpackung, schiebe die Nadel in die Insulinampulle und dann, lieber Gott, dann stoße ich mir die Nadel in den Arm und drücke zu. Am zweiten Morgen sah ich mich selbst im Badezimmerspiegel, und eine Welle von Ekel überkam mich. Ich. Ich sah aus wie irgendein Freak. Das Ganze dauert erst vier Tage, und schon kommt's mir wie eine Ewigkeit vor. Ich will keinen Diabetes. Himmel, es ist entsetzlich.

F: *Ich weiß, dass Sie keinen Diabetes wollen, aber warum sind Sie unglücklich, dass Sie diese Krankheit haben?*

A: Weil ich keine Wahl mehr habe. Ich bin wie festgenagelt.

F: *WARUM MACHT SIE DAS UNGLÜCKLICH?*

A: Ich will den Nagel raushaben. Mann, ist das ein kranker Witz.

F: *Und wenn Sie den „Nagel nicht rauskriegen", WARUM WÜRDE SIE DAS UNGLÜCKLICH MACHEN?*

A: Weil ich in zwanzig Jahren, wenn ich in den Fünfzigern bin, lauter interessante Sachen zu erwarten habe. Ich werde langsam erblinden. In meinen Venen und Arterien wird sich nach und nach der Müll von den Injektionen ablagern, und der Blutkreislauf in Beinen und Armen wird immer schlechter funktionieren. Und wenn ich das Glück habe, mich arg zu schneiden oder einen kleinen Blutklumpen zu produzieren, können mir die Gliedmassen brandig werden und abfaulen... Sie wissen ja, was das bedeutet. Wissen Sie das? (Pause) Amputation. Mal ein Bein, mal einen Arm. Stück für Stück. Ich werde auseinanderfallen, bevor ich alt bin. Und ich werde wahrscheinlich blind sein, kann das alles also im Dunklen erleben. Nur ein kleiner Überblick über meine Zukunft. Noch vor drei Wochen war alles prima – jetzt ist alles Scheiße geworden. (mit brechender Stimme) Ich kann's nicht glauben. Es ist das absolute Elend.

F: *Ich verstehe, dass Sie über die möglichen Langzeitfolgen reden, aber warum macht Sie das jetzt unglücklich?*
A: Weil ich nicht will, dass mir all diese entsetzlichen Dinge passieren.

F: *WARUM GLAUBEN SIE, DASS SIE PASSIEREN WÜRDEN?*
A: Ich bin mir nicht sicher. Ich erzähle Ihnen nur, was in den Büchern steht. Was mein Arzt mir vorbetet.

F: *WAS FÜRCHTEN SIE, KÖNNTE PASSIEREN, WENN SIE NICHT UNGLÜCKLICH ÜBER DIE MÖGLICHEN FOLGEN WÄREN?*
A: Ehm...ich glaube wohl, dass sie dann eher passieren würden.

F: *Meinen Sie damit, dass Ihre Unzufriedenheit diese Möglichkeiten irgendwie verhindert?*
A: Vielleicht. Wenn ich nicht unglücklich darüber wäre, würde ich sie vielleicht richtiggehend einladen, weil ich nichts dagegen unternehmen würde.

F: *GLAUBEN SIE DAS?*
A: Als ich das eben gesagt habe, nein.

F: *Können Sie sich vorstellen, dass es möglich ist, nicht unglücklich zu sein und trotzdem Gegenmaßnahmen zu treffen?*
A: Ja. Ja, das kann ich. (lange Pause)

F: *Was fühlen Sie gerade?*
A: Mir fing's gerade an, besser zu gehen, doch dann war da diese Wut, ganz tief in mir drin.

F: *WORÜBER SIND SIE WÜTEND?*
A: (er errötet) Wollen Sie's wirklich wissen...dieser bescheuerte Arzt. Es geht um die Krise meines Lebens und er lässt mich eine geschlagene Stunde in so einem kleinen Kämmerchen sitzen. Du fühlst dich wie in einem besseren Besenschrank eingeschlossen. Dann kommt er rein. Verzieht keine Miene. Und erzählt mir ganz beiläufig, dass meine Zuckerwerte unglaublich hoch seien, was auch meine Symptome erkläre. Dann gibt er mir einen Kasten. Ich lese mir durch, wie das Insulin zu verabreichen ist und er hält mir diesen kurzen, coolen Vortrag über Diabetes und Insulin, als sei ich ein Idiot. Ich sage ihm, dass ich wohl wisse, was auf mich zukommt und dass seine Schönfärberei die Sache nicht wirklich trifft. Er lacht herablassend und versichert mir, dass es, bis ich erst mal fünfzig bin, sicher neue Behandlungsmethoden geben wird. Und das war's dann, Freundchen...Pech gehabt. Der Arzt war etwa so sensibel wie ein Erschießungskommando. Ich fragte ihn sogar nach Büchern, die er mir empfehlen könnte. Er war sofort pikiert und meinte, das sei nicht mein Problem – er würde sich schon um alles kümmern, das sei ja schließlich sein Job. So'n Quatsch! Sobald ich seinen Behandlungsraum verlassen hatte, war der nächste Körper dran.

F: *WARUM MACHT SIE DAS SO WÜTEND?*
A: Es geht schließlich um mein Leben. Ich drücke mir die Spritzen in meinen Arm, verstopfe damit meine Venen, und meine Augen werden irgendwann erblinden. Ich will jetzt nicht dick auftragen, aber ich will nicht zum Krüppel werden.

F: *WARUM GLAUBEN SIE DANN, DASS SIE ZUM KRÜPPEL WERDEN?*
A: Was? (fixiert den Fußboden mit seinem Blick) Warum ich das glaube? Weil es passieren wird. Nach zwanzig Jahren an der Nadel kannst du mich wegschmeißen.

F: *Ich verstehe, welche Spätfolgen die Insulin-Injektionen haben können, aber was genau beunruhigt Sie an all diesen möglichen Entwicklungen?*
A: Dass ich hilflos bin. Ich kann an all dem auch nicht ein Quäntchen ändern. Ich fühle mich wie ein wehrloses Opfer. Und, wissen Sie,

das bringt mich um. Ich kann nicht behaupten, dass ich völlig überrascht worden bin von der Sache, immerhin komme ich aus einer Familie, in der es schon viele Fälle von Diabetes gegeben hat. Trotzdem bin ich mit Rice Krispies, überzuckerten Cornflakes, Süßigkeiten, Eis und Kuchen großgezogen worden. War da jemals die Rede von gesunder oder ausgewogener Ernährung? Gesundheit kam, wenn ordentlich gefuttert wurde – egal was. Unfassbar. Es bringt mich zum Wahnsinn, nur daran zu denken.

F: *An was?*

A: Dass ich als Kind mit Müll vollgestopft worden bin und dass ich als Erwachsener mein System nahtlos weiter bekämpft habe. *Schau'n Sie mich doch an.* Fünfzehn Kilo Übergewicht, mindestens dreimal täglich Kaffee mit drei Löffeln Zucker. Und ich komme aus einer Diabetikerfamilie. Kein Wunder, dass ich krank bin. Ich hab's mir ja selber zuzuschreiben. Ich war's, ich bin schuld.

F: *Wie meinen Sie das?*

A: Ich habe mich nicht um mich gekümmert. Ich habe alles falsch gemacht. Deshalb hat meine Bauchspeicheldrüse vorzeitig ihren Abschied erklärt, und ich bin zur Nadel verdammt (haut mit der Faust auf den Tisch).

F: *WAS MACHT SIE SO WÜTEND?*

A: Warum habe ich nicht schon früher etwas unternommen? Warum habe ich mich nicht besser um mich selbst gekümmert?

F: *Was geschehen ist, ist geschehen. Das war einmal. Warum macht es Sie jetzt unglücklich?*

A: Weil ich ein Idiot war. Bescheuert, schlicht und einfach bescheuert. Darüber kann ich doch wohl nicht glücklich sein?

F: *WAS BEFÜRCHTEN SIE, WÜRDE PASSIEREN, WENN SIE NICHT DARÜBER UNGLÜCKLICH WÄREN, DASS SIE SICH NICHT GUT UM SICH GEKÜMMERT HABEN?*

A: Es scheint, als ob ich dann dazu verdammt wäre, immer so weiter zu machen – meine Gesundheit noch mehr zu missachten.

F: *Wollen Sie damit sagen, dass Sie ohne Ihre unglücklichen Gefühle über das, was gewesen ist, nicht auf Ihre Gesundheit achten würden?*
A: Ja.

F: *WARUM GLAUBEN SIE DAS?*
A: Ich weiß nicht. (Pause) Warten Sie mal. Das ist doch lächerlich. Das kann doch wohl nicht wahr sein. Ich muss unglücklich sein, damit ich mich um meinen Körper kümmere. So habe ich das noch nie gesehen. Das ist eine gute Einsicht. Ja, schön...aber dadurch ändert sich gar nichts.

F: *Wie meinen Sie das?*
A: Ich will nicht bis an mein Lebensende vom Insulin abhängig sein. Das halte ich nicht durch!

F: *WARUM MACHT SIE DAS SO UNGLÜCKLICH?*
A: Ich will kein Insulin-Junkie sein.

F: *Sicher, das verstehe ich, aber zum Einen möchten Sie kein Insulin nehmen und zum Anderen macht es Sie unglücklich – das sind zwei verschiedene Dinge.*
A: Ich will es wegen der Probleme nicht nehmen, die es irgendwann für den Körper macht.

F: *Warum?*
A: Mann, Sie wären auch unglücklich, wenn Sie wüssten, dass Sie in zwanzig Jahren blind und vielleicht auch ein Krüppel wären.

F: *Wenn das so wäre, hätte ich meine eigenen Gründe dafür, unglücklich zu sein. Was sind Ihre?*
A: Ich will einen anderen Weg finden, deshalb bin ich so unglücklich.

F: *WAS FÜRCHTEN SIE, WÜRDE PASSIEREN, WENN SIE NICHT UNGLÜCKLICH DARÜBER WÄREN, INSULIN ZU NEHMEN?*

A: Ich würde es einfach nehmen...ohne nachzudenken, ohne nach-zufragen.

F: *WARUM GLAUBEN SIE DAS?*
A: Weiß ich nicht. Wenn ich es auf die leichte Schulter nehmen würde, dann würde ich vielleicht nichts unternehmen.

F: *GLAUBEN SIE DAS?*
A: Nein. Nicht wirklich.

F: *Lassen Sie uns das „nicht wirklich" ansehen. Wollen Sie sagen, dass Ihr Unglücklichsein Sie dazu motiviert, Alternativen zu suchen?*
A: Ich glaube, ja. Das kommt mir echt so vor...sehen Sie, da tu ich's schon wieder. Das mache ich ständig. Mir war nie klar, dass meine unglücklichen Gefühle immer gegenwärtig sind. Ich kann mir vorstellen, nicht schlecht drauf zu sein und trotzdem andere Lösungen zu finden.

F: *WAS WOLLEN SIE?*
A: Also, das klingt bestimmt verrückt, aber mein Bruder hat ein Ding mit Akupunktur, Gewebe-Salzen und Phytotherapie. Er hat die Situation mit all seinen Freunden besprochen und ein Arzt in chinesischer Medizin hat ihm erzählt, dass es einen Tee aus bestimmten Kräutern und Blättern gibt, der wird aufgekocht und viermal am Tag getrunken und dadurch wird die Glukoseproduktion im Körper stark gehemmt. Er meinte, dann wäre das Insulin überhaupt nicht mehr nötig. Wir haben jeden Abend drüber geredet und er drängt mich. Aber es ist mein Körper und ich habe Angst.

F: *Wovor?*
A: Dass ich einen Insulinschock bekomme. Dass ich auf irgendeinem Gehweg zusammenbreche und nie wieder aufstehe.

F: *GLAUBEN SIE, DASS DAS PASSIEREN WIRD?*
A: Sicher, wenn ich nicht aufpasse.

F: *Meinen Sie damit, dass Sie nicht aufpassen werden?*

A: Mein Bruder macht echt interessante Vorschläge. Es wäre zu schön, wenn sie funktionieren würden - das würde bedeuten, dass der Körper auf natürliche Weise geheilt werden könnte. Aber manchmal, glaube ich, höre ich ihm nur zu, damit ich das Insulin nicht nehmen muss. Und doch ist das nicht die ganze Wahrheit, ich möchte gerne einen natürlicheren Weg gehen. Eine spezielle Diät und Übungen – das fühlt sich richtig an, nur die Injektionen nicht. Als ich dem Arzt von den Kräutern erzählt habe, hat er mich ausgelacht. Er sagte, das sei lächerlich und ich solle es bloß nicht wagen, das Insulin abzusetzen. Das sagte er in einem Ton, der mir echt Angst gemacht hat. Aber das ist es nicht allein – ich kann ihn einfach nicht ausstehen.

F: *Warum?*

A: Weil ihm alles egal ist. Ob ich lebe oder sterbe, kümmert ihn nicht die Bohne. Er macht alles nach Vorschrift.

F: *Das mag ja so sein, aber was stört Sie daran so?*

A: Er spielt den lieben Gott, wo es um mein Leben geht.

F: *Wie das?*

A: Er verschreibt Insulin und ich muss es nehmen.

F: *Fühlen Sie sich gezwungen, es zu nehmen?*

A: Nein, nein...aber was soll ich sonst tun? Er weiß ja schließlich Bescheid, also folge ich dem, was er mir sagt.

F: *WARUM SIND SIE DANN WÜTEND AUF IHN?*

A: Weil ich manchmal glaube, er hat keine Ahnung oder es ist ihm egal. Ich erzähle ihm, was ein Kräuterheilkundiger mir vorgeschlagen hat und er lacht mich aus. Aber vielleicht könnte es ja helfen. Ich behaupte nicht, dass es die Lösung ist, aber warum nicht alles versuchen? Schließlich ist das angeblich sein medizinisches Spezialgebiet.

F: *Und wenn er sich entscheidet, nur eine Sichtweise zu haben, WAS IST DARAN SO ÄRGERLICH?*

A: Wie ich schon gesagt habe, ich glaube nicht, dass er über den Tellerrand gucken will.

F: *Wenn er das nicht tut, dann ist das seine Angelegenheit, aber WARUM MACHT ES SIE SO UNGLÜCKLICH?*

A: Weil ich auf ihn hören muss.

F: *Warum müssen Sie das?*

A: (Pause) Wenn ich das nicht tue, werde ich krank.

F: *Warum glauben Sie das?*

A: Weil er schließlich der Experte ist.

F: *Sie meinen also, Sie hören auf ihn, weil es in Ihrem eigenen Interesse ist.*

A: Ja.

F: *Müssen Sie das oder wollen Sie das?*

A: (lächelt) Ich will es. Ja, ich seh's. Ich seh's. Wenn ich ihm folge, dann nur, weil ich es entscheide. Gut...es ist gut, das zu verstehen, denn gerade jetzt will ich mich nur für das Beste entscheiden.

F: *Und das wäre?*

A: Eine neue Richtung einzuschlagen. Aber, wissen Sie, ich habe immer noch Angst.

F: *Angst wovor?*

A: Davor, noch mehr Fehler zu machen. Denn wäre ich bewusster gewesen und hätte mich mehr bemüht, dann hätte ich abnehmen und meine Diät ändern können. Vielleicht wäre dies alles dann nicht passiert. So habe ich zu meinem Diabetes beigetragen. Wie kann ich mir sicher sein, dass ich weiß, was zu tun ist?

F: *WAS WOLLEN SIE TUN?*

A: Die Kräuter ausprobieren. Wissen Sie, mein Bruder war immer der Paradiesvogel in der Familie, mit seinen merkwürdigen Freunden und seinem unangepassten Lebensstil. Aber was er sagte, leuchtete echt ein. Es war einleuchtender und informativer als alles, was der Arzt mir erzählt hat. Mensch, ich hab's fast geschafft. Ich möchte gerne herausfinden, ob ich die Kräuter und Wurzeln ausprobieren will, weil ich glaube, dass sie mir helfen können, oder nur, weil ich mich vor dem Insulin fürchte. Ich will nicht aus Angst handeln.

F: *Warum würden Sie es dann tun?*
A: Das ist eine gute Frage. Bevor ich hierher kam, war ich bereit, nach jedem Strohhalm zu greifen. Ich hatte große Angst und war auf den Arzt und auf mich selber wütend. Aber jetzt fühle ich mich viel, viel besser. ..ruhiger, nicht mehr ängstlich. Jetzt weiß ich, dass ich die Kräuter ausprobieren will (lacht in sich hinein). Ich tue ja mein Bestes, aber ich habe immer noch einen Kloß im Hals.

F: *Was meinen Sie, was das bedeutet?*
A: Ich fühle mich noch nicht ganz wohl. Nicht so schlimm wie vorhin, aber irgendetwas ist da noch.

F: *WESHALB FÜHLEN SIE SICH UNWOHL?*
A: Was, wenn ich einen Fehler mache?

F: *WARUM SOLLTEN SIE UNGLÜCKLICH DARÜBER SEIN, EINEN FEHLER ZU MACHEN?*
A: Ich könnte mir selbst schaden.

F: *WARUM GLAUBEN SIE DAS?*
A: Wissen Sie, als Sie mir vorhin diese Frage gestellt haben, kam sie mir völlig verrückt vor. Ich bin mir nicht sicher, dass ich wirklich glaube, ich würde mir selbst schaden. Das habe ich, glaube ich, nur angenommen. Ich kann ja schließlich absprechen, dass ich, wenn die Symptome wieder erscheinen, zum Insulin zurückkehre. Vielleicht kann ich durch die Kräuter langsam die Insulindosis

verringern und jeden Tag einen Bluttest machen (lacht). Genauso kann's doch gehen. Warum konnte ich das vorher nicht?

F: *WAS WOLLEN SIE TUN?*
A: Ich will die Kräuter ausprobieren. Ich will es wirklich. Ich werde außerdem abnehmen und die Übungen machen.

F: *Wie fühlen Sie sich?*
A: Gut. Aufgeregt. Ich weiß immer noch nicht genau, warum ich mich in all diesen Jahren so schlecht um mich selbst gekümmert habe, aber jetzt will ich es anpacken. Ich fühle mich so verbunden mit meinem Körper wie nie zuvor. Es ist, als hätte sich mir eine völlig neue Welt eröffnet.

Anmerkung:
Über einen Zeitraum von vier Wochen reduzierte dieser Student, der extrem hohe Zuckerwerte hatte, seine Insulineinnahme völlig. Er ersetzte es durch einen speziell zusammengestellten Kräutertee. Seine Werte kehrten wieder zu dem Stand zurück, der für einen Menschen seines Alters als normal gilt. Als er seinem Arzt von dem geglückten Experiment erzählte, glaubte dieser ihm nicht und bat ihn, seine Praxis nicht mehr aufzusuchen. Nicht für einen Moment zeigte der Mediziner das geringste Interesse an dieser alternativen Therapie.

Obwohl hier nicht der Versuch gemacht wird, die Kräutermedizin als neue, mögliche oder sogar brauchbare Therapieform bei Diabetes vorzuschlagen oder anzupreisen, wird in diesem Dialog ein Mensch vorgestellt, der seine Wünsche umsetzte und einen neuen Weg entdeckte. Aus Angst und aufgrund der Überzeugung, dass andere besser wissen müssten, was gut für ihn sei, hatte er – wie viele von uns – seine Forscherfreude und den Wunsch, seine eigene Zukunft zu gestalten, aufgegeben. Doch in einem Zustand von Entspannung und Klarheit war er im wahrsten Sinne des Wortes zu seinem eigenen Experten geworden.

9
Sex und Ihre natürliche Kompetenz

Er schob seinen athletischen Körper elegant über die Wildledercouch und betrachtete sie aus den Augenwinkeln. Sie starrte währenddessen die magischen einäugigen Zyklopen einer Seifenwerbung an und knabberte dabei Salzstangen. Mehrere Stunden lang hatte er auf genau diesen Moment gewartet. Geplant. Alles war perfekt, sogar der Zeitpunkt. Sie hatten sich bei ihr getroffen, um im Kabelfernsehen einen Spielfilm miteinander anzuschauen. Der Film war vor ein paar Minuten zu Ende gewesen, und er hatte erfreut festgestellt, dass sie es sich in ihrer Wohnung schon bequem gemacht hatte – sie hatte ihre Jeans abgelegt und ein loses Gewand übergestreift. Ohne zu zögern legte er sanft seine Hand auf ihre Schulter und wartete fünf Minuten lang auf ein Zeichen. Sie reagierte nicht und er nahm das als Signal, weiterzumachen. Er streifte ihren Nacken mit einem leichten Kuss, während seine Hände ihre Brüste erkundeten. Mutig arbeitete er sich bis zu ihren Hüften vor. Verblichene Filmszenen von Errol Flynn, der in der Kasbah zur Sache ging.

Plötzlich überfiel ihn die Einsicht, dass er gerade eine sexuelle Begegnung mit nur einer Person gestartet hatte. Es war, als würde er eine Leiche massieren. Ihr Körper war völlig bewegungslos, nichts regte sich – bis auf ihren Mund. Das krachende Mahlen ihrer Zähne, die eine Salzstange nach der anderen vertilgten, und sein eigener schwerer Atem waren die einzigen Geräusche im Raum – bis auf den Lärm der Werbesendung. Aus seinen Händen, die vor Leidenschaft warm und schweißig geworden waren, zog sich alle Energie zurück. „Vielleicht später," versicherte er sich selbst, „vielleicht ist das jetzt nicht die richtige Zeit." So unauffällig wie möglich zog er die eine Hand unter ihrem Gewand und die andere von ihrem Oberschenkel zurück. Und wartete.

Eine Stunde verging, dann noch eine. Er entschied bei sich, dass jetzt die Zeit gekommen sei, um es noch einmal zu versuchen. Dieses Mal reagierte sie auf seinen entschiedenen und eindeutigen Vorstoß, jedoch ohne die Lebendigkeit und Leidenschaft, die er erwartet hatte. Selbst als sie beide auf dem weichen Teppich landeten, konnte er spüren, dass er emotional viel stärker und intensiver beteiligt war als sie. Ständig wurde er durch ihre Anweisungen abgelenkt – er solle sich etwas mehr nach rechts bewegen, dann etwas mehr nach links – konnte es wirklich so viele unbequeme Positionen für sie geben?

Ihre Hände fuhren auf seinem Rücken eine beständige kreisförmige Strecke ab, als seien sie batteriebetrieben, und er fühlte, wie sein Schweiß auf ihren kühlen, trockenen Körper tropfte. Wut kam in ihm hoch. Je mehr er sich bemühte, sie einzubeziehen, desto stärker spürte er ihren Mangel an Begeisterung. Fast wollte er sie anschreien, doch etwas mehr Lebendigkeit zu zeigen. Aber er konnte nicht. Er konnte nicht einmal fragen, was los war. Die Wut in seinem Inneren wurde so heftig, dass er nicht mehr weitermachen konnte. Als er bemerkte, was da mit ihm passierte, erschrak er.

Er sprang auf, erklärte, dass er plötzlich unter Brustschmerzen litte und begann, sich heftig und brüsk anzuziehen. Dabei entschuldigte er sich unaufhörlich, die eine Hand auf die Brust gepresst. Sie wollte einen Arzt rufen, doch er winkte ab – alles war in Ordnung, er musste nur nach Hause, seine Tabletten einnehmen. Als er sich angekleidet hatte und zur Tür ging, blickte er sie an, wie sie im hellen Flurlicht nackt dastand. Alle Anziehung schien verflogen zu sein. „Das war's wohl," versicherte er sich hastig und begann, sie aus seinem Denken zu verbannen. Sie verabschiedeten sich und er floh durch den Flur.

Auf der Straße angekommen hielt er einen Augenblick inne, um Atem zu holen. Nachdem er den Anlass seines Unbehagens hinter sich gelassen hatte, konnte er wieder denken. Er lachte: wirklich klug, dieser Abgang – seine Füße hatten ihn da herausgetragen und ihm das Denken abgenommen. Das gefiel ihm.

Nun schaute er genauer hin. Dieser Abend war kein Einzelfall gewesen. Das Gleiche war ihm schon öfter passiert und er hatte begonnen, sich deshalb asexuell zu fühlen.

Es war, als habe er sich selbst davon überzeugt, dass er eigentlich wenig oder gar kein Interesse an Sex habe. Meistens ließ er sich doch nur drauf ein, weil er glaubte, er müsse das. Und außerdem, so redete er sich ein, war diese Frau doch völlig unattraktiv. Das hatte sich mit Sicherheit auf seine Männlichkeit ausgewirkt. Aber erklärte das die ganze Geschichte? Selbst er konnte sich vor der Wahrheit nicht verschließen: sein Potenzversagen war ein zu häufiges Phänomen. Allein der Gedanke daran zog ihm den Magen zusammen. Als das vorbeiging, sagte er sich, dass er besser an etwas anderes denken sollte.

Sex kann wunderschön oder extrem problematisch sein. Er kann ein Ausdruck von Liebe oder ein Ausdruck von Hass sein, ein sanfter oder ein gewalttätiger Akt. Wenn ich mit meiner Sexualität im Fluss bin, bereichert sie mich. Bin ich das nicht, dann beschäftigt sie mein Denken ohne Unterlass und bringt die verschiedensten Formen von Unbehagen mit sich.

Was ist Sex? Was ist sein Wesen? Auf körperlicher Ebene wird Sex oft als Akt des Beischlafs verstanden und als alle Handlungen und Aktionen, die zum Beischlaf führen. Eine freiere Definition würde alle erotischen Stimulationen mit einschließen, sowohl gegenseitige als auch selbst zugefügte. Sexuelle Betätigung hat viele Varianten. Sie kann allein ausgeübt werden, als Paar, unter Paaren, in gleichgeschlechtlichen oder gegengeschlechtlichen Gruppen.

Sex ist so romantisch oder mysteriös wie ich ihn mache. Über die körperlichen Aspekte hinaus hat er keine feststehenden und absoluten Eigenschaften.

Was wir vom Sex halten, entspricht dem, was wir von der Welt halten. Was wir von der Welt halten, entspricht dem, was wir vom Sex halten.

Der Aggressive geht gewöhnlich direkt zur Sache. Der Schüchterne bewegt sich leise, zögerlich. Der Schuldbewusste macht vielleicht nie das Licht an. Der Empfindsame hat eine elegante Art, so als tränke er Wein aus einem edlen Kristallglas. Die Freidenker springen voller Enthusiasmus mitten hinein, immer zu Experimenten bereit. Die Verlegenen haben Unbehagen in der Wäsche. Der Wanderer lässt sich durch das Erlebnis unberührt hindurchtreiben. Die Zornigen fahren schweres Geschütz auf und gehen sofort auf Kollisionskurs. Die Nervösen und Albernen lachen am Anfang, in der Mitte und am Ende. Der Alkoholiker trinkt sich vorher einen an, der Drogie tut es vollgedröhnt und der Speedfreak rast mit tausend Stundenkilometern hindurch. Der Kenner entwirft das perfekte Szenario – die Laken faltenfrei. Der Mönch im Zölibat tut es nie.

Meine Sexualität unterscheidet sich nicht von allen anderen Äußerungen meines Wesens. *Ich bringe in meine sexuellen Kontakte die gleiche Vision und das gleiche Bewusstsein ein wie in alle anderen Aktivitäten.* Wenn ich meine Aktivitäten aus einem glücklichen Gefühl heraus angehe, um mich zu motivieren, um positive Erwartungen zu erschaffen und Bedürftigkeit in Wünschen umzuwandeln, dann tue ich das auch, wenn es um sexuelle Beziehungen geht. Und andersherum: Wenn ich mir Raum dafür gebe, glücklich und frei im Einklang mit meinem Wesen zu fließen, dann bringe ich diese Erlaubnis und Akzeptanz auch in meine sexuellen Kontakte ein.

Zum Leidwesen von uns Mitspielern ist der Sex in einer Kultur, die ihre eigene Sexualität mit erschreckten und mulmigen Gefühlen betrachtet, verdreht und dramatisiert worden. Alles was Sex betrifft, wurde auf derart fragwürdige Weise aufgebläht, verbogen, verzerrt und hochstilisiert, dass das gesamte Thema zu einem gewaltigen Ansteckungsherd für Unglück und Unbehagen geworden ist.

Unsere Vorstellungen von Sex sind befrachtet mit Vorschriften und Verboten, überlagert mit offenen oder verborgenen Tabus. Unsere Erwartungen an Sex sind so hoch wie der Mount Everest. Und doch – trotz all dieser Schwierigkeiten gibt es nichts, was man als sexuelles Problem bezeichnen könnte. *Es ist ein Überzeugungsproblem, kein sexuelles.*

Vielleicht können wir unsere eigene Sexualität am besten darstellen, indem wir die Erfahrungen enthüllen und uns anschauen, die andere gemacht haben. Ihre Erlebnisse können uns als Spiegel dienen, die wir nicht nur als Zuschauer betrachten, sondern um Perspektiven und Einblicke zu gewinnen, die uns helfen können, unsere eigenen Überzeugungen zu entwirren, zu klären und zu verändern. Viele Urteile und Erwartungen, die unsere Liebesbeziehungen bestimmen, werden uns auch zum Hindernis, wenn es um Sex geht – vorher, hinterher und währenddessen.

Schon als Säugling erlebt ein Kind seine Sexualität. Viele wohlmeinende Eltern impfen ihren Kindern ein, ihre Sexualorgane nicht zu berühren oder zu stimulieren – und schon entsteht eine erste Einschränkung. Viele Kinder sehen sich selbst oder ihre Geschlechtsorgane erst im Alter von drei oder vier Jahren; vorher waren sie ständig in ein Windelpaket gezurrt. Welche Meinung können sie über ihre Sexualität haben? Schon längst hat sich die Haltung der Eltern auf sie übertragen, wobei das Verbot, sich selbst zu berühren, sicherlich zum ersten Tabu führt.

Später wachsen diese selben Kinder auf (...könnten das du und ich gewesen sein?) und spielen hinter verschlossenen Türen oder im Partykeller ihre „Doktorspiele". Ihre Heimlichtuerei, ihre schamvolle Angst, von missbilligenden Eltern erwischt zu werden, spiegeln die Überzeugen wider, die solche Experimente begleiten. Zu Beginn beschränken sie ihre Erforschungen auf gleichgeschlechtliche Spielgefährten. Später werden sie mutiger und entscheiden sich, das heterosexuelle Gebiet in ihr Spielfeld aufzunehmen. Sie überreden ihre Eltern, Spielgefährten einzuladen, die dem anderen Geschlecht angehören. Und los geht's.

An dieser Stelle können verschiedene dramatische Ereignisse passieren. Oft werden die Kinder dabei erwischt, wie sie „Krankenhaus" spielen, und werden in ärgerlichem und enttäuschtem Ton zurechtgewiesen. Das ist zwar nicht die einzig mögliche Reaktion, doch viele wohlmeinende Eltern reagieren in ihrer Verwirrung und Hilflosigkeit auf diese Art. Später werden die Kinder auf den Unterschied zwischen „guten" und „bösen" Mädchen, „guten" und „bösen" Jungen aufmerksam gemacht. Obwohl sie ihre eigene Sexualität als freudvoll und lebendig erlebt haben, stehen sie plötzlich vor einer Mauer nachdrücklich ausgesprochener Tabus. Eltern, religiöse Autoritäten und Lehrer unterstützen meist ein Konzept, demzufolge das „Anfassen" jetzt verboten ist und später einmal (wann?) erlaubt.

In dem Bestreben, ihre Kinder zu ermahnen, werden von den

Erwachsenen die verschiedensten Glaubenssätze und Ammenmärchen dramatisch zitiert. Da wimmelt es von Ängsten – vor Schmerz, vor Frustration, vor Respektverlust, vor Zurückweisung, vor Krankheit, ja, sogar vor dem Verrücktwerden (im Fall jener Tabus, die sich auf die Selbstbefriedigung beziehen). Der Heranwachsende ist einem Kreuzfeuer widersprüchlicher Gedanken und Gefühle ausgesetzt. Erwachsene, deren Ansichten schon befreiter sind, neigen in ihrem Bestreben, die Tabus auszugleichen, sogar dazu, Sexualität und sexuelle Begegnungen in all den leuchtenden Farben einer Hollywood-Romanze darzustellen. Das erzeugt letzten Endes eine Welt unerfüllbarer Erwartungen, der die jungen Leute nie gerecht werden können – mögen sie es noch so sehr versuchen.

Bevor ich mich auf meine erste jugendliche Sexualerfahrung einließ, war mein Kopf voll mit Regeln, Bildern und Fantasien. Meine Wünsche und Sehnsüchte verwoben sich mit einer Ansammlung verschiedener Glaubenssätze, die mir fast alle sozusagen zu meinem eigenen Schutz beigebracht worden waren. Meine frühen sexuellen Probleme gründeten also auf meinen selbstvernichtenden Überzeugungen.

Bevor wir an den Punkt kommen, wo wir uns völlig urteilsfrei im Einklang mit unserem eigensten Wesen bewegen, werden hinter unserer Sexualität stets verschiedene Glaubenssätze lauern. Doch das Schöne daran ist: ein Glaube kann geändert, ausgewechselt oder abgelegt werden, und das wiederum kann unseren sexuellen Begegnungen zu einer größeren oder sogar totalen Leichtigkeit und Selbstverständlichkeit verhelfen.

Eine Achtzehnjährige, die später auch den Optionsdialog studierte, gab sich selbst die Erlaubnis, einen Durchbruch in ihrem Leben zu schildern. An einem warmen Sommerabend war sie mit ihrem Freund am Strand gewesen. Beide hatten wiederholt darüber diskutiert, ob sie sich sexuell einlassen sollten. Sie hatte nachdrücklich darauf bestanden, dass er sie nicht ständig drängen würde, wenn er wirklich Liebe für sie empfände. Sie sagte ihm, dass sie „ES" zu einem Zeitpunkt tun würde, der für sie richtig war. Trotz alledem argumentierte er, dass er das absolute Recht habe, sich auszudrücken und dass er, da er sie liebte, eben alles wolle. Er versicherte, dass es ihr gefallen und nicht weh tun würde. Er versicherte, dass er sehr sanft mit ihr sein würde. Mit fortschreitender Nacht wurde das spielerische Hin- und Herrollen der beiden immer ernster. Ihr Wunsch, berührt und liebkost zu werden, wuchs. Die Leidenschaft der beiden steigerte sich, und ihre zarten Küsse wurden zunehmend intensiver. Mit heißem Atem heizten sie sich gegenseitig auf, ihr Miteinander wurde aggressiver und ihre Vorstöße mutiger, der Durst, zu lieben und geliebt zu werden heftiger.

Als sie bemerkte, dass es zur Sache ging, sagte sie fast automatisch „Nein" – meinte aber „Ja". Ihr Freund spürte intuitiv ihre Zustimmung und machte weiter. Sie öffnete sich und im Bruchteil einer Minute hatten sie einen gemeinsamen Rhythmus gefunden. Zwanzig Sekunden später kam es bei ihm zur Ejakulation. Sie fühlte nur Schmerz und Unbehagen. Er zog sich abrupt zurück, rollte zur Seite und wandte sich von ihr ab, beschämt darüber, dass es so schnell gegangen war. Er ließ sie mit ihrer Energie, ihrem Keuchen allein.

Allein. Da lag sie nun, verwirrt, erschreckt und tränenüberströmt. Die Nachtluft ließ den feinen Schweißfilm auf ihrer Haut kühl werden. Sie hatte gewartet, hatte sich ihre Jungfräulichkeit bewahrt, weil es ihr so viel bedeutete. Doch mit dieser Erfahrung hatte sie nicht gerechnet. Wo war die Freude, wo die Leichtigkeit? Wo war die Musik, wo das Glücksgefühl? Und wo war die versprochene Zärtlichkeit?

In der sexuelle Begegnung „sollte" doch ein intimes Miteinander stattfinden, eine Annäherung – sie hingegen fühlte sich weit weg und unvollendet. Ihre Erwartungen waren definitiv nicht erfüllt worden, ja ihre erste sexuelle Erfahrung blieb ihr als harsch und frustrierend im Gedächtnis. Wut erfüllte sie. Ihre harten Urteile über den unerfahrenen Freund, der sein Versprechen nicht gehalten hatte (er hatte gesagt, sie würde es genießen), führten zu dem Schluss, dass er sie nicht wirklich liebte. Zumindest hätte er sich nicht wegdrehen sollen, schloss sie für sich. Es war ihr nicht bewusst, dass sein Abwenden nichts über seine Liebe und Zuneigung aussagte, sondern allein ein Zeichen seines eigenen Unbehagens und seiner Befangenheit war. Sie verschloss sich tiefer in sich selbst.

Als sie ihre Überzeugungen und Wahrnehmungen untersuchte, wurde ihr klar, dass sie während des gesamten Vorspiels Angst davor hatte, entdeckt zu werden und, im Falle einer Entdeckung, Angst vor

Bloßstellung und Ablehnung. Deshalb war es ihr nicht möglich, sich wirklich einzulassen, wirklich zu genießen. Ursprünglich war vorehelicher Sex für sie mit einem Tabu belegt worden, um sie davon fernzuhalten. Obwohl sie jetzt anderer Meinung war und sich sexuellen Kontakt wünschte, wurde sie dennoch von der alten Überzeugung behindert. Weil sie sich die negativen Urteile der anderen schon ausmalte, konnte sie nicht mehr voll dabei sein. Ihr wurde auch bewusst, dass sie ihre Erwartungen als Ansporn und Verlockung benutzte – doch genau diese Visionen und Vorurteile setzten sie unter Druck und führten zu negativen Schlüssen. Sie nahm die Tatsache, dass Sex angeblich eine traumhaft schöne Erfahrung sein „sollte", als Maßstab für ihr Urteil, dem diese Erfahrung am Strand unmöglich gerecht werden konnte.

Überzeugungen, Erwartungen und Urteile hatten einen dramatischen Einfluss auf ihr erstes sexuelles Erlebnis.

Die Gründe, die zu ihren unglücklichen Gefühlen führten, waren während der sexuellen Begegnung genauso präsent wie vorher und hinterher. Alle Tabus, die sie seit der Kindheit gehört hatte, verfolgten sie, da sie noch an sie glaubte. Ihre gesamte Frustration gegenüber unerfüllten Versprechungen war aktiviert, da sie voll von Erwartungen war. Mit ihren Glaubenssätzen nahm sie ein geheimes Netzwerk aus Kabeln mit an den Strand, das den Ton, die Gefühle und die Intensität ihres Sexualverhaltens kontrollierte. In der Hitze der Leidenschaft waren ihre Überzeugungen nicht verschwunden, sie tauchten auf, um ihren Fluss zu behindern. Doch jetzt gab sie sich die Möglichkeit, ihre Glaubensmuster zu erforschen und zu enthüllen und sie dadurch abzulegen oder zu verändern.

Ein anderer Student betrachtete seine eigenen Anschauungen über Sexualität mit besorgten und mulmigen Gefühlen. Er hatte eine Regel aufgestellt, der zufolge er es mindestens dreimal die Woche mit einer Frau „treiben musste". Diese Zahl war aus verschiedenen Untersuchungen entstanden, die er Donnerstag abends bei seinem Backgammonspiel angestellt hatte. Sollte er das Soll nicht erfüllen, bedeutete das sein Versagen als Mann. Er glaubte, dass er seine Männlichkeit durch Sex unter Beweis stellen konnte und dass eine Affäre mit einer Frau seine Sexualität und damit seine Männlichkeit bewies.

Auf diese Art und Weise hatte der sexuelle Akt für ihn nicht das Geringste mit Sex zu tun.

Seine kunstvolle Einleitung, die sorgfältige Manipulation seines Gegenüber auf das erwünschte Ziel hin und schließlich der Höhepunkt – nichts davon hatte mit irgendetwas anderem zu tun als mit seiner eigenen Unzufriedenheit und seinen negativen Ideen über sich selbst. Das war seine Art, sich das Gegenteil von dem zu beweisen, was er glaubte. Seine Aussage war: „Damit beweise ich, dass ich nicht unzulänglich bin."

Als er aber erzählte, wie leer und ausgesetzt er sich nach dem Geschlechtsakt fühlte, wurde ihm klar, dass sein Ziel letztendlich nicht erfüllt, sondern sein Unwohlsein eher noch vertieft wurde, was ihn wiederum bewog, nach der nächsten sexuellen Begegnung zu streben und sich von ihr Besänftigung zu erhoffen. Er wusste, dass er nichts bewiesen hatte.

Je mehr er seine Fehlannahmen in punkto Beweise unter die Lupe nahm, desto mehr erkannte die selbstzerstörerische Natur seines Verhaltens, und nachdem er die Grundüberzeugung abgelegt hatte, musste er nicht mal mehr wöchentlich „aufreißen" ... er brauchte garnicht mehr „aufzureißen". Es war ihm freigestellt, Sex zu haben oder nicht, ganz nach seinem eigenen Bedürfnis. Nun fand er es spannend, weitere Überzeugungen über sich selbst und sein Selbstwertkonzept zu entlarven. Es begeisterte ihn, die Möglichkeit zu haben, selbst zu entscheiden, ob er seine Überzeugungen ändern wollte. Schon an dem Punkt, wo er sich von der Überzeugung verabschiedet hatte, dass Sex ein Beweis seiner Männlichkeit sei, war ihm klar, dass seine Gefühle und sein Verhalten Frauen gegenüber eine grundsätzliche Wandlung erfahren hatten. Die Beziehungen waren von einer Menge Druck befreit worden. Es war ein wundervoller Anfang.

Eine Hausfrau, deren Ehe auseinander gefallen war, benannte das Dilemma als sexuelles Problem. Nach sechzehn Ehejahren war der Beischlaf mit ihrem Mann sowohl selten als auch langweilig geworden. Obwohl sie die Beziehung schätzte und zugab, ihren Mann zu lieben, fühlte sie sich unvollkommen und unattraktiv. Trotzdem hielt sie ihren Körper, ihre Technik und ihre Begeisterung noch für intakt. Vielleicht, überlegte sie, hatte *er* irgendwelche Probleme. In jedem

Fall hielt sie eine Diskussion mit ihrem Partner über das besagte Thema für eine direkte Bedrohung der Unverletzlichkeit und des Fortbestands ihrer Ehe. Schon einmal hatte sie, nachdem sie ein Jahr lang Mut gesammelt hatte, eine Gelegenheit beim Schopf gefasst und das Thema angesprochen, doch ihr Mann hatte erklärt, es gebe kein Problem und sich geweigert, weiter darüber zu reden. Eingeschüchtert und wütend entschloss sie sich, ihr unerfülltes Bedürfnisse außerhalb der Ehe zu befriedigen. Es begann mit einer kurzen Affäre. Dann erforschte sie ihre Sexualität mit vielen verschiedenen Männern, bis sie sich schließlich auf eine ständige Beziehung festlegte. Sie rühmte andauernd die Qualität ihrer Ehe. Im Stillen versicherte sie sich selbst, dass ihre Ehe bis auf diese „unbedeutende" sexuelle Schwierigkeit völlig in Ordnung sei. Um diese Überzeugung aufrecht zu halten, versicherte sie jedem Mann, mit dem sie das Bett teilte, dass sie sich nicht emotional einlassen könne, da sie immer noch ihren Ehemann liebe. Die Jahre gingen ins Land und ihr Lebensstil wurde zu einem festgelegten Muster, genau wie die Schuldgefühle und das Unbehagen, die mit ihm einhergingen.

Zu Beginn bestand sie nachdrücklich darauf, dass ihre Ehe hervorragend sei. Doch dann begann sie, sich ihre Langeweile und die sexuelle Unvereinbarkeit mit ihrem Mann genauer anzuschauen und ihr wurde bewusst, wie viele Überzeugungen und Urteile sie über das Sexualverhalten und die mangelnde Fürsorge ihres Mannes in sich trug. Sie begann sogar zu verstehen, dass sein Widerstand, dieses Thema anzusprechen, gut mit seinen eigenen Ängsten zu tun haben könnte, seine Männlichkeit und seinen Stolz infrage zu stellen.

Also tat sie damals das Beste, was ihr möglich war, und anstatt das Unsagbare offen anzuschauen (Eheprobleme, die zu Auseinandersetzungen und Scheidung führen), arrangierte sie sich mit dem, was ihr als das kleiner Übel erschien (Untreue). Leider hatte diese Wahl auch ihre Nachteile. Für die heimlichen Treffen und Intermezzi musste sie ein ausgefeiltes Lügengebäude errichten, und ihre Angst vor Entdeckung führte zu ständigem Druck. Sie sah schließlich ein, wie sehr die Eskapaden ihre Aufmerksamkeit und Konzentration von der Ehe weggezogen und dass ihre Schuldgefühle und ihr Unbehagen dazu geführt hatten, den Abstand zu ihrem Mann noch zu vergrößern. Nun sah sie, dass ihre Ehe am Zerbrechen war.

Auf der harten Bank des Scheidungsgerichts vermied sie es in einer Mischung aus Scham und Wut, ihrem Mann in die Augen zu sehen – Wut über seinen Mangel an Bewusstsein und Betroffenheit. Wenn er sie wirklich geliebt hätte, so schloss sie, dann hätte er es nicht so weit kommen lassen. Die Schweigemauer, die durch Jahre der Trennung und Wortlosigkeit errichtet worden war, konnte keiner von beiden überwinden. Jeder Partner hatte dafür seine eigenen Gründe, und jeder Impuls, es doch zu versuchen, wurde von Ängsten und Wut unterbunden.

Eine Vielzahl an Überzeugungen trat zutage. Doch das Dilemma dieser Frau gründete besonders auf ihren Ängsten vor dem Älterwerden und vor der Scheidung. Diese Ängste wiederum waren an andere unglückliche Überzeugungen gebunden. Mit den Versuchen, ihre negativen Gefühle in den Griff zu bekommen, hatte sie nicht nur ihre sexuelle Beziehung, sondern die gesamte Ehe scheitern lassen. Nachdem sie viele Glaubenssätze demaskiert und abgelegt hatte, vergrößerte sich ihre Fähigkeit zur Selbstannahme dramatisch. Das wiederum zeigte Auswirkungen in allen Bereichen ihres Lebens. *Die sexuellen Probleme waren nur ein Ausdruck ihres Unglücklichseins gewesen.* Was ihren Lebensfluss wirklich unterbrach, waren ihre Überzeugungen.

Nicht anders war es bei dem geschiedenen Multimillionär, der gerade den Gipfel der Fünfzig erreicht hatte, erstaunt, nun in der Lebensmitte zu stehen. Er glaubte, dass es nun auf das Ende zugehe und angesichts der Vorstellung von einem zügigen Abstieg in Richtung Sarg begann er, das Alter zu fürchten und zu verachten. Impotenz erschien ihm unvermeidlich. Er benutzte die Energie dieser unglücklichen Visionen für die Entscheidung, seine Männlichkeit auf bestimmte Art zu testen und zu bestätigen - das Feuer seiner Jugend wieder zu entzünden.

Er begann sich mit jüngeren Frauen zu treffen, nicht etwa fünf oder zehn Jahre jünger, sondern zwanzig. Er ging mit jeder Frau unter fünfundzwanzig, die dazu bereit war, ins Bett. Er brüstete sich damit, seinen „Jugendrekord" gebrochen zu haben, als er die Nacht mit einer Frau verbracht hatte, die jünger war als seine Tochter. Doch diese Krücke für sein Selbstbild musste ständig aufrechterhalten werden – ein unmögliches Unterfangen.

Der Druck in seinem Leben und seinen sexuellen Beziehungen nahm zu. Das Einzige was zählte war, es zu schaffen, jung zu bleiben, und das Wichtigste war es, Erfolg bei den Frauen zu haben. Seine Ängste trieben ihn an. Doch im Licht des frühen Morgens hasste er sich und jeden Abend überfiel ihn die Wut, selbst wenn er nicht alleine war. Seine Sexualität machte ihm Unbehagen, trotz all seiner Bemühungen, sie auszuleben. Als er einsah, dass er seine Jugendlichkeit nicht lebte, sondern kaufte, war er noch ärgerlicher über sich selbst und seine Abhängigkeit von einem derartigen Theater mit dem einzigen Zweck, sich weiterhin gut zu fühlen. Sein Gefühl von Würde war ihm abhanden gekommen, und all sein Bemühen, den Schmerz und den Zorn zu überdecken, führte zu weiterem Schmerz und Zorn.

Jeder Sprung auf die Matratze der Intimität bringt verschiedene Erfahrungen mit sich, Erfahrungen, die von den Überzeugungen der jeweils Beteiligten bestimmt werden. Obwohl in den Beispielen von unglücklichen Erfahrungen die Rede war, heißt das nicht, dass Sex eine unglückliche Sache ist. Ich beginne hier einfach nur so, wie ich vor langer Zeit mit mir selbst begonnen habe: Erst nachdem ich die Überzeugungen, die meine Sexualität gebremst und gestört hatten, unter die Lupe genommen hatte, konnte ich mir die Möglichkeit erschaffen, etwas zu ändern, radikal und für immer. Ich entschied mich, gewisse Glaubenssätze, mit denen ich mich selbst behinderte, abzulegen und stand mir nicht mehr selbst im Weg. Das war ein Prozess des Rückgängigmachens. Danach ging es nur noch darum, mir selbst die Erlaubnis zu geben, meinen Wünschen und meinem Wohlgefühl zu folgen.

Die Menschen genießen Sex in dem Maße, wie sie glücklich sind.

Sex ist weder unglücklich noch schwierig, wenn er in einem bejahenden Umfeld jenseits von Urteilen stattfindet. Selbst wenn Sex einfach nur der körperlichen Befriedigung dient, kann er Qualitäten von Schönheit mit sich bringen – Schönheit des Miteinander-Teilens, Schönheit der Leidenschaft, Schönheit des Berührens, Schönheit, weil ich tue, was ich möchte. Sex, der mit Leichtigkeit und Zärtlichkeit fließen darf, fühlt sich vorher, währenddessen und hinterher gut an. Wenn er körperlich wunderbar und erfüllend ist, dann befinden die Beteiligten sich in einer Haltung, die der Grundeinstellung der Option gleicht: Lieben heißt einverstanden sein. Und einverstanden sein heißt glücklich sein, heißt lieben.

Wenn ich meinen Partner ohne Urteile oder Erwartungen liebe, dann liebe und akzeptiere ich auch mich selbst. Ganz gleich welche Ereignisse auf uns zukommen, wenn wir glücklich miteinander sind und wissen, dass wir beide unser Bestes geben, dann wird unser Miteinander eine leichte und sanfte Qualität haben und im Einklang mit dem Fließen unseres Wesens sein.

Wenn es gut ist, bemerke ich, dass ich glücklich bin, und wenn ich glücklich bin, bemerke ich, dass es gut ist. Wer ich bin und wie ich das Leben betrachte, entspricht meinem sexuellen Sein und meiner Ansicht über die Sexualität. Nur mein Unglücklichsein behindert meine Sexualität und mein sexuelles Erleben. Unglückliche Gefühle, die in Krankheit, Liebesbeziehungen, Schuldgefühlen und in der Angst vor dem Unbekannten Regie führen, gibt es auch hier. Die Grundüberzeugungen *wenn du mich wirklich lieben würdest, dann würdest du...* und *ich bin für das Glück des anderen verantwortlich* bleiben bestehen. Jedes der genannten sexuellen Probleme illustriert ganz klar, wie unsere *Erwartungen* unser Leben bestimmen. Versagensängste, die Angst vor Zurückweisung und die Überzeugung, dass mit mir etwas nicht stimmt – sie alle beeinflussen viele sexuelle Erlebnisse.

Wie mein Körper sich bewegt, kann ich nicht von mir trennen. Sein Geist und seine Sexualität finden nicht separat von mir statt, sondern sind Ausdruck meiner Ganzheit, und dazu gehören meine Überzeugungen und die Gefühle, die sie erzeugen.

Der folgende Überblick über die Suche einer Optionsstudentin zeigt, wie wir echte Möglichkeiten für Veränderung dadurch erschaffen, dass wir unsere Überzeugungen entwirren.

Sie sah ihre Hauptschwierigkeit in ihren unglücklichen Gefühlen über ihre Sexualität und ihre sexuellen Erfahrungen. Warum war sie unglücklich? Weil ihr Freund entweder gar kein Interesse bekundete oder nicht wirklich bei der Sache war. Was daran machte sie unglücklich? Sie hatte das Gefühl, dass sein Mangel an Begeisterung ihre Schuld sei – irgend etwas musste mit ihr nicht stimmen. Denn sonst, so glaubte sie, müsste er ständig mit ihr ins Bett gehen wollen. Außerdem nahm sie sein Desinteresse als ein Zeichen dafür, dass sie das alles nicht gut genug machte. Was meinte sie damit? Sie konnte versuchen, was sie wollte und in ihren Träumen und Fantasien so gut sein wie möglich – wenn sie wirklich mit ihrem Partner im Bett lag, hatte sie plötzlich zwei linke Hände und ihr Denken setzte aus. Sie fühlte sich linkisch und extrem unwohl. Warum passierte das? Weil sie Angst hatte. Wovor hatte sie Angst? Sie war besorgt, dass sie, wenn sie frei und draufgängerisch die Initiative übernehmen würde, irgendwie „schlecht" sei. Sie hatte Angst, dass ihr Partner ihre Annäherungsversuche und ihr ungehemmtes Engagement falsch interpretieren und durch sie in die Flucht geschlagen würde. Ihre Angst vor Zurückweisung war sehr ausgeprägt.

Warum würde sie unglücklich darüber sein, zurückgewiesen zu werden? Weil das bedeuten würde, dass sie schlecht war, dass ihr Versagen an dieser Stelle einem allgemeinen sexuellen Versagen gleichkam. Glaubte sie das wirklich? Nein, nachdem sie es gesagt hatte, eigentlich nicht. Je länger sie diese Überzeugung prüfte, desto entschiedener stellte sie fest, dass ihre Sorge unbegründet war. Und was würde Schlimmes passieren, wenn sie sich um ein mögliches Versagen keine Sorgen mehr machte? Sie würde dann ihre Fantasien wirklich ausleben und vielleicht abgelehnt werden. Davor schützte sie sich also, und sie tat es auf die beste Art, die sie zu dem Zeitpunkt kannte, um nicht abgelehnt zu werden.

Als sie ihr Unglücklichsein genauer untersuchte, wurde ihr klar, dass sie mit ihrer Angst paradoxerweise genau das Gegenteil von dem herbeiführte, was sie sich gewünscht hatte. Sie hatte sich vor ihrer Angst geschützt und dadurch ihren freien Ausdruck derart gehemmt, dass sie nicht mehr liebevoll im Einklang mit ihren Neigungen fließen konnte (welche sie nur in ihren Fantasien ausdrückte). Tatsächlich traf ihre Aussage, dass ihr Partner sich mechanisch verhielte, genauso auf sie selbst zu, wie wahrscheinlich auf ihn. *Indem sie ihren Ängsten entgegenkam und sich nicht um ihre Wünsche kümmerte, verlor sie den Kontakt zu ihrem Willen.*

Ihr Glaube, für die Lust ihres Partners *verantwortlich zu sein*, führte zu weiteren Konzepten und den dazugehörigen Zwängen. Sie glaubte, dass sie eine gewisse Erfahrung in ihre Begegnungen einbringen müsste und war danach stets von der Angst besessen, jetzt abgelehnt zu werden. Die Reaktionen ihres derzeitigen Partners waren nicht besonders begeistert, was wiederum ihren Glauben bestärkte, dass sie sexuell unbeholfen war (und dass etwas an ihr falsch war – ihr Gesicht, ihr Körper, ihr Talent...).

Sie begann zu verstehen, dass ihr Partner im Bett genau wie sie selbst von seinen eigenen Ängsten, seinem eigenen Wohlgefühl geleitet wurde. Also handelte er, genau wie sie, aufgrund seiner Glaubensmuster und Überzeugungen. Seine Freude an ihren gemeinsamen sexuellen Begegnungen und ebenso seine Ideen darüber bezogen sich auf seine eigenen Vorstellungen. Wenn er sich entschied, es zu mögen oder nicht zu mögen, dann war das seine Wahl, für die er seine eigenen Gründe hatte. Er war derjenige, der seinen eigenen Rahmen aufbaute, in dem er jede Erfahrung nach Wunsch betrachtete und interpretierte. Sobald sie einsah, dass sie nicht die Verantwortung trug und dass das Unglück und die Begeisterungslosigkeit eines anderen nur an ihm selbst liegt, ließ sie ihre Überzeugung los. Und wie eine Mauer aus Dominosteinen fielen auch viele andere Überzeugungen. Sie spürte eine neue Verheißung von Freiheit.

Trotzdem war es ihr noch nicht möglich, sich wirklich wohl zu fühlen. Sie machte sich noch immer Gedanken über ihr Versagen. Doch wenn sie nicht verantwortlich war, wenn sie nicht irgendetwas „richtig machen" musste, dann konnte sie auch nicht versagt haben. Welche Meinung ihr Partner über seine Seite der Affäre hegte, hatte nichts mit ihr zu tun. Tatsächlich hätte sie die „größte" Liebende aller Zeiten sein können und trotzdem hätte ein verängstigter und linkischer Mensch sie für aggressiv und grob gehalten. Als ihr diese Wahrheiten einleuchteten und sie ihre Verwicklung mit neuer Klarheit zu sehen und verstehen begann, sah sie ein, dass sie sich nicht mehr zu schützen brauchte und sich keine Sorgen mehr über ein mögliches Versagen machen musste. Nachdem sie ihre hindernden Überzeugungen in einer Serie von Options-Dialogen aufgelöst hatte, erweiterte sich ihre Freiheit, zu tun und zu sein was sie wollte. Es ging dabei nicht einmal darum, „sich zu trauen", sondern nur darum, es zu tun.

Was war aus ihrer „Unbeholfenheit" geworden? Sie wusste selbst nicht genau, ob sie diese hemmende Überzeugung schon losgeworden war. Wenn sie sich selbst in ihren Fantasien anschaute, schien sie sehr wohl zu wissen, was zu tun war. Sie war nicht wirklich „unfähig", sondern hatte nur ihren natürlichen Energiefluss mit ihren Ängsten zum Stocken gebracht und sich selbst damit behindert. Da sie nun nicht mehr glaubte, sich vor irgendetwas fürchten zu müssen, begann sie, sich selbst zu vertrauen. Sollte ihr Partner im Kontakt unsicher werden, dann konnte sie versuchen, ihn zu unterstützen, ihn zu beruhigen, ja es ihm sogar Recht zu machen. Und immer war der Eindruck, den er von dem Geschehenen zurückbehielt, ganz und gar sein eigener.

Ein Gefühl freudiger Erregung begann in ihr aufzusteigen. Wenn sie gar nicht versagen konnte, wenn nichts falsch an ihr war, wenn sie wusste, wie es „ging", wenn der nur geringe Spaß ihres Freundes sein eigenes Problem war, wenn sie nur für sich selbst verantwortlich war...ja, dann erlöste und entspannte sie das, und gab ihr die Freiheit, mit ihrer eigenen lustvollen Energie zu fließen anstatt gegen sie. Darüber hinaus, so entschied sie nun, konnte sie ihn bitten, das zu tun, was ihr gefiel, falls er es vergaß oder verpasste. Wenn er sich darauf nicht einlassen würde, konnte sie davon ausgehen, dass es aufgrund seiner Überzeugungen geschah und mit ihrer Beziehung oder ihr selbst nichts zu tun hatte. Als all ihre Ängste zerstreut waren, fand sie es leicht, ihre Wünsche viel besser zu spüren.

Nachdem die unglücklichen Gefühle, die ihre Sexualität beeinträchtigt hatten, verschwunden waren, fühlte sie sich glücklicher und freudig erregt über ihre sexuellen Begegnungen.

In dem Maße wie sie ihrem eigenen Verlangen Raum gab und ihren Partner mehr akzeptierte, wurden diese Begegnungen immer zufriedenstellender. Sie wurde aktiver und berichtete, dass ihr Partner, seit sie seine mechanische und lustlose Art zulassen konnte, begonnen hatte, mehr Beteiligung und Spontaneität zu zeigen. Ihre annehmende und urteilsfreie Art hatten ein Umfeld hergestellt, in dem *er* sich mit sich selbst und seinen Überzeugungen und Ängsten wohler fühlte. In einem Rahmen, der frei von Bedingungen und Erwartungen war, fühlte ihr Partner ein größeres Verlangen, seine Wünsche und Abneigungen zu erforschen. Alles hatte damit begonnen, dass sie eine einzige Überzeugung verändert hatte... und das ist der Beginn aller Veränderungen.

Ein anderer Optionsstudent beschrieb sich selbst auch als jemand, der schwere sexuelle „Probleme" hatte. Er dachte an nichts anderes und wollte nichts anderes als Sex. Und tatsächlich ließ er sich auf jede Gelegenheit zu sexuellen Begegnungen ein, die sich ihm bot. Doch trotz all der Bettgeschichten fühlte er sich leer und ungeliebt. Jedes Mal, wenn er die Matratze mit jemandem teilte, holte er sich, was er zu wünschen glaubte. Er vollzog den sexuellen Akt bis zum Höhepunkt, doch am Ende des Abends, wieder allein mit sich selbst, fühlte er sich hohl. Er nannte das Ganze ein sexuelles Problem, und es war der Grund für seine derzeitige Schwermut. Warum? Worüber war er unglücklich? Er glaubte, dass Sex ihn nicht befriedige. Was meinte er damit? Die Frauen, mit denen er schlief, waren zwar alle begehrenswert und bei der Sache, aber er glaubte, da müsse mehr passieren als nur körperlicher Drang. Unzufrieden kam er zu dem Schluss, dass bei seinen Bettgeschichten nur das Mechanische zählte. Er erinnerte sich an eine bestimmte Frau, die beim Sex alle möglichen neuen und ungewöhnlichen Techniken an den Tag legte. Das nahm er als Beweis, dass er sie wirklich erregte. Später fand er heraus, dass sie mit jedem anderen genau die gleichen Dinge tat. Plötzlich war er verärgert und verurteilte sie als kühle Technikerin.

Warum war ihm das unangenehm? Weil Sex dann nichts als eine mechanische Handlung war. Er bestand zwar darauf, dass seine sexuellen Erfolge wichtig für seine Männlichkeit seien, doch es gab andere Gründe, die ihm Unbehagen bereiteten.

Was wollte er damit sagen? Er fühlte sich ungeliebt. Was meinte er damit? Dass Sex kalt und lieblos war; er jedoch wollte geliebt werden. Wurde er nicht geliebt, bedeutete das, er war nicht in Ordnung (war selbst der Ansicht, wertlos zu sein). Paradoxerweise war dies der Auslöser für all seine Begegnungen: er wollte sich selbst mögen. Doch genau die Aktivität, die er zu diesem Zweck verfolgte, führte zu unglücklichen und beunruhigenden Gefühlen. Warum? Weil er sein Elend mit unglücklichen Gefühlen zu bekämpfen suchte. Weil er den sexuellen Akt mit Erwartungen überfrachtete, wie er zu sein hatte, was er zu bedeuten hatte. Aus Angst, der Sex würde seine Erwartungen nicht befriedigen, suchte er ständig nach Zeichen dafür, dass etwas nicht stimmte, und fand sie natürlich auch (denn er sammelte und interpretierte seine Beweise im Lichte seiner Ängste und

Urteile). Daraus gewann er weitere Gewissheit, dass *etwas mit ihm nicht stimmte*, ja, es bedeutete, dass er nicht liebenswert sei. Warum? Weil die Frauen ihn nicht wirklich mochten und er immer wieder allein dastand. Als er das genauer untersuchte, wurde ihm eine Tatsache klar: Sein Beweis war nicht wirklich ein Beweis, sondern nur eine Meinung, die auf seinen Überzeugungen basierte. Auch die unterschwellige Ablehnung, die er seinen Partnerinnen gegenüber empfand und sein Missmut vor, während und nach den sexuellen Begegnungen hatten dazu beigetragen, den Abstand zwischen ihm und seinen Geliebten zu vergrößern – und es war *sein* Abstand. Eine sich selbst erfüllende Prophezeiung. Sagte er nicht auch: liebe mich, obwohl ich mich selbst nicht liebe?

Genau wie die Frau, die glaubte, sie könne es nie richtig machen, war er der Meinung, dass er für alles die Verantwortung trug, und aufgrund dieser Überzeugung formte er sich seine Urteile aus seinen eigenen Erwartungen und Beweisführungen. Seine sexuellen Probleme hatte nicht wirklich mit seiner Sexualität zu tun, sondern mit seiner Einsamkeit und Selbstkritik. Er fand auch heraus, dass er seine Unzufriedenheit benutzte, um seine Fähigkeiten zu verfeinern. Er warnte sich selbst, dass er unglücklich werden würde, wenn er im Sex nicht das bekommen würde, was er wollte. Letztendlich bekräftigte und erfüllte er diese Drohung. Als er allerdings einsah, was er glaubte und tat, entledigte er sich der Versprechen und Drohungen und befreite sich auf diese Weise von seinen eigenen bösartigen Verurteilungen und Beschuldigungen. Nachdem er seine Erwartungen aufgegeben hatte, konnte er mit größerer Leichtigkeit spielen.

Eine andere Studentin befand, dass ihr „wahres" Problem, das sie mit ihrem Lebenspartner erfuhr, sexueller Natur sei. Sie schien am Sex kein Interesse mehr zu haben, ja ihre sexuellen Begegnungen waren so selten geworden, dass sie glaubte, sie seien ein typisches Beispiel für sexuelle Unvereinbarkeit. Dafür nahmen beide die „Seltenheit" und den beidseitigen „Mangel an Begeisterung" als Indikatoren. Sie diskutierten das Problem, versicherten sich gegenseitig ihrer Liebe füreinander und behaupteten gemeinsam, dass sie nur ein einziges Problem hätten: Sex. Da beide nicht willens waren, den Überzeugungen, die ihr „Problem" herbeiführten, auf den Grund zu gehen, entschieden sie sich heimlich und unabhängig voneinander, ihre sexuelle Befriedigung außerhalb der Beziehung zu suchen. Alles verlief gut, bis die Frau bemerkte, dass ihr Kontakt sehr distanziert und kühl geworden war. Erst jetzt war sie besorgt, das Einzige zu verlieren, was sie wirklich wollte: ihren Geliebten.

Die Krise drehte sich um ihre Idee, dass sie nicht wisse, was sie jetzt tun solle. Worüber war sie unglücklich? Dass ihr Geliebter sie nicht begehrte. Wie meinte sie das? Also, er schien nie bei der Sache zu sein und berührte sie nie als erster. Warum beunruhigte sie das? Wenn er mich lieben würde, wäre er aggressiver und erregter. Hiermit sagte sie aus, dass im Sex und besonders in dem, was sie sich unter „gutem Sex" vorstellte, der Beweis für Liebe bestand. Eine weitere Fassung der Grundüberzeugung: *Wenn du mich lieben würdest, würdest du mich sexuell begehren.*

Sie untersuchte ihre Überzeugung und die Begegnungen, und ihr wurde bewusst, dass es von Anfang an Probleme gegeben hatte – gemeinsame Ängste über Abhängigkeit, eine ungeplante Schwangerschaft, die Abtreibung und die Schuldgefühle. Sie begriff, dass mit dem Sex immer die Idee einer weiteren Schwangerschaft verbunden war, etwas, was beide fürchteten und mit allen Mitteln vermeiden wollten. Weitere Überzeugungen, aus denen sie ihre Urteile bezog, wurden ihr bewusst und sie sah schließlich ein, dass die Ablehnung des sexuellen Kontakts und *das mangelhafte Sexualverhalten nichts über ihre Liebe, dafür aber sehr viel über ihre Ängste und Schwierigkeiten aussagte.*

Ihre Beweise waren keine Beweise gewesen, sondern nur Überzeugungen, die zu Realitäten wurden – das sah sie jetzt ein. Ironischerweise wollte sie diese Dinge nie mit ihrem Partner durchsprechen, weil sie die Entdeckung fürchtete, dass sie ihn nicht mehr begehrte und vielleicht nicht mehr liebte. Die Beziehung, die sie auf diese Art schützen wollte, stand nun vor ihrem Ende, und all das nur aufgrund ihrer Abwehrmechanismen und ihrer Verlustangst.

Viele dieser Überzeugungen konnte sie ablegen und geriet dadurch an eine weitere Frage: Was wollte sie tun? Ihre Liebe wenn möglich retten und eine schöne und glückliche Beziehung erschaffen. Aber sie hatte Angst. Warum also die Angst, wenn das doch genau war, was sie wollte? Weil sie Angst hatte, es zu versuchen, es wirklich zu versuchen und dann zu versagen. Abgewiesen zu werden.

Und schon schwang das Pendel wieder zu ihrer Grundüberzeugung zurück. Der Sex lieferte nur die Arena, in der sich ihre Überzeugungen tummelten, bewiesen und abgelehnt wurden. Diese Einsicht wurde für sie zu einem Wegweiser und zum ersten Schritt eines Weges, auf dem sie selbstbezogene und selbstzerstörerische Überzeugungen hinter sich lassen würde.

Ein Student, der sich selbst für unheilbar schüchtern hielt, war frustriert von seinem Zögern und seinen Schwierigkeiten, mit Frauen in Kontakt zu treten. Oft widerten sie ihn an. Daraus schloss er, dass er ein ernsthaftes sexuelles Problem hatte. Worüber war er unglücklich? Dass er nicht genug Sex hatte, dass er manchmal lange Zeit, Wochen, sogar Monate gar keinen Sex hatte. Warum machte ihn das unglücklich? Weil er einsam war und sich für nicht begehrenswert hielt. Wie meinte er das? Also, wenn niemand mit ihm schlafen wollte, dann musste er unattraktiv, unliebenswert, abstoßend sein. Warum würde er unglücklich sein, wenn er unliebenswert wäre? Weil er dann alleine bleiben würde, und wenn das so wäre, weil irgend etwas grundlegend falsch an ihm war, dann würde die Situation sich nie ändern.

Glaubte er das? Ja und nein. Nein, nichts dauert ewig – selbst wenn er monatelang ohne Beziehung gewesen war, hatte er doch immer wieder Erfolg gehabt. Er fürchtete, dass die einsamen Phasen sehr lang werden würden, wenn er sie einfach zuließ. Wie meinte er das? Wenn er nicht alles aufbot, sein Problem zu lösen, würde er allein bleiben.

Eine wichtige Anmerkung: Er meinte nicht allein, sondern einsam. *Einsam zu sein bedeutet, unglücklich darüber zu sein, dass man allein ist.* Warum würde es ihn unglücklich machen, allein zu sein? Für eine Weile würde es in Ordnung sein, aber nicht für längere Zeit. Warum nicht? Weil es für immer sein könnte. Wie käme das? Weil er es zulassen würde. Warum würde er es zulassen? Er nahm an, dass er es nicht wirklich zulassen würde. Ein Schatten hob sich von seinem Gesicht und er hielt inne. Die Frage: Welche Konsequenzen fürchtete er, wenn er NICHT unglücklich darüber wäre, allein zu sein? Dass er solo bleiben würde. Er glaubte also, dass er, wenn er nicht unglücklich war, sich nicht um sich und seine Bedürfnisse kümmern würde.

Er untersuchte diese Überzeugung und sah ein, dass er alles Beste für sich selbst tun konnte, ohne unglücklich zu sein.

Plötzlich wurde er von freudiger Erregung erfasst. Ja klar – genauso wie er Angst und Unglück genutzt hatte, um sich selbst vor der Einsamkeit zu schützen, konnte er sich entschließen, sich selbst Gutes zu tun, ohne zuerst unglücklich zu sein. Seine Sichtweise änderte sich, als er sich zum ersten Mal erlaubte, sich klar auf das zu konzentrieren, was er sich wünschte.

Wunderbar, aber er sorgte sich immer noch darüber, von den Frauen abgewiesen zu werden. Was meinte er damit? Wenn er sich einer Frau näherte, sagte sie meistens, sie habe im Moment kein Interesse, vertröstete ihn manchmal auch auf später. Aber dieses Später trat nie ein. Er nahm sein Unbehagen genauer in Augenschein und ihm fiel auf, dass die erste Abfuhr oder der Mangel an Begeisterung ihn so einschüchterte, dass er es am selben Abend (in derselben Woche) nie wieder versuchte. Warum machte ihm die Zurückweisung so zu schaffen? Weil sie bedeutete, dass er nie das bekommen würde, was er sich wünschte – dass er nie Sex haben würde. Warum machte ihn das so unglücklich? Weil es bedeutete, dass er nicht in Ordnung war, dass etwas mit ihm nicht stimmte. Er glaubte, dass er es schaffen „müsste", seine Gefährtinnen dazu zu bringen, sich eine sexuelle Beziehung mit ihm zu wünschen.

Jedes Mal wenn er „müsste" sagte, verzog sich sein Gesicht. Da wurde ihm klar, dass er mit dem Glauben, er „müsste" sie motivieren können, eine untragbare Last mit sich herumschleppte.

Hier verweben sich Überzeugungen, die mit Verantwortung und Erwartungen zu tun haben. Er glaubte, dass er, um glücklich zu sein, Erfolg haben müsse und stoppte damit seine eigenen Wünsche. Manchmal schien es fast, als sei ihm alles egal. Wenn er es versucht hatte und erfolglos geblieben war, dann waren die Schlüsse und Bedeutungen, die er daraus zog, dermaßen beunruhigend, dass sie seine ursprünglichen Sehnsüchte auslöschten und seine Aufmerksamkeit zerstreuten. Dadurch landete er an einem Platz, der genau im Gegensatz zu dem stand, wo er sein wollte.

Auch hier war die Grundüberzeugung wieder am Werk: Wenn sie mich lieben würde, dann würde sie Sex mit mir haben wollen. Der Glaube, für ihren Mangel an Interesse *verantwortlich* zu sein, lieferte die Basis für sein Gefühl, abgelehnt zu werden und für sein Urteil, dass etwas mit ihm nicht stimmte. Er benutzte seine unglücklichen Gefühle ständig als Motivation und als Bestärkung.

Nachdem er sich von diesen Überzeugungen und den Fesseln unglücklicher Gefühle befreit hatte, konnte er sofort bei seinem *Wollen* bleiben. Er verstand, dass die Zurückweisung eines Menschen durch einen anderen allein etwas über dessen Befindlichkeit und Überzeugungen aussagt. Nun fühlte er sich frei, auf Frauen zuzugehen und Erfahrungen zu sammeln. Eine neue Beziehung, die gerade begonnen hatte, konnte er daraufhin sensibler wahrnehmen – ohne Zuflucht zu negativen Gefühlen und mit größerem Bewusstsein für seine eigenen und ihre Wünsche und Freuden.

Er fand, dass er nichts zu verlieren hatte und verzichtete darauf, zu urteilen oder etwas zu erwarten. Er wollte einfach mehr – und er bekam mehr. Je glücklicher er wurde, entdeckte er, desto lebendiger und sexueller wurde er auch.

Sex ist wieder die Arena; unglückliche Gefühle sind die Ursache für Kurzschlüsse – und wir allein sind die Ursache für unsere unglücklichen Gefühle!

Eine Frau mit extremem Übergewicht veränderte sich dramatisch allein dadurch, dass sie ihre Überzeugungen untersuchte. Sie hatte Angst davor, schlank zu sein. Sie fürchtete sich davor, Gewicht zu verlieren, weil sie dann möglicherweise ständig Sex haben würde, sie wollte jedoch verzweifelt dünner werden. Als sie ihre Ideen über das Dicksein untersuchte, kam sie zu dem Schluss, dass sie ein sexuelles Problem hatte. Sie begriff nun, dass ihr Übergewicht sie, wie sie sagte, unattraktiv machte und sie so davon abhielt, „schlecht" zu sein. Dieses Konzept verstärkte sie noch, indem sie, solange sie dick war, alle Annäherungsversuche abschmetterte. Sie tat alle Interessenten mit der Bemerkung ab, dass sie einen schlechten Geschmack hätten.

Worüber war sie unglücklich? Fett zu sein. Warum? Weil sie sich im Spiegel nicht ansehen mochte, weil sie sich hässlich fühlte. Was meinte sie damit? Sie glaubte, dass sie, da sie fett war, wahrhaftig nicht begehrenswert sein konnte. Das hatte sie eigentlich auch gewollt, aber nun hatte sie definitiv ihre Meinung geändert – sie wollte dünn sein, sie „musste" dünn sein – aber sie hatte Angst. Wovor? Dass sie, wenn sie dünn wäre, zuviel Sex haben würde. Warum machte sie das unglücklich? Weil sie dann nicht aus dem richtigen Grund Sex haben oder geliebt werden würde.

Alle, die sie jetzt lieben, solange sie dick ist, lieben sie wirklich, weil sie trotz ihres Übergewichts bei ihr bleiben. Wenn sie dünn wäre und sie würde zurückgewiesen, dann – so vermutet sie – würde SIE selbst zurückgewiesen und nicht ihr Übergewicht. Warum würde sie darüber unglücklich sein? Das würde beweisen, dass wirklich etwas an ihr nicht stimmt, dass sie nicht liebeswert ist. Glaubt sie das? Ja, irgendwie schon – deshalb hat sie auch solche Schwierigkeiten mit dem Sex. Aber nein, eigentlich glaubt sie das nicht; sie weiß irgendwie, dass sie okay ist. Welche Konsequenzen fürchtet sie, wenn sie keine Angst davor hätte, zuviel Sex zu haben? Dass sie zuviel Sex haben würde. Ihr Elend und ihr Fett waren Strategien, mit denen sie sich vor etwas schützte, was sie glaubte haben zu wollen, was man sich aber nicht wünschen durfte, weil es schlecht war. So ging sie mit Schuldgefühlen um, die nicht daraus resultierten, was sie bereits getan hatte, sondern daraus, was sie tun würde, wenn sie dünn wäre.

Sie sah immer klarer, wie sie ihre unglücklichen Gefühle benutzte, um sich ja dort zu halten, wo sie war, als Absicherung gegen eine mysteriöse zukünftige Sünde. Daraufhin entschied sie, dass sie auch ohne Negativität auf sich achten und jene Überzeugungen und Ängste ablegen konnte. Nichts war verkehrt an ihr und selbst die Vorstellung, all den Sex zu haben, war in Ordnung.

Super, aber sie war immer noch fett. Sie entschied sich, mit ihrer Angst zu arbeiten, dass sie jetzt, da sie Gewicht verlieren wollte, vielleicht keinen Erfolg damit hätte. Nachdem sie ihre derzeitige Figur angenommen hatte, verschwanden alle Ängste und Anspannungen. Langsam begann sie, Gewicht zu verlieren. Täglich konzentrierte sie sich auf ihre Wünsche (Schlankheit und Gesundheit) statt auf ihre Nicht-Wünsche. Ihre Energie konzentrierte sich deshalb nicht darauf, nicht zu essen oder eine Diät einzuhalten, sondern darauf, schlank und glücklich zu sein. Das führte dazu, dass sie begann, mit sich selbst (und ihren Wünschen) im Einklang zu leben, anstatt im Zwist mit ihren Ängsten – ein viel schwieriger Kampf.

Sie wurde schlanker, und ihre sexuellen Aktivitäten wurden vielfältiger, genau wie sie vorausgesagt hatte (selbsterfüllende Prophezeiung). Obwohl sie sich mit ihren sexuellen Beziehungen viel besser fühlte, gab es da einen Rest von Unbehagen, der noch nicht geklärt war.

Sie beobachtete sich weiter und entdeckte, dass sie noch eine Überzeugung mit sich herumtrug, die sie als Heranwachsende gewonnen hatte: Wenn er dich lieben würde, würde er keinen Sex mit dir haben, und ein böses Mädchen aus dir machen. Anstatt sich geliebt zu fühlen, begann sie, sich noch ungeliebter zu fühlen. Solange sie dieser Überzeugung folgte, gab sie ihr Macht und Substanz. Sie hatte sogar die Umstände und den Menschen vergessen, der ihr diese Überzeugung einmal vermittelt hatte. Doch diese Aspekte waren auch unbedeutend. Bedeutend war das Jetzt ihres Lebens, und in diesem Jetzt war die Überzeugung aktiv und gehörte zu ihr. Als sie den Glauben aussprach, musste sie lachen, amüsiert darüber, dass solch ein Konzept tatsächlich ihr Verhalten modellierte und zu allen möglichen negativen Gefühlen führte.

Sie hatte sich da einen Double-Bind des Unglücklichseins geschaffen – egal, in welche Richtung sie sich bewegte, immer würde sie das Resultat als negativ für sich selbst bewerten. „Wenn er mit mir schläft, dann mag er mich nicht wirklich leiden (er hat mich missbraucht)". „Wenn er nicht mit mir schläft, dann findet er mich nicht attraktiv und ich bin ihm egal." So oder so – sie war im Unglück gefangen. Ihr Glauben führte in jedem Fall zu einem negativen Urteil.

Später, als sie den Glauben über Bord warf, genoss sie ihren Sex zunehmend mehr, und ihr Selbstgefühl verbesserte sich. Kontakt und Geschlechtsverkehr waren nicht mehr bedrohlich für sie und die Gefahr war gebannt. Sie fühlte sich freier mit sich selbst und mit ihren Wünschen, und ihre Urteile oder die Urteile ihres Partner beschäftigten sie nicht mehr. Dadurch konnte sie ihre Sexualität als einen Ausdruck von körperlichen Empfindungen, Miteinander, Kommunikation, Beteiligung, Liebe, Einverständnis und Glücklichsein erleben.

Es gibt drei scheinbar verschiedene Situationen, die aber der gleichen Dynamik und den gleichen Überzeugungen unterliegen. Die Frau, die nicht zum Höhepunkt kommen kann; der Mann, der unter frühzeitigem Samenerguss leidet und der Mann, der sehr oft keine Erektion bekommen kann. Alle drei glauben, dass ihr Verhalten

„schlecht" sei und sie fähig sein „müssten", sich „korrekt" zu verhalten – und alle drei fürchten, dass es ihnen nicht gelingen wird.

Der impotente Mann konzentriert sich auf seine Versagensangst, entzieht damit der Sexualität im Hier und Jetzt die Energie und verliert plötzlich seine Erektion. Die Frau, die stets Probleme damit hat, zum Höhepunkt zu kommen, konzentriert sich auf diese Tatsache. Anstatt also zu versuchen, zum Orgasmus zu kommen und vielleicht zu versagen (weil sie glaubt, dass es ihr nicht gelingen wird), gibt sie oft sofort auf. Oder sie setzt sich unter Druck, weil sie es BRAUCHT, einen Orgasmus zu bekommen, und ihre Angst, ihre Sorge, dass sie versagen könnte und ihre Negativität verhindern den Erfolg. Das Resultat: ein Kurzschluss. Sie erschafft genau das, was sie fürchtet.

Der Mann, der zu früh ejakuliert, nimmt übereilt einen Einzelfall als Beispiel dafür, dass mit ihm etwas nicht stimmt. Er konzentriert sich auf seine Ängste davor, zu früh zu ejakulieren und erschafft dadurch genau diese Realität, *damit er wenigstens aufhören kann, sich zu sorgen.*

Ängste werden oft zu Prophezeiungen, die sich selbst erfüllen. Der Prozess, in dem wir genau das bekommen, was wir am meisten fürchten, hat etwa diese Dynamik: Meine Furcht und meine Sorge davor, dass „es" eintreten könnte, sind so groß, dass das eigentliche Ereignis im Vergleich damit fast verblasst. Ehe ich also in meinen unguten Gefühlen ertrinke, lasse ich lieber zu, dass es passiert oder führe es selbst herbei. Zumindest habe ich dann keinen Grund mehr, mich zu sorgen, dass es geschehen könnte. Die Intensität meiner Angst ist schmerzhafter als das gefürchtete Ereignis selbst.

Wenn jeder dieser Menschen wüsste, dass sie völlig in Ordnung sind, ganz gleich ob sie in ihrer Sexualität irgendwelche Erwartungen erfüllen oder nicht, dann würde sie das aus ihren Fesseln befreien.

Natürlich will ich damit nicht sagen, dass die Lösung für solche Probleme immer so einfach ist oder auf einer einzigen Überzeugung beruht. Oft liegen dem Verhalten noch andere Überzeugungen zugrunde. *Der wesentliche Aspekt ist hier, dass ich die Angst vor etwas, das ich ablehne, nur dadurch verstärke, dass ich dagegen kämpfe. Ich bestärke die Ablehnung.* Das ist eine sehr verbreitete Art zu denken, und sie ist in all den obigen Situationen zu finden.

Die Geschichte der Frau, die Schwierigkeiten hatte, zum Orgasmus zu kommen, weil sie fürchtete, dass es ihr nicht gelingen würde, gibt uns ein Beispiel dafür, wie verschiedene Überzeugungen an ein einziges Problem gebunden sein können. Es mag sein, dass sie gleichzeitig auch der Meinung war, sie sei eine „schlechte" und „vulgäre" Person, wenn sie ihre Sexualität genießen und „sich gehen lassen" würde. Außerdem glaubte sie vielleicht, dass ihr Partner derjenige sei, der sie zum Orgasmus bringt – und wenn sie wirklich Spaß daran haben würde, wäre sie vielleicht von ihm abhängig, was sie auf keinen Fall sein will. Sie hält sich also aus vielen verschiedenen Gründen zurück. Außerdem kann die künstlerische Hand der Erwartungen, die Bilder von Orgasmen als Teil einer einmaligen superspeziellen Liebesbeziehung malt, eine weitere Barriere errichten: Überzeugungen, Überzeugungen und mehr Überzeugungen, die ihr natürliches Fließen sabotierten und stoppten. *Doch das Wunderbare ist, dass sie all das ändern kann, wenn sie will.* Es gibt hier keine Einbahnstraßen, nur Gelegenheiten.

Ein Student, der sich mit seiner Homosexualität ein für alle Mal „geoutet" hatte, hielt sich selbst für verhältnismäßig „beieinander", doch er wollte gerne die letzten Reste seines Unbehagens loswerden, wie er es nannte. Er entschied sich deshalb, zu Beginn einen Optionsdialog zu führen, in dem er sich die Entstehung all der Glaubensmuster anschauen wollte, die seine Sexualität beeinflusst hatten.

In seiner Jugend hatte sein Vater, ein starker und selbstständiger Mann, ihm ständig geraten, „ein Mann" zu sein, „nicht schwach" zu sein. Die Überzeugungen und tieferen Bedeutungen, die in diesem Rat mitschwangen, setzten ihn in seiner Entwicklung und seinem Verhalten stark unter Druck. „Weinen tun nur Schwächlinge". „Sensibilität ist unmännlich und ein Zeichen von Schwäche". Wann immer er sich aus einer Situation zurückzog oder bescheiden reagierte, wurde sein Charakter in Frage gestellt: „Was ist los mit dir? Sei bloß kein Waschlappen!" *„Mein* Sohn wäre da niemals weggelaufen." Selbst seine sportliche Begabung wurde genauestens unter die Lupe genommen: „Sag bloß, du kannst nicht mal einen Ball fangen! Hast du etwa Angst davor?"

Schließlich begann er, diese Fragen als Beschuldigungen und Verurteilungen zu sehen. Er ließ es zu, dass die ständigen väterlichen Kommentare sein eigenes Gefühl von Kraft und Männlichkeit unterminierten. Er begann, seine Gefühle und Reaktionen als verfehlt und unpassend anzusehen (indem er die unausgesprochen vermittelten Überzeugungen seines Vaters übernahm), und sagte sich: „Vielleicht stimmt *wirklich* etwas nicht mit mir. Ich glaube, ich bin leider wirklich anders, ich habe wirklich Angst davor, einen Baseball ins Auge zu kriegen und bin oft kurz davor, zu heulen. Aber nur Mädchen heulen." Die übernommenen Glaubensmuster, durch die Kommentare seiner Freunde noch verstärkt, überfluteten ihn mit Angst und Sorge.

Seine Mutter, eine sehr „besitzergreifende", „beschützende" und „wetteifernde" Frau, unterstützte sein Selbstbild als Schwächling. Ihrem Ehemann gegenüber spielte sie zwar eine untergeordnete und eindeutig weibliche Rolle, aber die dominante Haltung, die sie ihrem Sohn gegenüber einnahm, verstärkte seine Vorstellungen von sich selbst als schwach, zerbrechlich und weiblich. Sie begrüßte zwar seine Sensibilität, doch er selber nahm auch diese Eigenschaft als Zeichen seines wachsenden „Andersseins". „Ich weiß, was ich eigentlich tun möchte, aber ich habe Angst – also bin ich wohl ein Weichling, und das bedeutet, ich bin kein Mann."

Seine Angst davor, anders zu sein, führte zu Befangenheit und zu erhöhter Sensibilität für sein Anderssein. Tatsächlich begann er ständig nach Hinweisen zu suchen, die seine Ängste bestätigten und seine Überzeugungen bewiesen. „Ich habe Angst davor, weichherzig zu sein wie eine Frau, wie ein Feigling." Jedes Urteil verstärkte die Macht des folgenden. Als er heranwuchs, sah er seine eigene Rolle als mit der Rolle einer Frau vergleichbar. Eines Tages, während er einen männlichen Körper bewunderte, nahm er seine Bewunderung als ein weiteres Zeichen für seine Andersartigkeit, seine weibliche und vielleicht (so fürchtete er) homosexuelle Natur.

Der Druck wurde stärker. Je mehr er genau das fürchtete, was diese Beweise über ihn zu sagen schienen, desto mehr *benutzte* er die Energie seiner Angst, um sich daran zu hindern, das zu werden, was er am meisten fürchtete. „Ich muss Angst davor haben, homosexuell zu werden – sonst werde ich es." Kraft seiner Überzeugungen konnte er diese Gewissheit noch verstärken und bestätigen. Er bemerkte, dass er sich in der Gegenwart von Frauen zunehmend unwohl und fehl am Platz fühlte und vermied deshalb den Kontakt mit dem anderen Geschlecht. Er konnte unmöglich das, was er in sich selbst am meisten fürchtete, annehmen (Weiblichkeit). Doch diese Überzeugung gebar neue Negativität und selbstbehindernde Verhaltensweisen. Schließlich wurde sein Unbehagen so groß, dass er den Entschluss fasste, sich auf eine homosexuelle Begegnung einzulassen, um den „untragbaren" Stress seiner Angst zu lockern. Dann, so sagte er sich, würde wenigstens die ständige Unruhe aufhören.

Nach seiner ersten homosexuellen Episode sah er es als bewiesen an: Er war jetzt seinen eigenen Wertmaßstäben und Definitionen zufolge ein Homosexueller. Seine Ängste wurden zu Schuldgefühlen. Er wollte seine anders geartete sexuelle Vorliebe verstecken, denn ebenso wie die Gesellschaft, der er angehörte, glaubte auch er, dass etwas „falsch mit ihm sei." Er hatte ein einziges Ereignis erfolgreich dafür benutzt, seine Ängste für immer zu bestätigen. Seine Ideen über und seine eigene Verletzlichkeit in puncto Homosexualität waren zu einer sich selbst erfüllenden Prophezeiung geworden.

Er lachte, als er einen, wie er sagte, klassischen homosexuellen Spruch zitierte: „Mann, war ich gestern betrunken." Seine erste homosexuelle Affäre war vom Alkohol vernebelt gewesen. Und doch wusste er schon damals, dass er getan hatte, was er wollte – obwohl er hauptsächlich damit beschäftigt war, seine Ängste in Schach zu halten.

Viele Jahre später begann er, sich und der Gesellschaft allgemein die missliche Lage, in der er sich befand und die Heimlichtuerei, die sie mit sich brachte, vorzuwerfen. Diese Gedanken und die ständig Sorge über eine mögliche Bloßstellung brachten ihn schließlich dazu, einen Vorstoß zu wagen, indem er erklärte: „Ja, verdammt nochmal, ich bin anders (als wäre er das); ich bin ein Homosexueller und es ist schön, ein Homosexueller zu sein." Er war voller Wut und Zorn, als er das sagte. Indem er seine Homosexualität verkündete, befreite er sich von seinen Schuldgefühlen und der Angst, entdeckt zu werden.

Obwohl er sich anfangs aufgrund seiner negativen Gefühle für die Homosexualität entschieden hatte, war er nun insgesamt begeistert und zufrieden mit seiner Wahl. Die Frage, ob er unter anderen Umständen homosexuell geworden wäre oder nicht, war für ihn rein hypothetisch. Er vermutete, dass sein Bild von den Eltern, seine Angst und seine frenetische Suche nach Beweisen vielleicht nur Werkzeuge waren, die es ihm erlaubten, einige seiner Sehnsüchte auszudrücken. Es ging nun nicht darum, seine Handlungen zu verurteilen, sondern zu untersuchen, warum sie von Angst und Besorgnis begleitet waren und warum er immer noch ein bohrendes Unbehagen verspürte.

Die Ankündigung über seine sexuelle Zugehörigkeit wies einen großen Widerspruch auf: Warum „musste" er sie ankündigen? Warum machen all diejenigen, die gleichgeschlechtliche Partner lieben, kein Statement daraus, dass sie Heterosexuelle sind? Da sie ihre Neigungen für völlig normal halten, gibt es für sie keine Fragen, die sie sich stellen und keine Erklärungen, die sie abgeben müssten. Im Gegensatz dazu enthält die Aussage: „Ich bin ein Homosexueller" nicht nur eine Beschreibung, sondern – in diesen Zeiten, in unserem Sprachgebrauch – auch ein Urteil.

Als der Student sich also als Homosexuellen bezeichnete, akzeptierte er damit das unterschwellige und nachdrückliche Vorurteil, dass er „anders" und wohl auch „falsch" sei. Er pochte zwar darauf, dass seine Sexualität positiv sei, sah aber auch ein, dass noch viele seiner Überzeugungen darum kreisten, andersartig und untragbar zu sein – ja, in der Essenz hatten genau diese Überzeugungen zu seiner Ankündigung geführt. Er fühlte sich wütend, vorwurfsvoll, schuldig und wollte sich entlasten. Er gab zu, dass seine Erklärung zum Teil eine versteckte Beichte gewesen war.

Außerdem hatte er darauf gehofft, durch seine Bloßstellung anerkannt zu werden. „Wenn ich die anderen dazu bringen kann, mich zu akzeptieren und einzusehen, dass ich weder merkwürdig noch pervers bin, dann kann ich es vielleicht auch selbst glauben." Je länger er seine Gefühle erforschte, desto mehr wuchs sein Bewusstsein über seine eigenen anhaltenden Vorurteile. Unter seinem selbstsicheren und zuversichtlichen Gehabe verbargen sich noch viele Vorstellungen, in denen er sich als unnormal und minderwertig sah. Diese Überzeugungen beschloss er nun zu überprüfen und abzulegen. In dem Maße wie er zunehmend glücklicher wurde und sich selbst immer mehr annehmen konnte, verschwand seine Abneigung Frauen gegenüber völlig. Er identifizierte sich auch nicht mehr als Homosexuellen, sondern nannte sich ein menschliches Wesen.

Die Situation, die Überzeugungen und die Schlüsse, die er daraus zog, waren seine eigenen – keine abstrakte und leicht zu verallgemeinernde Sammlung von Umständen. Jede/r von uns erschafft sich selbst, jede/r hat eigene Gründe dafür und reagiert damit auf eigene Überzeugungen.

Mehr oder weniger empfindet *jede/r eine Anziehung für Angehörige beiderlei Geschlechts.* Wir können Körper, Fähigkeiten und athletischen Ausdruck von Spitzensportlern bewundern, ganz gleich welchem Geschlecht sie angehören. Wir können Fans von männlichen und weiblichen Unterhaltungsstars sein, ohne dadurch in eine sexuelle Identitätskrise zu geraten. Wir können als Mann von der körperlichen Tüchtigkeit eines Schauspielers fasziniert sein oder als Frau von der Sinnlichkeit einer Tänzerin. Dieses Angezogensein findet auf „sichere" Entfernung statt. Doch selbst wenn Bekannte oder nahe Freunde im Spiel sind, führt das nicht sofort zu Fragen und Zweifeln über unsere Sexualität oder „Normalität".

Trotz alledem: *um der Gesellschaft, in der wir leben, Genüge zu tun, konzentrieren wir uns auf die anerkannte Anziehung – was natürlich davon ausgeht, dass es so etwas wie eine nicht anerkannte Anziehung gibt.* Spuren dieser Überzeugungen sind in allen möglichen alltäglichen Vorfällen zu finden, wo ein Mann zum Beispiel eine Freundin zur Begrüßung küsst, einem Freund dagegen nur die Hand schüttelt und eine sichere Entfernung einhält, als traue er sich selbst nicht über den Weg. Es herrscht die Vorstellung, dass wir Angehörige des eigenen Geschlechts nur umarmen oder küssen, wenn wir merkwürdig oder pervers sind. In anderen Kulturen, wo andere Vorstellungen herrschen, gibt es unter Menschen des gleichen Geschlechts viele körperliche Freundschaftsbezeugungen ohne unterschwellige Urteile oder Missbilligung.

Im Kontext unserer Kultur (und ihrer Konstellation allgemein akzeptierter Überzeugungen) ist ein Homosexueller jemand, den seine eigene Angst und die Urteile anderer zu etwas machen, was gar nicht existiert – zu einer Art fiktivem Charakter, d.h. zu jemandem, der nur von Menschen des eigenen Geschlechts angezogen wird. Darin unterscheidet er sich nicht von dem ausgesprochenen Heterosexuellen, der sein einseitiges Interesse oft nachdrücklich betont und jede Abweichung ins Lächerliche zieht.

Wer die Angehörigen des eigenen oder des anderen Geschlechts mit Abscheu, Angst oder Ablehnung betrachtet, reagiert auf sein eigenes Unbehagen. Wenn wir es nicht zulassen können, uns im Kontakt mit einer Geschlechtergruppe wohl zu fühlen, dann sind dafür unsere Ängste und unglücklichen Gefühle genauso verantwortlich wie die Überzeugungen, die diese Gefühle unterstützen. Wir müssen uns fragen: Geht unsere Sexualität von unseren Wünschen aus oder hat sie damit zu tun, was wir ablehnen?

Wenn wir einfach Menschen sind, die andere Menschen lieben (ganz gleich, welchem Geschlecht sie angehören), dann folgen wir unseren eigenen Neigungen, die auf Glücksgefühlen und Wünschen basieren. Es wäre nicht nötig, den Angehörigen eines Geschlechts aus dem Wege zu gehen, um damit unsere Vorliebe zu unterstützen und zu rechtfertigen. Das hat nichts damit zu tun, dass wir, wenn wir glücklich sind, keinen gleichgeschlechtlichen oder keinen andersgeschlechtlichen Sex haben würden. Es hat auch nichts damit zu tun, dass wir unsere sexuellen Vorlieben ändern oder bisexuell werden würden. Wir würden einfach das tun, was jeweils natürlich für uns wäre.

In diesem Sinn würde es, wenn wir mit uns selbst im Reinen wären, auch keine beurteilenden Bezeichnungen wie „homosexuell" oder „heterosexuell" geben. Es würde weder Homosexuelle noch Heterosexuelle geben. Alle unter uns, die diese Begriffe benutzen – und sei es auch nur aus Nachlässigkeit – tragen dazu bei, unterschwellige Behauptungen über die „Andersartigkeit" und „Unmöglichkeit" bestimmter Individuen und Aktivitäten zu verbreiten. In der Sprache unserer Kultur spiegelt sich ihre Tendenz, Separatismus und Missbilligung zu erzeugen – mit Hilfe von Überzeugungen wie: „Es ist schlecht, homosexuell, schwach, arm, hässlich...und so weiter...zu sein." Vielleicht tragen wir mit unseren gemeinsamen Ängsten dazu bei, genau die Realitäten zu erschaffen und zu bekräftigen, die wir glauben abwenden zu „müssen".

Ein sexuelles Problem hat also nicht nur mit Sex zu tun, sondern mit der Angst vor unglücklichen Gefühlen im Bereich der Sexualität.

Wenn wir die Überzeugungen ablegen, die zu den unglücklichen Gefühlen geführt haben, verschwindet auch das Problem. Die Ängste, die Sorgen und das Unbehagen unterstützen die abergläubische Überzeugung, dass irgend etwas Schlimmes passiert ist oder passieren wird. Das Sexualverhalten ist genau wie jedes andere Verhalten von Urteilen durchtränkt.

Wenn ich meine selbstzerstörerischen Überzeugungen ablege, kann ich mich an meinen natürlichen Fluss hingeben. Wenn ich anhand dieser Beispiele anderer irgendeine Überzeugung entdecke, die ich auch habe und die ich verändern möchte, dann muss ich etwas von dem überflüssigen Gepäck abladen, das ich im Kopf mit mir herumtrage. Die Entscheidung, Überzeugungen abzuwerfen, fällt mir nicht schwer, wenn ich einsehe, wie dumm und unbegründet einige von ihnen sein können. Und habe ich das erst einmal getan, dann werden mir lauter erfreuliche und schöne Veränderungen auffallen. Wenn ich für meinen Anteil die Verantwortung übernehme, ist das keine schwere Last, sondern es fungiert als Schwert, das meine Bindung an all die uralten Überzeugungen durchtrennt.

Sex ist ein wunderschöner und einfacher menschlicher Vollzug. Er ist eine Funktion von Liebe und Sein. Er ist Kommunion und unser Vorstoß in die Ewigkeit. Sex ist alles, was wir uns von ihm wünschen, wenn wir es einfach nur erlauben.

Wie in allen Gebieten des menschlichen Lebens gibt es auch hier kein Richtig oder Falsch, kein Gut oder Schlecht, kein Müssen oder nicht Dürfen. Die Etiketten, mit denen wir den Sex versehen, sollen uns daran erinnern, wie wir uns verhalten sollen. Wir glauben nämlich, dass wir ohne Etiketten nicht wüssten, wie wir mit verschiedenen Situationen umgehen sollten. Doch Überzeugungen, die aus unglücklichen Gefühlen entstanden sind (aus Misstrauen und Ekel), hindern uns daran, die Lust und die Freiheit zu erleben, die uns in unseren sexuellen Beziehungen zur Verfügung stehen.

Wenn wir stets im Kontakt mit der Einsicht bleiben, dass wir genau wie unsere Partner unser Bestes geben und für ihre Ängste und Freuden nicht verantwortlich sind (nur für unsere eigenen), dann können wir unsere Wünsche wünschen, ohne Angst zu haben, nichts zu bekommen. Unsere sexuellen Horizonte werden sich dann erweitern und beglückendere Möglichkeiten eröffnen. Und außerdem werden wir mit bedeutend größerer Klarheit all die Situationen identifizieren können, die wir vermeiden wollen.

Sex entspringt unserem natürlichen Wesen. Wir müssen dafür nicht üben. All die Anspannungen und Peinlichkeiten, die mit Anleitungen und Erfolgsrezepten einhergehen, sind meistens ein direktes Resultat davon, dass wir uns von unserem natürlichen Wesen wegbewegt haben (wie das Kind, das seine eigene Natur nicht kennenlernt, weil es glaubt, dass mit ihm etwas nicht stimmt). Wenn wir nach Regeln und Hinweisen suchen, wird Sex verwirrend und schwierig. Ein passendes Beispiel ist die Frau, die sich im wahren Leben für schlecht hielt, aber in ihren Fantasien ganz großartig war. Sie unterbrach ihr natürliches Fließen mit Ängsten und negativen Gefühlen. In ihren Tagträumen wusste sie genau, was sie tun musste, um Erregung und Freude zu erleben.

Die sexuellen Lehrfilme und -bücher sind allesamt Ausdruck unseres Selbstzweifels. Sicher, wenn wir glauben, dass wir sie nutzen können, um sexuell mehr bewandert zu sein, dann müssen wir tun, was wir für richtig halten. Aber ein direkterer Weg ist vielleicht der, auf dem wir mit uns selbst gehen und unsere natürliche Kompetenz zu Rate ziehen. *Hinter jedem unglücklichen Gefühl gibt es einen weisen, natürlichen Experten.*

Wenn ich nicht abgelehnt werden kann, wenn das, was jemand in mir sieht, mit seinen oder ihren eigenen Überzeugungen zu tun hat, wenn ich nur für meine eigenen Handlungen und Gefühle verantwortlich bin, wenn nichts an mir falsch ist, wenn ich immer das Beste tue, was mir aufgrund meiner Überzeugungen möglich ist, selbst wenn ich mich selbst behindere – dann kann ich alles tun, was ich will, alles versuchen, was ich will. Mein Glück würde nicht mehr an einem seidenen Faden hängen.

Wenn ich genau und entspannt hinhöre, wird es mir gelingen, meine innere Stimme zu vernehmen. Das bedeutet nicht, dass ich dann hinausgehen und an jeder Straßenecke Sex haben würde. Ich werde einfach wissen, was ich möchte. Das zuzulassen könnte in einer besseren Beziehung mit einem Freund, einer Ehefrau, einem Ehemann oder einer Bekannten resultieren. Es könnte bedeuten, dass ich mir die Erlaubnis gebe, zu erforschen und auszuprobieren.

Wenn wir im Sex die Optionshaltung einnehmen – Lieben heißt einverstanden sein – dann gäbe es keine Urteile, keine Bedingungen und keine Erwartungen. Und dadurch wäre alles, was passieren könnte, in Ordnung. Jeder von uns könnte dann sich selbst und seinen Geliebten den Raum zugestehen, das was wir uns wünschen anzusprechen und auszuprobieren.

Eine Anmerkung zu sexuellen Tabus: Einigen von uns wurde erzählt, dass Masturbation zur Erblindung und zum Wahnsinn führt. Vielen wurde beigebracht, dass wir, sollten wir je einen Jungen in unser Schlafzimmer lassen, abgrundtief schlecht seien. Andere wiederum erfuhren, dass Sex zu unheilbaren Krankheiten führen würde. Weiterhin wurden viele davon unterrichtet, dass Sex „schmutzig" wäre und wir ihn nur in der Opferhaltung ertragen dürften (Augen zu und durch). Schließlich gab es jene, die uns erklärten, dass wir keinen Spaß daran haben dürften. All das sind Überzeugungen, die von denen, die sie ausagieren und weitertragen, mit Macht erfüllt werden.

Bevor ich überhaupt die Möglichkeit hatte, meine Sexualität zu erforschen und zu untersuchen, wurde ich mit einer Ladung selbstbehindernder Konzepte überhäuft. Sex wurde zum Abfalleimer für viele meiner unglücklichen Überzeugungen.

Als ich es zum ersten Mal „wagte", jemanden zu berühren, brachen meine Arme fast unter dem Gewicht des gut eingeschärften Unbehagens zusammen. Doch nachdem ich mich entschieden hatte, meine hemmenden Ideen über Sex abzulegen, mir selbst zu vertrauen und meinen Neigungen zu folgen, da wurde ich viel spontaner und annehmender, ohne mir selbst deshalb zu schaden. Ich wusste immer noch genau, wie ich auf mich achten musste, mich vor Krankheiten schützen, Verhütung betreiben und Nein sagen musste, wenn etwas mir nicht gefiel. Die Ängste und Tabus waren mir ursprünglich beigebracht worden, um mir den Weg zu etwas zu weisen, was „das Beste" für mich sein sollte. Leider waren sie in Negativität (Ängste und Misstrauen) und in Aberglauben gekleidet, und das führte zu Schuld und Kurzschlüssen. Die Lehren, die hinter einigen Überzeugungen standen, sind weiterhin bedeutungsvoll. Doch ich kann alles, was weder weise ist noch mir nützt, ent-lernen (mich entscheiden, es abzulegen).

In der Freiheit, meine Überzeugungen in Frage zu stellen und sie zu ändern, liegt auch die Freiheit, sie beizubehalten. Jeder von uns ist in seinem eigenen Universum die Wetterfahne, und genau wie der Wind sich mit der Luft bewegt, untrennbar von ihr, so ist meine Sexualität untrennbar von mir und dem, was mich bewegt. Wenn ich die Wahl treffe, meiner eigenen Natur treu zu sein, dann sind mein Körper, meine Gedanken, mein Glück und meine Sexualität aus einem Stück.

Wir befreien den Vogel, indem wir den Käfig von Überzeugungen, in dem er gefangen war, zerbrechen.

DIE „DENK"-SEITE
Sex und Ihre natürliche Kompetenz

FRAGEN, DIE SIE SICH SELBST STELLEN KÖNNEN:

Wie finden Sie Ihren Körper? Fühlen Sie sich mit ihm wohl?

Haben Sie Erwartungen an Ihre Sexualität und Ihre sexuellen Beziehungen?

Gibt es für Sie im Sex Dinge, die sein „müssten" oder „sollten", damit sie ihn gut finden können?

Sind Sie im Sex super, gut oder mittelmäßig? Woher wissen Sie das? Was glauben Sie über Ihre Fähigkeiten?

Beurteilen Sie die sexuellen Fähigkeiten Ihres Partners / Ihrer Partnerin? Wenn ja, warum?

Sagen Sie Nein, wenn Sie Ja meinen? Oder das Gegenteil?

OPTIONSKONZEPTE, DIE SIE ERWÄGEN KÖNNEN:

UNSERE ANSICHTEN ÜBER SEX ENTSPRECHEN UNSEREN ANSICHTEN ÜBER DIE WELT, UND UNSERE ANSICHTEN ÜBER DIE WELT ENTSPRECHEN UNSEREN ANSICHTEN ÜBER SEX.

DIE MENSCHEN GENIESSEN IHREN SEX IN DEM MASSE WIE SIE GLÜCKLICH SIND.

UNZULÄNGLICHES SEXUALVERHALTEN SAGT NICHTS ÜBER DIE LIEBE AUS, SONDERN NUR ÜBER ANGST UND NEGATIVITÄT.

WIR ALLE SIND NATURTALENTE IM SEX, WENN WIR ES ZULASSEN.

ÜBERZEUGUNGEN, DIE SIE VIELLEICHT ABLEGEN MÖCHTEN:

Sex ist schlecht.

Sexuelles Draufgängertum ist ein Zeichen von Männlichkeit.

Wenn ich im Sex nicht gut bin, heißt das, ich bin nicht in Ordnung.

Liebe und Sex sind dasselbe.

Wenn du mich lieben würdest, dann würdest du mich sexuell begehren.

Das Einzige, was zählt, ist der Orgasmus.

DER NEUNTE DIALOG

Frage: WORÜBER SIND SIE UNGLÜCKLICH?
Antwort: Dass ich nie zum Höhepunkt komme, und, bei Gott, ich habe es versucht!

F: UND WARUM MACHT SIE DAS UNGLÜCKLICH?
A: Aus Millionen von Gründen. Zuerst mal bin ich glücklich verheiratet, – jedenfalls glaube ich das. Aber wenn ich keinen Orgasmus kriegen kann, ist vielleicht mit unserer Beziehung etwas nicht in Ordnung.

F: WARUM?
A: Wenn wir zusammenpassen würden, dann hätte ich einen Orgasmus.

F: WARUM GLAUBEN SIE DAS?
A: Na ja, ich bin mir nicht sicher, ob ich das glaube – es ist halt so ein bescheuertes Problem. Jedes Mal, wenn wir ins Bett gehen, zieht sich in mir alles zusammen. Ich denke die ganze Zeit: *werde ich's diesmal schaffen? Wird es endlich passieren?* Und es klappt nie.

Manchmal, wenn ich mich morgens anziehe, beginne ich schon, mir den Sex am nächsten oder übernächsten Abend vorzustellen und selbst dann, vierzehn Stunden oder einen Tag vorher, beginnt mein Magen schon, sich zu verkrampfen. Wenn das passiert, ist in meinem Kopf nur noch Watte.

F: *WESHALB SIND SIE SO ANGESPANNT?*
A: Weil ich will, dass es passiert. Ich würde alles dafür tun.

F: *Sicher, aber wenn Sie es sich wünschen und zugleich angespannt sind, dann sind das zwei völlig verschiedene Dinge. Ich verstehe, dass Sie zum Orgasmus kommen möchten. Warum sind Sie so unglücklich und aufgeregt darüber, dass es Ihnen nicht gelingt?*
A: Wären Sie das nicht auch?

F: *Kann sein, aber ich hätte meine eigenen Gründe dafür, und Sie haben Ihre. Ich sage nicht, dass Sie nicht unglücklich sein sollten, sondern frage nur danach, „warum" Sie sich so fühlen.*
A: Okay, ich habe Angst, dass es niemals passieren wird.

F: *WARUM WÄREN SIE DANN UNGLÜCKLICH?*
A: Weil ich dann keine gute Liebhaberin wäre und mein Partner... vielleicht würde mein Mann unzufrieden sein. Keine Ahnung. Vielleicht hole ich mir meinen Sex woanders. Das wäre wirklich furchtbar!

F: *Warum wäre es furchtbar, wenn Sie sich entscheiden würden, anderswo Ihren Sex zu holen?*
A: Weil ich das gar nicht will. Ich liebe meinen Mann. Unsere Ehe ist keine abgehobene Fantasiegeschichte. Wir haben beide an der Beziehung gearbeitet. Es gab viele schwierige Jahre. Wir haben eine Menge Probleme hinter uns gebracht. Wir sind an einem Punkt angekommen, wo wir uns aneinander freuen und Respekt füreinander empfinden. Dies ist mein einziges großes Problem und ich will alles, was wir uns so hart erarbeitet haben, nicht zerstören. Ich will nicht untreu sein.

F: *Warum wären Sie dann untreu?*

A: Weil ich endlich einen Orgasmus haben will. Das ist wie eine völlig eigenständige Besessenheit. Obwohl ich meinen Mann liebe, habe ich das Gefühl, eine Menge zu verpassen.

F: *Wie meinen Sie das?*

A: Wenn der Sex gut ist, dann sollten beide Partner zum Orgasmus kommen.

F: *WARUM GLAUBEN SIE DAS?*

A: Ist das denn nicht die Wahrheit?

F: *Was für den einen wahr ist, muss für den anderen noch lange nicht wahr sein. Warum glauben Sie, dass es wahr ist?*

A: Ich weiß es nicht. Wenn ich wirklich darüber nachdenke, verliere ich manchmal völlig die Perspektive, worum es beim Sex eigentlich geht. Vielleicht habe ich mal gehört, dass es unbedingt einen Höhepunkt geben muss. Vielleicht kommt das aus meiner Vergangenheit und ich weiß schon gar nicht mehr, warum ich das glaube.

F: *Sicher, das ist gut möglich. Aber da Sie es jetzt immer noch glauben, – warum?*

A: Darauf habe ich keine Antwort.

F: *WELCHE KONSEQUENZEN BEFÜRCHTEN SIE, WENN SIE ES NICHT GLAUBEN WÜRDEN?*

A: Ich würde gar nicht mehr versuchen, zum Orgasmus zu kommen. Wenn es gar nicht so wichtig, keine Bedingung wäre, dann wär's doch egal. Oh, aber das ist Quatsch. Ob guter Sex nun mit oder ohne Orgasmus definiert wird, ich will immer noch, dass es passiert.

F: *Wenn Sie also immer noch einen Orgasmus möchten, obwohl das keine Bedingung ist, dann glauben Sie immer noch, dass ein Orgasmus zum guten Sex dazugehört?*

A: Nein, ich glaube nicht. Und wenn ich das nicht glaube, dann ist die Krise vielleicht gar nicht so schlimm. Zumindest hat das in punkto Ehe vielleicht gar nicht so viele Konsequenzen wie ich dachte. Vielleicht können wir es hinkriegen. Aber ich bin noch immer unglücklich deswegen.

F: *WARUM SIND SIE DESWEGEN UNGLÜCKLICH ?*

A: Weil ich es immer noch möchte, selbst wenn meine Ehe auch ohne das wunderbar wäre. Mein Mann hat soviel Verständnis gezeigt und versucht, mir zu helfen, aber das ist nicht die Lösung.

F: *Wenn Sie keinen Höhepunkt erreichen können, was macht Sie daran unglücklich?*

A: Vielleicht bedeutet es, dass etwas mit mir nicht stimmt, dass ich keine wahre Frau bin oder so. Vielleicht ist irgendetwas komisch an mir.

F: *Wie meinen Sie das?*

A: Fast alle meine Freundinnen haben da kein Problem. Wir haben uns unterhalten (lacht). Und trotzdem frage ich mich manchmal, ob sie die Wahrheit sagen. Es ist wirklich schwer, sich selbst so etwas einzugestehen und noch viel schwerer, es jemand anderem zu erzählen. Doch wenn es stimmt, dass sie keine Probleme haben, warum klappt es dann nie bei mir?

F: *Warum glauben Sie, dass das so ist?*

A: Irgendwie denke ich immer, wenn ich mich gehen lasse und wirklich will, dann werde ich zur Nymphomanin. Echt, kein Quatsch. Ich weiß, es hört sich verrückt an. Immer, wenn ich mal einen Orgasmus hatte, und das waren nur wenige Male in meinem ganzen Leben, dann fühlte ich mich so super, dass ich Tag und Nacht nur Sex haben könnte. Und das macht mir wirklich Angst.

F: *WARUM MACHT ES IHNEN ANGST?*

A: Weil ich meinen Mann überfordern und meine Ehe zerstören würde. Vielleicht will ich es dann ja so sehr, dass ich mit jedem ins Bett gehen würde. Das wäre schrecklich.

F: *Warum wären Sie unglücklich, wenn Sie sich entscheiden würden „mit jedem" zu schlafen?*
A: Weil ich das nicht will.

F: *Warum glauben Sie dann, dass Sie es tun würden?*
A: Weil mein Sexualtrieb so stark werden würde, dass ich ihn nicht mehr kontrollieren könnte.

F: *Woher wissen Sie das?*
A: Ich weiß es gar nicht.

F: *Aber es hört sich so an, als wüssten Sie es und würden deswegen unglücklich darüber. Wenn Sie ständig Sex wollen würden, was wäre daran so unangenehm?*
A: Es wäre gar nicht unangenehm...aber ich will nicht, dass es mein Leben zerstört.

F: *Okay, wenn Sie genau wissen, dass Sie das nicht wollen, wenn Sie also genug wissen, um auf sich zu achten – WARUM GLAUBEN SIE DANN, DASS SIE SICH SELBST SCHADEN WÜRDEN?*
A: Ich würde mir selbst gar nicht schaden. Ich denke nur, ich würde es abschneiden.

F: *Was abschneiden?*
A: Meinen Sexualtrieb.

F: *Oh, Sie HABEN also Kontrolle über Ihren Sexualtrieb! Wieso haben Sie dann Angst, dass er überhand nehmen würde?*
A: Oh (lange Pause)

F: *Was denken Sie?*
A: Er würde gar nicht überhand nehmen. Da gibt es nichts, wovor ich Angst haben müsste. Ich weiß, als ich sagte „abschneiden", da wusste ich plötzlich zum ersten Mal, dass ich die Kontrolle habe. Wenn ich es abschalten kann, dann kann ich es auch anschalten. Irgendwie wollte ich immer glauben, dass es nichts mit mir zu tun hatte. Ich habe meinen Orgasmen die Schuld gegeben. Ich habe

meinem Mann die Schuld gegeben und davor meinen Liebhabern. Es schien zu „unberührbar", um dafür die Verantwortung zu übernehmen.

F: *Und jetzt?*
A: Jetzt ist es wirklich gut.

F: *Wie fühlen Sie sich?*
A: Besser, aber noch nicht fertig.

F: *Wie meinen Sie das?*
A: Ich sehe jetzt, dass ich mich selbst zurückgehalten habe. Hätte ich keine Angst, ein „schlechter" Mensch oder eine Nymphomanin zu werden, dann könnte ich einfach loslassen. Meine Anspannung hatte damit zu tun, dass ich mich zurückgehalten habe. Irgendwie kommt es mir jetzt vor, als ob ich das mit einer Angst besetze: Wenn ich so lange nicht zugelassen habe, dass es passiert, wie kann ich es dann jetzt zulassen?

F: *Was möchten Sie?*
A: Sex genießen und zulassen, dass ich zum Orgasmus komme. Aber ich fühle mich unwohl damit.

F: *Was fürchten Sie, könnte passieren?*
A: Dass ich mir weiterhin Sorgen darüber mache, nicht wegen der anderen Ängste, sondern einfach weil ich Angst hätte, dass es jetzt, wo ich es möchte, nicht passieren würde.

F: *Was glauben Sie würde passieren, wenn Sie sich nicht sorgen würden?*
A: Es wäre mir egal, und dann würde es vielleicht nicht passieren. Oh, das macht ja überhaupt keinen Sinn. Ich könnte es wirklich wollen, ohne mir Sorgen zu machen. Ich glaube, verrückterweise halten meine Sorgen mich davon ab, dass es passiert. Ohne den Druck wäre ich viel lockerer und es würde wahrscheinlich klappen. Vielleicht sollte ich mich fragen, ob es okay für mich ist, keinen Orgasmus zu bekommen, denn davor habe ich ja solche Angst.

F: *Möchten Sie das beantworten?*

A: Ja. Wenn ich jetzt, nachdem ich meine Ängste und Überzeugungen durchgearbeitet habe, nicht zum Orgasmus kommen könnte, dann würde das bedeuten, es liegt nicht in meiner Macht.

F: *Warum glauben Sie das?*

A: Wenn ich das geklärt habe, dann sollte ich zum Orgasmus kommen.

F: *WARUM „SOLLTEN" SIE?*

A: Da ist es ja schon wieder! Ich setze mich unter Druck. Der Grund ist zwar jetzt ein anderer, aber ich bin wieder an derselben Stelle. Verrückt, was ich mir da antue. Solange ich einen Orgasmus haben „muss", behindere ich mich selbst.

F: *Wie meinen Sie das?*

A: Es ist wie bei einer Prüfung: Du sagst dir, dass du eine gute Zensur bekommen musst und wirst dadurch so besorgt und gestresst, dass du dich nicht mehr konzentrieren kannst. So vermasselst du dir alles und erreichst dadurch das Gegenteil von dem, was du eigentlich wolltest.

F: *Nehmen wir doch mal Ihr Beispiel und beziehen es auf das Hier und Jetzt. Glauben Sie jetzt, nachdem Sie denken, dass Sie das Thema durchgearbeitet haben, immer noch, DASS SIE ZUM HÖHEPUNKT KOMMEN MÜSSTEN?*

A: Nein, natürlich nicht. Aber wenn ich sage, dass es an mir liegt, die Kontrolle zu haben, und wenn alle Ärzte sagen, dass ich körperlich völlig in Ordnung sei, was bedeutet es dann, wenn es mir immer noch nicht gelingt?

F: *Was glauben Sie?*

A: Ich weiß es nicht.

F: *Wenn Sie raten würden, was würden Sie dann glauben?*

A: Nun, vielleicht gibt es noch andere Überzeugungen, die ich noch nicht durchgearbeitet oder verändert habe...vielleicht hält mich da noch etwas zurück. Vielleicht habe ich noch andere Gründe, mich zurückzuhalten.

F: *Und wie ist Ihr Gefühl dazu?*

A: Das ist jetzt erst mal in Ordnung. Ich weiß, ich habe ein paar wirklich dicke Überzeugungen abgelegt, und wenn da noch mehr sind, dann kann ich mich auch um die kümmern. Ich weiß das jetzt. (lächelt) Ich fühle mich jetzt viel besser und kann mich viel stärker annehmen.

10
Geld, Symbol für das angenehme Leben

Sein Haar ist tiefschwarz, genau wie sein glänzend neues Ferrari Sportcoupé. Er sitzt in einem Büro hoch über der Stadt, wo die Wolken die Fensterscheiben küssen und ihr Atem einen feuchten Hauch hinterlässt. Sein Stuhl versinkt in einem dicken Teppich aus Wollvelours. Drei Lichter blinken fortgesetzt an seinem Telefon, während er mit seiner Sekretärin und seinem Assistenten verhandelt. Durch die offenen Doppeltüren seines Büros, das mit Tiffany-Raritäten dekoriert ist, ruft er seine Befehle. In seiner Welt ist er der König. Dies ist *seine* Firma, *seine* Sekretärin, *sein* Assistent, *sein* Telefon, *seine* Energie, dies sind *seine* Möbel, *seine* Klienten. In dem Gehetze von Kaufen und Verkaufen findet er für keine anderen Interessen mehr Zeit außer für seine finanziellen Unternehmungen. Seine Kinder wurden geboren und wuchsen heran, während er sich sozusagen auf einer verlängerten Geschäftsreise befand. Jetzt sind sie für ihn Fremde. Vor Jahren schon war die Jugendlichkeit seiner Frau für immer verschwunden, aber er bemerkte es nicht. Er hatte nie die Zeit, genauer hinzusehen.

Das Haus, das er hoch auf einem Berggipfel bewohnt, ist von 22 Acres parkartigen Gärten und gepflegten Rasenflächen umgeben, die zum Meer abfallen und dort eine Halbinsel bilden, die in eine stille Bucht ragt. Eine Reihe unregelmäßiger Terrassen verwandeln den Hang in treppenförmige Ebenen. Die Kiesel, mit denen sie bedeckt sind, stammen von einer Koralleninsel, und die schattenspendenden Bäume sind aus Japan importiert. Ein kleiner Hügel neben seinem Haus wurde in einen See verwandelt, der mit Steinen eingefasst und von Fischen bevölkert ist. In der riesigen Garage steht ungenutzt der Zweitwagen, ein alterndes zweijähriges Rolls Royce Cabrio. Antike

Schnitzkunst aus Kenia und Tansania, ein großformatiger Miro, kleine Skulpturen von Rodin und ein echter Calder sind elegant in seiner Sammlung von Bauhaus-Möbeln verteilt.

Feierabend. Der Stoßverkehr, in dem er sich wie in einem breiten Fluss zwischen Autos eingekeilt findet, bewegt sich zäh voran. Vor vielen Jahren schätzte er diese Momente als private Zeit, in der er seine Geschäfte überdenken, sich auf ein Meeting vorbereiten oder einfach auf den Tag zurückblicken konnte. In letzter Zeit findet er diese Fahrten quälend – so quälend wie sein ganzes Leben. Er beobachtet einen alten abgewrackten pastellblauen Chevy, in dem eine sechsköpfige Familie sitzt. Ihre Armut glänzt wie Schweiß auf ihren Gesichtern. Ein kleines Mädchen auf dem Rücksitz lächelt ihn an – er lächelt nicht zurück. Nicht weil er es nicht wollte, sondern weil er abgelenkt ist. Er beobachtet einen alten Mann, der am Straßenrand einen platten Reifen repariert und dessen Gesicht von Jahren der Mühsal angespannt und gezeichnet ist. Diese Bilder erschrecken ihn. Er findet es schwer, sie zu verstehen. Alt zu werden würde er sich nicht problematisch vorstellen, wenn er all die alternden und verarmenden Menschen nie gesehen hätte. Die Frage, um die es bei ihm geht und die ihn ängstigt, hat damit zu tun, sein Geld zu verlieren.

Er hat es sich Tausende von Malen vorgerechnet. Die Zahlen ändern sich nie, aber jedes Mal, wenn er sie betrachtet, nutzt er die Gelegenheit, sich zu beruhigen. Die Ruhe hält jedoch nie länger an als einige Minuten. Der Trost verfliegt. Er hat insgesamt vier Millionen in Ersparnissen und Investitionen zusammengetragen. Bei einer Zinsrate von sieben Prozent ergibt das zweihundertachtzigtausend Dollar Zinsen im Jahr. Auf der Basis seiner derzeitigen Mietausgaben und vorausgerechneten Kosten würde genau diese Summe reichen, um seinen Lebensstandard zu halten. Nun zieht er die zusätzlichen zweihundertfünfzigtausend in Betracht, die er mit seiner Firma verdient. Sorgsam überdenkt er die Möglichkeit, Investitionen zu tätigen. Der Markt ist unsicher. Er hat mit REIT Geld verloren und seine City-Bonds sind auch abgestürzt. Er macht sich Sorge, dass der Gesamtwert seiner Investitionen weiter sinken wird, wenn die Rezession anhält.

Er spürt, wie sich beim Grübeln sein Magen anspannt und verknotet. Seine Beklemmung vertieft sich. Er weiß, für einen Außenstehenden würde es verrückt klingen, aber er braucht noch genau zwei Millionen, dann wäre er vor Armut gefeit. Ja, er erinnert sich noch genau daran, wie er geredet hatte, bevor er seine erste Million verdiente: „Alles, was ich brauche, ist eine Million, und mir kann nichts mehr passieren." Doch mit dem Erfolg kam auch ein höherer Lebensstandard und er stellte fest, dass eine Million gar nicht soviel Geld ist. Also kam er zu dem Schluss, dass er zwei, dann drei und jetzt sechs Millionen brauchte.

Er zieht eine kleine Whiskeyflache aus dem Handschuhfach seiner Limousine und nimmt zwei hastige Schlucke. Erinnerungsfetzen – der Arzt, der ihm sagte, er sei ein Alkoholiker. „Quatsch," beruhigt er sich. Er hat alles unter Kontrolle. Er trank nur, um seine Nerven zu beruhigen. Dieses immer größer werdende Geldproblem konnte er ganz einfach mit etwas Hochprozentigem wegspülen.

Die Panik wurde immer heftiger und lenkte ihn vom Fahren ab. Er zog seinen Mini-Rechner aus der Tasche, die Zahlen rasten ihm durch den Kopf, er brauchte nur noch zwei Millionen, dann hätte er's geschafft. Er klammerte sich wieder und wieder an dieser Summe fest – und fuhr plötzlich mit seinem schönen tiefschwarzen Wagen auf das Heck des pastellblauen Chevy auf. Wellen der Übelkeit überschwemmten ihn, als er aus seinem festgefahrenen Wagen stieg und Unterlagen austauschte.

Geld kann ein Fahrzeug sein, in dem wir auf der Messerschneide unserer Negativität entlang fahren.

Meine zehn Dollar bedeuten mir das Gleiche wie einem anderen seine hundert, und deine zwanzig Dollar entsprechen seinen tausend. Was mir meine Wohnung ist, ist dir deine Villa am Meer. Geld ist das Symbol für ein angenehmes Leben und sein Wert ist, wie bei allem, nicht absolut festlegbar. Er ist relativ. Wenn der Millionär sich seinen Ängsten hingibt, hält er vier Millionen für zu wenig, um ihn vor möglichem Unglücklichsein zu bewahren. Sein Unbehagen wird für ihn zum Motivationsfaktor, um mehr Geld anzuhäufen. Doch seine Geldsorgen werden durch mehr Geld nie verschwinden, denn es sind seine negativen Überzeugungen, die Geld zum Problem machen – es zu bekommen, es auszugeben, es zu erhalten.

Einige von uns glauben, Geld sei ein Symbol für Würde und Selbstwert. Andere finden, dass es die Menschen korrumpiert, indem es sie an materiellen Müll bindet. Manche wollen Geld, um etwas zu essen und ein Dach überm Kopf zu haben. Viele wollen sich mit Geld Liebe erkaufen, Glück, Unsterblichkeit. Genau wie Liebe, Gesundheit und Sex ist auch Geld ein vielgesichtiges Symbol, das wir mit Ängsten und Urteilen überfrachten.

Unsere Meinung über Geld und die Art wie wir es erwerben, haben wenig mit irgendeiner spezifischen Eigenschaft dieses Zahlungsmittels zu tun, doch alles mit unseren Überzeugungen und Wünschen.

In einem kapitalistischen Wirtschaftssystem kann niemand außerhalb des Einzugsbereichs von Geld stehen – es sei denn in einer Institution als Mündel des Staates oder als Kind, dessen Beziehung zu seinem Umfeld nur mit Grundbedürfnissen zu tun hat.

Jeder andere strebt nach Geld oder findet jemanden, der das für ihn erledigt.

Ganz gleich ob ich zu denen gehöre, die diese Grundsubstanz unseres Tauschsystems im Schweiße ihres Angesichts ansammeln (die direkte Methode), oder ob ich andere finde (Ehemänner und -frauen, Eltern, Onkel, Stiftungen, religiöse Orden u.s.w.), die das für mich erledigen (das Unterstützungssystem) – ich stecke zutiefst mit drin.

Die meisten von uns verbringen einen Großteil ihres Tages damit, es sich zu erarbeiten. Die Ausbildung unserer Kinder dient ihm.

Selbst wenn ich „arm" oder „unterprivilegiert" wäre und meiner eigenen Aussage zufolge oder aufgrund offensichtlicher Schikane nicht die Mittel hätte, mich selbst zu versorgen, würde ich doch meinen Teil zu dem Pfennigkuchen beitragen, indem ich mich um Sozialhilfe oder eine andere Form der Unterstützung bemühen würde. Meine Zeit in Warteschlangen entlang schmutziggrauer Korridore, das Ausfüllen von umständlichen Anträgen in zwei- und dreifacher Ausführung, meine Verhandlungen mit gesichtslosen Bürokraten, die mit Regeln und Vorschriften vollgestopft sind, und schließlich die Unterschrift, mit der ich den Empfang des Geldes bestätige, das mir vom Staat zugebilligt wird - das alles sind sehr aktive Methoden der Geldbeschaffung. Als Sozialempfänger benutze ich den Staat als „Versorger", der meine Zahlungsmittel für mich sammelt und austeilt – aber auch das hat seinen Preis.

Selbst wenn ich ein radikaler Revolutionär wäre, der es für sich in Anspruch nimmt, nicht teilzunehmen, wäre mein Abstand suspekt. Irgendwann würde auch ich zu bestimmten Zwecken an dem System der Geld- und Warenhändler teilhaben, dadurch, dass ich mich entscheide, mich in dem Moment einzulassen, wo meine persönlichen Wertvorstellungen es erlauben. Und so überschreiten selbst die utopischen Kommunen, denen ich vielleicht beitrete und die nach sozialistischen und egalitären Prinzipien strukturiert sind, immer dann ihre Umfriedungen, wenn sie Basisprodukte wie Autos, Traktoren und andere Erzeugnisse brauchen, die sie selbst nicht herstellen können. Die Mittel für derartige Einkäufe kommen normalerweise aus den Gewinnen, die mit selbstgemachten Produkten erzielt wurden – Gewinne, denen eine gut strukturierte interne ökonomische Struktur von Handel und Tausch zugrunde liegt.

Wenn wir die Idee, dass wir nicht beteiligt sind, ablegen und das Bewusstsein zulassen, dass wir alle in unterschiedlichem Maße und auf verschiedene Art nach Geld streben, dann beginnen wir, uns auf eine Reise durch unsere geldbezogenen Überzeugungen einzulassen.

Dass jemand sich stark auf Geldangelegenheiten konzentriert oder sich intensiv damit beschäftigt, ist nur eine Beobachtung, keine Verurteilung und keine Kritik. Meine finanziellen Aktivitäten spiegeln nur dann meine negativen Überzeugungen und Kurzschlüsse wider, wenn ich sie mit Ängsten belaste oder mit Unbehagen zudecke.

Nachdem ich jegliche Negativität, die meine Bestrebungen anspornt oder infiziert, enthülle, gebe ich mir selbst die Möglichkeit, meine finanziellen- und Arbeitsangelegenheiten zu klären, um dann Geld anzusammeln (wie und soviel ich möchte), oder nicht anzusammeln – und damit klar und entspannt auf meine materiellen Wünsche einzugehen, anstatt auf meine Ängste oder Bedürftigkeiten.

Geld hat sein eigenes Vokabular. Wohlstand wird oft mit Macht, Respekt und Intelligenz gleichgesetzt; ein mittleres Einkommen wird als Symbol von Festigkeit, Zuverlässigkeit, Vertrauenswürdigkeit und Ehre gesehen; Armut dagegen als Zeichen der Entbehrung und Ausbeutung.

Wenn wir befürworten, dass Reichtum, Armut oder ein anderer finanzieller Status mit Stolz oder Verlegenheit betrachtet werden, dann beurteilen wir sie und stempeln sie ab. Das führt zu einigen verzwickten Wendungen: Zum Beispiel basieren der Respekt und die Macht, die wir durch Geld erlangen, normalerweise auf Angst oder Neid – beides keine wirklichen Achtungsbezeugungen.

Und doch – es wimmelt von Klischees, die dem komplexen Glaubenssystem, das hinter unseren Aussagen liegt, Ausdruck verleihen. „In einen armen Mann kann man sich genauso leicht verlieben wie in einen reichen." „Wer den Pfennig nicht ehrt, ist des Talers nicht wert." „Money makes the world go round." „Finde die Arbeit, bei der du am meisten verdienst." „Geld macht glücklich." „Geld allein macht nicht glücklich." „Lieber reich und glücklich, als arm und unglücklich." „Zum Gelde drängt, am Gelde hängt doch alles."

Solange wir Geld durch einen Nebel von Illusionen und Negativität betrachten, können wir nicht klar sehen und unsere negativen Gefühle nehmen überhand.

Meine Angst vor Armut und der Stress, den es bedeutet, meinen Beruf zu behalten, führen oft schon zu Kurzschlüssen, die meine eigentlichen Zielen verhindern. Plötzlich verstehe ich keine Anweisungen mehr, mache Fehler und vergesse Dinge, komme zu spät zur Arbeit, leide unter verdrängter Wut, erkälte mich, bekomme Kopfschmerzen oder schlimmere Krankheiten – und das ist nur eine kleine Auswahl. Ich tue im Rahmen der Überzeugungen, denen ich zur Zeit anhänge, mein Bestes. Wenn ich also mit Angst oder Sorgen reagiere, versuche ich damit, mich selbst nach besten Kräften zu unterstützen. Aber muss ich denn unglücklich sein, um Geld zu wollen und dafür zu arbeiten – oder um mich zu entschließen, *nicht* dafür zu arbeiten? Die Antwort ist klar: Ich „muss" nur dann unglücklich werden, wenn ich es will oder glaube, dass ich es will.

Wenn ich schließlich die negativen Überzeugungen, die mich unglücklich machen, über Bord werfe, verstärke ich nicht nur meine Effektivität im Geldverdienen, sondern beginne meine eigenen Neigungen besser zu erkennen und mich mehr auf meine Wünsche als wichtigste Motivationskraft zu konzentrieren.

Wenn wir im Einklang mit unseren eigenen Neigungen sind, wird Geld oft zu einer natürlichen Begleiterscheinung unserer Wünsche und unserer Energie.

Was das Geld angeht, so hat jeder von uns oberflächlich gesehen sein eigenes Wertesystem, das von seinem eigenen Erfindungsreichtum, seinen Ressourcen und Bemühungen und seiner Zeit beeinflusst wird. Doch hinter diesen Verpflichtungen steht eine weitaus grundlegendere Vision, die uns leitet und direkt aus unseren Überzeugungen resultiert.

Für die Jagd nach dem Geld gibt es zwei Antriebskräfte: Die Befriedigung materieller Bedürfnisse und das Bedürfnis, Ängste und Sorgen loszuwerden.

Meine materiellen Bedürfnisse gelten den Dingen, die zu verfolgen ich für wert halte und für die ich mein Talent einsetze. Meine Zeit und Energie werden dann in harte Währung umgewandelt, die wiederum zu Waren umgewandelt wird. Was immer ich mir wünsche – Essen, Wohnraum, Kleidung, ein Radio, einen Traktor, Satinbettwäsche, Juwelen oder ärztliche Hilfe – ich kann es mir kaufen. Wie aber weiß ich, ob ich mir meine Wünsche erfülle oder meine Ängste besänftige? Wieder einmal brauche ich mir nur die grundsätzliche Frage zu stellen: *Bewege ich mich darauf zu oder davon weg?*

Versuche ich, Geld für die Ernährung meiner Kinder zu besorgen, weil ich möchte, dass sie satt werden oder weil ich fürchte, dass sie verhungern werden? Kaufe ich mir ein Auto aus praktischen Gründen (was immer sie sein mögen), oder will ich damit mein Selbstwertgefühl aufwerten? Verfolge ich meine derzeitige Arbeit, weil sie mich anregt und bedeutungsvoll für mich ist oder bleibe ich an ihr hängen, weil ich die Auswirkungen und die Unsicherheit einer Kündigung fürchte?

In all diesen Fällen mag es sich jeweils um die gleiche Arbeit handeln, aber die Herangehensweise und Motivation sind völlig verschieden. In der Vision, der Haltung, der Stimmung, die hinter meinen Bestrebungen stehen und die alle auf meinen Überzeugungen basieren, drückt sich ihre wahre Bedeutung aus.

Ich kann mir mit meinem Geld zwar eine Menge „Sachen" kaufen, aber kann ich mir auch ein glückliches und liebevolles Leben kaufen? Es gibt einige, die *glauben*, dass das möglich ist. Leider und offensichtlich ist das jedoch nicht der Fall. Häufig erkaufen wir uns mit ihm eine Illusion von Glück, das unter dem Gewicht der Ängste und Negativität zerbricht. Die Wohlhabenden, die Reichen, die Bescheidenen und die Armen – sie alle haben ihr Elend, ihre Gewalttätigkeiten, ihr Selbstmorde.

Die Erwartung, dass Geld uns glücklich macht, ist eine allgemein geteilte Überzeugung und ein weitverbreiteter Grund für unglückliche Gefühle.

Wenn ich unglücklich bin, weil ich nicht genug Geld verdiene oder wenn ich mit meiner Arbeit unzufrieden bin, muss ich mich fragen: Worüber bin ich unglücklich? Warum macht mich das unglücklich?

Viele von uns haben gelernt, dass wir Geld brauchen, dass wir es haben müssen, um glücklich zu sein. Unsere Eltern und unser Freundeskreis verehrten es. Im Fernsehen und in Filmen wurden ihm Fantasielandschaften gewidmet. Und in der Schule wurde es auf einen Sockel gestellt, in den Namen wie Rockefeller, Hearst, Getty und Hughes eingemeißelt waren und deren gewaltiger, vielfältiger und manchmal geheimnisvoller Einfluss auf die Gegenwartsgeschichte damit gefeiert wurde.

Wir vergötterten das Geld und behafteten es dadurch mit Negativität. Um mir selbst zu versichern, dass ich dem Geld mit der nötigen Begeisterung hinterher jagen würde, begann auch ich zu glauben, dass mein Glück von ihm abhinge. Ansonsten, so dachte ich früher: „Wenn ich es nicht brauchen würde, dann würde ich es vielleicht nicht wollen, und das wäre eine Katastrophe." Die zweite unumstößliche Überzeugung, die hier am Werk war, besagte, dass ich mir immer mehr wünschen würde als das, was ich hatte. Mein Streben nach dem Geld wurde dadurch sofort unter Druck gesetzt, und da ich es haben oder wollen musste, fühlte ich mich angetrieben. Und wer angetrieben wird, neigt natürlicherweise dazu, sich zu wehren, egal ob er selber Geld will oder nicht.

Viele von uns sind verstimmt darüber, dass sie ihren Lebensunterhalt verdienen „müssen", obwohl sie die Früchte ihrer Arbeit gerne genießen möchten – manchmal sogar die Arbeit selbst. *Die Schwierigkeiten werden nicht vom Geld selbst erzeugt, sondern von unseren Überzeugungen und Haltungen in punkto Geld.*

Ein Student stellte mit Nachdruck fest, dass er sogar schon vor Beginn seines Arbeitslebens sehr gemischte Gefühle hatte, wenn es um Geld ging. Er begehrte es seiner Kaufkraft wegen, hasste es aber zugleich, weil er das Streben nach Geld als endlose Tretmühle ansah, in die er einsteigen müsste. Diese ursprüngliche Ambivalenz wurde später durch die Angst vertieft, dass er zum Bettler werden würde. Er glaubte ernsthaft, dass er gar nicht arbeiten wollte. Oft stellte er sich vor, dass er allein an einem Strand in der Sonne säße und frische Erdbeeren äße, während der Rest der Menschheit sich durch ihre Arbeitswoche kämpfte. Wenn er sich dann daran erinnerte, dass frische Erdbeeren Geld kosteten, änderte sich seine Vision und die Angst vor der Armut stand wieder im Vordergrund. Sein Unbehagen motivierte ihn, mit seinem Willen, mehr Geld zu verdienen, im Kontakt zu bleiben. Er glaubte, dass er sich ständig antreiben und ständig wachsam sein müsse, weil er sich sonst selbst schaden würde (indem er seine Arbeit aufgab). Er konnte sich selber nicht vertrauen. Er musste sich mit viel Energie zu der gewünschten Tätigkeit zwingen, weil er sonst vielleicht nicht die Dinge tun würde, die seiner Ansicht nach gut für ihn waren. Auf diese Weise begann er sich tatsächlich davor zu fürchten, glücklich zu sein, „sich selbst sein zu lassen".

Die Auswirkungen waren dramatisch. „Da muss irgendwas mit mir nicht stimmen" war eins der allgemeinen Urteile an der Basis seiner Pyramide negativer Überzeugungen. Er sah sich selbst als jemand, dem es nicht gegeben war, sich gut um sich selbst zu kümmern. Deshalb konzentrierte er sich auf sein Unbehagen, nicht auf seine Wünsche. Durch das Geldthema kamen seine Ängste und die ihnen zugrundeliegenden Vorstellungen zum Vorschein. Erst nachdem er das Netzwerk aus Urteilen, das seine ambivalenten Gefühle am Leben hielt, durchtrennt hatte, fand er, dass sich sein Fokus und seine Richtung geändert hatten.

Genau wie das Streben nach Sex ist für viele von uns auch die Jagd nach dem Geld problematisch, weil sie mit Aberglauben, Illusionen und Tabus belastet ist, die zu einem dichten Gewebe von selbstzerstörerischen Überzeugungen führen. Die Fesseln sind ungezählt. Wir sagen, dass es gut ist, Geld zu verdienen, und mit demselben Atemzug sprechen wir unsere Überzeugungen (Ängste) aus, dass Zwanghaftigkeit, Besessenheit, Spannung und Besorgtheit Eigenschaften sind, die einen guten Geldverdiener ausmachen. Solche Einschätzungen werden von vielen allgemein üblichen Überzeugungen unterstützt: „Wenn ich nicht unglücklich wäre, würde ich nicht hinter dem Geld her sein – es wäre mir egal." „Anspannung und Stress sind die Vorbedingungen für Erfindungsreichtum und Durchhaltevermögen. Glück stumpft ab." „Wenn ich etwas nicht unbedingt brauche, dann vergesse ich vielleicht, dass ich es mir wünsche." All diese Urteile haben ihre Wurzeln in weiteren grundlegenden und allgemein verbreiteten Überzeugungen: „Ich vertraue meinen Wünschen nicht." „Um motiviert zu sein, brauche ich es, unglücklich zu sein." Und: „Irgendwas stimmt wohl nicht mit mir."

Diese Überzeugungen scheinen in einer Gesellschaft, die ihre finanziell erfolgreichen Mitglieder feiert und ihre Reichen in Monumenten verewigt, sinnvoll und hilfreich zu sein. Doch sie entstehen aus unglücklichen Gefühlen und führen zu Ängsten und Anspannungen, die unsere Aufmerksamkeit von den anstehenden Projekten ablenken und Gesundheitsrisiken wie z.B. Herzinfarkt oder Schlaganfall mit sich bringen. Es ist klar, dass solche Gefühle letztendlich nichts anderes sind als Blockaden auf unserem Weg.

Wenn wir glauben, dass wir ohne diese Überzeugungen nicht mehr konkurrenzfähig sind oder unsere Motivation verlieren, dann sollten wir das vielleicht als Zeichen nehmen, nicht nur jene Überzeugungen zu hinterfragen, die mit dem Geldthema zu tun haben, sondern auch das erweiterte Netzwerk von Vorstellungen in Augenschein zu nehmen, das allen anderen Überzeugungen zugrunde liegt.

Hier wird nicht suggeriert, dass wir Geld begehren oder nicht begehren sollten und es wird auch kein Hinweis darauf gegeben, wie viel Geld als notwendig, genug oder angemessen angesehen wird. Das entscheidet jeder von uns für sich selbst.

Eine der vielleicht zwingendsten Assoziationen, die viele von uns machen, ist: „Geld ist Macht." Oberflächlich gesehen, wenn wir Macht mit der Fähigkeit gleichsetzen, über Güter und Dienstleistungen zu verfügen, scheint die Aussage völlig korrekt zu sein. Gewiss besitzt Geld die Macht, uns etwas zu erwerben. Aber geht es darum?

Ein Anwalt, der zum Unternehmer geworden war, verbrachte zweiundzwanzig Jahre seines Lebens damit, eine Bau- und Immobilienfirma aufzubauen. Aber hinter der glänzenden Fassade seiner

Geld- und Machtobsessionen verbarg sich eine tief sitzende Unruhe, die ihren Preis forderte.

Als er zum ersten Mal seine Überzeugungen untersuchte, sprach er häufig über das dunkle und Angst erregende Bild, das er von der Umwelt hatte: „Du musst entweder deinen Teil der Welt beherrschen, oder er wird dich unterwerfen." Geld war für ihn gleichbedeutend mit Macht. Macht angesichts der ständigen Bedrohung, verletzbar oder in der Opferrolle zu sein. Geld wurde zu einer Schutzmauer, die ihn vor Angriffen bewahrte. Sein Fleiß und seine Produktivität waren für ihn die Instrumente, um manisch zur Macht zu gelangen, *um nicht ohnmächtig zu sein* – als wäre er das.

In seiner überwältigenden Besorgtheit und Anspannung fiel er paradoxerweise keiner mysteriösen äußeren Macht zum Opfer, sondern seinen eigenen Überzeugungen und negativen Gefühlen. Er hatte zwar eine massive Herzattacke überlebt, litt aber immer noch unter Spannungsschmerzen im Bauchbereich. Seine zweite Ehe war brüchig geworden, beeinträchtigt von beidseitiger Kritik und unausgesprochenem Ärger.

In seinen zweiundzwanzig Geschäftsjahren hatte er im Grunde zweiundzwanzig Jahre lang einen kalten Krieg geführt. Seine tägliche Existenz sah er als ein Gefecht in einem bitterernsten Machtkampf, in dem er durch sein ständig wachsendes Vermögen eine Scheinsicherheit aufrechterhielt. In Anbetracht des Drucks, den er sich täglich machte, hatte er erstaunlich gut durchgehalten. Im Grunde hatte er sich ständig mit Nachdruck von seinem eigenen Unbehagen wegbewegt und sich nie erlaubt, seine Wünsche zu spüren, geschweige denn sie sich zu erfüllen. Er war zu beschäftigt damit, das Gegenteil von Macht (Armut) von seiner Tür zu verbannen. Doch unglücklicherweise brachte ihm das Geld nur Besitztümer und Bewegungsspielraum, die beide seinen Schmerz nicht besänftigten, sein Unglücklichsein nicht vertrieben und seine Überzeugungen nicht änderten. Es war eine sinnlose und schmerzhafte Reise gewesen.

Er hatte faszinierende Charaktereigenschaften – ein zielgerichtetes Streben voller Hingabe an seine Aufgabe, gepaart mit der ständigen Wachsamkeit und Obacht, die er einsetzte, um mögliche Katastrophen abzuwehren. Geldverlust bedeutete Machtverlust. Trotz einer Reihe zusätzlicher und bestärkender Überzeugungen lag der

Hauptgrund seines lebenslangen Strebens darin, dass er sich selbst für machtlos und unvollkommen hielt (irgend etwas muss an mir falsch sein). Er hatte seinen Fokus nie darauf gerichtet, glücklich zu sein, sondern darauf, seine unglücklichen Gefühle unter Verschluss zu halten.

Sich seiner Überzeugungen bewusst zu werden stellte einen erstaunlichen Prozess für ihn dar. Er war wie ein kleiner Junge, der mit allem herumjonglierte, was er zuvor für Gottes Wort gehalten hatte. Alles was er als selbstbehindernd erkannte, ließ er gehen. Was er weiterhin als brauchbar ansah, ließ er bestehen. Er ließ alte Überzeugungen los, entschied sich für neue, und die daraus resultierende Neuerschaffung seiner selbst war das erste freudvolle Unternehmen, das er sich je gegönnt hatte.

Auf dem entgegengesetzten Pol zum zwanghaften Geldverdiener (zum Machtbesessenen, unersättlichen Millionär oder sonst wie extrem Leistungsorientierten) finden wir den scheinbaren Verweigerer. Die gleichen unglücklichen Überzeugungen können allerdings auch hier aktiv sein – wie überall.

Die Ehefrau eines arbeitslosen Elektrotechnikers, Mutter von zwei Kindern, hatte mit ihrer Familie vier Jahre lang von der Sozialhilfe gelebt. Ihr Mann hatte, nachdem er achtzehn Jahre lang bei derselben Firma angestellt gewesen war, seine Arbeit verloren. Der Abteilung, in der er tätig gewesen war, hatte einen staatlichen Auftrag nicht erneuern können. Im Alter von vierzig Jahren wurde er auf die Straße gesetzt, in einer Geschäftswelt, die ihn als „Fossil" ansah, und er hatte große Schwierigkeiten, eine neue Arbeit zu finden. Die wenigen Angebote, die es gab, hätten ihn gezwungen, sich mit weniger Geld, weniger Ansehen und weniger Verantwortung zufriedenzugeben. Sein Selbstwert schrumpfte rapide. Er wurde unwirsch und es gelang ihm nur mit Mühe, seine innere Wut zurückzuhalten.

Seine Frau und seine Freunde schlugen ihm vor, sich beraten zu lassen, doch er entschied sich, „auszusteigen" und fast alle Werte des sozialen und ökonomischen Systems, in dem er lebte, hinter sich zu lassen. Er behauptete, dass es sein Ziel sei, gegen die Ungerechtigkeiten des Systems zu protestieren, indem er es auf die gleiche Art bezahlen ließ, wie er achtzehn Jahre lang mit seiner Jugend und seinen Talenten bezahlt hatte. Er würde von der Arbeitslosenunterstützung zur Sozialhilfe überwechseln.

Nachdem er seinen abhängigen, inaktiven Lebensstil mit der augenscheinlichen Hingabe eines Fanatikers angenommen hatte, verursachte ihm der Gedanke, je wieder eine Anstellung zu suchen, zunehmend Angstgefühle. Sein Groll und sein Zorn wuchsen. Seine Frau war seiner negativen Einstellung inzwischen müde geworden. Vier Jahre waren mehr als genug. Die endlosen Vorstellungsgespräche einer neuen Arbeitssuche schienen ihr nicht schlimmer oder sogar weniger schlimm als die ständige Abhängigkeit vom Sozialamt. Des Öfteren schlug sie ihrem Mann finanzielle Alternativen vor, doch er weigerte sich, auch nur darüber nachzudenken.

Einige Wochen lang sprach sie voller Begeisterung über ihren eigenen Wunsch, wieder zu arbeiten, bekam dann aber Angst. Sie glaubte, dass die wachsende Ambivalenz ihrem Mann gegenüber nach ihrer Rückkehr ins Arbeitsleben zu einem konkreten Trennungswunsch werden würde. Und dann - die Scheidung. Anstatt ihre Überzeugungen anzuschauen und zu untersuchen, entschied sie sich, ihren Wunsch nach finanzieller Unabhängigkeit zu unterdrücken. Auch sie hatte sich einen Mythos über das Geld und seine Folgen erschaffen, wenn auch aus gänzlich verschiedenen Gründen. Ihrer beider Ängste führten dazu, dass ihr Mann und sie nun zwei Gegenpositionen einnahmen. Ihre Ideen über Schikane, Selbstwert und Trennung waren nun fest an das Geld gekoppelt. Indem sie arm blieben, erreichten sie beide ein spezifisches Ziel – sie wählten beide das, was sie für die ungefährlichste Situation hielten.

Erst nachdem sie ihre selbstbehindernden Überzeugungen über Geld, mangelnden Selbstwert, Trennungsangst, Einsamkeit und ihre angebliche Macht, Unglück zu erschaffen, bloßgelegt und losgelassen hatte, fällte sie die Entscheidung, ihr Umfeld zu verändern und in ihrer Ehe die Initiative zu übernehmen. Sie nahm eine Stelle an und blieb dennoch gleichzeitig ihrem Mann gegenüber in einer urteilsfreien Haltung. Ihre Beziehung fiel nicht auseinander, wie sie früher mit soviel Nachdruck behauptet hatte. Tatsächlich verhalf sie ihrem Mann dadurch, dass sie sich um ihre Wünsche kümmerte, zu seiner eigenen Neugeburt. Die annehmende, liebevolle Sichtweise seiner Frau gab ihm ein besseres Selbstgefühl, und er entschloss sich, ihrem

Beispiel zu folgen und sich seinen eigenen Ängsten und Überzeugungen zu stellen. Er entschied sich schließlich, wieder in die Arbeitswelt einzusteigen. Nach hartnäckigen Bewerbungen und etwa dreißig Vorstellungsgesprächen fand er eine Anstellung mit dem gleichen Dienstgrad und der gleichen Bezahlung wie seine vorherige.

In all den vergangenen Jahren hatte er sich von seinem Unbehagen und seinen Ängsten tyrannisieren lassen. Er hatte seine unglücklichen Gefühle als Maßstab für all seine Gedanken und sein Verhalten genommen, und Geld war eine Funktion seiner Angst gewesen, kein Werkzeug seines Wollens.

Wenn wir die Färbung und Konsistenz unserer Zu- und Abneigungen verstehen wollen, liegt der Schlüssel darin, dass wir erkennen, warum wir wählen, so zu handeln wie wir es tun (welche Überzeugungen hinter unseren Aktionen stehen).

Es gibt viele Organisationen und religiöse Gruppierungen, deren finanzielles Interesse gering oder nicht vorhanden ist, da ihr Fokus und ihre Ziele anders gelagert sind. Ihr zwangloses Desinteresse am Geld ist das *natürliche* Resultat ihrer Bestrebungen und vielleicht auch die Ursache dafür, dass ihr Interesse eher spirituell oder missionarisch ist. Sie handeln nicht, um damit ihre Ängste oder Bedürfnisse zu besänftigen oder auf offene oder verborgenen Tabus zu reagieren, sie gehen einfach mit ihrer eigenen Energie.

Im Gegensatz dazu stehen andere Gruppen und religiöse Bewegungen, deren Streben nach höchsten Idealen mir einer negativen Geldfixierung verknüpft ist: „Geld ist die Wurzel allen Übels." Hierdurch entstehen selbstredend negative Gefühle. Einige Menschen mag ihre Angst vor dem Bösen mit seinen unbekannten Konsequenzen – hier durch das Geld symbolisiert – dazu bringen, finanziellen Dingen ganz abzuschwören. Doch wenn uns derartige Urteile motivieren, handeln wir zum Teil aufgrund negativer Gefühle und Ängste, selbst wenn wir in einem Kloster ein asketisches Leben führen.

Jemand, der Geld als böse bezeichnet, versucht mit dieser Diffamierung, seiner mythologischen Macht zu entkommen, weil er weder sich selbst noch anderen vertraut. „An mir muss irgendetwas falsch sein," ist die Grundüberzeugung eines Menschen, der glaubt, dass Geld ihn dazu „zwingen" könnte, böse oder schreckliche Dinge zu tun.

„Das Böse" entsteht aus der Vorstellung, dass irgendetwas in sich schlecht ist. Diese Idee wird von Beweisen untermauert, die dem gleichen Vorurteil entspringen wie das ursprüngliche Urteil.

Geld hat weder gute noch böse Eigenschaften. Wie das Feuer, das wir nutzen können, um unsere Wohnungen zu beheizen oder um dieselbe Wohnung absichtlich zu zerstören, so ist auch Geld nichts als ein Werkzeug in jedermanns Händen. Wer es als „böse" oder als Brutstätte übler Taten sieht, erschreckt sich mit seinem eigenen Misstrauen und seinen eigenen angstvollen Ideen, und handelt dann entsprechend. Anstatt eine solche Haltung zu belächeln oder zu verdammen, können wir sie als den Hilfeschrei eines Mitmenschen verstehen, der von seinen eigenen negativen Gefühlen und Ängsten geplagt wird.

Wenn sich in meinen Gefühlen und meinem Verhalten die Summe meiner persönlichen Überzeugungen ausdrückt, warum sind dann Armut und die Angst vor ihr von solch allgemeiner Bedeutung? Die Antwort ist weder komplex noch mysteriös. Ich teile mit meinen Mitmenschen nicht nur ein gemeinsames Umfeld, sondern auch gemeinsame Überzeugungen.

Und da unsere Überzeugungen von mir und dir mit Macht versehen werden, könnten wir uns fragen: Verursacht Armut unglückliche und negative Gefühle? Arm zu sein kann nie zu Ärger oder Depressionen führen – es sind nur unsere *Ideen über die Armut*, die uns an den Schmerz und die Verzweiflung ketten.

Wir brauchen uns nur unsere Sprache anzusehen, um Urteile zu entdecken, die unser Bild von der Armut untermauern. Eine Auswahl der üblichen Wörterbuch-Beschreibungen für arm und Armut hört sich an wie ein Katalog von Urteilen statt Beschreibungen. Armut wird als „Mangel an materiellen Gütern oder an irgendeiner Eigenschaft" dargestellt. Diese Vorstellungen von Armut weisen darauf hin, wie „schlecht" es ist, arm zu sein, wie wenig wünschenswert und letztendlich entwürdigend. Über alle materiellen und kulturellen Zusammenhänge hinaus wird Armut allein durch unseren Sprachgebrauch zu einem gesellschaftlich anerkannten Grund für Unglück und Elend.

Anstatt Armsein durch das zu definieren, was jemand *besitzt*, (ganz gleich in welcher Menge oder Qualität), erschaffen wir den

„Habenichts", der nichts von dem hat, was er zum Glücklichsein braucht.

Weiterhin vertiefen wir das Urteil noch, indem wir sagen, jemand sei „mit Armut geschlagen". Armsein wird nun zu einem pestähnlichen Gebrechen, das einer ansteckenden Krankheit gleicht (mit der Pest geschlagen), zu einem Zustand, über den wir keine Macht haben. Wir haben uns ein Bild gemacht, das von Urteilen und negativen Einschätzungen geprägt ist und deshalb zu Ausgrenzung und Lähmung führt.

Würde ich alle Vorstellungen annehmen, die meine Kultur mit Armut verbindet (und tue ich das nicht jedes Mal, wenn ich das Wort benutze?), und wäre ich selber arm oder mittellos, dann müsste ich mich für schlecht, unfähig und unterlegen halten. Meine eigenen Überzeugungen würden dazu führen, dass ich nicht nur bitterarm wäre, sondern voller Zorn oder gedemütigt durch eine Gesellschaft, die mich abstempelt und dadurch meine Möglichkeiten, auch reich zu sein, einschränkt. Auf dieses Dilemma werde ich entweder mit Wut reagieren (als Antwort auf die Verurteilung) oder mit Depression und Hoffnungslosigkeit (weil ich glaube, dass meine Unterlegenheit oder Unfähigkeit mich für immer arm lassen werden). All das sagt nichts Wirkliches über meine Realität oder meine Zukunft aus, sondern zeigt, wie stark meine Gegenwart und Zukunft durch Überzeugungen geprägt werden – meine und die der anderen.

Wenn meine Situation mich unglücklich macht, kann ich dich (das System) hassen, weil du mich für minderwertig hältst (was ich selbst auch tue). Ich kann aufbegehren und die Rolle des armen Opfers spielen (schikaniert, ohne Disziplin und unfähig). Oder ich kann mich entschließen, die Gesellschaft, die mich „verdammt", zu „schröpfen". indem ich sie zu meinem Versorger mache (Sozialhilfe, Almosen etc.).

Es gibt viele Menschen, die bitterlich darunter leiden, mit weniger als dem Existenzminimum leben zu müssen (ein weiteres Urteil?). Ihre Unzufriedenheit und ihr Ärger demonstrieren, dass Armut viele angst- und sorgenvolle Überzeugungen anzapft. Das soll nicht heißen, dass ich mich als glücklicher Mensch für eine Existenz in Armut entscheiden würde oder anderen eine solche wünschen würde – oder dass ich mich nicht bemühen würde, solche Zustände zu ändern. *Aber etwas haben zu wollen unterscheidet sich völlig davon, unglücklich zu sein, weil ich es nicht habe.* Unter den Menschen, die von der Wohlfahrt leben, sind einige verbittert und depressiv, während es anderen gelingt, sich ein erfülltes und sinnvolles Leben zu erschaffen.

Es mag sein, dass wir uns ein größeres Haus, ein schickeres Auto oder edlere Kleidung wünschen – aber wie könnten wir es ertragen, zu wenig zum Essen zu haben, zu frieren oder in unhygienischen Verhältnissen zu leben? Niemand würde uns den Rat geben, solche Umstände zu ertragen; aber wenn wir unsere Kräfte mit Elend und Wut vergeuden, hindern wir uns selbst daran, etwas an unserer Lage zu ändern.

Die Frage, die sich jeder von uns stellen muss, ist zutiefst persönlich: Warum wäre ich unglücklich, wenn ich mir die Dinge, die ich haben möchte und für grundlegend halte, nicht kaufen könnte? Die Überzeugungen, die dahinter stehen, haben vielleicht mit der Angst vor Krankheit und Tod zu tun, können aber auch mit unseren Ideen über Selbstwert, Anerkennung, Ausbeutung, Machtlosigkeit und dem Verlust von Liebe oder Freiheit zusammenhängen.

Oft wird die Angst vor der Armut (Angst vor Mittellosigkeit) zu einem Werkzeug unserer Negativität gemacht, das uns motivieren soll, härter und disziplinierter zu arbeiten. „Wenn ich keine Angst davor hätte, würde ich vielleicht nichts dagegen unternehmen." Und auch: „Wenn ich erst mal verarmt bin, werde ich es für immer bleiben." Aber ist das wirklich so? Könnten wir uns nicht ein Leben im Wohlstand wünschen, ohne gleichzeitig Angst vor der Armut zu haben? Wäre das nicht ein weiteres Beispiel dafür, wie wir uns mit Negativität und Schwierigkeiten dazu anhalten, uns gut um uns selbst zu kümmern? Wieder beweisen wir damit unser Misstrauen.

Selbst wenn ich selbst oberhalb des Existenzminimums lebe – was ist mit der Armut der anderen? „Sollten" mich ihre Probleme „kalt" und „unberührt" lassen? Da in dieser Fragestellung lauter Urteile und Vorurteile durchklingen, könnte ich vielleicht besser fragen: „Will ich mir um diejenigen Sorgen machen, deren materielles Auskommen unzureichend ist?" Wenn ich das will, kann ich dann etwas tun, ohne mich zuerst unglücklich zu fühlen? Ich benutze meine unglücklichen Gefühle (Mitleid, Schuld, Depression) über ihre Situation als Bestärkung für mich und andere. Sie dienen nicht allein dazu, mich zu motivieren, sondern unterstellen, dass ich ein liebevoller und besorgter Mensch bin.

Allerdings könnte ich auf der Basis meines Wohlgefühls und meiner Liebe genauso besorgt und hilfreich sein. „Aber wenn ich nicht mit ihnen leiden würde, dann würde ich vielleicht gar nichts tun." An dieser Stelle könnten wir uns fragen, ob es nicht möglich ist, glücklich zu sein und trotzdem Hilfe und Unterstützung geben zu wollen. Wie viele von uns, die sich über das Los der Armen empört haben, waren trotzdem nicht klar oder motiviert genug, um konkrete Hilfe anzubieten?

Selbst die wohltätige Hand trägt oft eine strafende Peitsche: „Hier, nimm die Sozialhilfe, das Wohngeld, und verzieh dich! In deiner Gegenwart fühle ich mich unwohl, und das, was ich besitze, macht mir Schuldgefühle. Ich übernehme keine Verantwortung." Auf diese Art wird unsere Hilfestellung oft von den Ängsten gefärbt, die wir davor haben, in dieselbe Situation zu geraten. Wir laufen vor unserem Unbehagen weg anstatt auf unsere Wünsche zuzugehen. Wenn sich weder der „Gebende" noch der „Empfänger" (gibt es wirklich einen Unterschied zwischen den beiden?) seine Sehnsüchte erfüllt, machen auch die Resultate kaum einen Sinn. Während wir an die Ängste, die wir im Zusammenhang mit Geld und seiner Bedeutung haben, festgekettet sind, nehmen wir uns ironischerweise nicht die Zeit, diese Überzeugungen zu untersuchen und damit eine Gelegenheit zu erschaffen, sie zu ändern. Nichts Neues wird zugelassen, und wir drehen uns endlos im Teufelskreis der Armut.

Buddha sagte einst: „Gib einem Menschen einen Fisch und sättige ihn eine Mahlzeit lang. Bring ihm bei, wie man fischt und sättige ihn ein Leben lang." Doch in Beziehungen, die auf Angst basieren und mit Vorstellungen von Unterlegenheit und mangelndem Selbstwertgefühl überlagert sind, ist es extrem schwierig, zu unterrichten oder lernen zu wollen.

Wenn ich frei von Urteilen oder Erwartungen den Impulsen meiner glücklichen Gefühle folge, wäre ich mindestens genauso menschenfreundlich wie jene, die von Wut und Frustration motiviert sind. Die Ziele mögen letztendlich die Gleichen sein, aber die Vorstellungen darüber, wie sie zu erreichen wären, sind grundverschieden. Der glückliche Mensch bewegt sich mit klar ausgerichteter Kraft auf seine Wünsche zu, während der ärgerliche Mensch sich von seiner Wut und Angst, seinen Urteilen und dem, was er nicht haben will, wegbewegt. Auf verschiedenste Weise wird ein glücklicher Mensch sowohl anderen als auch sich selbst viel effektiver und mit klarerem Fokus helfen können, ohne von Ärger und Empörung abgelenkt oder erschöpft zu sein. Auch hier geht es nicht einfach um Geld oder unsere Reaktion auf einen Mangel an Geld. Letztendlich geht es um unsere Überzeugungen.

Verändere die Überzeugungen, und du veränderst die Situation. Wenn ich kaum genug zum Essen hätte, aber meine Umstände nicht erniedrigend fände und mich selbst nicht als Opfer, unzulänglich oder benachteiligt sehen würde, dann würde ich mich auch nicht so verhalten, als wäre ich es. Ich würde mich nicht als armer Mensch verhalten. Ich würde nicht auf mein Elend eingehen, denn es gäbe kein Elend. Ich würde einfach nur im Einklang mit meinen Wünschen leben und all meine Kraft dafür mobilisieren, zu bekommen, was ich möchte.

Das bringt uns zu einer grundlegenden Fragestellung zurück: Können wir das tun, was uns Freude macht, und zugleich darauf vertrauen, dass uns diese Tätigkeiten ganz natürlich genug Geld für alles, was wir brauchen, einbringen? Müssen wir uns um Geld Sorgen machen? Müssen wir überhaupt an Geld denken, um es auch zu bekommen?

Viele von uns haben den akademischen Brutkasten verlassen, ohne je darüber nachzudenken, was sie eigentlich wollen. Stattdessen begannen wir sofort, uns nach „realistischen" Verdienstquellen umzusehen, wie wir es gelernt hatten („Ihr müsst vorausschauend planen"). Viele von uns glaubten, dass das Geldverdienen kein Zuckerschlecken sein würde, sondern unangenehme, harte Arbeit („Im Schweiße deines Angesichtes..."). Es schien, als ob Schweiß und Tränen zu einem anständigen, produktiven Leben dazugehörten. Wenn wir nur an all die Überzeugungen denken, die uns vorgaukeln, wir könnten mit dem, was uns Freude macht, nie unseren Lebensunterhalt verdienen – vielleicht sind sie dadurch entstanden, dass wir es *nie wirklich versucht haben.* „Setz' die rosarote Brille ab," wurde uns gesagt, „es geht um den Ernst des Lebens."

Anstatt uns damit zu befassen, Geld haben zu wollen – eine Idee, die uns eingetrichtert wurde, damit wir uns ein „Leben im Wohlstand" erschaffen könnten – sollten wir vielleicht einen Schritt weitergehen und uns auf das konzentrieren, was wir tun wollen. Wir könnten uns auf den Inhalt und die Form des Lebensstils konzentrieren, den wir uns wünschen.

Wenn wir unseren Neigungen vertrauen und unsere Wünsche verfolgen, werden wir vielleicht feststellen, dass das Geld von selber kommt. „Das ist kompletter Quatsch! Stell dir vor, ich sitze auf dem Balkon meines Appartements und gucke den Wolken zu – es wäre ziemlich blöd zu glauben, das Geld käme da einfach so angerollt!" Das ist vielleicht wahr. Aber wollten wir wirklich die ganze Woche oder das ganze Jahr auf dem gleichen Fleck sitzen und den Himmel anstarren? Denken Sie daran, wir erwägen hier nicht, unsere Fantasien oder unsere Ängsten auszuleben, sondern unsere Wünsche zu verwirklichen.

Wir könnten uns überlegen, unsere Wünsche in den Mittelpunkt zu stellen und dem Geld eine Nebenrolle zuzuweisen, anstatt ihm unsere volle Aufmerksamkeit zu widmen.

Vielleicht kann diese sehr einfache und nette Geschichte eines „vertrauensvollen" Optionsstudenten die Perspektive erläutern. Er war Mitte dreißig und ein sehr erfolgreicher Börsenberater zu einer Zeit, wo die meisten seiner Kollegen nur unter großen Schwierigkeiten zurechtkamen. Seinen Doktor in Wirtschaftswissenschaften hatte er mit Auszeichnung gemacht, und er lebte in seiner eigenen Villa aus der Kolonialzeit am Rande einer Großstadt. Trotz alledem war er mit seinem Job, mit der coolen und unpersönlichen Atmosphäre seines Arbeitsplatzes und mit seinem eigenen Mangel an Engagement und Begeisterung unzufrieden.

Im Gegensatz dazu konnte er stundenlang begeistert im Keller sitzen und dort seiner Leidenschaft frönen: der Tischlerei und dem Entwerfen von handgearbeitetem Holzspielzeug. Seine Eltern und Freunde hatten sein Interesse stets als läppisch und belanglos abgetan, als würdelos und sozial irrelevant – doch zu seiner großen Freude gab es immer wieder einmal Interessenten, die voller Aufregung eins seiner Holzspielzeuge kauften oder ihn beknieten, einen Stuhl oder eine Kommode für sie mit Schnitzwerk zu versehen. Er verdiente fast nichts dabei, aber die Freude, die es ihm machte, nur für ein paar Stunden in der Woche seine kreativen Impulse mit seinem Handwerk zu verbinden, war ihm Belohnung genug.

Mehrere Jahre lang schaute er sich nebenbei nach anderen Berufsmöglichkeiten um, die seinen Fähigkeiten und Auszeichnungen entsprachen. Nicht ein einziges Mal dachte er daran, auch seiner „Leidenschaft", seinem „Hobby" die Chance zu geben, zu seinem täglichen Broterwerb zu werden. Außerdem nahm er an, dass er mit handgefertigten Tischlerarbeiten nur lächerliche Summen verdienen könnte, verglichen mit den lukrativen Möglichkeiten seiner derzeitigen Arbeit.

Als er sich immer unwohler und ärgerlicher zu fühlen begann, entschied er sich, seine negativen Gefühle und die darunter liegenden Überzeugungen zu untersuchen. Als würde er sich Schicht um Schicht von einer alten Schale befreien, so legte er seine Rüstung aus alten, aber aktiven Überzeugungen ab, aus nutzlosen Konzepten, die ihn eingeengt hatten. Nachdem er seine alten Ängste, nicht gut genug zu sein und seine verworrenen Selbstwertideen zutage gefördert hatte, fasste er den Entschluss, sein Leben nicht mehr von fremden Überzeugungen regieren zu lassen, die er so eifrig angenommen und aufgesogen hatte. Seine Berufswahl war nicht der Auslöser seines Unbehagens, sondern sein Unbehagen hatte seine derzeitige Berufswahl maßgeblich beeinflusst.

Nach einigen Monaten der Selbsterforschung begann er, die Tischlerei aus einem neuen Blickwinkel ernsthaft als möglichen Beruf in Betracht zu ziehen. Einige klärende Konferenzen mit seiner Frau führten schnell zu einem endgültigen Entschluss – er würde seinen Lebensstil grundlegend ändern. Ohne irgendwelche Gewissheit oder Garantien für die Zukunft entschloss er sich, den Lebensweisheiten, die ihm fünfunddreißig Jahre lang „eingepaukt" worden waren, zu trotzen und stattdessen seinen Neigungen zu folgen. Er war nicht länger durch Ängste und Vorstellungen eingeschränkt, die ihn an eine Tätigkeit gebunden hatten, welche seinen neuentwickelten Interessen und Werten nicht entsprochen hatte.

Er verkaufte seine Villa und erstand stattdessen eine umgebaute Scheune, die als Werkstatt und Wohnraum zugleich diente. Mit seinen geringen Ersparnissen hielt er sich über Wasser, während er neues Spielzeug herstellte und individuell geschnitzte Möbelstücke entwarf. Schritt für Schritt und ohne nennenswerte Verkaufsbestrebungen seinerseits erweiterte sich der Kreis von Interessenten, die seine Schöpfungen wegen ihrer hohen Qualität und erstaunlichen Kreativität schätzten. Er erschuf kleine Dampfmaschinen, prähistorische Tiere mit beweglichen Gliedmaßen, Oldtimer-Autos mit Gesichtern, langgestreckte Gestalten aus den frühen Flash Gordon Comics, Schaukelstühle mit menschenähnlichen Armen und Beinen und verfremdete ein weit gestreutes Sortiment gewöhnlicher Haushaltsgegenstände mit Cartoonmotiven. Er tat genau das, was er liebte und stieß auf Menschen, die das, was er tat, liebten. Alte Herren, kleine Mädchen, hartgesottene Intellektuelle und zutiefst konservative Angestellte waren von diesem innovativen Handwerker fasziniert, der seine Geistesblitze und seinen Humor in hölzerne Abbilder seiner Seele verwandelte.

Nachdem ein Jahr vergangen war, hatte er jedes Einzelne seiner Stücke verkauft und eine große Schar von Bewunderern und möglichen Kunden um sich versammelt. Das Geld war zu einer natürlichen Nebenerscheinung seiner Arbeit geworden, es war nicht mehr das Ziel. Sein Einkommen entsprach zwar noch nicht dem, was er als Finanzberater verdient hatte, aber mit Erstaunen und wachsender Begeisterung stellte er fest, dass ihm seine Lieblingsbeschäftigung ein gutes Auskommen verschaffte und die Bedürfnisse seines neuen Lebensstils mehr als befriedigte.

Diese Geschichte enthält eine wundervolle Lehre. Dieser Mann, der sein Leben einst von Überzeugungen und Ideen hatte bestimmen lassen, die er nie in Frage stellte, entschied sich endlich, seine Wünsche auszuleben, das zu tun, was sich gut anfühlte und darauf zu vertrauen, dass fruchtbare Resultate die natürliche Folge sein würden. Das Geld kam zu ihm, weil er seinen Neigungen folgte. Nachdem er sich einmal von unglücklichen Vorstellungen frei gemacht hatte, WUSSTE er, was zu tun war. Er fand es ironisch, dass er zwar immer GEWUSST hatte, was er tun wollte, sich aber lange Zeit dagegen gewehrt hatte, die Stimme in seinem Inneren anzuhören.

Wenn meine finanziellen Umstände mich unglücklich machen, dann ist meine Aufmerksamkeit nicht mehr darauf ausgerichtet, mir Geld zu wünschen, es zu verdienen und zu genießen. Es hindert mich sogar daran, mich zu entschließen, neue Richtungen einzuschlagen. Anspannung und Besorgnis sind nicht mehr nur Missstimmungen –

sie umwölken meinen Horizont und bringen mich von meinen Wünschen ab. Meine Verlustangst oder meine Angst vor Armut lassen mich auf eine Weise aktiv sein, die immer damit zu tun hat, das was ich *nicht will* wegzuschieben. Das kann Armut sein, Ablehnung oder Einsamkeit.

Wenn ich mich selbst sein lassen, mir selbst vertrauen könnte, dann wüsste ich, dass alle Aktivitäten, zu denen ich mich entschlösse, in Ordnung wären. Wenn ich mir also meine Wünsche erlauben würde, dann könnte ich dem Gelderwerb entweder eine klare Priorität geben, oder ich könnte ihn relativ unwichtig finden.

Es gibt keine festen Regeln – außer denjenigen, die wir selber auswählen, um unser Leben nach ihnen auszurichten.

Oft gibt es viel mehr Möglichkeiten als wir wahrnehmen wollen, weil unser Weltbild durch unsere Überzeugungen und Vorurteile gefiltert wird. *Wir erschaffen unsere eigenen Grenzen.* Es liegt in unserer Macht - und deshalb können wir die Grenzen auch nach Wunsch erweitern und verändern. Wir können sie sogar abschaffen.

Dann hätten wir die Freiheit, unseren Wünschen Folge zu leisten, anstatt vor dem, was wir ablehnen, zu flüchten. Wir könnten im Einklang mit unserem Wesen fließen.

Wenn wir uns genau wie jener Börsenberater, der zum Spielzeugmacher wurde, die Genehmigung gäben, unseren natürlichen Talenten zu folgen, dann würden auch wir vielleicht erleben, dass unsere Bemühungen und Aktivitäten ganz einfach und selbstverständlich Geld mit sich bringen. Oder wir würden unserer inneren Stimme folgen und vielleicht wie der Spirituelle, der Mystiker oder der Freidenker Visionen und Wege erblicken, die nie zuvor gesehen wurden.

DIE „DENK"-SEITE
Geld, Symbol für das angenehme Leben

FRAGEN, DIE SIE SICH STELLEN KÖNNEN:

Haben Sie Angst davor, nicht genug Geld zu haben? Wenn ja, warum?

Sind Sie mit dem Geld, das Sie besitzen, zufrieden?

Möchten Sie mehr Geld haben? Wird es Sie unglücklich machen, wenn Sie es nicht bekommen?

Glauben Sie, dass Sie sich mit Geld das Glück erkaufen können? Oder die Freiheit?

Sind Sie mit Ihrer Art des Gelderwerbs zufrieden? Wenn nicht, warum nicht? Sehen Sie sich als jemanden an, der Alternativen hat?

Fällt es Ihnen schwer, Geld zu verschenken? Warum?

Beneiden Sie die Menschen, die mehr Geld zur Verfügung haben als Sie? Wenn ja, warum?

OPTIONSKONZEPTE, DIE SIE ERWÄGEN KÖNNEN:

WAS WIR ÜBER GELD DENKEN, HAT ABSOLUT MIT UNSE-REN WÜNSCHEN UND ÜBERZEUGUNGEN ZU TUN.

JEDER (BIS AUF WENIGE AUSNAHMEN) STREBT ENTWE-DER SELBST NACH GELD, ODER ER FINDET EINEN VER-SORGER, DER DAS FÜR IHN TUT.

GELD WIRD ENTWEDER ANGESAMMELT, UM WÜNSCHE ZU ERFÜLLEN, ODER UM ANGST UND BEDÜRFTIGKEIT AUSZUDRÜCKEN.

GELD KANN UNS EIN MATERIELL ANGENEHMES LEBEN KAUFEN, JEDOCH KEIN GLÜCKLICHES ODER LIEBEVOLLES LEBEN.

ES GIBT KEINE FESTEN REGELN AUSSER DENJENIGEN, DIE WIR SELBER AUSWÄHLEN, UM UNSER LEBEN NACH IHNEN AUSZURICHTEN.

WIR ERSCHAFFEN UNSERE EIGENEN BEGRENZUNGEN.

ÜBERZEUGUNGEN, DIE SIE VIELLEICHT ABLEGEN MÖCHTEN:

Geld kann mir Glück verschaffen.

Geld ist schlecht oder böse.

Die beste Arbeit ist die, welche am meisten Geld einbringt.

Nur ein armer Mensch leidet.

Zum Gelde drängt, am Gelde hängt doch alles.

Wenn ich Geld nicht BRAUCHE, dann vergesse ich vielleicht, dass ich es mir wünsche.

DER ZEHNTE DIALOG

Frage: WORÜBER SIND SIE UNGLÜCKLICH?
Antwort: Dass ich nicht genug Geld habe.

F: Wie meinen Sie das?
A: Ich muss zwei Kinder ernähren. Mein Mann und ich haben uns vor Jahren getrennt und er entschied sich, nach Spanien zu ziehen. Er illustrierte Bücher und ich glaube, es war egal, wo er lebte. Seine letzte großzügige Geste bestand darin, dass er mir das Haus, beide Autos und alle Möbel gab. Am Anfang hielt ich das für fair, schließlich musste er sein eigenes Leben leben. Aber wissen Sie, nach einer Weile war das Geld, welches ich durch den Verkauf eines Autos und des Hauses bekommen hatte, zu Ende.

Es kam mir zuerst so viel vor, aber jetzt nichts mehr davon übrig, und ich stehe blöd da.

F: *Warum blöd?*

A: Ich weiß nicht weiter. Ich habe nicht genug zum Leben. Ich arbeite Freelance, schreibe und entwerfe Unterrichtsmaterialien für Gymnasien. Aber die Jobs sind viel zu selten und zu schlecht bezahlt, um uns zu ernähren. Oh, glauben Sie nicht, ich sei nicht dankbar. Die Arbeit ist super, sie hält mich wach im Kopf und ich freue mich über das Geld – aber ich weiß nicht, was ich tun soll (beginnt, zu weinen). Tut mir Leid, das wollte ich nicht.

F: *WORÜBER SIND SIE UNGLÜCKLICH?*

A: Ich komme mir so albern vor. Ich meine, es gibt so viele Menschen mit viel schlimmeren Problemen, und ich jammere hier herum. Was für ein Recht habe ich zum Jammern mit zwei so prächtigen Kindern wie Jackie und Tommy es sind, und einer wirklich guten Wohnung.

F: *WARUM IST ES IHNEN UNANGENEHM, ZU JAMMERN?*

A: Weil ich mir vorkomme, als sei ich geldgierig.

F: *Wie meinen Sie das?*

A: Als ob ich nichts anderes will, bloß mehr Geld. Aber es ist wahr – das ist alles, was ich will. Ich will nicht simpel oder dumm klingen, aber wenn ich jeden Monat nur ein bisschen mehr hätte, würde das alles ändern.

F: *Wie?*

A: Ich habe gerade genug für die Kinder und für das Haus, das Essen, die Rechnungen, den ganzen Kram. Sagen wir mal, ich kann alle so genannten Grundbedürfnisse gerade so abdecken. Aber dann bleibt mir nicht ein Pfennig für mich selbst, und das ist bescheuert.

F: *Wie meinen Sie das?*

A: Na ja, die ganze Geschichte: Nicht genug Geld, um mir ab und zu

einmal neue Kleider kaufen zu können oder zum Essen auszugehen oder sogar in einen Film. Das ist alles in Ordnung, aber wenn
das Monat um Monat so bleibt...und dann irgendwann Jahr um
Jahr... Ich ertrage es nicht, so eingeschränkt zu sein.

F: *Was meinen Sie mit „eingeschränkt?"*
A: Keine Wahl zu haben. Wenn ich mal ein paar Tage Abstand von
den Kindern brauche, dann geht das nicht. Nicht dass ich sie nicht
gerne bei mir hätte – die Kinder sind mein Ein und Alles. Aber
manchmal brauche ich einfach einen Tapetenwechsel, und wenn's
für ein paar Stunden ist. Ich habe nicht einmal genug Geld übrig,
um einen Babysitter zu bezahlen. Das fühlt sich an, als ob ich auf
mysteriöse Art in Gefangenschaft bin. Und das Verrückteste ist,
dass mein Gefängnis nicht verschlossen ist – seine Wände sind
unsichtbar. Das ist verdammt frustrierend.

F: *Was ist daran so frustrierend?*
A: Ich nehme an, es ist das Gefühl, dass es keinen Ausweg gibt.

F: *GLAUBEN SIE DAS?*
A: (lange Pause) Nun, nicht ganz so, wie ich es eben gesagt habe. Es
gibt, glaube ich, immer einen Ausweg. Aber ich will das, was ich
tun müsste, nicht tun. Ich glaube, ich könnte es nicht einmal.

F: *Können Sie das genauer erklären?*
A: Sicher. Ich könnte mich um eine Vollzeitstelle bewerben. Dann
wäre ich aber den ganzen Tag von den Kindern weg und müsste
sie in einer Tagesstätte unterbringen. Das wäre nicht unbedingt
schlimm für sie, aber für mich wäre es die Katastrophe. Ich würde
den ganzen Tag arbeiten und abends nach Hause gehen, kochen,
den ganzen Haushaltskram erledigen. Das wäre eine schlimmere
Schinderei als jetzt. Sehen Sie, ich sitze fest. Egal in welche Richtung ich mich bewege, das Problem bleibt.

F: *Was möchten Sie?*
A: Einfach nur hundert Dollar mehr im Monat, sonst nichts. Das ist

gar nicht soviel Geld – besonders, wenn man es nicht hat (lauter Seufzer).

F: *Warum seufzen Sie?*

A: Wenn ich mehr Geld hätte... glauben Sie mir, wenn ich nur einmal die Woche frei hätte, dann wäre ich ein besserer Mensch, eine bessere Mutter. Da bin ich mir ganz sicher! Es ist kein Kinderspiel, das versichere ich Ihnen. Es ist so, als ob ich eine schleichende Infektion hätte, die nicht akut oder sichtbar ist, mich aber ständig erschöpft.

F: *WAS FÜRCHTEN SIE, WÜRDE PASSIEREN, WENN SIE NICHT UNGLÜCKLICH ÜBER IHRE SITUATION WÄREN?*

A: Wie kann man darüber nicht unglücklich sein?

F: *Ich schlage nicht vor, dass Sie das sollten. Ich frage einfach nur, welche Konsequenzen Sie befürchten, wenn Sie nicht unglücklich wären.*

A: Keine Ahnung. Wenn ich nicht unglücklich wäre, würde ich mich vielleicht völlig gehen lassen und mir nichts dabei denken.

F: *Meinen Sie, dass Ihre unglücklichen Gefühle Sie daran erinnern, dass Sie mehr wollen?*

A: Ja, ich glaube schon (lange Pause). Sie meinen, ich bin unglücklich darüber, dass ich nicht genug Geld habe, damit ich mich daran erinnere, dass ich mehr will?

F: *Was denken Sie?*

A: Also, wenn das wahr wäre, dann würde ich mir absichtlich schlechte Gefühle über meine Geldsituation machen (lächelt). Bescheuert, wirklich dumm. Aber wenn ich es so ausspreche, hört es sich richtig an. Das ist traurig.

F: *Warum „traurig"?*

A: Weil ich ein ziemlicher Idiot wäre, wenn ich das Geld in meinem Leben so wichtig nehmen würde.

F: *Warum wären Sie dann ein Idiot?*

A: Hören Sie, Jackie und Tommy und mir, uns allen geht's gut. Ich bin nicht wirklich arm, nur sehr, sehr eingeschränkt. Warum sollte ich mich beschweren?

F: *Was wollen Sie damit sagen?*

A: Ich will sagen, dass ich vielleicht gar kein Recht habe, mehr zu wollen – und doch will ich es.

F: *Was meinen Sie mit „Recht"?*

A: Als ob ich mir nicht sicher bin, dass ich es verdiene. Ich weiß, dass es sich vielleicht albern anhört, aber manchmal denke ich, wenn ich mehr Geld bekomme, dann wird vielleicht eins der Kinder krank.

F: *GLAUBEN SIE DAS?*

A: Ja und nein.

F: *Schauen wir uns doch einmal das „Ja" an: WARUM GLAUBEN SIE, EINS IHRER KINDER WÜRDE KRANK WERDEN?*

A: (langer Seufzer) Das Erste, was mir da einfällt ist, ich würde für meinen Egoismus bestraft. Vielleicht will ich die falschen Dinge, vielleicht schätze ich das, was ich schon habe, auf irgendeine merkwürdige Art gar nicht. Als ob Geld so wichtig wäre... als ob es wichtiger wäre als unsere Gesundheit. Das ist es aber nicht. Ich will, dass meine Kinder gesund sind und ich will auch mehr Geld. Das Ganze macht nicht viel Sinn, es ist nur irgend so ein Aberglaube.

F: *Was meinen Sie damit?*

A: Wie ein Ammenmärchen. Man hört, dass alle möglichen Leute es sagen, und insgeheim glaubt man es dann auch, ohne je drüber zu reden oder es sich genau anzugucken. Aber wenn man wirklich herausfindet, wovor man Angst hat, dann löst es sich in Luft auf. So wie jetzt gerade.

F: *Wollen Sie damit sagen, dass Sie nicht mehr daran glauben?*

A: Ja, es ist vorbei. Ich glaube, das war einer der Gedanken, die mich hin und hergetrieben haben wie ein verschrecktes Kaninchen.

F: *Wie das?*

A: Jedes Mal, wenn ich mir vorgestellt habe, dass eins meiner Kinder krank würde, habe ich sofort aufgehört, an Geld zu denken. Das hat mich total gebremst. Als ob ich dadurch, dass ich mich benachteiligt und schrecklich fühle, Buße tue – im Tausch für die Gesundheit meiner Kinder.

F: *Und jetzt?*

A: (lacht in sich hinein) Ja, also jetzt, wo mein Aberglauben an Gewicht verloren hat, glaube ich, dass ich mir immer Geld wünschen darf, oder jedenfalls öfter – aber dann werde ich auch öfter feststellen, dass ich unglücklich bin.

F: *WARUM WÄREN SIE UNGLÜCKLICH, WENN SIE SICH MEHR GELD WÜNSCHEN WÜRDEN?*

A: Ich wäre nicht darüber unglücklich, dass ich es mir wünsche, sondern darüber, dass ich es nicht bekomme.

F: *Okay. WARUM WÄREN SIE UNGLÜCKLICH, WENN SIE ES NICHT BEKÄMEN?*

A: Dann würde sich an meiner Situation nichts ändern.

F: *Und warum wäre das so beunruhigend?*

A: Weil ich nicht will, dass es so bleibt - aber was soll ich tun?

F: *Was möchten Sie gerne tun?*

A: (schaut zur Seite und lächelt) Ich könnte Ihnen eine ellenlange Liste schreiben.

F: *Über Ihre Wünsche und Fantasien?*

A: Na ja, das sind halt meine Fantasien – und doch, eines Tages werde ich sie vielleicht verwirklichen wollen.

F: *Was wollen Sie jetzt?*
A: Also, ich möchte mich mit meinem Wunsch nach mehr Geld freier fühlen. Ich möchte vielleicht mehr Freelance-Aufträge annehmen. Ich liebe es, mich in etwas zu vertiefen, zu recherchieren, das bringt mich richtig gut in Fahrt.

F: *Könnten Sie das tun, wenn Sie es wollten?*
A: Sicher, zumindest könnte ich mich um Aufträge kümmern. Ich könnte es versuchen (verzieht das Gesicht). Nein, ich will jetzt nicht losgehen und rausfinden, dass ich keine Arbeit kriegen kann. Ich renne doch nur in mein Unglück.

F: *Wie meinen Sie das?*
A: So, wie ich es gesagt habe. Ich fühle mich schon viel besser, aber wofür? Was, wenn ich keine neuen Aufträge kriegen kann? Das wäre wirklich eine Enttäuschung.

F: *Was für eine Enttäuschung?*
A: Dann wäre ich wirklich niedergeschlagen.

F: *Warum?*
A: Das ist, als hätte ich all meine Hoffnungen auf etwas gesetzt und würde dann enttäuscht.

F: *Warum wären Sie enttäuscht, wenn Sie das Geld oder die Jobs nicht bekommen würden?*
A: Wäre das nicht jeder?

F: *Das mag sein, aber jeder Mensch hätte seine eigenen Gründe. Was wären Ihre?*
A: Ich glaube, ich reagiere automatisch mit Enttäuschung, wenn ich mir etwas wünsche und es dann nicht bekomme.

F: *Warum ist das so?*
A: Das ist wie ein Höhenflug – und dann der Absturz.

F: *Können Sie beschreiben, was Sie damit meinen?*

A: Sicher. Sie stellen sich das Geld und alles, was Sie sich kaufen wollen, in Ihrer Fantasie vor. Es ist fast schon Wirklichkeit. Wenn die Realität dann nicht nachzieht, ist das eine herbe Enttäuschung.

F: *Worin besteht die herbe Enttäuschung, wenn Sie etwas nicht bekommen?*

A: Dann fühle ich mich betrogen. Es fehlt mir etwas. Ich fange irgendwie an zu erwarten, dass etwas geschieht, und wenn dann nichts passiert, dann bleibt mir nichts übrig, als schlecht drauf zu sein – ich meine, unglücklich zu werden.

F: *GLAUBEN SIE DAS?*

A: Dass ich unglücklich sein muss? (sie seufzt und lächelt dann breit) Wahrscheinlich nicht. Es gab schon andere Dinge in meinem Leben, die ich nicht bekomme habe und bei denen ich nicht ausgerastet bin.

F: *WAS FÜRCHTEN SIE, WÜRDE PASSIEREN, WENN SIE NICHT UNGLÜCKLICH DARÜBER WÄREN, ETWAS NICHT ZU BEKOMMEN?*

A: Hey – da kommt mir genau dasselbe in den Sinn wie vorhin. Ich würde es vielleicht gar nicht wirklich angehen oder es würde vielleicht bedeuten, dass es mir egal wäre.

F: *Wollen Sie damit sagen, dass Ihre unglücklichen Gefühle dazu dienen, Sie an Ihren Geldwunsch zu erinnern und Ihnen zu beweisen, dass es wichtig ist?*

A: Ja. Mir war nie klar, wie sehr mein Verhalten davon geprägt ist. Es ist unglaublich, aber ich sehe auch, dass ich es die ganze Zeit so mache.

F: *Können Sie sich vorstellen, glücklich zu sein und immer noch mehr Geld zu wollen?*

A: Ja, natürlich kann ich das. Und es erscheint mir ziemlich sinnlos, den Wert einer Sache damit zu beweisen, dass ich mich elend fühle. Ich brauche nicht unglücklich zu sein, um zu wissen, dass ich etwas möchte. Okay, das ist eine echte Veränderung für mich. Fein – jetzt bin ich nicht mehr unglücklich, aber mein Geldproblem habe ich immer noch.

F: *Was wollen Sie unternehmen?*
A: (lächelt breit) Mehr Freelance-Aufträge finden. Absolut! (schweift innerlich ab und beginnt, erregt zu wirken)

F: *WAS FÜHLEN SIE?*
A: Warum ist mir das so wichtig?

F: *Warum ist was so wichtig?*
A: Geld. Solange ich denken kann, war das schon so. Sogar als ich verheiratet war. Es gab immer wieder etwas Neues, was mir fehlte und was ich gerne haben wollte. Und wenn ich es dann bekommen hatte, gab es plötzlich etwas anderes. Und ich glaubte immer, dass ich für jeden dieser dringenden Wünsche die besten Gründe hatte. Ich nehme an, sobald ich mehr Arbeit kriege, werde ich unglücklich sein, weil dann denke, dass es nicht genug ist. Das macht mir wirklich Angst.

F: *Warum?*
A: Haben Sie je das Stück „Huis Clos" von Jean Paul Sartre gelesen?

F: *Ja.*
A: Also, so würde es sein. Es würde nie aufhören. Vielleicht habe ich deshalb all diese Jahre nicht wirklich versucht, etwas zu tun. Mein Gott, das ist so ein Teufelskreis. Wenn ich arbeiten gehe und es ist nicht genug, dann ist das schrecklich. Wenn ich nicht gehe, dann ist die Situation zwar unbefriedigend, aber es gibt immer eine Hoffnung. Und das geht dann leider immer so weiter.

F: *GLAUBEN SIE DAS?*
A: Sicher. Das würde nur aufhören, wenn ich zufrieden wäre, und ich kann Ihnen sagen, ich bin noch nie mit dem Geld, was ich verdient habe, zufrieden gewesen.

F: *Warum nicht?*
A: Weil ich immer mehr wollte.

F: *Mehr zu wollen und unzufrieden zu sein sind zwei völlig verschiedene Impulse. WARUM MACHT ES SIE UNGLÜCKLICH, wenn Sie finden, dass Sie nicht genug haben?*
A: Das kann ich nicht wirklich beantworten. Ich bin einfach so.

F: *Ich weiß, Sie denken, das sei ein Teil von Ihnen… vielleicht sollten wir es von einer anderen Richtung angehen. WAS FÜRCHTEN SIE, WÜRDE PASSIEREN, WENN SIE NICHT UNZUFRIEDEN DARÜBER WÄREN, DASS SIE NICHT SOVIEL GELD HABEN WIE SIE SICH WÜNSCHEN?*
A: Dann würde ich nicht noch mehr wollen.

F: *Wollen Sie damit sagen, dass Ihre Unzufriedenheit Sie antreibt, mehr zu wollen?*
A: Ja. Ich kann es selbst nicht glauben, dass immer wieder dasselbe hochkommt. Es ist unglaublich, was ich mir da angetan habe. Es wirkt in beide Richtungen. Ich bin unzufrieden, damit mich das motiviert, aber dann werde ich von der Angst, später unzufrieden zu sein, wieder gestoppt. Letztendlich bringen mir beide nicht das, was ich will. Und solange ich das „ich bin eben so" nenne, kann ich mir wahrscheinlich gar nicht vorstellen, dass ich irgend etwas daran ändern könnte. Aber jetzt sehe ich, dass ich es kann. Ich hab' die Nase voll und ab jetzt bin ich anders. Wollen Sie wissen, woran ich erkenne, dass ich anders bin?

F: *Woran?*
A: Ich glaube nicht mehr dasselbe.

F: *Was wünschen Sie sich jetzt?*
A: Ich wollte gerade sagen: mehr Geld, aber wissen Sie, in Wirklichkeit will ich, glaub' ich, glücklich sein. Ich will mich so fühlen wie in diesem Moment. Ich habe zwar nicht soviel Geld wie ich gerne hätte, aber ich fühle mich nicht benachteiligt. Ich finde ein-

fach mehr Arbeit. Schlicht und einfach. So wunderbar einfach. Wenn es geht, werde ich versuchen, mehr Geld zu verdienen, und das fühlt sich weder bedrohlich an noch macht es mich unglücklich. Und wenn das, was ich verdienen kann, nicht reicht – tja, dann kümmere ich mich darum, wenn es eintritt (lange Pause). Jetzt, in diesem Moment, fühle ich mich so gut, und für mich zählt allein dieser Moment.

11
Die Möglichkeit übersinnlicher Erfahrungen

Der kleine Punkt verschwamm immer wieder vor meinen Augen, während das schwere Dröhnen eines Radios in den Raum kroch und ihn wie mit altem Zigarettenrauch füllte. Mein Körper fühlte sich fast schwerelos an, als ob er minimal über der Matratze schwebte. Dieses Schweben war sanft und angenehm. Es gab nichts zu tun. Während dieser Fieber- und Grippeattacke waren die Aufgaben und Pflichten meines Alltagslebens zeitweilig aufgehoben.

Ich lag seit zwei Tagen im Bett und versuchte, die Krankheit auszuschwitzen, indem ich die erhöhte Temperatur mit ihren eigenen Waffen schlug. Meine Lippen waren trocken und rissig wie ein sonnenverbranntes offenes Feld. Ich hing in der nebligen Dämmerung herum, wo der Schlaf sich mit Tagträumen trifft, und hielt mein kleines Klümpchen Bewusstsein aufrecht. Der heulende Wind peitschte die Fenster, während eine dicke Schneedecke die Welt weiß färbte.

Spät am Abend. Heute und morgen keine Arbeit. Keine wichtige Konferenz zu bedenken, kein komplexes Problem, das eine sofortige Lösung erfordert. Verzaubert von der Reise genehmigte ich mir die Freiheit, zu schweben und mich auf den Schnee zu konzentrieren, der gerade den ersten Schneesturm des Winters herbeizauberte und seine kalte Melodie an die Fensterscheiben pochte.

Plötzlich und genauso friedlich-zwanglos wie all meine Wahrnehmungen und Gedanken kam mir eine klare, aber merkwürdige Eingebung in den Sinn: „das Herrenhaus meines Freundes wird in die Luft gehen." „Ach, wirklich," antwortete ich mir selber amüsiert. Das Haus meines Freundes war eine Immobilie, die ich für ihn beaufsichtigen sollte, während er auf einer längeren Geschäftsreise war. Es war ein hübsches kleines Landgut mit dreiunddreißig Zimmern, das in Appartements aufgeteilt worden war.

Doch vor meinem inneren Auge nahm diese ungewöhnliche Idee wieder und wieder Gestalt an. „Das Haus meines Freundes wird in die Luft gehen." Ein tonloser Satz, nie ausgesprochen und doch verstanden. Dieses Mal konzentrierte ich mich auf den neu erschienenen Gedanken. Ohne weitere Informationen oder Vorkenntnisse wusste ich plötzlich, dass in einem Appartement im obersten Stockwerk das Ventil eines Heizkörpers entfernt worden war. Ich erinnerte mich, dass das Heizungssystem aus einem geschlossenen Dampfkreislauf bestand und wusste, dass eine gefährliche und möglicherweise explosive Situation vorlag. Ohne Wasser würde der Boiler explodieren, wenn ihn nicht ein Sicherheitsventil schützte. Irgendwie wusste ich auch, dass dieses Sicherheitsventil ausgefallen war. Doch wie konnte ich das alles wissen, da ich doch weder das mechanische Vorwissen besaß noch den genauen Plan des Hauses kannte. Trotzdem fühlte ich, dass die Gefahr mit jedem Moment, den ich darüber nachdachte, größer wurde.

Jetzt! Wie klar ich die drängende Stimme in meinem Kopf hören konnte. Jetzt! Handle schnell! Verhindere eine Katastrophe!

Unter erheblicher Mühe rollte ich aus dem Bett und begann, mich anzuziehen. Ich rief meine Frau und unterrichtete sie ganz beiläufig davon, dass das Haus meines Freundes in die Luft gehen würde. Ich bat sie, mich zu begleiten. Einige lange Sekunden schauten wir einander an; dann nickte sie. Kein Zögern. Kein Widerstand, nicht einmal eine Frage. Auf irgendeine merkwürdige Art unterstützte ihre Reaktion die meinige.

Als ich den gefallenen Schnee von der Windschutzscheibe unseres Autos wischte, konnte ich meine wackeligen, unsicheren Beine spüren – eine Auswirkung des hohen Fiebers. Während der Fahrt sprachen wir beide kein Wort. Unsere gesamte Konzentration galt der Straße, die unter einer zwanzig Zentimeter tiefen, weichen und heimtückischen Schneedecke verborgen war. Selbst als wir später am Gutshaus ankamen, fragte sie nicht ein Mal, wie ich an das Wissen gekommen war, von dem ich ihr berichtete.

Mit ihrem unausgesprochenen, blinden Vertrauen unterstützte sie mich dabei, meinem Impuls zu folgen. Ich hielt das, was ich da tat, für absolut verrückt – und doch fühlte es sich völlig richtig an, in Aktion zu treten, ohne zu urteilen oder Fragen zu stellen.

Es war elf Uhr nachts, als wir ankamen. Der Schnee hatte an den Hauswänden eine Berg- und Tallandschaft gebildet. Unter dicht stehenden Bäumen waren elegante Tunnel entstanden. Als wir durch die Schneewehen stapften, sortierte ich auf der Suche nach dem Kellerschlüssel das fremde Schlüsselbund durch und fand, als wir die Rückseite des Hauses erreichten, den richtigen. Die Temperatur des Heizungskellers erschien mir beim Eintreten unglaublich hoch. Einen Moment lang hielt ich inne und fragte mich ernüchtert: „Was im Himmel mache ich hier eigentlich?" Doch die Frage schien sich, nachdem ich sie ausgesprochen hatte, selbst zu beantworten und war verschwunden.

Der Dampfkessel rumorte und gab ein merkwürdiges Ächzen und Stöhnen von sich. Der Anzeiger gab an, dass Temperatur und Druck weit über der Sicherheitsmarke lagen – ja sie waren fast nicht mehr abzulesen. Das Sicherheitsventil hatte nicht funktioniert und hatte, wie ich irgendwie schon wusste, das Aggregat nicht abgestellt.

Vierzigtausend Gedanken jagten durch meine Gehirnwindungen, ohne einen Entschluss zu produzieren. „Sollte ich das Gebäude evakuieren?" „Sollte ich dem Heizaggregat mehr Wasser zuführen, um es wieder aufzufüllen?" „Wird mir der Boiler, wenn ich das tue, um die Ohren fliegen?"

Meine Verwirrung wuchs. Ich fühlte, wie ich innerlich raste. Ganz bewusst richtete ich meine Aufmerksamkeit auf meinen Atem, um zu entspannen und meinen Zustand von Leichtigkeit und Fließen wiederzuerlangen. Mein Verstand kam zur Ruhe, innere Stille trat wieder ein. Langsam hoben sich meine Hände und ergriffen das Zugangsventil. Ich drehte am Knopf und das Wasser rauschte in den Boiler. Einige Minuten lang zischte und gurgelte es laut, dann hatten Temperatur und Druck wieder ihren Normalstand erreicht. Auf meinem Gesicht breitete sich ein Lächeln aus.

Ich verließ den Keller und ging schnurstracks zur Wohnung in der obersten Etage. Ich klopfte an und fragte den Mieter, ob ich die Heizung prüfen könne. Ohne nachzudenken wählte ich eine von dreiunddreißig Möglichkeiten – ich ging direkt zum Heizkörper an der hinteren Küchenwand. Auf dem Boden lag das Ventil und glitzerte im Neonlicht. Sie hatten es herausgenommen und vergessen, ein neues einzuschrauben. Der Dampf, der an dieser einen Stelle entwichen war, hatte gereicht, um den Wasservorrat fast des gesamten Systems zu verbrauchen. Ich erklärte den Mietern, welche Gefahr sie mit ihrem Handeln heraufbeschworen hatten, und ging.

Wochenlang versuchte ich zu verstehen, was da geschehen war. Ich führte verschiedene Diskussionen und kam darauf, dass diese ganz besondere Erfahrung zu einem Zeitpunkt passiert war, wo *mein Glücklichsein nicht mehr in Frage gestellt war.* Sei es für Monate, Tage, Wochen oder ein ganzes Leben – wenn wir nicht von negativen Gefühlen oder unseren Versuchen, ihnen zu entkommen, abgelenkt werden, dann führt das zu einer beträchtlichen Steigerung unserer Klarheit und unseres Bewusstseins. Ich fühlte mich in jener Situation völlig frei, ohne meine üblichen Alltagssorgen. Auch das Fieber hatte zu meinem sehr rezeptiven und fließenden Zustand beigetragen. Ich erinnere mich an ein sehr friedliches Gefühl, nicht als Resultat eines bewussten Entschlusses, glücklich zu sein, sondern einfach deshalb, weil ich den Dingen ihren Lauf ließ. Zu diesem Zeitpunkt geschah es, dass ich ein Wissen zu haben schien, für das es keine Beweise gibt.

Sicher gibt es viele, die eine solche Erfahrung hellsichtig oder übersinnlich nennen würden (eine Sinneswahrnehmung, die über die bekannten Begrenzungen hinausgeht). Obwohl meine Wortwahl in die gleiche Richtung geht, sind derartige Ausdrücke von allerlei mystischen und schrägen Bedeutungen behaftet, und es wird auch angenommen, dass solche Erfahrungen nicht kontrollierbar und möglicherweise sogar gefährlich sind. Sollte es irgendwelche Antworten geben, dann finden wir sie sicher nicht in unserem Aberglauben, sondern in unserem Verständnis von uns selbst und unseren Glückszuständen.

Wenn ich glücklich bin und in mir ruhe, wenn mein Wissen und mein Wünschen aus einem Stück sind, dann wird alles und jedes, was ich erfahren möchte, zu mir und aus mir kommen – und dazu gehört auch die Empfänglichkeit für „übersinnliche Erfahrungen". Wenn ich von Mauern (meinen Ängsten) umgeben bin, kann mich nichts erreichen. Wenn ich es will, kann ich jederzeit Mauern errichten. Die Entscheidung darüber, was ich erfahren und erleben möchte, liegt in meiner Hand, solange ich selbst meine Gedanken und mein Bewusstsein überwache.

Zu einem anderen Zeitpunkt und in anderer Stimmung hätte ich meine offensichtliche Irrationalität vielleicht unbeachtet gelassen, anstatt die Katastrophe im Haus meines Freundes zu verhindern. Ich hatte ja keine Beweise, keine Gründe für meine Gedanken und vielleicht hätten „Logik" und „Vernunft" die Oberhand behalten. Außerdem war es leichtsinnig von mir, in meinem kranken Zustand aus dem Haus zu gehen. Durch den langen Schneefall waren die Straßen unsicher geworden – in der Tat hätte ich *viele gute Gründe aufführen können, nicht zu fahren!* Ich hätte die Situation „vernünftig" betrachten und sie ignorieren können. Doch das hätte dazu gedient, mich von meinem Bewusstsein und meinem Wollen abzubringen. Es wäre *ein Ausdruck des Misstrauens mir selbst gegenüber* gewesen, trotz meines Unwillens meinen eigenen Neigungen bedingungslos zu folgen.

Wie häufig haben wir Gedanken oder Gefühle Menschen und Dingen gegenüber gehabt, die wir nicht begründen konnten. Viele Eltern haben „intuitiv" gespürt, dass ihre Kinder in Gefahr waren. Andere berichten, dass sie die Stimme eines Freundes oder eines geliebten Menschen in Gefahr über Hunderte und Tausende von Kilometern zu hören vermochten. Einige von uns wissen genau, was jemand sagen wird, bevor er auch nur ein Wort gesprochen hat. Wie oft hat ein Freund oder Bekannter uns genau in dem Moment angerufen, wo wir an ihn dachten. Und doch wird die Mehrzahl dieser Erfahrungen als Ahnung, Tagtraum oder Zufall abgetan.

Unerklärliche Geschichten werden häufig abgelehnt, romantisiert oder mystifiziert und aufgebauscht. Wie viele von uns haben schon einmal gesagt: „Davon möchte ich nichts wissen." Warum nicht? Dahinter steht Angst - also stelle ich Wellen her, damit das Bild auf der Wasseroberfläche verdeckt wird.

„Ich möchte nichts darüber wissen, es könnte ja etwas Schlimmes sein, und dann stecke ich drin und habe die Verantwortung." „Ich könnte mich verführen lassen, meinen Eingebungen zu folgen – und dann?" Wenn ich mich derartig ängstlich ausdrücke, kommt das aus dem Glauben, dass in meinen Eingebungen und Einsichten etwas

„Schlechtes" stecken könnte. Und wenn ich glaube, dass „schlechte" Dinge aus mir kommen, dann muss auch an mir etwas schlecht oder falsch sein; woher würde ich sonst diese „schrecklichen" Dinge wissen? Letztendlich könnte ich schließen: *Mir selbst zu vertrauen ist sehr bedenklich und gefährlich.*

Wenn ich mir dagegen vertraue und meine Wünsche und glücklichen Gefühle zulasse, dann wüsste ich, dass nichts aus mir herauskommen kann, was nicht meiner Natur entspricht. Wenn ich jenseits meiner Ängste und Zweifel weiß, dass meine Natur nichts anderes ist als mein eigenes Erleben des Glücks und der Liebe, die zu mir gehören, dann könnte ich auch sicher sein, dass alles, was in mein Bewusstsein kommt, Liebe ist – also nützlich für mich.

Ein anderes Beispiel erlebte einer meiner Mitarbeiter. Er hatte fast drei Stunden lang ununterbrochen an einem Bericht gearbeitet und sich dann entschieden, eine Pause einzulegen. Sein Kopf war von der Anstrengung und Mühe leer, die Qualität der geleisteten Arbeit gab ihm ein Hochgefühl. Entspannung durchströmte seinen Körper, als er die beschriebenen Seiten ordentlich neben seiner Schreibmaschine aufschichtete. Dann, so beschrieb er, war er plötzlich von einem merkwürdigen und zwingenden Drang erfüllt, aus dem Fenster zu schauen.

Im selben Moment sah er, wie seine dreijährige Tochter, die im Nachbarhof gespielt hatte, über den Rand des Schwimmbeckens fiel. Als der Körper seines Kindes auf dem Wasser aufkam, sprang er mit einem Satz von seinem Stuhl auf und rannte hinaus.

Die Silhouette des kleinen Mädchens erschlaffte und sank langsam auf den Boden des Schwimmbeckens. In weniger als dreißig Sekunden stürzte er sich ins Wasser und holte sie aus der Tiefe nach oben. Er wickelte ihren kleinen Körper in Badetücher, erstaunt und beglückt darüber, dass sie völlig ruhig und entspannt war, so als hätte sie gar nicht mitbekommen, was gerade passiert war. Sie atmete normal und es war offensichtlich, dass sie ihren Atem angehalten und kein Wasser eingeatmet hatte.

Vielleicht wusste das Mädchen, dass ihr Vater da war und dass ihr nichts passieren konnte? In dem Moment, wo sie über den Beckenrand fiel, *waren Vater und Tochter eins*. Es war, als hätte sich das Mädchen INNERHALB seines Bewusstseins bewegt und ihr Körper schon im Fallen seinen ersten Blick ausgelöst.

Vielleicht könnte der Fluss von Nähe und Sensibilität, der zwischen uns und den geliebten Menschen besteht, wenn wir frei von Negativität sind, zu einer Erweiterung unserer Kommunikation jenseits von Logik oder klugen Erklärungen führen. Das wäre kein Resultat besonderer Bemühungen, sondern die natürliche Auswirkung unseres freien Fließens mit dem eigenen Wesen. Genau wie der Lärm eines vorbeifahrenden Lastwagens, der das Zirpen der Grillen oder Vögel übertönt, so bringt auch die wilde Raserei unserer Ängste und Anspannungen die Botschaften unserer inneren Stimme zum Verstummen. Wenn wir die Wahl treffen, uns von den Anspannungen und Kurzschlüssen des Unglücklichseins zu distanzieren, wird uns unser tieferes Wissen wieder bewusst, und wir können uns unsere natürliche Intuition wieder erlauben – ob wir sie nun übersinnlich nennen oder nicht. Wenn das, was dann zum Vorschein kommt, weder dokumentierbar noch logisch erklärbar ist, wenn unsere Erfahrungen beginnen, multidimensional zu werden und uns einzigartige und tiefe Verbindungen zu unserer Umwelt zu eröffnen, können wir uns über unsere Besonderheit freuen und das Geschenk wachsenden Gewahrseins dankbar annehmen.

Eine erschrockene junge Frau erzählte einst von einer fremdartigen und unerklärlichen Gestalt, die im Hof hinter ihrem Haus stand. Eines Morgens, kurz bevor sie zur Arbeit ging, warf sie einen Blick durch ein Hinterfenster ihres Hauses. Zu ihrer Überraschung sah sie dort einen fremden Mann in Regenmantel und -hut; ein absurder Anblick im warmen Sonnenschein dieses Tages. Die heiße Sonne warf einen Schatten auf sein Gesicht und ließ seine Silhouette weich erscheinen. Sie spürte einen Adrenalinschub in ihrem Körperinneren, als sie sich erschreckt abwandte. Das Bild verhieß nichts Gutes und sie wollte es sofort aus ihrem Kopf verbannen.

Dann riss sie sich zusammen und drehte sich schnell noch einmal zum Fenster. Dieses Mal war keine Gestalt mehr zu sehen. Sie musterte die gesamte Gegend und fragte sich, ob sie den Mann wirklich gesehen hatte. Schließlich machten weder seine Kleidung noch sein Dasein irgendeinen Sinn. Ihrem Impuls, das Ganze einfach abzutun, vermochte sie jedoch nicht zu folgen – jeden Tag schaute sie in ihrem Hof nach jener Gestalt aus. Jede Nacht spähte sie mit Unbehagen durch ihren Schlafzimmervorhang, auf der Suche nach dem Fremden.

Schließlich, vier Tage waren verstrichen, sah sie die Figur wieder. Sie atmete tief durch und entschloss sich, der Sache auf den Grund zu gehen. Sie würde sofort zur Hintertür eilen und ihn ansprechen. Als sie dort ankam, war er nicht mehr da. Auch dieses Mal hatte sie das seltsame Gefühl, dass diese „Erscheinung" nicht aus Fleisch und Blut war. Der Mann schien zwar nicht aggressiv oder gefährlich zu sein, doch sie wurde von Unbehagen ergriffen.

Sie öffnete die Tür und ging hinüber zu der Stelle, wo er gestanden hatte. Als sie zum Haus zurückschaute, sah sie, dass der riesige Walnussbaum, der buchstäblich über dem Haus hing, einen vertikalen Riss hatte. Ein großer Teil des Baumes war kurz davor, auf das Haus zu stürzen. Sie erinnerte sich an die heftigen Gewitter der Vorwoche und nahm an, dass er vom Blitz getroffen worden war. Ein starker Wind blies ihr ins Gesicht.

Sofort entschloss sie sich, ihren Vater herbeizuholen, der im hinteren Teil des Hauses in seinem Büro arbeitete. Als sie und ihr Vater das Wohnzimmer durchquert hatten, hörten sie eine Explosion. Sie rannten beide in den Hof, wo sie schockiert feststellten, dass der größere Teil des Baumes abgebrochen war und die Hauswand zerschmettert hatte. Er hatte dabei genau das Büro zerstört, in dem ihr Vater gerade gearbeitet hatte. Verblüfft und entsetzt schauten sie sich an. Keiner von beiden verlor ein Wort über das, was geschehen war.

Einige Tage später, als sie in den Himmel schaute, um sich einen Überblick über das Wetter zu verschaffen, sah sie im Hof dieselbe Gestalt in ihrer Regenbekleidung. Ihr erster Instinkt war es, ihren Eltern Bescheid zu sagen, doch dann hielt sie inne. Sie lief die Treppe herunter und öffnete die Tür – doch der Mann war wieder verschwunden.

Nachdem sie den zerbrochenen Baum genau überprüft hatte, fühlte sie sich wieder erschreckt und verwirrt. Am liebsten hätte sie das Ganze aus ihrem Gehirn gelöscht.

Als sie die Geschichte erzählt und es sich genehmigt hatte, ihre Erinnerung und Erleichterung frei auszudrücken, wurde ihr einiges klar. Sie hatte sich die Stelle angeschaut, weil sie die Erscheinung gesehen hatte. Dadurch, dass sie den zerbrochenen Baum entdeckt und ihren Vater alarmiert hatte, hatte sie ihm das Leben gerettet oder zumindest dafür gesorgt, dass er den Platz verließ, an dem er eine schwere Verletzung hätte davontragen können.

Sie hatte sich zwar immer für „hellsichtig" gehalten, aber ihre Gedanken und „sinnlosen" Eindrücke auszulöschen versucht, weil sie sie für schlecht hielt und glaubte, womöglich irgendwelche Konsequenzen tragen zu müssen. Doch als sie sich ihre enge Bindung an ihren Vater und ihre guten Gefühle für ihn bewusst machte, erkannte sie, dass sie ihn mit ihrer Reaktion auf die „Erscheinung" beschützt hatte.

Ihr multidimensionales Bewusstsein und Wissen waren weder finster noch „schlecht", sondern wundervoll und sehr nützlich gewesen.

Sicher ist es möglich, dass Ängste und zornige Gefühle zu gewalttätigen und bösartigen Bildern führen. Das hat mit Intuition und Erkenntnis nichts zu tun. Sie entstehen nicht aufgrund von Glücksgefühlen, sondern aufgrund von Negativität. Als sie über ihre Stimmung und Verfassung nachdachte, war ihr klar, dass die Erscheinung auf eine positive Gefühlslage gründete. Anstatt sich selbst im Weg zu stehen, hatte sie sich von ihrem Bewusstsein leiten lassen und damit einen geliebten Menschen beschützt. Ihre „unerklärliche" Vision hatte ihr die Möglichkeit gegeben, mehr von dem zu bekommen, was sie sich wünschte.

Als wir uns unterhielten, konnte ich sehen, wie ihr ganzes Gesicht von Erregung erfasst wurde. Davor war sie sehr angespannt gewesen. Ich bat sie, zu versuchen, die Vision noch einmal zu erinnern. Als ich dies vorschlug, konnte ich sehen, wie ihr Körper sich anspannte. Sie sagte, sie könne sich nicht genau erinnern.

Dann lockerte sich ihre Haltung und ihr Gesicht leuchtete auf. Ja, jetzt konnte sie sich wieder besser erinnern. Beim ersten Mal war die Gestalt unbeweglich und ohne einen bestimmten Ausdruck gewesen. Beim zweiten Mal schien sie fast zu lächeln. Beim dritten Mal konnte sie genau erkennen, dass die Figur eine Geste machte, fast als winke sie. Es hatte sie erstaunt, festzustellen, dass ihre „Erscheinung" in Wahrheit freundlich war. Ihre Auseinandersetzung mit dem „Unbekannten" wandelte sich, als sie sich den Raum zum Erinnern gab und dadurch Abstand zu den Ängsten gewann, die sich um das Ereignis herum aufgebaut hatten. Als sich ihre Überzeugungen änderten, konnte sie das Ereignis wieder erleben, neue Gedanken dazu gewinnen und über ihr eigenes Verstehen staunen.

Egal, ob der „Mann" da draußen wirklich aus Fleisch und Blut war, ob er nur in ihrer Einbildung existierte oder aus einer anderen Dimension kam, – seine Präsenz hatte ein bedeutungsvolles und lebensrettendes Ereignis mit sich gebracht. Vielleicht war dies die Art, wie sie mit ihrem Wissen in Kontakt trat; einem Wissen, das ohne Erklärung, Begründung oder Beweisführung zu uns kommt.

Ihre Erfahrung war ihre ureigene Erfahrung und musste nicht von einem anderen für gültig oder echt erklärt werden. Das wiederum hätte bedeutet, eine Wahrheit durch „Beweise" zu untermauern. *Letztendlich ist sie, wie jede/r von uns, die einzige und alleinige Zeugin für ihre Wahrheit und ihre eigene Erfahrung.* Wenn wir nicht vernebelt und von einschränkenden Überzeugungen wie „irgendwas ist mit mir nicht in Ordnung" gelähmt sind, dann dienen uns unsere eigene Klarheit und unser eigenes Vertrauen als die einzig wichtige Bestätigung für alles, was wir erkennen.

Wenn wir etwas fürchten, versehen wir es mit Hörnern und einem Schwanz. Wenn wir es nicht fürchten, sehen wir einfach das, was es zu sehen gibt. Wenn ich wüsste, dass alles was ich sehe in Ordnung ist, dann würde ich meine Visionen viel leichter zulassen. Wenn mein Glück nicht auf dem Spiel stünde, könnten ein größeres Bewusstsein und neue Informationen mir dabei helfen, auf meinem Weg durch die Welt besser ausgerüstet und wacher zu sein. Vorstellungen und Konzepte, die auf Unbehagen gründen, könnten durch mein Glaubenssystem, dem sie entstammen, gefiltert werden. Alle anderen Wahrnehmungen könnten einfach angenommen oder abgelehnt werden, wenn sie zu mir kommen.

Ich könnte mich von meinem Wohlgefühl leiten lassen.

Ich könnte mich immer fragen, ob ich mit einer Wahrnehmung von dem, was ich nicht will, von meinen Ängsten weggehe oder auf meine Wünsche zugehe. Wenn ich mich auf etwas zu bewege, dann kann ich mir sicher sein, dass ich von meinen Wünschen motiviert bin und nicht auf Unbehagen und Unglück reagiere. Im Zweifelsfall kann mir diese Frage als Werkzeug dienen, um meine Gedanken zu klären; genauso wie ich dadurch, dass ich meine Ablehnung untersuche, meine Wünsche kennen lerne und ihnen näher komme. Da gibt es keine Grundsatzentscheidungen zu fällen oder Regeln zu formulieren. In dem Moment, wo eine Wahrnehmung zu mir kommt, kann ich entscheiden, was ich mit ihr beginnen will – wenn ich mir das erlaube.

Diese Erfahrungen sind einfach nur Teil einer vorbeiziehenden Landschaft – die Blumen, die ich pflücke, sind meine eigenen.

Ein hauptsächliches Merkmal übersinnlicher Erfahrungen ist es, *dass eine psychische Erfahrung im Leben eines Menschen eine bedeutungsvolle Rolle spielt oder spielen wird (auch in unserm eigenen)*. Die Neigung des Vaters, genau in dem Moment nach seiner Tochter zu schauen, wo sie in das Schwimmbad fiel, machte es möglich, dass er ihr das Leben rettete. Meine eigene Bemühung, einen wildgewordenen Heizkessel abzuschalten, war von Macht und Bedeutung erfüllt, weil es dabei um das Leben anderer ging. Die Studentin mit dem Phantom im Regenmantel reagierte auf einen Impuls, mit dem sie möglicherweise das Leben ihre Vaters rettete.

Wenn wir in diesem Moment das „Gefühl" hätten, dass irgendwo in einem Wald ein Baum umzufallen drohte, würden wir das flüchtige Bild sicher ignorieren. Wenn unser Gefühl oder unsere Intuition allerdings beinhalten würde, dass ein kleines Kind von dem Baum zerquetscht werden würde, dann würde unsere Intuition sofort an Reichweite und Bedeutung gewinnen. Ein beiläufiger Gedanke würde in eine übersinnliche Intuition verwandelt.

Wenn ich ein Pferderennen anschauen und plötzlich die Zahl fünf auf der Stirn meines Sohnes sehen und daraufhin auf die Fünf setzen und gewinnen würde, dann würde ich das als glückliche Eingebung bezeichnen, eine anerkannte Form der Vorahnung. Würde mein Sohn allerdings eine extrem teure Operation benötigen, die ich nicht bezahlen könnte, und würde der Gewinn es ihm ermöglichen, doch operiert zu werden und dadurch am Leben zu bleiben, dann gewänne das Erlebnis einen mystischen Nimbus und würde wahrscheinlich als übersinnlich eingestuft. *Das Bewusstsein und die darauf folgende Handlung spielten im Leben eines anderen eine wichtige Rolle.* Obwohl diese Erfahrung sich nicht wesentlich von dem unterscheidet, was wir *erkennen* nennen – nur die Betonung ist anders. Wenn wir von *erkennen* reden, dann sprechen wir über Wissen und Informationen, die in uns und für uns selbst stattfinden. In der *übersinnlichen Erfahrung* verschiebt sich unser Fokus mehr nach außen und zum Kosmos hin – wir in Beziehung zu anderen, wir in Beziehung zu unserm Umfeld.

Bei einem Treffen vor ein paar Monaten diskutierten wir Themen wie Astrologie und die Möglichkeit, die Aura eines Menschen zu sehen. Plötzlich rief die Gastgeberin ihren dreijährigen Sohn in den Raum und bat ihn ganz beiläufig, uns zu erzählen, welche Farben er um jede Person im Raum herum sehen könne. Mit größter Selbstverständlichkeit und Präzision erzählte er, dass er um mich herum gelb sähe, rot um jemand anders und eine Vielzahl von Farben um die restlichen Menschen im Raum. Ein übersinnliche Erfahrung? Oder einfach etwas, das in seinem Sehen und Wissen vorhanden war? Später wiederholten wir das gleiche Experiment mit verschiedenen anderen Kindern, und von sechs Kindern berichteten vier, dass auch sie klare Farben um die Menschen herum sahen. Die ganze Geschichte war irgendwie weder überraschend noch mysteriös. Obwohl ich selbst in meiner Jugend nie die Erfahrung gemacht hatte, Auras zu sehen (vielleicht ist das nur ein Erinnerungsloch), leugne ich die Erfahrungen dieser kleinen Leute nicht ab. Vielleicht hatte das „Nichtsehen" von Auras mit dem gleichen Prozess zu tun, durch den ich in meiner Kindheit lernte, nicht zu erkennen oder zu merken.

Ich kann vor meinen Ideen und Ängsten flüchten, doch das wird sie nicht vertreiben. Ich kann über mögliche Konsequenzen fantasieren und meine Absichten überhöhen. Das ist wirklich in Ordnung, wenn ich glaube, dass es mir nützt.

Aber irgendwie bemerke ich, dass ich nie weit genug weglaufen kann. Wenn ich den unguten Gefühlen, die ich in Bezug auf ein

Erlebnis hege, die Energie nehme, dann ermögliche ich es mir, den Deckel von der Tonne zu nehmen und ihren Inhalt zu untersuchen. Die Erfahrungen, die in diesem Kapitel erzählt wurden, sollen weder zum Staunen anregen noch als Beweis für eine der hier vorgestellten Ideen dienen. Es sind Aufzeichnungen, die ich mit Ihnen teilen wollte, seien sie nun allgemein gültig oder Einzelfälle. Ob das was erzählt wurde von Wert oder realistischer Bedeutung ist, muss jeder von uns für sich entscheiden, nicht auf unbestimmte Art oder im Forum einer Diskussion, sondern anhand der Art seiner eigenen Erfahrungen und Bewusstheit.

Wenn etwas tief in unserem Innersten berührt und angeregt wurde, dann ist das vielleicht eine Form des Wiedererkennens und eine Einladung, uns mehr Möglichkeiten zuzugestehen.

Wenn die Schönheit einer Sache im Auge des Betrachtenden liegt, dann auch ihre Bedeutung und ihr Wert. Ich kann alles in der Welt schön machen, einfach indem ich es als schön anerkenne. So einfach ist das wirklich, *denn indem ich Schönheit erkenne, erschaffe ich sie zugleich.*

Und genauso ist es mit meinen Ansichten hinsichtlich übersinnlicher Erfahrungen – oder könnte es sein. Wenn ich sie mit meinen Überzeugungen oder Ängsten dunkel einfärbe, dann erschaffe ich mir dadurch meine eigenen unangenehmen Erfahrungen. Färbe ich sie schwarz mit meinen Konzepten von Zweifel und Misstrauen, dann erschaffe ich eine verwirrende Erfahrung. Wähle ich allerdings, keins von beiden zu tun, sondern alles offen und frei geschehen zu lassen, dann werde ich soviel sehen wie mir möglich ist und kann in der Klarheit dieses hellen Lichtes entscheiden, was es bedeutet und welchen Wert es für mich hat.

Wir haben den Fokus darauf gerichtet, die Barriere von Unbehagen zu entfernen, damit wir den Fluss unseres eigenen Wesens zulassen und durch eine solche Empfänglichkeit die Menschen und die Welt um uns herum auf vielfältigeren Ebenen wahrnehmen können. Einigen von uns war es möglich, die innere Stimme immer wieder aufsteigen zu lassen, trotz all der Verzerrungen und Ablenkungen, die durch unsere Trostlosigkeit und unsere Ängste entstehen. Doch die meisten von uns haben gelernt, sich taub zu stellen und ihre „Ahnungen", „Gefühle" und Intuitionen locker wegzuschieben. Und trotzdem kennen wir alle gelegentlich das Gefühl, ganz ohne Klimbim und Trara einfach unseren Eingebungen zu folgen. „Ich hatte einfach *den Impuls*, an dieser Ecke abzubiegen." „*Irgend etwas in mir sagte:* warte noch einen Moment." „*Ich wusste einfach*, dass ich losgehen musste."

Der Optionsprozess® bereitet dadurch, dass er uns glücklicher macht, die Basis für zunehmende übersinnliche Wahrnehmungen. Aber „macht" mich das medial?

Mediale Wahrnehmung entspricht dem gewöhnlichen Hören. Meine Ohren und der dazugehörige Mechanismus für auditive Wahrnehmung sind ein Teil von mir, der aus dem Inneren meines Körpers und von außen durch Geräusche stimuliert wird. Bevor das Geräusch erschien, gab es kein Hören. Wie eine Laute, die zum Leben erwacht, sobald jemand ihre Saiten zupft, so vibrieren mein Körper und mein Gehirn mit der Musik meiner Welt, wenn sie ZU MIR kommt. Genauso ist es mit der übersinnlichen Wahrnehmung. Ich mag einen Großteil meiner Trostlosigkeit ablegen und es meinem Wesen ermöglichen, mehr im Fluss zu sein – und doch kann ich die Impulse für mediale Wahrnehmung nicht erzeugen. Wie ich allerdings die Daten interpretiere, wenn ich sie erhalte, und was ich mit ihnen anfange, das ist ganz eindeutig mir überlassen.

Die übersinnliche Erfahrung hat ihren Ausgang nicht in mir, sie kommt zu mir und durch mich hindurch. Ich kann nichts tun, um sie herbeizuführen. Ich kann nur warten und offen sein.

Und doch – mit einer solche Erklärung versuchen wir, eine multidimensionale Erfahrung auf materieller und physischer Ebene zu beschreiben. Von einem anderen Blickpunkt aus gesehen hat sie vielleicht doch ihren Ursprung in uns, denn erst mit unserem Glücksgefühl ermöglichen wir es unserem Bewusstsein, sich jenseits aller materiellen Grenzen auszudehnen. Wenn wir mehr im Fluss sind, entsteht vielleicht eine tiefere Einheit zwischen uns und den Menschen und Dingen um uns herum. Der Hilfeschrei, den wir über Meilen hinweg vernehmen oder der Kuss, der uns aus weiter Ferne erreicht, sind vielleicht Eindrücke, die letztendlich aus unserem eigenen Inneren kommen.

Ein Student beschreibt in atemberaubenden Details, wie ein riesiger Gesteinsbrocken in eine Schlucht stürzte, wo er mit einigen

Freunden ein Lager aufgeschlagen hatte – sie hatten es knapp zehn Minuten vorher verlassen. Ohne irgendeinen stichhaltigen Grund hatte er gespürt, dass ein Steinschlag drohte. Steine haben ihre eigene Lebensform und Energie (molekulare Aktivität), genau wie der Boden unter ihnen. Die Luft, die sich um die Steine herum bewegt, reagiert auf ihre Vibrationen mit ihrer eigenen Bewegungsform – ebenso wie der Wochenendforscher, der absichtlich dem Steinschlag auswich, nicht weil er ihn vorausberechnet oder Anzeichen für ihn gesehen hatte, sondern weil der Fels und der Boden und die Luft sich innerhalb seines Bewusstseins befanden. Sie waren Teil seiner vergrößerten, sich ständig erweiternden Wahrnehmung der Welt. Seine Energie war mit der Energie des ihn umgebenden Landes verbunden. In der zweiten Nacht stellte er fest, dass er einen Berglöwen wahrnahm, der einige Meilen flussabwärts durchs Wasser watete. Obwohl das Tier außer Sicht- oder Hörweite am Flussufer fraß, konnte er es genau beschreiben (wie am nächsten Morgen bewiesen wurde). Es war fast, als ob die Raubkatze sich in seinem Inneren bewegte oder als ob sein Geist so weit war, dass er ihre Bewegung einschloss.

Wir brauchen keinen Regeln zu folgen, keine Versprechen einzuhalten, keine Urteile zu fällen. Indem wir unserem Wesen vertrauen, behandeln wir uns selbst mit Sorgfalt und freundlicher Liebe. Offen wie ein Kid zu sein, mit gespitzten Ohren, interessierten Augen, empfänglichem Mund, sensiblen Fingern und einem wachen Bewusstsein – das ist der Anfang. Ob dann unerklärliche Informationen, Bilder oder Erfahrungen zu mir kommen oder nicht, hat nichts damit zu tun, wer oder was ich bin. Wenn ich die für mich richtige Zeit erreicht habe, um zu wissen und zu kennen, dann wird alles zu mir kommen – und nicht einen Moment früher.

Und wir müssen alle übersinnlichen Erfahrungen, die als Resultat unserer persönlichen Options-Evolution erscheinen mögen, selbst bestätigen. Wir selbst sind diejenigen, die sie beglaubigen. Wir gehen den Weg und machen die Reise. Und „unerklärbare" Erscheinungen sind nichts als eine weitere Bereicherung für uns.

DIE „DENK"-SEITE
Die Möglichkeit übersinnlicher Erfahrungen

FRAGEN, DIE SIE SICH SELBST STELLEN KÖNNEN:

Haben Sie je Visionen oder Vorahnungen gehabt?

Fürchten Sie sich davor, übersinnliche Erfahrungen zu machen? Wenn ja, warum?

Fürchten Sie sich vor dem, was Sie vielleicht herausfinden und wirklich wissen könnten? Warum?

Glauben Sie an übersinnliche Erfahrungen? Wenn ja, sind Sie bereit, eine solche Erfahrung zu machen? Wenn nein, warum nicht?

Könnten Sie Einsichten akzeptieren, die aus dem „Nichts" kommen?

OPTIONSKONZEPTE, DIE SIE ERWÄGEN KÖNNTEN:

WENN UNSER GLÜCK NICHT LÄNGER IN FRAGE GE-
STELLT IST, KÖNNEN WIR WISSEN UND ERKENNTNISSE
ZULASSEN UND UNS ÜBERSINNLICHEN ERFAHRUNGEN
ÖFFNEN.

UNSER BEWUSSTSEIN WÄCHST IMMENS, WENN WIR
NICHT DURCH TRÜBSINN ABGELENKT SIND.

MEDIALE WAHRNEHMUNG GESCHIEHT JENESEITS VON
LOGIK ODER INTELLEKTUELLEN FESTSTELLUNGEN.

WIR ALLEIN SIND ZEUGEN DER WAHRHEIT UND DER ER-
FAHRUNGEN, DIE WIR SELBST MACHEN.

WAS ZU UNS HIN UND DURCH UNS HINDURCHKOMMT,
KANN NUR SCHÖN UND BEDEUTUNGSVOLL SEIN.

WENN ICH GLÜCKLICH BIN, LASSE ICH ZU, DASS ICH
SELBST UND MEIN BEWUSSTSEIN IM FLUSS SIND.

ÜBERZEUGUNGEN, DIE SIE VIELLEICHT ABLEGEN MÖCHTEN:

Wissen kann gefährlich sein.

Übersinnliche Erfahrungen sind nur etwas für merkwürdige Typen.

Wir schaden uns selbst.

Wir sollten uns vor allem fürchten, was wir nicht kennen.

Normale, gewöhnliche Leute haben keine übersinnlichen Erfahrungen.

Wenn ich etwas nicht erklären kann, dann existiert es auch nicht.

DER ELFTE DIALOG:

Frage: Worüber sind Sie unglücklich?
Antwort: Ich bin nicht unglücklich, ich habe Angst.

F: In Ordnung; wovor fürchten Sie sich denn?
A: Vor diesen, ähm....wie soll ich das nennen... diesen Vorahnungen, die ich bekomme.

F: Was meinen Sie damit?
A: So ein Art Gedanke... nein, eher ein Gefühl. Nicht wirklich ein Gedanke und auch nicht wirklich ein Gefühl. Das ist, als ob mein Körper kribbelt und ich etwas spüre. Immer wenn das passiert, könnte ich aus der Haut fahren.

F: WARUM?
A: Weil es meist um etwas Unangenehmes geht, und das ist nur milde ausgedrückt – meine Schwester, die sich verletzt oder eine Freundin, die ihren Job verliert. Immer solche Sachen.

F: Was genau ist es, was Sie an diesen Wahrnehmungen beunruhigt?
A: Ich weiß, dass etwas Schreckliches passieren wird.

F: *Was meinen Sie damit, wenn Sie „schrecklich" sagen?*

A: Also, wenn mein „Gespür" mir sagt, dass jemand einen Unfall haben wird, dann ist das doch wohl zweifellos schrecklich!

F: *Aber WARUM ist es schrecklich?*

A: Ich will nicht, dass jemand verletzt wird oder leiden muss.

F: *Sicher, das kann ich verstehen, aber warum wären Sie unglücklich, wenn Sie es im Voraus ahnen würden?*

A: Weil ich dann... Moment mal – warum haben Sie mich gar nicht gefragt, ob meine Vorahnungen sich erfüllen?

F: *Warum ist Ihnen diese Frage wichtig?*

A: Weil es wichtig ist. Was, wenn diese ganze Geschichte nur ein Spiel ist?

F: *Ja?*

A: Dann wäre es doch sinnlos... bedeutungslos. Wissen Sie, was ich meine?

F: *Wenn ich es sinnlos und bedeutungslos finden würde, dann hätte ich meine eigenen Gründe dafür und meine eigenen Ideen über das, was Sie mir erzählen. Aber was sind IHRE Gründe? Warum würden Sie es selber für sinnlos halten?*

A: Ich glaube, das wäre es gar nicht. Selbst wenn ich mir die ganze Sache ausgedacht hätte, wäre sie sicherlich wichtig für mich (beginnt zu lachen).

F: *Warum lachen Sie?*

A: Ich glaube, ich wollte Sie nur auf die Probe stellen (lange Pause, in der sie ihr Gesicht verzeiht, als schmerze es). Dies ist kein Spiel. Es ist alles wahr. Ich spüre Dinge und manchmal, ohne irgendeine Logik, werden sie wahr. Das ist, als besäße ich ein merkwürdiges, unkontrollierbares Radarsystem.

F: *Was meinen Sie damit?*

A: Ich meine, ich habe diese Vorahnung und plötzlich, drei Tage später, wird sie wahr. Zum Beispiel: Ich gehe eines Tages die Straße entlang, wo ich wohne und spüre diesen Unfall... nicht meinen eigenen, sondern den von jemand anderem. Ein paar Tage später wird an genau der gleichen Stelle ein junger Mann bei einem Motorradunfall verletzt. Ein anderes Mal wollte ich gerade zum Unterricht gehen, als ich mich plötzlich entschloss, nicht hinzugehen, weil ich dort nur meine Zeit vergeuden würde. Normalerweise lasse ich nie eine Stunde ausfallen, wenn ich nicht wirklich krank bin. Als mir klar wurde, was ich da tat, konnte ich es selbst nicht glauben. Dann spürte ich plötzlich, dass der Lehrer gestorben war. Mein Gott, und was passiert? Meine Freundin ruft mich an und erzählt mir, dass Professor Soren genau an dem Morgen gestorben ist (beginnt zu weinen).

F: *WORÜBER SIND SIE UNGLÜCKLICH?*
A: Dass ich soviel weiß. Ich will das alles nicht wissen.

F: *WARUM MACHT SIE DAS UNGLÜCKLICH?*
A: Ich muss dasitzen und warten, dass es passiert. Dadurch bin ich beteiligt.

F: *Wie meinen Sie das, wenn Sie sagen, Sie seien beteiligt?*
A: Nun, ich weiß es. Ich weiß es schon im Voraus. Bin ich dadurch nicht beteiligt?

F: *Was denken Sie?*
A: Ja, das bin ich.

F: *GLAUBEN SIE DAS?*
A: Nun... ich denke ja, aber ich weiß nicht genau warum. Es ist furchtbar, die Verantwortung zu tragen.

F: *WAS FÜRCHTEN SIE, WÜRDE PASSIEREN, WENN ES SIE NICHT AUFREGEN WÜRDE, DASS SIE DIE VERANTWORTUNG TRAGEN?*

A: Wenn es mich nicht aufregen würde, dann wäre ich echt ein Monster!

F: *Wollen Sie damit sagen, dass Ihre Aufregung der Beweis dafür ist, dass Ihnen die Menschen nicht egal sind?*
A: Ja.

F: *Warum?*
A: Warum? (lange Pause) Nun, wenn ich mich nicht aufregen würde, dann wäre ich gefühllos (seufzt tief). Das ist nicht unbedingt die Wahrheit. Gerade gestern war eine liebe Freundin von mir sehr besorgt wegen eines Problems, das sie hatte. Ich versuchte, ihr dabei zu helfen, aber ich war nicht aufgeregt. Trotzdem war es mir nicht egal.

F: *Okay, GLAUBEN SIE ALSO, DASS SIE SICH AUFREGEN MÜSSEN, UM ZU BEWEISEN, DASS ES IHNEN NICHT EGAL IST?*
A: Nein, das glaube ich nicht. Das hier hilft mir wirklich weiter. Ich fühle zwar eine gewisse Distanz zu all dem Elend, aber um die Wahrheit zu sagen, ich bin immer noch unglücklich darüber, diese Vorahnungen zu haben.

F: *Warum macht Sie das unglücklich?*
A: Weil ich sie immer noch nicht haben will. Ich will all diese Dinge nicht wissen, die den anderen gar nicht bewusst zu sein scheinen.

F: *Sicher, ich verstehe, Sie wollen es nicht wissen. Aber warum sind Sie unglücklich darüber, dass Sie es wissen?*
A: Ich nehme an, das hat wieder mit meiner Verantwortlichkeit zu tun.

F: *Wie meinen Sie das?*
A: Als ob ich bestimmte Dinge verhindern sollte, wenn ich das könnte – warum hätte ich sonst die Vorahnung?

F: *GLAUBEN SIE DAS?*
A: Ja und nein.

F: *Was können Sie zu dem „Ja" sagen?*
A: Ich bin mir nicht wirklich sicher. Ein Teil von mir glaubt es einfach, und damit fühle ich mich ganz schön unwohl.

F: *WAS FÜRCHTEN SIE, WÜRDE PASSIEREN, WENN SIE SICH NICHT UNWOHL DAMIT FÜHLEN WÜRDEN, VERANTWORTLICH ZU SEIN?*
A: Oh, – dann würde ich die Vorahnungen vielleicht den ganzen Tag lang bekommen. Das wäre schrecklich.

F: *WARUM?*
A: Ich will nicht den ganzen Tag lang unter Weltuntergangsgefühlen leiden.

F: *WARUM GLAUBEN SIE, dass Ihre Vorahnungen den ganzen Tag lang kommen würden, wenn Sie sich nicht unwohl damit fühlen würden, die Verantwortung zu tragen?*
A: Ja, das klingt wirklich ziemlich irrational. Es macht nicht besonders viel Sinn. Mir war nie klar, dass ich dachte, ich würde mehr Ahnungen bekommen, wenn ich begänne, mich mit ihnen wohl zu fühlen. So ist es in Wirklichkeit gar nicht. Ich habe es noch nicht gelöst, aber es fühlt sich an, als hätte ich gerade einen Teil des Elends fallen gelassen. Oft reagiere ich auf meinen sechsten Sinn direkt mit Unbehagen.

F: *Was meinen Sie damit?*
A: Ich werde ärgerlich. Schließlich habe ich nicht darum gebeten, hellsichtig zu sein.

F: *Aber warum sollte es Sie unglücklich machen, wenn Sie es wären?*
A: Ich komme mir vor, als ob ich mich im Kreis bewege. Das hat wohl mit mir zu tun (Pause). Oh, Entschuldigung, ich habe gerade die Frage vergessen. Wie war die?

F: *An was erinnern Sie sich?*
A: Sie fragten irgend etwas darüber, dass ich Angst habe – oder?

F: *Was glauben Sie?*
A: Ich weiß es nicht. Was mache ich jetzt?

F: *Was möchten Sie tun?*
A: Ich glaube, ich habe wieder begonnen, mich unbehaglich zu fühlen. Ich will die Frage beantworten. Ich habe wirklich Angst davor, besessen zu werden, wenn ich mich dieser Sache öffne.

F: *Was meinen Sie mit „besessen"?*
A: Ich würde immer alles vorausahnen. Das könnte ich nicht ertragen.

F: *Warum nicht?*
A: Es wäre eine Falle.

F: *Wie das?*
A: (Ihr Lippen beginnen zu zittern und sie schiebt ihre Hände zwischen die Oberschenkel)

F: *Was fühlen Sie?*
A: Kälte. Gerade lief ein Schauer durch mich hindurch. Jedes Mal, wenn ich mir diese Sache angucke, geht es mir so. Selbst als ich noch im Gymnasium war. Wenn diese Gefühle kommen, macht mir das immer Angst.

F: *Was macht Ihnen an diesen Gefühlen Angst?*
A: Sie sind abscheulich – als wäre ich mit dem Teufel im Bunde (beginnt zu weinen).

F: *Was meinen Sie damit?*
A: Ich sehe und fühle schlimme Sachen. Das ist entsetzlich. Manchmal fange ich an zu denken, dass ich genauso schlimm bin wie meine Gedanken.

F: *GLAUBEN SIE DAS?*
A: Warum würde ich diese Sachen sonst wissen?

F: *Was meinen Sie dazu?*
A: Ich kann die Antwort nicht finden. Ich weiß nicht warum.

F: *WAS FÜRCHTEN SIE, WÜRDE PASSIEREN, WENN SIE KEINE ANGST DAVOR HÄTTEN, EIN „SCHRECKLICHER" MENSCH ZU SEIN?*
A: Dann würde ich zu einem werden (Lange Pause).

F: *Wollen Sie damit sagen, dass ihre Angst, ein schrecklicher Mensch zu sein, Sie davor bewahrt, dass Sie es werden?*
A: Ja, das habe ich so gesagt und ich nehme an, es klingt lächerlich. Ich glaube, ich habe gedacht, wenn ich keine Angst davor hätte, dann würde ich es mir wünschen. Interessant! Was für eine merkwürdige Art, zu denken. Wenn ich Angst habe, werde ich wahnsinnig. Ich meine, wenn ich besorgt oder ängstlich bin, dann bin ich wirklich schwer zu ertragen (seufzt tief und schließt die Augen).

F: *Was fühlen Sie?*
A: Dass ich möchte, dass diese ganze Aufregung vorbei ist. Ich will mir auf keinen Fall weiter solch eine Angst bereiten (Pause). Okay, wenn ich das Ganze einfach ruhig angehen würde, dann würde ich meine nächste Vorahnung bekommen und... ich würde vielleicht versuchen, es der anderen Person zu erzählen oder sogar die Situation zu ändern (sie scheint unruhig zu werden). Oh, das wäre doch wahnsinnig. Die Leute würden mich doch auslachen, sie würden mir niemals glauben... und was viel schlimmer ist, sie würden denken, dass ich spinne.

F: *Und wenn sie nicht auf Sie hören oder Sie für verrückt halten würden, WARUM WÜRDEN SIE SICH DAMIT UNWOHL FÜHLEN?*
A: Das würde mich verletzen.

F: *Was meinen Sie damit?*
A: Vielleicht würde ich einsam werden. Jeder würde mir ausweichen.

F: *Und wenn das Schlimmste passieren und jeder Ihnen ausweichen wür-*
de, WARUM WÜRDE SIE DAS UNGLÜCKLICH MACHEN?

A: Wissen Sie, diese Frage habe ich so noch nie gehört. Ich kann
Ihnen sagen, ich würde es mir nie erlauben, eine derartige Frage
genauer zu betrachten. Die Angst trage ich schon ewig lange mit
mir herum. Ich will nicht, dass die Menschen mich verstoßen.
Obwohl, in diesem Moment – und ich weiß nicht, wie es morgen
wäre – in diesem Moment wäre es okay (lächelt). Ich glaube, das
ist, weil ich weiß, so etwas würde niemals passieren. Sicher, einige Leute würden vielleicht weglaufen, aber längst nicht alle. Ich
glaube, wenn ich jemandem helfen könnte, würde ich mich sehr
gut damit fühlen. Bisher habe ich immer Angst gehabt, meinen
Gefühlen zu folgen, aber das ändert sich gerade.

F: *WAS WÜNSCHEN SIE SICH?*

A: Also, ich möchte mich mit meinen Vorahnungen wohlfühlen.

F: *Und – tun Sie das?*

A: Viel mehr als je zuvor. Ich verstehe jetzt besser, wozu die ganze
Angst gut sein sollte. Aber es kommt mir immer noch vor, als ob
mich etwas bedrückt. Ich weiß nicht genau, was das ist.

F: *Wenn Sie raten würden, was glauben Sie, was es dann wäre?*

A: Ich denke, es hat vielleicht damit zu tun, dass ich immer nur
schlechte Sachen sehe.

F: *Was meinen Sie mit „schlecht"?*

A: Zum Beispiel dass ich negative Ereignisse voraussehe.

F: *Am Anfang unserer Diskussion nannten Sie die Vorahnungen Ihr*
„Radarsystem". Vielleicht könnte es hilfreich sein, aus dieser Metapher
einen Vergleich abzuleiten. Wenn ein Radarsystem, das erbaut wurde,
um vor Stürmen zu warnen, einen Wirbelsturm anzeigen würde, – und
wenn das dazu führen würde, dass die Menschen rechtzeitig evakuiert
würden, wären Sie dann unglücklich darüber, dass sie es erfahren hat-
ten, oder dankbar?

A: Dankbar – natürlich. Ah! (lächelt) Es beginnt, so klar zu werden.

Wenn mein internes Radarsystem es mir und anderen ermöglicht, Schwierigkeiten zu vermeiden und in Sicherheit zu sein, dann ist das mindestens genauso wunderbar wie jedes andere Radarsystem. Plötzlich beginnt mein Fluch wie ein Geschenk auszusehen. Oder vielleicht wie ein Talent. So habe ich es noch nie betrachtet.

F: *WAS WÜNSCHEN SIE SICH?*

A: Ich möchte mein „Radarsystem" benutzen (Sie nimmt einen tiefen Atem, rollt ihren Nacken zehn Mal in einer Yogaübung, hält sanft inne und lächelt). Die Sache mit der Verantwortung – wenn Wetterstationen Radarsysteme benutzen, dann entstehen deshalb keine Stürme, sondern es wird nur vor ihnen gewarnt. Und an dem Punkt haben die Menschen wohl die Wahl, ob sie darauf reagieren oder nicht (Springt vom Stuhl auf und beginnt, im Raum auf und ab zu gehen). Ich bin so unglaublich aufgeregt. Das, was mich mein Leben lang verfolgt hatte, was wie ein Fluch erschien, sieht jetzt plötzlich völlig anders aus. Ja, ich erinnere mich an eine Situation, da war ich zwölf Jahre alt. Ich hatte so ein Gefühl, dass ein Lastwagen auf den Gehweg fahren würde, wo ich mit einer Freundin spielte. Also bat ich meine Freundin, mir dabei zu helfen, mein Fahrrad hinter das Haus zu bringen. Zwei Minuten später fuhr ein riesiger Lastwagen, der aus der Spur geraten war, genau dort auf den Gehweg, wo wir gespielt hatten. Ich war viel zu erschreckt, um irgendjemandem etwas darüber zu erzählen. Sogar viel zu erschreckt, um mich daran zu erinnern. Und doch, wissen Sie, ich habe es genutzt und was dann passiert ist, war wirklich wunderbar für uns beide.

F: *Wie fühlen Sie sich?*

A: Als ob ich wieder sehen könnte. Wenn ich keine Angst mehr habe, werde ich vielleicht wieder sehen – und – meine Vorahnungen vielleicht sogar genießen. Wenn ich voraussehen könnte, wann ein Lastwagen auf den Gehweg fährt, dann würde ich auch genau wissen, zu welchen Zeiten es sicher wäre, dort zu spielen. Und das ist mit Sicherheit ein freudiges Wissen!

Die Option leben: Ein offener Brief

Unsere Reise führt uns zu den letzten Seiten dieses Buches, doch die Expedition durch unser Innerstes, die wir hier begonnen haben, kann weitergehen. Miteinander haben wir Bezugspunkte gesammelt und eine Blaupause erstellt, die wir immer wieder ansehen und uns von Neuem zu eigen machen können. *Dieses Optionsjournal kann mehr für uns sein als nur ein Text. Wir können es wie das Geschenk eines Freundes annehmen, leben und teilen.*

Wir haben erlebt, dass wir uns verändern, wenn wir beginnen, unsere selbstzerstörerischen Überzeugungen wahrzunehmen, zu verstehen und abzulegen. Als *glaubensgesteuerte Tiere* haben wir uns immer selbst Grenzen gesetzt. Aber es liegt auch in unserer Macht und weisen Vorsorge, die Begrenzungen und Mauern, die uns erdrücken, zu entfernen. Sie sind nichts als die lebenden Ruinen einer misstrauischen und angstbesetzten Kultur.

Unsere Überzeugungen sind Urteile, frei erschaffen und frei eingesetzt, jedoch veränderbar. *Jeder von uns hat die Freiheit, zu wählen und Veränderungen herbeizuführen.*

In diesem Moment steht uns alles zur Verfügung. Wir können JETZT glücklicher werden, wir können effektiver werden, uns das zu erschaffen was wir uns wünschen – denn wir haben nur „Jetzt". Vielleicht sind wir schon dadurch in Bewegung gekommen, dass wir uns die Optionskonzepte angeschaut haben. Für einige bedarf es, nachdem sie die Option verstanden haben und angeregt worden sind, nur noch einer Entscheidung. Für die meisten von uns bedarf es einer bewussten Evolution.

Doch für den Skeptiker, dessen Zögern einen letzten Unwillen erkennen lässt, loszulassen und all das Elend abzulegen, gibt es noch eine letzte Frage: „Wenn ich meine unglücklichen Überzeugungen ablege, wenn ich lerne, mir selbst und meinem wahren Wesen zu vertrauen, wenn ich mein *Erkennen* zulasse, wenn ich die Grundhaltung der Option entwickele, dass „Lieben bedeutet, einverstanden sein", wenn der gesamte Prozess meine Perspektive, meine Gefühle und mein Verhalten transformiert, wenn also der Stoff und die Melodie meines Lebens überwiegend glücklich werden, wie kann ich dann wissen, dass ich nicht allein dastehen werde, abgeschnitten von allen, die ich liebe, und letztendlich im Widerspruch zu all den Werten und Wünschen meiner Mitmenschen?"

Wir haben es gelernt, unglücklich zu sein, haben unglückliche Überzeugungen angenommen, und gelernt, mit den selbstzerstörerischen Impulsen, die dadurch entstanden, unseren Lebensfluss zu blokkieren. Wenn an uns nichts falsch ist oder je war, dann bestätigen wir uns selbst und vertrauen zugleich der Menschheit als Ganzes, indem wir uns von der Wahrheit unseres eigenen Wesens leiten lassen. Einigen mag dieser Entschluss anarchistisch, egoistisch oder vielleicht unsozial erscheinen. Doch um mir vorzustellen, dass das harmonische Fließen mit meinem eigenen Wesen zu Handlungen führen würde, mit denen ich andere verletzen könnte, müsste ich immer noch glauben, dass „etwas mit mir nicht in Ordnung ist", – dass der Ausdruck meiner Wünsche und meiner glücklichen Gefühle anderen schaden könnte.

Eine solche Vorstellung zeugt von Angst und Misstrauen, nicht von klarer Beobachtung. Die Realität würde mir zeigen, dass das Gegenteil wahr ist, denn *jeder von uns wünscht sich dasselbe.* Sicher, wir benutzen vielleicht verschiedene Worte, um unsere Wünsche auszudrücken, und unsere kurzfristigen Ziele unterscheiden sich vielleicht voneinander, aber in der Essenz wollen wir alle dasselbe. Die Sehnsucht nach Liebe, Gesundheit, Erfolg, Wohlgefühl sind allesamt einem einzigen Wunsch untergeordnet: dem Wunsch, *glücklich* zu sein.

Wenn ich also glücklich wäre, dann wären all meine Äußerungen in Harmonie mit den Äußerungen anderer, die auch glücklich wären.

Allein der Nebel von Trostlosigkeit bringt uns dazu, widersprüchliche Richtungen einzuschlagen – als ob wir im Wesen völlig verschieden voneinander wären, unverbunden, lieblos, sogar feindlich. Gewalttätigkeit entsteht, wenn Menschen von ihren Ängsten und ihrem Unbehagen geleitet werden.

Wenn wir glücklicher werden, dann werden wir auch liebevoller und annehmender. Unser zunehmendes Wohlgefühl führt dazu, dass wir all unsere Verrichtungen mit größerer Klarheit und Leichtigkeit angehen. Davon profitieren alle Betroffenen. Wenn wir also glücklicher sind, dann nützen unsere selbstbezogenen Bemühungen nicht nur uns selbst, sondern allen um uns herum.

Wenn wir glücklich sind, bewegen wir uns auf die Dinge zu, die sich ein jeder wünscht – für uns alle und für sich selbst.

Wenn ich mich wohlfühle und klar bin, dann weiß ich, dass ich mir für alle Menschen wünsche, so glücklich wie möglich zu sein. Dann weiß ich auch, dass ihr Glück sie dazu bringen wird, liebevoller und weniger selbstdestruktiv zu sein – und das kann für mich nur gut sein. Selbst wenn der Mensch, den ich liebe, durch mein wachsendes Glück befremdet wäre oder wenn mein zunehmendes Wohlgefühl dazu führen würde, meine Freunde und Bekannten zu verwirren, – wenn sie selber glücklich und urteilsfrei wären, würden sie mir genau das wünschen, was ich mir auch selbst wünsche. Und wenn ich glücklich bin, wünsche ich ihnen genau das, was sie sich für sich selbst wünschen.

Soll das heißen, dass ich, wenn ich glücklicher wäre, meinen Freunden oder Geliebten genau das wünsche, was sie sich selbst wünschen, – selbst wenn sie ihrem Unbehagen folgen und selbstzerstörerische Unternehmungen beginnen? Wenn ich sie nicht verurteile und meine Liebe für sie nicht von Bedingungen und Erwartungen abhängig mache, dann bin ich dadurch mit ihren Wünschen in Harmonie, dass ich ihr Elend und ihr selbstvernichtendes Handeln annehme und respektiere. Damit sage ich nicht, dass ich mir nicht weiterhin wünsche, sie glücklicher zu sehen und dass ich ihnen nicht weiterhin dabei helfen würde. Wenn ihr Handeln auf Unbehagen gründet, dann kann ich wissen, dass sie das für die beste Möglichkeit halten, die ihnen im Rahmen ihrer Überzeugungen zur Verfügung steht. In diesem Moment *tun sie das Beste, was sie können.*

Je liebevoller, klarsichtiger und freundlicher ich werde, desto mehr werde ich dazu neigen, den Menschen um mich herum den Raum und die Freiheit zuzugestehen, alles zu sein was sie möchten. Nur wenn ich von eigenen Ängsten und Sorgen belastet bin, können mir die Begrenzungen und Einschränkungen der anderen nützlich erscheinen. Wenn ich sie mit Ärger und Drohungen zu motivieren versuche, rächt sich das am Ende immer.

Wenn das Universum im Kern meines Wesens aufgezeichnet ist, unauslöschlich eingraviert, dann folge ich, wenn ich mir selber treu bin, dem Universum. Hinter den Wolken von Unbehagen gibt es einen stetigen, leichten Fluss. Der Optionsprozess® ist ein Weg, um in diesen Fluss einzusteigen, ein Weg, glücklicher zu werden. Die Option ist deshalb ein Pfad, der uns zurück zu uns selbst führt. Er ist nicht so sehr ein rigides Instrumentarium oder eine erlernbare Technik, als vielmehr eine Haltung und ein sich entfaltender Prozess des Sehens. *Die Wahrheiten und Einsichten kommen aus uns heraus, nicht zu uns hin.* Was wir erkennen und bestätigen, ist keine fremde Autorität, sondern unsere eigene. Wir bestätigen das, was auf unserer eigenen *Erkenntnis* basiert. Niemand wird an den Wegkreuzungen stehen und uns nach links oder rechts dirigieren, niemand wird uns die erwünschten Aktivitäten auf einer Wandtafel vorschreiben. Wir werden es selbst entscheiden.

Für einige wird die Haltung „Lieben heißt, einverstanden sein" eine Methode konstituieren. Für andere wird die Methode des Optionsdialogs eine Einstellung hervorbringen. So oder so – die Option stellt uns eine wundeschöne, liebevolle und sanfte Wegstrecke zur Verfügung, die uns durch die Ambivalenz, Komplexität und Urteile vieler Ansätze schnell und sicher hindurchführt, indem sie uns eine Blaupause zur Verfügung stellt, die wir selbst mit Leben und Eigenart füllen können.

Die Fragen des Dialogs bleiben klar und einfach. Worüber sind Sie unglücklich? Warum sind Sie unglücklich? Warum glauben Sie das?

Wenn wir erst einmal die vielen Schichten von Überzeugungen abgeschält haben, die uns systematisch beigebracht wurden und die wir erworben haben, indem wir sie durch unser Handeln im Einklang mit ihnen ermächtigten, finden wir unser eigenes Gleichgewicht wieder und lernen es, der Richtung unserer inneren Ströme zu folgen. Dieser Ausdruck unserer Individualität und Kreativität ist ein Ausdruck von Natürlichkeit im Einklang mit anderen Naturereignissen.

Wenn ich es liebe, „einverstanden zu sein", und wenn durch die Liebe mein Einverständnis wächst, dann kümmere ich mich um das Potential der gesamten Menschheit, indem ich mich um mich selbst kümmere. Wenn ich die Option lebe, erschaffe ich eine Vision und einen Lebensstil, in denen dramatische und verschiedenartigste Ausdrucksformen enthalten sind.

Jeder von uns steht jetzt auf der Schwelle zu endlosen Möglichkeiten. Wir brauchen zum Erforschen kein Kriegsbeil, sondern nur die Genehmigung, wir selbst sein zu dürfen. Dieses Buch ist einfach nur ein Führer durch die Landschaft unserer Überzeugungen gewesen. Seine Bedeutung wird sich von Mensch zu Mensch ändern. Es ist so effektiv gewesen und wird so effektiv sein, wie wir selbst es wünschen.

Weil es auch für mich so war, vermute ich, dass allein durch den Kontakt mit den Optionskonzepten wahre und anhaltende Veränderungen in Gang gebracht werden, wenn wir beginnen, alte Überzeugungen abzulegen. Wir können unsere eigenen Heiler werden, sanfte, anspornende und annehmende Begleitstimmen für uns selbst.

Wir brauchen es nur zu tun, brauchen nur zu wählen, es zu tun. Und darin besteht das *Geschenk des Optionsprozesses*® – *in der Möglichkeit, dass wir uns an uns selbst zurückgeben können*. Durch jede neue Einsicht, sei es über unsere Vollkommenheit oder unser Stolpern, werden wir bereichert – und bereichert – und bereichert. Die Resultate unserer Handlungen sind keine Anklagen, sondern Lektionen, die uns sanft in Richtung größeren Glücks und größerer Effektivität gleiten lassen.

Wir können unsere Negativität aus ihrem Amt entlassen, wenn wir möchten. Bedeutung, Intelligenz und Fürsorge werden nicht durch die „Sensibilität" unseres Unbehagens und Schmerzes bewiesen. Unser Denken und unsere Liebe sind weder abhängig vom Elend noch entstehen sie aus ihm. Wir können uns hier und jetzt entscheiden, unsere Menschlichkeit freudig anzunehmen, nicht mit melancholischer und skeptischer Gleichgültigkeit, sondern mit einer sanften und liebevollen Umarmung. Die Wände, die wir um uns herum errichtet haben, sind nichts anderes als Monumente der Angst. Es ist ein frohes Angehen, uns die Genehmigung zu geben, liebevoller zu sein.

Wenn wir die Haltung „Lieben heißt, einverstanden sein" leben, wenn wir uns verändern, dann beginnt auch die Welt um uns sich zu ändern – nicht nur als Ausdruck unserer veränderten Wahrnehmung, sondern in Antwort auf unsere veränderte Annahme von und urteilsfreie Reaktion auf Menschen und Situationen. Jene, die uns fürchten oder unser Glück bedrohlich finden, werden vielleicht wählen, Phantome zu erschaffen, wo es gar keine gibt. Sie mögen sich sogar von uns abwenden, – in eine andere Richtung gehen. Damit tun sie genau wie wir das Beste für sich selbst. Doch in vielen wird die Nähe zu einem glücklichen Menschen trotz ihrer Wolken von Angst und Unbehagen eine liebevolle Gegenreaktion auslösen.

Als glückliche Menschen werden wir entdecken, dass wir von dem, was wir uns wünschen, immer mehr bekommen, und dass wir uns von dem, was wir bekommen, immer mehr wünschen. Damit beginnen wir, das zu sein, was wir immer sein wollten.

Nachdem wir begonnen haben, die Last von übernommenen Überzeugungen und Urteilen, mit denen wir uns selbst behindert haben, abzulegen, und nachdem wir gelernt haben, unser Leben durch die Optionsdialoge neu zu sehen und ihm einen neuen Rhythmus zu geben, wird unsere neu gefundene Selbstannahme uns dazu dienen, bislang blockierte Energien freizusetzen und uns mit neuer Kraft zu versehen, die uns liebevoll und angenehm mit uns selbst und unserem Leben in Fluss bringen wird.

„Ich bin du und du bist ich – und wir sind miteinander Eins." Wenn Sie es wollen, dann können Sie jetzt beginnen die Option zu leben, und sie dadurch an andere weiterzugeben.

Wir sind alle auf demselben Weg –

wir versuchen, glücklicher zu werden.

Die Seiten dieses Buches

spiegeln das Beste von mir

… wenn ich angekommen bin.

Barry Neil Kaufman

Buchvorschläge

Weitere Werke von Barry Neil Kaufman

Happiness Is A Choice:

Bietet ein einfaches Modell, welches nicht nur die Entscheidung unterstützt, glücklich zu sein (durch größere innere Ausgeglichenheit, Entspanntheit und Seelenfrieden), sondern auch sechs Abkürzungen zum Glück vorstellt, von denen jede zu einem herzens-offenen Geisteszustand führt. Enthält die Highlights aus fünfundzwanzig Jahren Arbeit und Erfahrung mit Zehntausenden von Menschen – in Etappen zu einem leicht beschreitbaren Weg der Selbstermächtigung und -akzeptanz zusammengefasst. (Fawcett Colombine // Ballantine Books/ Random House).

Son Rise: The Miracle Continues:

Der urprüngliche Bestseller Son-Rise erreichte in seiner Verfilmung als preisgekrönte NBC-Präsentation 300 Millionen Menschen weltweit. Dieses Buch enthält Barry und Samahria Kaufmans erweiterte Aufzeichnungen über ihre erfolgreichen Versuche, ihren „unerreichbaren" autistischen Sohn zu erreichen und zu heilen. Darüberhinaus erzählt es die inspirierenden Geschichten fünf weiterer Familien, die ihre „besonderen" Kinder mithilfe dieses liebevollen Wegs heilen konnten. (H.J.Kramer, Inc.).

Giant Steps:

Zeigt anhand von zehn intimen, erhebenden Tiefenportraits junger Menschen die transformativen Dialoge mit Kaufman, und stellt den Optionsprozess^R in Aktion dar. Der Leser erlebt

hautnah mit, wie diese jungen Menschen es lernen, angesichts
großer Herausforderungen und Krisen ihren Schmerz siegreich
zu durchbrechen. (Fawcett Crest // Ballantine Books/Random
House).

A Miracle to Believe In:

Eröffnet einen tiefen Einblick in das Leben und die Arbeit,
welche Barry und Samahria Kaufman schon vor der Gründung
ihres weltweit berühmten Ausbildungszentrum dem Heilen gewidmet hatten. Erzählt im Detail die Geschichte ihrer Familie
und der Gruppe von Freiwilligen, die zusammenkamen, um ein
besonderes Kind ins Leben zurück zu lieben. (Fawcett Crest //
Ballantine Books/Random House).

Future Sight:

Eine Odyssee durch höhere Wahrnehmungen und sechsten
Sinn, die Ihnen ans Herz legt, Ihre nächste Vorahnung oder
Eingebung nicht einfach abzutun. Die packende Geschichte
eines Paares, deren Beziehung und Schicksal für immer verändert werden. Eine Serie eindringlicher Vorahnungen bedrohen
nicht nur ihr Leben, sondern fordern sie dazu heraus, ein tiefes
und bleibendes Vertrauen in sich selbst zu entwickeln. (Epic
Century Publishers).

A Sacred Dying:

Dieser bewegende Bericht von der Überwindung des Todes
durch die Kraft der Liebe kann jedem, dem der Tod eines geliebten Menschen bevorsteht, als Inspiration und Begleitung
dienen. Enthält außerdem wertvolle Lernprozesse und Hinweise
für Therapeuten. Es geht um die Geschichte einer Familie,
die es lernt, den Schmerz zu durchschreiten und neue Wege
zu finden, das Leben und einander zu feiern. (Epic Century
Publishers).

Out-Smarting Your Karma And Other PreOrdained Conditions:
Ein Buch voller Einsichten und Humor für den denkenden
Zeitgenossen. Einfache und anregende Zitate, die das Gewusel
der Verwirrung durchschneiden und es uns ermöglichen, in einem Augenblick unsere Welt- und Lebensanschauung neu zu
formulieren. Dieses zauberhafte Buch wird Ihren Verstand klären, Ihr Herz berühren und Ihren Geist beflügeln. Mit wunder-
vollen Bildern ausgestattet. (Epic Century Publishers).

Audiocassetten u.a.:
*The 12 Tape Option Process*R *Lecture Series*, *The Keys to Option
Mentoring*, *Body Vital/Stress-Free Living*, *The Empowered Leader*,
No Fault/No Risk Parenting – alle von Barry Neil Kaufman.
Special Children/Special Solutions von Samahria Lyte Kaufman.

Videocassetten u.a.:
Beyond the Limits mit Barry Neil Kaufman, *New Eyes - New
Life*, *The Miracle of Love*.

Alle Video- und Audiocassetten können bestellt werden. Für einen
kostenlosen Katalog und Versandinformationen wenden Sie
sich bitte an:

Option Indigo Press, 2080 Undermountain Road
Sheffield, MA 01257-9643

Telefon: USA - 413-229-8727
www.option.org/indigo